자전거, 프랑스와 만나다
투르 드 프랑스의 모든 것!

국립중앙도서관 출판예정도서목록(CIP)

자전거, 프랑스와 만나다 - 투르 드 프랑스의 모든 것!
지은이: 그레이엄 왓슨 ; 옮긴이: 박경래, 김형민. 서울 : 광연재, 2017
368p; 154*225cm

원표제: Graham Watson's Tour de France Travel Guide
원저자명: Graham Watson
색인수록
영어 원작을 한국어로 번역
ISBN 979-11-5690-041-2 03980 : ₩21000

자전거 경기[自轉車競技]
관광 안내[觀光案內]
프랑스(국명)[France]

698.97-KDC6
796.6-DDC23   CIP2017000111

GRAHAM WATSON'S
TOUR DE FRANCE TRAVEL GUIDE

자전거, 프랑스와 만나다
투르 드 프랑스의 모든 것!

지은이 그레이엄 왓슨(Graham Watson)
옮긴이 박경래 · 김형민

광연재

GRAHAM WATSON'S
Tour De France Travel Guide
자전거, 프랑스와 만나다
투르 드 프랑스의 모든 것!

지은이/ 그레이엄 왓슨(Graham Watson)
옮긴이/ 박경래 · 김형민

초판 인쇄/2017년 1월 10일
초판 발행/2017년 1월 16일
발행처/광연재
발행인/윤경태
출판등록/1999년 11월 15일(제10-1858호)
서울 영등포구 선유동2로 46(당산동 5가), 307호
전화 (070)4149-1682
E-mail/withcom@hanmail.net
정가 21,000원
ISBN 979-11-5690-041-2   03980

Graham Watson's Tour de France travel guide
Korean translation Copyright © 2017 by Kwang Yeon Jae
Korean translation rights arranged with VeloPress, a Division of Competitor Group Inc. through EYA(Eric Yang Agency)

이 책의 한국어판 저작권은 EYA(Eric Yang Agency)를 통해 VeloPress, a Division of Competitor Group Inc.와 독점계약한 광연재에 있습니다. 저작권법에 의해 한국 내에서 보호를 받는 저작물이므로 무단전제와 복제를 금합니다.

Photographs by Graham Watson except those listed below.
Ted Costantino: pages 46, 71, 77(both), 84, 179, 180, 181, 182(bottom), 183
Casey B. Gibson: page 292
Hans-Alfred Roth: page 272
Presse-Sports: 264, 266(both), 267, 268
Maps by Charles Chamberlin
Cover and interior design by Erin Johnson
Title font Archive Grotesque Shaded; body text typeset in Warnock Pro and Bureau Grotesque

목차

감사의 글 vii
지은이 서문 ix
옮긴이 서문(박경래, 김형민) xiv

1장: 여행 계획 세우기 1
    투르 드 프랑스 여행 계획 세우기 4
    체계적인 투르 드 프랑스 감상 팁 5
    홀로 투르 드 프랑스 따라잡기 10
    파리로 가는 길 35
    컴퓨터와 휴대전화 37
    투르 드 프랑스의 전설들 38

2장: 투르 드 프랑스 따라잡기 45
    산악 스테이지 50
    운전의 팁 51
    레이스 진행을 따라가기 52
    주변 여행 55
    길가에서 56
    투르 드 프랑스의 전설들 58

3장: 프랑스의 풍미 63
    프랑스 사람들 64
    프랑스어 68
    식도락 71
    투르 드 프랑스의 전설들 84

4장: 프랑스의 지역들 91
    브르타뉴(Brittany) 92
    페이 드 라 루아르(Pays de la Loire) 97
    오트 노르망디, 바스 노르망디
    (Haute-Normandie, Basse-Normandie) 102
    파 드 칼레, 피카르디, 샹파뉴, 로렌
    (Pas-de-Calais, Picardie, Champagne, Lorraine) 106
    알자스(Alsace) 111
    프랑슈꽁테(Franche-Comté) 115
    부르고뉴, 상트르(Bourgogne, Centre) 119
    푸아투샤랑트(Poitou-Charentes) 122

아키텐(Aquitaine) 127
미디 피레네, 리무쟁(Midi-Pyrénées, Limousin). 140
오베르뉴, 랑그도크루시용
(Auvergne, Languedoc-Roussillon) 146
프로방스-알프-코트다쥐르
(Provence–Alpes–Côte d'Azur) 152
론알프(Rhône-Alpes) 162
파리, 일 드 프랑스(Paris, Île de France) 175
투르 드 프랑스의 전설들 187

5장: 투르 드 프랑스의 산악 코스 195
산악 코스의 위대함 196
마시프 상트랄(Massif Central) 198
알프스(The Alps) 203
피레네(Pyrenees) 238
다른 주요 산악 코스들 255
투르 드 프랑스의 전설들 256

6장: 투르 드 프랑스에서 사진 촬영하기 263
사진으로 보는 투르 드 프랑스의 역사 263
현대 투르 드 프랑스 270
투르 드 프랑스 촬영하기 272
프롤로그 276
스프린트 스테이지 279
타임 트라이얼 284
플랫 스테이지 289
해바라기 스테이지 295
산악 스테이지 299
파리 304
투르 드 프랑스가 끝난 뒤 307
투르 드 프랑스의 전설들 308

프랑스 음식 메뉴 설명서 315
투르 드 프랑스 사이클 용어 328
찾아보기 330
도움을 주신 분들(투르 드 코리아 소개/ 위아위스 소개) 343
지은이 소개 348

감사의 글

여행 작가인가 사진가인가? 어쩌면 둘 다 일지도 모른다. 프랑스를 여행하고 투르 드 프랑스(Tour de France)를 두 눈으로 지켜본 사실에 대해 책을 쓰는 사진가보다 누가 더 낫다고 말할 수 있을까? 결국, 사진가야말로 사이클 경주의 모습과 그 경주의 묘미를 잡아내고, 급박한 순간의 드라마를 모두 지켜볼 수 있다. 곧 경주가 펼쳐질 눈 덮인 알프스 산맥을 잡아내고, 모두의 이목을 끄는 작은 폭포를 담는 것도 사진가의 몫이다. 사진가는 관찰력으로 투르 드 프랑스(Le Tour)에서의 일상 - 예를 들면 프로방스(Provance) 지역의 중세풍의 마을, 드롬 주(Drôme) 사람들이 공놀이(boules)를 하고, 브르타뉴(Brittany) 지방의 전통 복장을 입은 어린이들, 그리고 랑그도크(Languedoc)의 길을 따라 피크닉을 즐기는 피서객 - 을 기록한다.

이 사진가는 5년 전에 묵었던 작은 마을의 여관과, 그가 유명한 레스토랑에서 1년 전에 맛보았던 육즙이 풍부했던 음식의 세세한 맛까지 기억해낸다. 그는 그의 눈이 스쳐갔던 모든 것들을 보고, 기록하며, 기억할 수 있어서 이 가이드북을 쓰기에는 안성맞춤이다. 그렇지만, 사진을 보고 떠오르는 기억은 원하는 만큼 머릿속에 선명하게 떠오르는 것은 아니어서, 반드시 주의를 집중해야만 그제야 기억으로 작동하기 마련이다.

그렇기 때문에 이 가이드북은 여러 사람의 도움과 인터넷의 활발한 사용에 힘입어 완성될 수 있었다. 재클린(Jacqueline)이나 재키 코흐(Jacky Koch)를 비롯한 친구들의 도움을 받아, 나는 아는 사람만 알 수 있는 프랑스 문화, 즉 내게 이미 그대로 펼쳐져 있던 음식, 문화, 개성, 그리고 전통에 빠져들 수 있었다. 일곱 차례의 투어 참가자이자 프랑스어를 어느 외국인보다 점잖게 구사하는 폴 셔언(Paul Sherwen)은 황무지 같은 나의 지식에 노다지 같은 프랑스에 대한 그의 지식을 나누어주었다.

인터넷이 있어서 내가 저지른 인간적 실수를 바로 잡을 수 있었고, 또한 이곳에서 완벽한 정보 연감을 발견했다. www.memoire-du-cyclisme.net은 사이클과 투어에 대한 모든 정보를 제공해주었으며, 그 밖에 모든 자료는 위키피디아(Wikipedia)에 전적으로 의존하였다. 인터넷이 생기기 전에는 여행 작가들이 자료 조사를 어떻게 했는지 도무지 알 수 없는 노릇이다! 여행과 모험의 대단한 애호가로서, 나는 내가 구입했던 온갖 지도란 지도는 모두 보관하고 있으며, 내가 지나쳤던 길이나 사이클을 탔던 잘 알려지지 않은 길에 대해 떠올리기 위해 그 지도를 이용했다. www.viamichelin.com과 같은 웹사이트는 종이 지도보다 훨씬 더 짧은 시간에 더 많은 지역을 다루므로, 아무리 다른 유사한 사이트가 있다 하더라도, 위 사이트를 추천한다.

수년 전 갔던 호텔과 레스토랑의 이름을 기억해내기 위해서 나는 여러 유용한 인터넷 사이트를 찾아냈고, 그렇게 하면서 다음 방문지에 대한 계획을 수립했다. www.aftouch-cuisine.com은 음식 문화에 관해 특히 지방 음식에 대한 나의 무지를 일깨워주었으며, www.patriciawells.com은 조리법과 조리 단계에 대한 정보를 제공하며 프랑스 음식에 대한 호기심을 채워주었다. 음식에 관해 논하자면, 투르 드 프랑스 7회 우승자인 랜스 암스트롱(Lance Armstrong)(역자 주: 7회 우승으로 투르 드 프랑스 최다 연속우승 기록을 세웠다. 그러나 2012년 10월 약물 복용이 드러나 미국반도핑기구(USADA)는 1998년 이후의 모든 수상 실적을 박탈하고 영구 제명이라는 징계를 내렸다. 그는 1996년 고환암 진단을 받은 뒤 재기에 성공한 후 트루 드 프랑스 1999~2005년까지 우승하여 대회 첫 7연패 기록을 세웠다)에 대해 감사를 표할 수밖에 없다. 그가 아니었더라면, 나는 여전히 길거리 피자나 먹으며 간간히 호텔 레스토랑이나 가는 존재였을 것이다.

모두에게 정말 감사를 표한다!

서문

누구도 한 번의 여행으로 인생이 바뀔 수 있다고 생각하지 않는다. 그러나 1977년 한 번의 여행은 나의 모든 것을 송두리째 바꿔놓았다. 지금으로부터 수년 전 그 해, 나는 투르 드 프랑스(*Tour de France*)의 최종 장을 관람하기 위해 사이클 팬들과 파리로 여행을 떠났다. 이는 나의 위대한 레이스의 첫 목격이었으며, 프랑스 수도의 웅장함에 대한 첫 경험이기도 했다.

나는 선수들과 경주에 몰두했고, 주위 배경의 웅장함에 끌렸으며, 베르사유 궁전(Palais de Versailles)과 개선문(Arc de Triomphe) 그리고 그 유명한 샹젤리제(Champs-Élysées) 거리에 매료되었다.

파리와 투르 드 프랑스에 매료된 나는, 1978년에는 단체 여행이 아니라 독립적으로 다시 여행하기 위해 친구들과 돈을 모으기 시작했다. 우리는 자동차와 자전거만으로 투르 드 프랑스를 관람했다. 1979년까지, 우리는 아주 먼 거리를 이동하기 위한 기차 여행을 제외하고는 자전거로만 이동했고, 1980년이 되자 자동차도 함께 사용하였다. 내가 사이클 사진가로 급격하게 성공하면서 어쩔 수 없이 자전거만을 고집할 수가 없어 다른 이동수단을 선택하기 전인, 1981년과 1983년 투어는 오직 자전거로만 전역을 누볐다.

아무 걱정이 없던 그 시절에는, 다음 날 자전거를 타야 할 거리가 얼마가 됐든 혹은 해가 떨어지기 전까지 가야 하는 지점이 얼마나 남았든 유스호스텔, 야영지, 심지어 공원의 벤치에서 숙박을 해결했다. 그 시절에는 전날 밤 계산 착오로 인해 새벽 4시에 일어나서 느지막한 점심을 먹기 위해 멈추거나, 혹은 짜증나는 맞바람을 만나지만 않으면, 투어 장소에 도달하기 위해 쉬지 않고 100킬로미터를 자전거로 달리는 일이 별로 특별할 것도 없었다.

나는 언제 어디서나 먹을 수만 있으면 먹었기 때문에, 특히 시골의 아주 철저하고 진저리나는 세 시간이나 되는 프랑스의 점심 휴식시간을 늘 계산에 두고 있어야 했다. 텅 빈 속으로 겨우겨우 마을에 도착 했는데, 12시에서 1분이라도 지났다면, 아무리 온 동네방네 빵집과 식료품점을 찾아 헤매도 굳게 닫혀 있을 뿐이었다. 여기서, 나는 돈을 길에다 버려가며 비싼 레스토랑에서 밥을 먹든지 아니면 몇 시간 더 자전거를 타야 했다. 그 순진무구하고 모험심 넘치던 시절이야말로 내가 도대체 프랑스인들에게 7월 14일 프랑스 혁명 기념일(Bastille Day)이 어떠한 의미인지 배울 수 있던 시기였다. 특히 그날이 주말 전후라면 전국의 가게 셔터는 사나흘씩 내려가 있었다. 자동현금인출기는 개발 전이고, 은행은 죄다 문을 닫았기에, 나는 계속 노상 여행을 하기 위해서는 주변 야영객들에게 음식을 구걸해야 했다.

물론, 이러한 어려움은 1980년대 중반부터 자동차를 이용하면서 줄어들었고, 1987년에는 오토바이를 타기 시작하면서 아예 사라져버렸다. 나의 투르 드 프랑스에 대한 열정은 본업이 되었고, 프랑스와 투어에 대한 경험은 그에 따라 커져갔다. 내 직업적 성공이 가져다주는 상대적인 부를 즐기며, 침대 디자인이 눈에 띄게 바나나(banane)처럼 보이고, 침실의 벽지처럼 카펫이 깔린 듯한 진귀한 로지드프랑스 호텔(Logis-de-France hotel)에서 자면서 또 다른 프랑스를 만나게 되었다. 이 호텔은 어제 저녁에 나온 빵이 다음 날 아침 식사에 말라 비틀어진 토스트로 나오는 곳이었다. 뭐랄까, 그 저녁 식사는 내가 먹어본 최고의 식사였다가 곧 바로 다음 날 다른 시골의 전원 여관에서의 식사로 대체되는 느낌이었다.

1980년대 후반쯤엔, 나는 더 이상 하루에도 150킬로미터 가량을 자전거로 이동하기 위해 몸 관리를 할 필요가 없었다. 탄산수를 점점 덜 마시고, 포도주(vin du pays)를 더 입에 대기 시작했다. 암스트롱(Lance Armstrong)의 시대가 가져다준 막대한 부로 인해 보르도(Bordeaux)와 부르고뉴(Bourgogne), 그리고 코트 뒤 론(Côtes du Rhône)과 같은 대단한 와인을 마시게 되면서, 내 입맛은 영원히 걷잡을 새 없이 고급이 되었다. 암스트롱의 시대에 이르러, 나는 내 젊은 시절과 함께했던 지저분한 야영객과 히치하이커에게서 벗어나, 점잖고 성공한 부호들과 함께 프랑스에서 가장 비싼 호텔에서 밤을 보내게 되었다. 프랑스 생활을 처음 시작했을 때, 나는 소믈리에(sommelier)가 무슨 교회의 종지기인 줄 알았다. 지금과는 정말 다른 시절이었다.

나는 오늘날 프랑스를 돌아다니면서도, 종종 너무나도 다른 두 개의 프랑스에 대해 생각한다. 어떻게 그 시절을 잊겠는가, 7월만 되면 새로운 모험으로 데려가던 그 시절 – 물론 그것이 고난의 시절이기도 했지만 – 을 말이다. 또한 여객기를 이용하는 것만큼이나 내게는 생경했던 – 그 당시에는 영국 해협을 횡단하는 여객선을 이용하는 것조차도 엄청난 꿈이었다! – 최고급 레스토랑에서의 식사와 호텔에 묵는 생각을 할 때, 그 옛날 뜨거웠던 프랑스의 여름으로 돌아간다. 요즘 알프 듀에즈(Alpe d'Huez)를 내려올 때, 나는 왼편의 "방문자 외 출입금지"라는 푯말이 있는 야영지 라 카사드(La Casade) 출입구의 굳게 잠긴 문을 쳐다보지 않을 수 없다. 1981년, 바로 그 출입구로 한밤중에 기어 들어가서, 텐트를 내던지고, 동이 트기 전까지 돈도 내지 않고 자고나서 다시 빠져나온 일이 생각난다. 물론 나는 다른 수많은 야영지에서도 비슷한 짓을 하곤 했다. "유스호스텔(Auberge de Jeunesse)", 이 표지만 보면 하루 밤을 보내기 위해 얼마나 오랜 동안 작은 노란 유스호스텔 표지를 찾아 헤맸는지가 떠오른다. 말라비틀어진 빵조각과 곧 무너질 듯한 작은 침대는 일상이었기에, 사치스런 경험은 흔치 않은 예외였다.

요즘에는 내가 투르 드 프랑스를 즐겼던 방식대로 보내는 팬들을 그저 부러워하며 7월을 보낸다. 나는 네덜란드, 벨기에, 독일, 영국, 미국, 프랑스에서 온 사이클 동호인들이 길가에 삼삼오오 모여 앉아, 단 한 순간이라도 세계 최고의 사이클 경주를 잠깐이라도 볼 수 있음에 만족하는 광경을 본다. 비록 관람객이 자전거 페달에 스파이크를 올리는 찰나의 순간, 대회는 그대로 스쳐 지나가버리지만 말이다. 그들과 보내는 오후야말로 내가 아는 최고의 순간이다! 프랑스 음악의 운율(échappée)에 맞춰 시속 50킬로미터로 천천히 운전하며, 나는 자전거도 없이, 그저 숲이 우거진 산골짜기에 누워 햇살을 받거나, 반쯤 남은 샤르도네(Chardonnay)를 곁에 두고 랑드(Landes)의 숲속 길 그늘 아래서 열을 식히고 있는 팬들을 바라본다. 과중한 업무에 시달리며, 밤 10시가 되도록 제대로 된 식사를 하지 못해서 무척 시장하지만 아직도 한 시간 정도의 업무가 남은 내 인생과 비교하면 얼마나 부러운 인생인지 모른다. 그러나 그저 불평할 수는 없는 노릇이다.

솔직히 말하자면, 1980년의 검소했던 시절과 2000년대의 화려했던 두 시절 모두 속에서 프랑스를 즐겼던 그 시절 내가 프랑스를 제대로 즐겼다고 믿고 싶다. 프랑스에 관하여 온통 좋은 점과 약간의 나쁜 점을 모두 경험하는 즐거움에 푹 빠졌다. 7월만 되면, 나는 그 시절 여름으로 돌아가서, 오로지 프랑스의 외딴 시골에서나 만날 수 있는 보석 같은 비스트로(bistro)를 지나, 정말로 매력적인 시골 호텔을 지나서, 오랫동안 숨겨진 시골(départemental) 도로를 통과한다. 물론 나는 여전히 피시 앤 칩스와 셰퍼드 파이(cottage pie)를 좋아하는 전형적인 영국인이지만, 세 시간짜리 고급스러운 점심 코스부터 몽펠리에(Montpellier) 뒷길에 차려진 간단한 식사*(menu rapide)*까지 모든 종류의 프랑스 요리를 먹을 수 있는 바로 그 7월의 프랑스로 돌아가기를 누구보다 바라는 사람이다.

나는 투르 드 프랑스를 통해서 진정한 프랑스를 만났고, 프랑스를 통해서 전세계까지는 아니더라도, 유럽에서 가장 아름다운 풍경을 만났다. 진정한 레드 와인 한 모금을 첫 경험한 것도, 카망베르(Camembert)와 브리(Brie) 치즈 덩어리 말고도 다른 치즈가 더 있다는 것을 배운 것도 프랑스에서다. 내가 영국에서 경험했던 것과는 도저히 비교할 수 없을 정도로 고품격의 예절과 예의를 배웠다. 비록 프랑스 예절의 근거는 쉽게 헤아리기 어려울 때가 있었고, 심지어 지금도 그러하지만 말이다. 키스하는 법 역시 프랑스에서 새로 배웠다. "당신을 사랑해" 하는 키스가 아닌, 프랑스 가정에서 진실되고 따뜻한 환영을 표하는, 사회 규범에 맞게 뺨을 맞대는 입맞춤 말이다. 프랑스의 신비한 미식 세계*(gastronomie)*는 여전히 내게는 미지의 영역이지만, 오히려 더 배워야 한다는 점이 매력으로 다가온다.

이 책을 집필하며 진행한 연구는 프랑스가 관광이 한창인 여름이 끝나가는 시기의 투어로 데려다 준다. 나는 1970년대 내가 처음 보았던 프랑스, 계속 늘어난 관광객들에게 손을 타기 전의 프랑스를 그려내고자 했다. 오늘날, 내가 조용한 도로를 운전하거나 인적 드문 시골 길을 따라 자전거를 탈 때면, 많은 프랑스인이 그러하듯 잠시나마 흘러가는 하루의 시간을 느끼고 휴식의 순간을 보내면서 프랑스가 얼마나 더 사랑스러울 수 있는지 생각한다.

투르 드 프랑스 밖의 프랑스에 대해 다시 배우는 일은 마치 내게는 조용한 도르도뉴(Dordogne) 강 하류와 양이 여기저기서 풀을 뜯는 피레네 산맥 비탈, 보클뤼즈(Vaucluse) 지방의 넓디넓은 평야, 그리고 마지막으로 오랜 세월 내가 발견하지 못한 최고의 레스토랑을 찾아내는 두 번째 신혼여행 같았다. 이름이 바뀌어버렸지만, 여전히 그 매력은 하나도 잃지 않은 내가 좋아하는 호텔을 재발견하기도 하였다.

그리고 물론, 그동안 대회 기간 동안 함께 일하며 애증의 관계이던 프랑스 친구들과도 화해했다. 시간에 쫓기지 않고 최고급 식사를 대접하고, 주변 사람 누구에게 내보여도 자랑스러운 최고급 와인을 준비한 후에 그들과 화해했다. 내가 얼마나 이 나라와 이 나라 사람들을 사랑하는지 되새김질할 수 있는 시간이었다. 그리고 마침내, 나의 프랑스를 당신과 공유할 순간이 왔다. 만약 프랑스가 나를 사로잡았듯 당신을 사로잡는다면, 이제 당신은 앞으로 남은 인생 동안 사랑에 빠지는 축복을 받은 것이다.

    독자들이 곧 알아차리겠지만, 이 책은 몹시 개인적인 집필의 결과물이다. 이 책에는 내가 투어를 30여 년 이상 따라다니며 배운 수많은 유용한 정보와 투르 드 프랑스 현장에서 보았던 가슴 뛰는 생생한 경험이 담겨 있다. 내 목표는 여러분을 투어의 세계로 데려가고, 투어가 어떻게 진행되는지를 보여주며, 이 투어를 즐기는 가장 좋은 방법을 소개하는 것이다. 그와 동시에, 나는 여러분에게 내가 여전히 오랜 세월을 바쳐 찾고 있는 아름답고, 다정하고, 따뜻한, 그리고 가끔은 너무나 자유로운 프랑스에 대해 소개하고 싶다.

    이 모든 것은 투르 드 프랑스로부터 시작되었으며, 여전히 이 모든 것의 중심에 투어가 있다. 샹젤리제 난간 뒤에서 1977년 투어의 끝자락을 지켜볼 때만 하더라도 내가 투르 드 프랑스의 위대한 챔피언(역자 주: 각 장의 끝 부분에서 "투르 드 프랑스의 전설들"에서 자세히 소개하고 있다)인 베르나르 이노(Bernard Hinault), 로랑 피뇽(Laurent Fignon), 그레그 르몽드(Greg LeMond), 스티븐 로시(Stephen Roche), 페드로 델가도(Pedro Delgado), 미구엘 인두라인(Miguel Induráin), 랜스 암스트롱(Lance Armstrong), 알베르토 콘타도르(Alberto Contador)가 승리자가 되어 파리로 입성하는 바로 그 순간 건너편에서 사진을 찍고 있으리라고는 상상할 수 없었다. 내가 투어에서 이렇게 오랫동안 활동할 수 있었던 것은 위의 위대한 챔피언들과 스타덤에 오르기 위해 열과 성을 다해 그들과 경쟁했던 수많은 동료들을 촬영했기 때문일 것이다.

    투르 드 프랑스는 우리의 바쁜 일상과 닮은 구석이 없는 정말 진귀한 현상이다. 오로지 3주 동안만 경기가 진행되는데 1년 내내 회자되는 이야깃거리를 만들어낸다. 이렇게 많은 이들이 투어를 지켜보는 가운데, 어떤 이는 이에 대해 글을 쓰거나 사진을 찍으면서 생계를 이어간다. 나는 그중 최고의 선택을 했다고 믿고 싶다. 이 책을 보고 여러분이 며칠 동안만 투르 드 프랑스를 관람한 후 프랑스를 여행하거나, 일주일 이상 투어를 쫓기로 마음을 먹거나, 아니면 더 나아가 사진가로서 첫 발걸음을 떼기로 마음먹든 무엇이든 좋다. 그 어떤 경우라도 이 책이 여러분의 경험을 더 풍성하게 하는 기회를 제공할 것이다. 당신이 무엇을 선택하든 적어도 이 책은 당신이 옳지 않은 길을 가는 것이 아니라는 확신을 주었으면 한다. 다만 꼭 주의할 점은 투르 드 프랑스의 경험은 당신의 인생을 송두리째 바꿔버릴 수 있다는 사실이다.

투르 드 프랑스에 우리의 자전거를!

나이키(Nike)가 전세계 최고의 스포츠 브랜드로 도약하게 된 계기는 바로 NBA의 전설 마이클 조던(Michael Jordan)의 이름을 딴 "에어 조던" 농구화 출시였다. 그의 마법 같은 플레이에 매료된 농구팬들은 그가 신는 것과 같은 농구화를 갈망했고, 그가 은퇴하고 코트를 떠난 오늘날까지도 에어 조던은 최고의 판매량을 기록하고 있다. 이렇듯 스포츠 용품의 성공은 최고의 품질과 성능을 갖출 뿐 아니라, 최고의 스포츠 무대에서 그 사실을 증명해야만 이룰 수 있다.

1인당 국민소득 3만불 수준에 진입하면, 스포츠 인구 및 산업은 더욱 성장하기 나름이며, 우리나라도 그러한 기회를 목전에 두고 있다. 한국도 어느덧 '1,200만' 자전거 시대가 도래했고, 국토 전역에 4대강 자전거길을 포함하여 다양한 자전거 코스가 생겨나고 있다. 하지만 이 책을 번역하며 내가 아쉬웠던 점 중 하나는 저자가 찍은 수많은 자전거 사진 중에서 'Made in Korea' 자전거를 발견할 수 없었다는 점이다. 자전거를 타고 한강에 나가더라도 넘쳐나는 자전거들 중에서 국산 자전거를 발견하기는 어렵다. 과거 세계 자전거 시장을 선도하던 우리나라 자전거산업의 부흥에 우리 모두 큰 관심을 기울여야만 한다.

위아위스(WIAWIS)는 국내 최초의 카본 자전거 생산 업체로서 이제 막 발걸음을 떼고 세계 시장에 도전장을 내밀게 되었다. 위아위스는 세계 양궁 활(리커브 보우) 시장 점유율 1위에 빛나는 윈엔윈(WIN&WIN)의 자회사이다. 그간 한국 양궁계의 눈부신 활약과 함께 윈엔윈도 지속적인 성장을 했다. 이번 2016 브라질 올림픽에서도 구본찬, 장혜진 선수 모두 윈엔윈의 활을 가지고 개인전 금메달을 획득하였다. 윈엔윈 기술력의 핵심은 카본 나노튜브(Carbon Nanotube)에 있다. 인장 강도가 일반 탄소섬유보다 100배 이상 강하고 전도성이 높은게 특징인데, 가볍고 진동이 적은 활을 만드는데 가장 큰 역할을 한다.

위아위스는 바로 세계 최고의 양궁활 제조 기술에 활용되는 탄소섬유 기술을 그대로 활용하여, 고강도, 경량 카본 자전거를 생산하는데 성공하였다. 외국산 프리미엄 카본 자전거보다 40~60g 가볍지만 강도는 1.5~2배 가량 강하다. 이미 630g대의 최경량 프레임 제작에도 성공하며, 국내 업체 누구도 도전하지 못했던 프리미엄 카본 자전거 시장에서 영향력을 키워나가고 있다. 하지만 위아위스는 여기서 만족하지 않고, 세계 시장을 목표하고 있다. 윈엔윈의 양궁 시장에서의 성공이 세계 최강 대한민국 양궁계의 성공과 궤를 함께했음을 감안하면, 위아위스의 앞으로의 도약이 기대가 되며, 또한 막중한 책임감도 가지게 된다.

이번 『자전거, 프랑스와 만나다』의 번역은 앞으로 세계 무대에서 – 양궁 시장에서의 성공과 같이 자전거 시장에서도 마찬가지로 – 위아위스가 도약을 이루겠다는 포부를 표현하는 도전장이다. 지난 2013년 『양궁계의 이단아』를 출간하면서 함께했던 김형민군과 자전거와 관련한 번역을 진행한 것은 무척 즐거운 경험이었다.

앞으로 위아위스가 세계 시장의 최강자가 될 때까지 고객들의 눈높이를 만족시키며 연구와 개발을 멈추지 않을 것이다.

2017년 1월 윈엔윈(주) 박경래

진짜 프랑스를 만나고 싶은 자전거 팬들을 위하여

"가자, 가자, 가자! 바퀴는 굴러가고 강산은 다가온다."
4대강 자전거 국토종주 출발점인 경인아라뱃길 아라 서해갑문에서 만날 수 있는 이 인상 깊은 문구는 안장 위에서 강산을 만나고자하는 수많은 자전거 매니아들의 가슴을 뛰게 만든다. 입사 후 첫 여름휴가 때 자전거로 국토를 종주하기로 마음먹었던 나에게 많은 이들은 '왜?'라는 질문을 던졌다. 내 대답은 그때나 지금이나 한 가지이다. 바로 자전거 위에서 '진짜 한국을 만날 수' 있기 때문이다. 걸어서 국토 종주도 가능하겠지만 너무 오랜 시간이 허비될 것이며, 자동차나 기차로 지나치면 국토를 만났다고 할 수는 없을 것이다.

나는 한국의 자전거 길 주위의 수많은 풍경들을 보며 숨이 벅찼고, 머릿속으로는 더 큰 꿈을 키워 갔다. 바로 전세계 자전거 팬들의 꿈인 투르 드 프랑스였다. 한국보다 훨씬 더 방대한 프랑스 전역을 가로지르며, 3주간 진행되는 투르 드 프랑스는 세계 최고의 스포츠 행사 중 하나이다. 가끔 TV나 인터넷에서 만날 수 있는 투르 드 프랑스 참가 선수들의 놀라운 모습을 보면 입이 쩍 벌어지곤 한다. 물론 선수들의 엄청난 퍼포먼스는 모든 프로 스포츠의 장점이긴 하다. 하지만 이 대회에서만 만날 수 있는 매력은 따로 있다.

과연 그 어떤 스포츠가 전세계에서 가장 아름다운 나라 중 한 곳 전체를 사람의 힘으로만 모두 지날 상상을 할 수 있었을까? 프랑스는 단순한 여행을 하기에도 분명 매력적인 곳이다. 하지만 아무리 여유 넘치는 여행자라도 방대한 국토를 자랑하며, 동서남북 기후가 모두 다른 프랑스를 한 번에 즐기는 것은 불가능 할 것이다. 하지만 투르 드 프랑스를 따른다면 그것이 가능할 수도 있다. 좁은 시골길, 아찔한 낭떠러지를 지나는 좁은 길, 고혹적인 고성의 돌길, 그리고 대장정의 막이 내리는 화려한 샹젤리제까지 투르 드 프랑스가 지나지 않는 프랑스는 그 어디에도 없다.

이 책의 저자인 그레이엄 왓슨(Graham Watson)도 바로 이러한 투르 드 프랑스가 주는 매력에 매료되어 30여년을 전문 사진가로서 경력을 이어오고 있다. 그가 지난 30여 년 간의 노하우를 집약시킨 이 책은 단순히 투르 드 프랑스를 보기 위한 자전거 팬들만을 위한 책은 아니다. 프랑스 여행의 A부터 Z까지 챙겨야하는 모든 것을 자세히 알려주며, 프랑스 각 지역의 정수를 느낄 수 있는 방법은 물론 꼭 방문해야하는 음식점과 호텔에 대해서도 말해준다. 무엇보다도 모두가 알고 있는 화려하기만한 프랑스가 아닌, 곳곳에 숨어있는 보석 같은 아름다움을 만나고 싶은 사람들에게 정말 필요한 정보를 제공한다. 물론 이 책은 투르 드 프랑스에 참가하는 선수들과 마찬가지로 안장 위에서 바퀴를 굴리며 진짜 프랑스를 만나고 싶은 자전거 팬들에게 제격일 것이다.

또한 투르 드 프랑스의 모델을 바탕으로 우리나라에서도 2007년부터 국민체육진흥공단이 주최하고 대한자전거연맹이 주관하는 국제사이클연맹(UCI) 인증 국내 유일의 국제도로사이클대회 "투르 드 코리아"가 열리고 있다. 투르 드 코리아 역시 엘리트체육, 생활체육, 스포츠산업이 융합된 이상적 스포츠이벤트 모델로 대한민국을 대표하는 사이클 대회로 자리매김하고 있다. 2016년 대회를 기준으로 10회째 개최된 투르 드 코리아는 경주품질과 대회운영의 내실을 높임과 동시에, 적극적인 스포츠 마케팅을 통해 계속해서 성장을 이루고 있다. 앞으로도 무궁한 발전으로 투르 드 프랑스에 비견할 수 있는 대회로 성장하기를 바란다.

이 책을 번역하는 동안 가끔 눈을 감고 프랑스의 한적한 시골길을 투르 드 프랑스를 따라서 달리는 상상을 하곤 했다. 『자전거, 프랑스와 만나다』를 읽으며 많은 이들이 가슴속에 프랑스 진수를 느끼며, 투르 드 프랑스를 가슴 속에 품을 수 있으면 좋겠다. 아니, 사실 프랑스가 아니라 그 어디에서라도 자전거 바퀴를 굴리면 강산이 우리에게 다가올 것이다. 그러니 이제, 가자, 가자, 가자!

마지막으로 이글을 빌어 책을 탄생시키는 과정에서 큰 힘을 보태주신 광연재 출판사 윤경태 대표님, 투르 드 코리아 관계자 여러분과 부족한 제게 자전거와 사이클에 대해 많은 가르침을 주신 위아위스 임직원 여러분들께 감사의 말씀을 드립니다.

특히 현재 위아위스 해외영업부에 재직중이며, 프랑스 스트라스부르 대학에서 수학했던 경험을 바탕으로 프랑스와 투르 드 프랑스 관련 내용 번역에 가장 큰 도움을 주신 박동원 차장님께 이 자리를 빌어 감사의 말씀을 전합니다.

2017년 1월 김형민

CHAPTER

여행 계획 세우기

"*La Belle France*, 신비롭고 매혹적이며 신구의 문화가 대비를 이루는 땅 프랑스"
산, 강, 호수가 아름다운 풍경을 만들고, 바위 사이의 작은 못이 고르주(*gorges*, 양쪽 기슭의 암벽이 좁아진 부분)에서 샘솟고, 형형색색의 꽃들이 알프스의 목초지를 밝게 빛내고, 긴긴 모래사장이 끝없이 펼쳐지는 아름다움이 넘치는 땅, 프랑스!

밀, 보리, 귀리, 옥수수가 자라는 농경지가 끝도 없는 직물처럼 펼쳐진 프랑스. 해바라기와 라벤더가 자라고, 넓은 숲의 대조적인 녹음은 파레트와 같은 여름날의 풍경에 영롱한 색을 더한다. 도시는 이 아름다운 광경을 망치기보다는 오히려 그 속에 숨은 역사와 건축물로 이미 완벽한 프랑스라는 작품에 가치를 더한다.

미식 세계(gastronomie) - 잘 먹는 방법의 모든 부분에 대해서 찬양을 받는 나라 - 프랑스에는 삼면이 바다로 둘러싸인 풍요로운 들판에 뿌리를 내린 포도로 만든 품질 좋은 와인과 샴페인이 있다. 프랑스의 수계(水系)는 - 농회색의 음울함은 북으로, 감색의 생동력은 서쪽으로, 청록색의 거부할 수 없이 빛나는 힘은 남쪽으로 흐르면서 - 마치 만에 적들을 가두는 거대한 성을 두른 해자처럼 프랑스를 두르고 있다. 이토록 프랑스가 아름다움으로 찬양받는 것을 감안하면, 이 나라가 자주적인 여성으로 비유되었음은 놀라울 일이 아니다. 여기에 투르 드 프랑스에 더한 찬미 역시 너무 당연한 일이 아닐까?

만약 당신이 프랑스를 방문할 기회가 있어 음울한 잿빛 샤를 드골(Roissy-Charles de Gaulle) 공항으로 날아왔거나 인파로 북적거리는 파리 북역에 기차로 도착했다면, 위의 서정적 묘사는 프랑스에 대한 당신의 첫인상으로는 적합하지 않을 수 있다. 그러나 투르 드 프랑스를 보며 하루하루가 지나갈수록, 프랑스적 삶의 특별함은 당신의 영혼에 스며들며, 좀 더 오래 머물고 싶은 충동이 들 것이다.

물론 파리는 당신이 가장 먼저 방문할 곳이지만, 프랑스만의 특별하고 더 멋진 모습을 감상하기 위해서는 다른 지역을 보고 느껴야 한다. 프랑스의 파리는 영국의 런던이자, 미국의 뉴욕이며, 이탈리아의 로마이고, 남아프리카의 케이프타운이고, 호주의 시드니다. 당연히 각 나라의 대표 도시를 방문하기는 해야 하지만, 동시에 이 가장 유명한 도시의 쇼핑 거리, 성당과 박물관 외에도 그 이상이 다른 곳에 존재한다고 생각해야 한다.

투르 드 프랑스는 사이클 팬에게 다른 여행객은 절대로 찾을 수 없는 프랑스의 다른 모습을 볼 수 있는 행운의 기회다. 이건 비단 당신의 모험가 기질 때문이 아니라, 투어 자체가 3주 동안 최대한 프랑스의 다양한 지역들을 방문하도록 설정되었기 때문이다. 투어는 또한 매년 경주 코스를 바꾸는데, 이는 투어가 프랑스 전 지역에 그들의 아름다움을 정기적으로 뽐낼 기회를 보여주기 위함이다.

투르 드 프랑스는 100만 명 이상이 사는 큰 도시와 수천 명이 사는 작은 마을을

여행 계획 세우기 3

왕관 모양의 절벽 라 호끄-가작(La Roque–Gageac)의 도르도뉴(Dordogne) 강을 따라 투어가 진행되는 모습.

지난다. 세상에는 알려지지 않은 외딴 시골 지역부터 이미 관광객과 산업으로 붐비는 지역도 지난다. 때로는 좁은 시골 길을 따라, 때로는 넓게 펼쳐진 고속도로를 따라가며 고성(古城)을 지나고 높게 솟은 바닷가 절벽을 스쳐 지난다. 하루에도 적게는 두 번, 많게는 다섯 번을 강과 개울, 호수, 그리고 협곡을 건너며 정말로 다양한 환경의 거대한 프랑스를 가로지르며 통과한다.

남동쪽의 자연 경관은 베르동 협곡(Gorges du Verdon)이나 이와 유사한 남서쪽의 타른 협곡(Gorges du Tarn)을 통과하기도 하며, 아리에주(Ariège)의 마스다질 동굴(Grotto of Mas-d'Azil)과 같이 형용할 수 없는 아름다움도 지나 플라타너스(*platanes*)가 빽빽한 숲길 사이, 소풍객에게 편안한 자리를 제공하는 풀로 무성한 초원도 지난다.

투어는 고도가 올라갈수록 더 조심스럽게 레이스가 진행되는 프랑스의 산으로 진입한다. 응원의 함성과 경의의 물결이 산악 레이스에 드리운다.

만약 투르 드 프랑스가 프랑스 외의 지역에서 진행됐다면, 그저 경제적 이득만을 가져다주었을 뿐, 지금의 투르 드 프랑스가 많은 사람들로부터 사랑받는 이유인 프랑스와 프랑스적 삶에 대해 말할 수 없었을 것이다.

투르 드 프랑스만큼이나 프랑스적인 삶을 잘 포용하고 영향을 미치는 스포츠는 없다. 축구팀은 릴(Lille)을 방문하지만, 투어는 그곳에 도착한다. 럭비 팀은 베지에(Béziers)에서 경기를 하지만, 투르 드 프랑스는 그곳을 달리기에, 훨씬 더 대단한 일을 해낸다.

투르 드 프랑스 여행 계획 세우기

투르 드 프랑스에 관한 가장 간단한 두 가지 사실은, 첫째 매년 7월에 개최되고, 대부분 첫 토요일에 개최된다는 점이다. 둘째, 종착역은 파리라는 사실이다. 지난 수년간 레이스에 대한 인기가 오르면서 언론에서는 올해 투어가 열리기도 전에 다음 해의 정보를 공개하여 방문객이 1년 전부터 여행 계획을 세울 수 있도록 돕고 있다.

시골 풍경 가을에 결실을 맺어 빛나는 알자스의 포도밭.

> **비자와 여권**
>
> 미국, 캐나다, 호주, 뉴질랜드 국민은 90일 이내의 단기 체류가 목적이면 비자가 필요 없다.(역자 주: 한국도 90일 이내 여행이 목적인 경우 비자가 면제된다) 위 국가의 여행객은 입출국 때 비행증명서를 채우고 여권을 지참하면 된다. 여권 만료가 6개월이 남았는지 확인해야 한다. 그렇지 않으면 입국이 거부될 수 있다.
>
> **여행 팁**
>
> 증명사진과 여권 번호가 찍힌 여권 페이지의 사진을 가지고 다니는 것이 좋다. 돌아다닐 때는 안전한 호텔 방에 여권을 두거나, 여권 원본을 분실하거나 도난에 대비하여 여권의 복사본 사용을 권장한다. 혹은 여권을 스캔하여 이메일로 보내는 것도 방법이다. 새 여권을 발급받기 위해서는 대사관이나 파리, 마르세유, 보르도, 니스 같은 해당 업무의 경험이 많은 인원이 있는 대도시의 영사관에 연락한다.

첫 번째로 확인할 부분은 과연 당신이 투어에서 어떤 것을 보고 싶은가 하는 것이다. 전체 투어를 관람할지 아니면 일부만을 볼지를 결정해야 한다. 피레네 산맥에서의 레이스를 볼지, 알프스에서의 경주를 볼지, 또는 며칠은 투어를 관람하고 나머지 시간은 투어에 관계없이 프랑스 관광을 할지를 결정해야 한다. 만약 파리에서 연휴를 보내고 싶다면, 세상에서 가장 낭만적인 도시들 중 한곳에서 풍경과 음악을 즐긴 후 파리로 돌아와서 투어의 끝자락을 만나는 것도 한 가지 방법이다. 혹은 당신은 오직 "자전거를 타는(sur le vélo)" 투어를 계획하여 3주 내내 투어를 따라 다닐 수도 있다. 무척 힘겹겠지만 동시에 즐거움을 주는 이 방식은 아마도 당신 인생에서 가장 큰 성취 중 하나가 될 것이다.

체계적인 투르 드 프랑스 감상 팁

당신이 어떠한 선택을 하더라도, 스트레스 없고, 가장 편안하게 여행을 하는 방법은 투르 드 프랑스를 관람하기 위해 특화된 단체 패키지여행 가이드에게 예약하는 것이다.

2005년부터 투르 드 프랑스의 주관사인 아모리스포츠기구*(ASO: Amaury Sport Organisation)*는 투어의 인기가 올라 엄청난 인파의 관광객이 몰리는 것을 조절하기 위하여 소수의 여행업체에만 투어 관광 업무를 수행할 수 있는 면허를 부여하였다. 2001년과 2004년 랜스 암스트롱의 활약에 힘입어 절정의 인기를 구가하던 시절은 말 그대로 수십 대의 관광버스가 투어 주변의 진입로와 주차 공간을 꽉 막아버리는 골치 아픈 상황이 벌어지자 어쩔 수 없이 투어를 보기 위해 방문하는 사이클 팬의 숫자를 제한하자는 논의를 시작했다.

공식적으로 자격을 얻은 업체는 너무 비싸고, 투어 관람을 원하는 사람과 비공식 여행업체는 많다. 하지만 실제로 처음 투르 드 프랑스를 관람하려는 사람들은 공식 업체를 늘 첫 번째 창구로 이용한다. 몇몇 비공식 업체는 공식 업체만이 제공할 수 있는 5성급 호텔에서의 숙박, 산 정상에서의 헬리콥터 탑승, 에스코트 자전거 주행, 그리고 투어와 사이클 외에 다른 매력적인 프리미엄 서비스를 제공한다.

이러한 종류의 경쟁에서 살아남기 위해서, ASO는 이제 공식 라이선스를 가진 업체를 통해서만 특별한 투어 관람의 기회를 제공하는 방안을 고려하고 있다. 미디어 센터, 투어 출발 마을*(village du départ)*, 그리고 결승선의 VIP 그랜드 스탠드와 연단에 접근할 수 있는 기회가 그것이다. 경주를 관람할 때의 특별한 혜택은 경찰관의 에스코트를 받으며 타임 트라이얼을 공식 게스트 차량에서 관람하는 것이 있다.

투어가 진행되면 매일 저지선이 설치되며, 공식 배지 또는 많은 이들이 원하는 공식 패키지에 포함된 게스트 패스 없이는 출발선, 결승선, 수많은 스타들, 심지어 수통 운반자에게도 다가갈 수 없다. 공식 투어 업체는 경제적으로 여유가 있는 팬을 상대로 제공하는 럭셔리 패키지 외에도 실속 패키지를 제공한다.

공식 투어 패키지 입장권은 모든 사람이 대상이 아니라 프리미엄 비용을 지불할 용의가 있는 고객이 대상이다. 그럼에도 나는 투어를 처음 보는 팬이라면 앞서 말한 공식 투어 패키지를 고려하도록 추천하며, 특히 프랑스에서 보내는 시간이 일주일 이내라면 더더욱 강력 추천한다. 이 공식 투어 패키지를 통해 얻는 경험은 아무리 가격이 비싸더라도, 향후에 더욱 긴 기간 동안 혼자서 진취적으로 여행할 때 유용하게 작용할 것이다.

투르 드 프랑스 공식 업체

현금과 신용카드

프랑스 통화는 유로(€)다. 택시를 타거나 소액인 물건을 구입할 때는 현금이 필요하지만, 그렇다고 많은 현금을 지니는 것은 피해야 한다.

은행과 현금인출기는 찾기 쉬우며, 매일 쓰는 돈을 지불하는 가장 좋은 방법은 비자카드나 마스터카드 기능이 있는 현금카드나 신용카드를 소지하는 것이다. 레스토랑, 호텔 등에서 신용카드를 사용할 수 있으며, PIN 넘버(4자리 숫자만 넘지 않으면 그대로 사용할 수 있으며, 출국 전에 은행에 확인하여 등록하는 것이 좋다)만 있으면 어떠한 현금 인출기에서도 현금을 인출할 수 있다. 현금 인출 수수료는 보통 1~2퍼센트이며, 대부분의 현금 인출기는 영어로 언어를 전환할 수 있는 버튼이 있다.

아메리칸익스프레스카드는 프랑스 전역에서 환영받지만, 작은 레스토랑에서는 받지 않는 경우가 있다. 그래서 비자나 마스터 카드를 지갑에 들고 다니는 것이 아메리칸익스프레스카드 때문에 현금 인출기를 찾아 헤매는 것보다 훨씬 낫다. 만약 신용카드를 분실했다면, 아래 번호로 전화를 하면 된다.
- 아메리칸익스프레스카드: 0800 900 888/ 콜렉트 콜 336 393 1111
- 마스터카드: 0800 901 387
- 비자카드: 0800 901 179

만약 해외여행을 자주 하지 않는다면 출국하기 전에 은행에 먼저 연락을 해두는 것이 좋다. 그래야 해외에서 결제된 카드 내역을 이상하다고 느낀 은행이 갑자기 당신의 계좌를 동결시키는 일이 벌어지지 않기 때문이다.

공식 투어 패키지 운영 업체는 네 개뿐이지만, 이들 업체는 전세계에서 예약과 문의를 받는다. 또한, 위의 네 업체는 결승선에서의 관람 기회, 텔레비전과 미디어 구역 접근권, 단체 주차 공간과 같은 특전을 제공한다.

세 업체는 타임 트라이얼 스테이지에서 공식 차량 탑승 기회를 제공하며, 미디어의 광고 차량(caravane publicitaire)과 펠로톤(peloton)(역자 주: 사이클 경주에서 주요 그룹)에 한 시간 정도 앞서 코스를 타 볼 기회와 투어의 포디엄(podium, 시상대)에서 사진을 촬영할 수 있는 기회를 제공한다. 또한 공식 투어 기념품할인과 샹젤리제의 그랜드스탠드 관람 우선권을 보장한다.

Custom Getaways(www.customgetaways.com)는 플로리다에 있는 북미 담당 운영업체이다. 실제 경주가 열리는 도로를 이용하여 자전거나 자동차로 프랑스 전역을 여행하기를 원하는 고객에게 셀프 가이드 투르 드 프랑스 패키지도 제공한다.

Ronan Pensec Travel(www.ronanpensectravel.com)은 프랑스의 공식 업체이다. 할리 데이비슨의 열렬한 팬이자 유창한 영어를 구사하는 팡세크(Pensec)는 1990년대 늘 마이요 존느*(Maillot Jaune)*(역자 주: 종합 시간 기록 1위에게 주어진다, 각 시점까지 종합 경기 시간이 가장 짧은 선수에게 주어지며, 투르 드 프랑스가 끝날 때 종합 우승자가 됨)를 입고 투르 드 프랑스에 참가했던 선수다. 팡세크는 실제 여행 패키지가 아닌 출발선과 결승선에서 감상하는 패키지에 집중한다. 그렇지만 팡세크는 1990년 미국인 우승자 그레그 르몽드와 스코틀랜드의 로버트 밀러(Robert Millar)를 포함한 동료들과 펼쳤던 투어에 대한 흥미로운 가이드를 제공한다.

1990년, 로낭 팡세크(Ronan Pensec)의 타임 트라이얼 참가 모습.

호주와 뉴질랜드에 사는 팬이라면 **Bikestyle Tours**(www.bikestyletours.com)를 참고하기 바라며, 영국의 사이클 팬이라면 가장 오래된 사이클 관련 업체인 **Sporting Tours**의 전문가를 찾길 바란다. Sporting Tours의 패키지 하이라이트 중 하나는 알프스나 피레네 산맥 중 한곳에 머물며, 투어가 그곳을 통과하기를 기다리며 사이클을 타는 것이다. Sporting Tours는 2007년에 더 큰 기업에 인수되었으며 www.sportstoursinternational.com에서 정보를 확인할 수 있다. 나는 여전히 투어에 대한 지식과 경험이 많은 전문가가 다수 포진한 이 공식 업체를 다른 업체보다 먼저 추천한다.

비공식 투어 업체

매해 7월에 만난 수많은 사이클 팬의 의견에 기초한 최고의 비공식 투어 업체들은 아래와 같다.

리스트의 맨 앞에는 당연히, 웹사이트의 뻔뻔스러움 때문이라도, 호주 업체인 **The Adventure Travel Company** (www.tourdefrance.com.au)가 등장한다. 위 업체가 다른 많은 업체가 제공하는 유사한 팁을 많이 주기는 하지만, The Adventure Travel Company는 비공식 투어 업체 중 마이요 존느(*maillot jaune*)를 입을 자격이 있는데, 그 이유는 매일 필 앤더슨(Phil Anderson)의 전문 지식을 제공하기 때문이다. 앤더슨은 1980년대 투어의 전설이며, 오늘날에도 놀라울 정도로 몸 관리를 잘 하고 있다. 그는 당신 눈앞에서 순식간에 페달을 밟아 사라질 수 있다!

필 앤더슨, 1991년 투르 드 프랑스 스테이지 1위 모습.

앤더슨의 모토로라 사이클 팀의 존경 받는 팀메이트였던 스티브 바우어(Steve Bauer) 역시 자신의 회사를 운영하며 투르 드 프랑스의 경험을 전수 중이다(www.stevebauer.com). 바워는 다른 많은 캐나다인과 마찬가지로, 매우 친절하다. 열정적인 사진가이기도 했던 그는 맥주와 와인을 곧 세상에서 없애버릴 것같이 마셔댔다. 그러나 그러한 모습은 무척 힘든 하루를 보낸 이후였으며, 매우 사교적인 모습으로 투어에 참여했다. 앤더슨과 바워 둘 다 느긋하게 투어에 참여하는 상류층이었지만, 그럼에도 각각 두 번씩이나 투르 드 프랑스의 마이요 존느를 입은 선수였다. 놀랍지 않은가?

미국에서 가장 오래된 업체는 구토우스키 부부(Chris & Kathy Gutowski)가 운영하는 **Vélo-Sport Vacations**(www. velovacations.com)이

1990년 투르 드 프랑스에서 마이요 존느를 입고 있는 스티브 바우어.

다. 부부는 사이클 투어를 20년 넘게 운영하고 있으며, 1990년 르몽드가 우승한 투어 때부터 업체를 운영하고 있다.

2005년 투어의 비공식 업체를 청산하며 발생한 가장 큰 피해 업체 두 곳은 저예산의 **Breaking away Bicycle Tours**(www.breakingaway.com)와 고급 투어 업체인 **Trek Travel**(http://trektravel.com)이다. 두 업체 모두 2009년에 다시 사업을 시작했다. Breaking Away는 사흘짜리 짧은 알프스 스테이지를 제공하는 반면, Trek Travel은 일주일 동안 투어를 관람하며 랜스 암스트롱이 8회 우승한 코스를 관람하는 럭셔리 패키지를 제공한다.

아스타나(Astana) 팀과 주요 선수들에 접근할 수 있는 공식 투어 업체로서, Trek Travel은 랜스 암스트롱 시대에 누렸던 최고의 지위를 되찾으려 하는 중이다. 헬기 이동과 프랑스 최고급 호텔에서의 숙박은 투어 관람을 제외하더라도, 이미 엄청난 가격을 자랑한다. 하지만 이 높은 가격에는 Trek사의 최고급 마돈(Madone) 자전거 사용이 포함되어 있으며, 누구보다 가까이에서 우승자를 볼 수 있는 특권이 포함된다. 나는 개인적으로 이 업체가 투르 드 프랑스의 오랜 팬들에게 카리스마 넘치는 열정적인 모습으로, 다시 복귀한 것이 무척 반가우며, 하루의 힘든 촬영 끝에 결승선에서 이들과 함께 샴페인 한잔을 할 기회를 기대한다.

홀로 투르 드 프랑스 따라잡기

홀로 여행하는 것과 비견될 만한 것은 없다. 그렇지 않은가? 만약 당신이 혼자 무엇이든 하는 유형이라면, 10월 말 즈음에 전체 경주 구간이 발표되는 것을 기다리는 것이 첫 단계이다. 파리의 팔레 데 콩그레*(Palais des Congrès)* 극장 한가운데에서 행해지는 - 미디어의 이목을 한 몸에 받는 휘황찬란한 행사의 - 발표를 보는 가장 좋은 방법은 인터넷 생방송이다. 투르 드 프랑스의 공식 웹사이트(www.letour.fr)에 접속하여 첫발을 딛길 바란다.

경주 구간이 일단 공개되면, 대범한 여행객은 이제 정말로 가장 먼저 선택해야 할 교통편과 그에 따른 숙소에 대한 계획을 세운다. 교통편의 선택은 매우 중요한데 자동차, 캠핑카, 기차, 자전거, 혹은 최선의 조합으로 자동차와 자전거, 캠핑카와 자전거, 기차와 자전거가 있다. 차가 있다면 캠핑을 할 수도, 호텔에 묵을 수도, 유스호스텔을 이용할 수도, 아니면 정말 필요하다면 차 안에서 구겨진 채로 잘 수 있

매년 10월에 파리에서 열리는 투르 드 프랑스 루트 소개 행사 모습.

다. 캠핑카는 마치 움직이는 임시 아파트(pied-à-terre)와 같아서 숙박비가 절약되고 원하는 목적지로 가는 도중에 휴식을 취할 수 있다. 기차는 많은 선택지를 제공하는데, 만약 장거리를 가야 하면 야간열차가 좋다. 이것은 잠시 투어에서 빠져나와 어딘가로 떠나고 싶을 때, 혹은 예기치 못한 불시착이나 지연되었을 때 금방 투어를 따라잡기에 용이하다.

프랑스 국유철도(SNCF)는 당신이 목적지에 도착했을 때 자동차나 일반 자전거를 빌려주는 서비스를 제공하는데, 이것은 여행에 상당한 융통성을 제공한다. 프랑스로 가는데 굳이 비행기를 타는 것은 불필요하다. 그냥 기차를 타라! (역자 주: 물론 한국 팬이라면 '당연히' 비행기를 타야 한다)

자전거 여행

고귀한 자전거 여행이야말로 투어 관람에서 최고의 경험을 끌어내는 비결이며, 사실 투르 드 프랑스 여행은 그래야만 제 맛을 느낄 수 있다! 자동차나 캠핑카는 최고의 장소로 당신을 데려다줄 수는 있지만, 이 두 바퀴 자전거야말로 가장 우아하고 훌륭한 발명품으로, 관중이 빽빽한 산비탈이나 리무쟁(Limousin) 지방의 2급 도로

(route départementale)와 같은 투어의 진면목을 볼 수 있게 데려다준다.

만약 자전거를 이용하는 일이 세부 여행 계획에서 좀 귀찮게 여겨진다면, 잠시 동안 자전거가 가져다줄 이점을 고려하길 바란다. 엄청나게 붐비고, 말도 안 통하는 투르 드 프랑스에서 이 장점은 무한하다. 자전거를 이용하여 레이스 현장으로 가까이 다가갈 수 있고, 언덕을 페달을 밟아 오르고, 시골 길을 몇 시간 달리며 다리를 쭉 뻗을 수도 있다.

아니면 자전거는 단순히 저녁과 술 한잔을 위해 가장 가까운 마을에도 데려다주며, 혹은 샐러드를 채운 바게트를 점심 삼아 평화로운 강가의 휴식 장소로 당신을 인도하기도 한다. 만약 투어에 너무 늦게 도착해서, 도로가 차단되어 차나 캠핑카로는 더 이상 접근이 어려워 마지막 몇 킬로미터를 남기고 산비탈에서 하루를 보내야 할 때, 이런 위기는 자전거로 갈아타면 금세 벗어날 수 있다. 자전거를 타는 사람이 모험심이 가득하다면 최악의 교통 체증을 피하기 위해 페달을 밟아 더 멀리 벗어날 수 있다. 국토를 가로질러 자전거를 타면, 당신의 투르 드 프랑스 방문은 단순한 관광뿐 아니라 사이클 훈련을 하는 휴가로 바뀔 수 있다.

내가 마지막으로 프랑스 전역을 자전거로 누볐던 1980년 초반보다 투르 드 프랑스는 10배 이상 커졌기 때문에, 지금은 얼마나 많은 사람들이 자전거 페달을 밟으며 프랑스 전역으로 나아가는지 알 수 없다. 오직 내가 아는 것은 비록 21세기에 투어를 따르는 수많은 사람들 사이에서, 그들을 보지는 못했지만, 그들은 여전히 프랑스 어디엔가 있다는 사실이다.

아무튼 오직 투어만을 위한 자전거 여행을 계획하는 것은 자동차, 비행기, 기차, 캠핑카를 이용한 투어만을 위한 여행을 계획하는 것과 실제로는 크게 다를 바가 없다. 추가로 필요한 것은 넘치는 의욕과 함께 며칠 동안 안장 위에서 보낼 수 있는 필수적인 체력과 잔병 정도는 이겨낼 수 있는 튼튼한 몸이다.

숙소야말로 가장 신중히 고려해야 하는데, 호텔에서 호텔로 가볍게 이동하거나, 텐트와 같은 임시 숙소에서 자며 긴 거리를 이동하는 등 실

2007년 투르 드 프랑스의 낙천적인 팬의 모습.

제 당신이 사이클을 타는 방식을 결정하기 때문이다. 가볍게 이동하는 것은 꿈에서나 있는 일이다. 시골 호텔은 대부분 밤 10시까지만 영업하기 때문에 호텔이 문을 닫기 전에 당신이 묵을 호텔에 도착할 수 있을지 확신할 수 없는 경우가 대부분이다. 만약 당신이 아직도 호텔까지 40킬로미터가 남은 상황에서, 당신의 자전거를 자동차로 실어줄 수 있는 친구나 남편이나 아내가 있지 않는 한, 불빛도 없고, 배도 고픈 상황에서는 캠핑이나 유스호스텔이 최선의 선택이다. 물론, 다른 대안으로는 사이클 투어 업체와 여행하며 고객을 태워서 호텔로 데려다주는 밴을 이용하는 방법이 있다(9페이지 참조).

캠핑

프랑스의 야영지는 호텔처럼 인터넷으로 예약이 가능하기 때문에 여행 중에 인터넷 접속만 된다면 편리하게 이용이 가능하다. 다른 한편, 캠핑지는 모두 유연하게 운영되므로, 당신이 원한다면 늦은 시간이라도 야영을 할 수 있고, 누군가 당신이 예약한 곳을 차지하기 전에 야영지에 제 시간에 도착해야 한다는 압박감을 느낄 필요도 없다.

특히 자전거를 타고 여행하면 언제든 원할 때 달릴 수 있고, 길에서 식사를 해결하며, 가장 편하고 안전한 장소에 텐트를 칠 수 있다. 프랑스에서는 농장 울타리 뒤나, 풀이 무성한 강둑 어디나 당신이 마음에 들기만 한다면 야영을 할 수 있다. 유일하게 주의할 점은 길가에서 훤히 보이는 곳에는 절대 텐트를 치지 말아야 한다. 혹시 불청객이 침입할 수 있기 때문이다.

자전거에 텐트를 싣고 달리면 속도가 엄청나게 느려지는 단점이 있지만, 고된 주행 이후에 당연히 누릴 만한 몇 시간의 수면을 간절히 원하는 순간에 상당한 융통성을 제공한다. 자전거에 싣는 텐트는 작고 가벼워야 하며, 옷가지도 여행 일정을 버틸 수 있는 만큼만 최소한으로 유지해야 한다. 요리할 소형 스토브와 조리 기구를 가져갈지, 아니면 조금이라도 무게를 줄이고 음식을 사먹을지도 중요한 선택이다. 나는 언제나 자전거를 타고 여행하는 이들이 장비와 옷, 그리고 텐트를 개별적으로 가지고 다니기를 추천하는데, 함께 다니던 이들과 갈라서는 경우를 대비해야 하기 때문이다. 다툴 일이 무척 많기 때문에 투어를 따라다니며 사람들과의 관계가 마냥 평탄하기는 어렵다.

마음에 끌리는 곳 어디라도 텐트를 펼칠 수 있지만, 나는 투어 팬들이 거쳤던 인기 있는 야영지 예약을 권한다. 물론, 일주일에 사나흘은 길가를 지나면서 발견한 야영지에 즉흥적으로 묵을 수는 있다. 그러나 부르드와장(Bourg-d'Oisans)이나 모진(Morzine)과 같은 병목 구간 휴양지를 투어가 지날 때는 미리미리 예약하는 것이 정말 중요하다.

30년 전과는 다르게 야영지에 어둠을 틈타 슬그머니 기어들어가서 텐트를 펴는 일은 쉽지 않은데, 이미 그 자리는 예약이 되어 돈이 지불된 곳이기에 예약자들이 항의할 것이기 때문이다. 네덜란드와 벨기에에서 온 가족 단위 팬들은 투어가 지나갈 장소, 특히 알프스 산맥 부근에서 일주일을 보내면서 산에 피크닉 장비를 갖다 놓고선 단 한 순간 선수들이 지나기를 대비한다. 네덜란드와 벨기에 사람들이 아무 이유 없이 야영지와 트레일러 야영지를 차지하고 있는 것은 아니다. 만일 당신이 그곳의 규칙만 잘 따르면 그들은 가장 따듯하고 즐거운 이웃이 되어줄 것이다. 당신의 텐트가 1인용이고, 장비도 부족하여 성채 같은 대형 텐트에 주눅들 필요는 없다. 왜냐하면 당신이 알아차리기도 전에 그들이 당신을 초대하여 먹고 마실 거리를 대접하며,

야영지 찾기

야영객이 검색할 수 있는 웹사이트들이 많지만, 우선은 프랑스 공식 캠핑 연맹(Fédération Française de Camping et de Caravaning, FFCC)의 홈페이지(www.campingfrance.com)부터 방문해야 한다. 프랑스어 실력이 좋다면, 비록 온라인 예약이 기능이 없어서 각 야영지에 전화를 해서 예약을 해야 하기는 하지만, 당신이 가려는 경로에 있는 프랑스 야영지들 선택할 수 있는 가장 쉬운 방법이다. PDF 버전의 야영지 가이드나 FFCC의 안내서는 모두 FFCC에서만 구입이 가능하다(www.ffcc.fr). 그런데 지불 방식은 물론 안내서 자체도 모두 프랑스어이다. 오직 영어만 할 수 있다면, 영국 캠핑 클럽(Camping and Caravanning Club of Great Britain: www.campingand-caravanningclub. co.uk)을 이용해도 된다. 7파운드(약 1만 2,000원)를 지불하면 가입할 수 있으며, 연회비는 35파운드(약 6만 원)이다. 비회원은 야영지를 검색하더라도 온라인에서 예약이 되지 않는다.

> ### 호스텔 찾기
>
> 유스호스텔을 이용하려면 국제유스호스텔연맹(**Hostelling International**)에서 운영하고 직접 예약이 가능한 홈페이지(www.hihostels.com)를 먼저 방문해야 한다. 비록 72시간 전까지는 예약해야 하지만, 이 사이트를 이용하면 www.fuaj.org와 같은 사이트를 이용하며 **Fédération Unie des Auberges de Jeunesse**와 같은 어려운 프랑스 유스호스텔 이름을 전부 발음하려고 애를 쓸 필요도 없다. 사실, 프랑스 사이트도 글로벌 버전과 동일하며, 둘 다 PDF 파일의 양식을 다운로드해서 팩스나 우편으로 보내면 예약이 가능하다. 대부분의 문의 사항은 온라인으로 답변을 얻을 수 있기 때문에, 할 일은 예약을 하고 제 시간에 유스호스텔에 나타나기만 하면 된다. 또 다른 유용한 기능은 유스호스텔이 마을이나 번화가에서 얼마나 떨어져 있는지 알려주는데, 호스텔이 당신의 여행 경로에서 너무 멀리 떨어졌다면 호텔에서 묵거나 야영을 할 수도 있다.

에디 메르크(Eddy Merckx), 루시앙 반 임페(Lucien Van Impe), 그리고 욥 주터멜크(Joop Zoetemelk)가 투르 드 프랑스를 지배하던 시절의 사이클에 대한 이야기로 당신을 즐겁게 해줄 것이기 때문이다.

호스텔 이용하기

유스호스텔은 대부분 젊은 시절에는 한 번쯤 이용해봤을 곳이지만, 최근 프랑스의 유스호스텔은 전 연령을 대상으로 운영한다. 과거와 같이 각국의 유스호스텔 연합의 회원일 필요는 없고, 약간의 추가 요금만 내면 젊지 않더라도 프랑스의 수천 개 유스호스텔 중 하나를 이용할 수 있다. 호스텔은 홀로 여행하는 이들에게 적합한데, 투어를 혼자 보러 온 마음이 맞는 수많은 사람을 만날 수 있는 기회를 제공하기 때문이다(심지어 하루나 이틀 함께 다닐 수 있는 동료를 만날 수도 있다). 물론 4인 가족이 시트로앵을 타고 한밤중에 뒤늦게 도착해도 환영받는 곳이기도 하다.

대체적으로, 유스호스텔과 같은 저렴한 호텔 방을 발견할 수 있지만, 투어가 지방에서 진행 중이라면, 유스호스텔(*Auberge de Jeunesse*)은 당신이 찾을 수 있는 최선의 선택임을 알게 될 것이다. 캠핑과 함께 유스호스텔이야 말로 산뜻한 샤워와 꽤나 튼튼한 침대에서의 숙박과 같은 편안함 때문에 장거리 자전거 이용자들이 애용하는 숙소이다.

    이 하루의 휴식은 길에서 며칠간 신나게 흘린 땀을 씻어내고 활기를 되찾게 해준다. 물론 유스호스텔은 가끔 음식을 요리할 수 없거나 너무 멀리 떨어진 호스텔을 찾기 어렵다는 단점이 있기는 하다. 하지만 배고픈 당신에게 음식을 나눠줄 수도 있는 새로운 동료를 외진 호스텔에서 만나게 될 기회는 앞선 단점을 충분히 덮어준다.

기차 여행

    처음 프랑스로 들어갈 때는 - 1998년 더블린, 2007년 런던, 2009년 모나코와 같이 다른 나라에서 투어가 시작되었던 일부 예외를 제외하고는 - 거의 대부분 파리를 거치게 된다. 내가 가장 선호하는 교통편은 수도 파리가 자연스럽게 허브 역할을 하는 **TGV**(*Train à Grande Vitesse* - 프랑스 고속열차)이다. 놀라운 이 고속철은 가장 편안한 자세로 프랑스의 장관을 감상하는 동시에 최고 시속 350킬로미터로 프랑스를 가로지른다. 파리에서 마르세유는 네 시간, 보르도까지는 세 시간, 스트라스부르까지는 단 두 시간 걸린다.

    유감스럽지만 자전거는 이 기차에 실을 수 없어서 자전거를 가지고 기차를 타기 위해서는 TGV보다는 느리지만 여전히 믿을 만한 장거리 열차인 프랑스 국유철도 **SNCF**(*Société Nationale des Chemins de fer Français*)를 타야 한다.

    TGV는 파리에 일주일가량 머물면서 렌(Rennes), 투르(Tours), 리옹(Lyon), 릴(Lille)과 같은 주요 도시에서 스테이지가 시작되거나 끝나는 것을 보고 다시 파리의 리브 고시(*rive gauche* - 파리 센 강 북쪽의 최고급 거주 지역)의 레스토랑에서 저녁 식사를 하려는 사람에게는 최적의 수단이다. TGV는 또한 니스(Nice)에서 보르도(Bordeaux), 리옹에서 툴루즈(Toulouse)로, 릴에서 몽펠리에(Montpellier)와 페르피냥(Perpignan), 스트라스부르(Strasbourg)에서 마르세유(Marseille)와 같은 주요 도시들 사이를 운행하는데 주요 지역 사이를 야간열차로 운행하여 하룻밤에 이동할 수 있다.

    또한 TGV는 샤를 드골 공항에서 곧장 출발하기 때문에, 비행기를 이용한 여행객은 파리에 들르지 않고 바로 다른 지역으로 갈 수 있다는 점을 기억하길 바란다.

홀로 투르 드 프랑스 따라잡기   17

TGV는 프랑스의 주요 도시를 빠르고 효율적으로 연결한다.

　프랑스를 방문했다면 무슨 일이 있어도 TGV를 타야 한다. 왜냐하면 투어만큼이나 프랑스에서의 아주 특별한 경험을 제공하며, 프랑스는 유럽의 어느 나라보다 훌륭한 철도 시스템을 갖췄기 때문이다.

　1994년 벨기에와 영국이 프랑스와 함께 유로스타 고속철 체계를 만들었을 때, 프랑스 고속철은 고속철의 속도에 맞는 프랑스산 철로가 사용되었다. 가격 또한 매우 합리적인데, 파리에서 마르세유의 일등석 왕복 가격은 120유로(16만 원)이고, 파리-보르도 왕복은 110유로이다. 일등석은 이등석보다 보통 20퍼센트 비싸지만, 에어컨이 완비되어 있고 교회보다도 더 조용하며 객차에 타고나면 그 정도 가격은 잊어버릴 정도로 최고의 경험을 제공한다. 이와 더불어 프라이버시가 보장되는 약간 더 큰 좌석이 제공된다. 다른 탑승객이 샌드위치와 음료를 모두 먹기 전에 지정된 뷔페 차량을 방문하는 것도 잊지 말아야 한다.

TGV를 이용하려면 반드시 예약을 해야 하는데, 다른 일반 기차를 이용할 때에도 예약을 추천한다. 특히 알프스에서 피레네로 야간열차를 타거나, 간이식 침대를 사용하거나, 4~6인 침상을 사용할 때에는 밤새도록 낯선 사람과 있게 되기 때문에, 좀 더 즐거운 프랑스 여행을 위해서라면 예약을 권한다.

당신이 기차만 타고 장기간 여행을 하거나, 당일 여행을 하거나, 자전거와 함께 기차를 사용하거나, 무슨 선택을 하더라도 프랑스로 떠나기 전에 인터넷으로 검색해 계획을 세울 수 있다. 레일유럽(**Rail Europe**, www.raileurope.com)은 영어를 사용하는 여행자를 위한 유럽 전역의 기차 정보를 제공한다. 그러나 SNCF의 프랑스 사이트(www.sncf.com)와 같은 프랑스어가 너무 많이 사용된 사이트의 링크를 제공하기 때문에 상당히 혼란스러울 수 있다.

만약 프랑스어를 약간이라도 할 수 있고 TGV만으로 여행할 계획이라면, 곧장 www.tgv.com 사이트를 방문하면 된다. 그러나 만약 작은 유니언 잭이나 성조기 아이콘을 클릭하면, 다시 RailEurope.com으로 이동한다. 그렇기 때문에 온라인에서 구입할 수 있는 특정 루트를 미리 알아두는 것이 최선이며, 이를 통해서 최소 일주일 전에 구매를 진행하여 이메일로 티켓을 받을 수 있도록 해야 한다. 다시 말해, 위 사이트들을 이용하며 일정표는 가이드로만 사용할 뿐, 당신의 기차 여행의 시작과 끝으로 생각하면 안 된다. 그렇지 않으면 정말 절망적인 순간을 마주할 수 있다.

다행스럽게도 프랑스의 주요 기차역에서는 직접 표를 사거나 자동발권기를 이용하여 기차표를 빠르게 구입할 수 있다. 두 가지 자동발권기가 사용되는데, 파란색 발권기는 일드 프랑스 지방(*Île de France*, 프랑스 북부 - 파리)과 코트다쥐르(*Côte d'Azur*, 프랑스 남동부 - 니스(Nice)/칸(Cannes)) 열차표를 판매하며, 자주색 발권기는 장거리 티켓과 TGV 예약이 가능한다. 최근에는 두 가지 업무를 모두 수행할 수 있는 노란색 발권기가 프랑스 대부분의 지역에 설치되는 중이다.

이 모든 것이 체계적이고 사려 깊게 들리지만, 실제로 경로를 발권기에 입력하는 순간(메뉴에는 영어 서비스를 받을 수 있는 아이콘이 있다) 오직 프랑스 신용카드만 받는 구형 발권기를 선택했음을 깨닫는 데는 오랜 시간이 걸리지 않는다. 그렇기 때문에 큰 역에서 역무원의 도움을 받을 수 있는 발권기 바로 옆의 응접실(*salle d'accueil*)

에서 발권 받기를 바란다.

　대부분의 역무원은 영어를 구사하고, 당신의 질문에 관심을 보이며 무척 친절하다. 아마도 프랑스 지방의 작은 간이역(gares)에서는 상당히 고생할 수 있겠지만, 이미 그 지방까지 갔다면 당신이 *Bonjour*(안녕하세요)나 *Merci*(고맙습니다)와 같은 말을 구사할 정도로 프랑스에 오래 머무른 상태이며, 그 두 가지 말만 구사해도 충분한 도움을 받을 수 있다.

기차 여행 용어

Aller simple: one-way 편도
Aller-retour: round-trip 왕복
Billet plein tarif: full-fare ticket 할인 없는 정상 가격 티켓*
1ère: first class 1등석
2ème: second class 2등석
Tarif enfant: child's ticket 유아용 티켓
Côté couloir: aisle seat 통로 쪽 좌석
Côté fenêtre: window seat 창 쪽 좌석
Correspondance: connection or transfer 환승
Quai or voie: platform 플랫폼
En semaine: Monday through Saturday 월요일~토요일
Dimanche: Sunday schedule 일요일 스케줄
Jours fériés: holidays 국경일(공휴일)
Annulé: canceled 취소된
En retard or retardé: delayed 지연
Consigne des bagages: stored baggage 수하물 보관소**

* 여행객은 대부분 정상 가격 티켓을 구매할 수밖에 없다. 할인 가격을 적용 받기 위해서는 정기승차권(*carte d'abonnement:* subscription card)을 구입한 프랑스 거주자여야 한다.

** 수하물 보관소는 대부부의 프랑스 기차역에서 운영하지만, 9/11 테러 이후 대테러 대응책으로 많은 곳이 운영하지 않는다. 지방의 몇몇 역에서 수하물 보관소를 발견할 수도 있지만, 투어 관람 시간 동안 백팩, 자전거, 서류 가방을 보관해주기를 기대하지 않는 것이 좋다.

산으로의 행렬 갈리비에 산(Col du Galibier)을 오르기 위해 늘어선 자동차와 캠핑카 행렬.

자가용 또는 캠핑카 여행

투어를 보기 위해서 자전거를 타고 돌아다닐 정도의 정력과 열정이 없고, 헬리콥터를 타고 다닐 여유가 없는 대부분의 사람에게 보다 확실한 선택지는 자전거 받침대 사용이 어려운 상황에서도 자전거와 가방을 싣기에 넉넉한 공간을 가진 자동차다. 조금 더 매력적인 옵션으로는 당신과 자전거뿐만 아니라, 가족도 모두 태우고

> **운전면허증**
>
> 만약 자동차, 오토바이, 캠핑카를 빌리려면, 신용카드와 본인의 운전면허증만 있으면 충분하다. 단, EU 가입 국가나 캐나다, 미국, 호주, 뉴질랜드, 남아프리카공화국 국민일 경우에만 가능하다. 그렇기 때문에 이외의 국가 국민은 국제운전면허증(IDP)을 미리 취득하는 것이 좋다. 비용은 미국 기준 15달러이며 과정도 복잡하지 않다. [역자 주: 한국 기준 8,500원/ 소요 시간 30분/ 발급일로부터 1년 유효기간/ 운전면허 시험장 문의전화 (1577-1120)]

프랑스 전역을 돌 수 있는 캠핑카가 있다. 두 선택지 모두 나름의 장점이 있다. 자동차를 선택하면 투어가 지나는 작은 도로에 접근하기가 쉬워서 모든 스테이지를 볼 수 있다. 반면에 캠핑카는 숙소를 예약할 필요가 없어, 어디든 한밤중이라도 자리를 잡을 수 있어서 크나큰 장점이 있다.

투어를 정말 열과 성을 다해 따라다니는 사람이 산에서 진행되는 레이스를 보기 위해서는 그곳에서 최소 하룻밤을 반드시 보내야 한다. 비록 많은 투어 관람객이 다음 날 일찍 렌터카를 타고 떠나기 전에 작은 텐트라도 펴고 자는데 상당히 만족할지 몰라도, 캠핑카는 그에 비해 엄청 호화로움을 자랑한다.

캠핑카는 프랑스 전역에서 빌릴 수 있지만, 가격 편차가 큰 점을 감안하면, 역시 최선의 선택은 파리 주변에서 빌리는 것이다. 하지만 더 나은 방법으로는 네덜란드, 독일, 벨기에 회사에서 빌리는 것인데, 많은 돈을 절약할 수 있다.

자동차 렌트

프랑스에서 렌터카를 빌리는 일은 어렵지 않다. 유명한 렌터카 회사 대부분은 샤를 드골 공항 바깥쪽 파리 동북부 지역에서 영업한다. 하지만 북미권에서 방문한다면 유럽에 와서 빌리는 것보다는 프랑스에 오기 전에 예약하는 것이 더 저렴하다. 만약 머무는 기간이 한 달 이상이라면 판매세를 아끼기 위해서 리스를 고려하는 것도 좋다.

렌트를 할 때는 언제나 유명한 회사를 선택하는 것이 좋은데, 여행 도중에 자동차가 고장 나거나 손상되면 다른 저렴한 업체보다 훨씬 빠르게 수리할 수 있기 때문이다. 파리 소재 추천 업체는 다음과 같다.

Europcar(www.eurocar.com), **Sixt**(www.sixt.com), **Avis**(www.avis.com), **Budget**(www.budget.com), **Hertz**(www.hertz.com) 등.

프랑스에서 자동차를 렌트하면 다른 유럽경제공동체(ECC) 국가로 추가 요금 없이 차를 몰고 갈 수 있다. 하지만 만약 당신이 프랑스에서 차를 빌리고 이탈리아나 스페인에 차를 반납하려면 상당히 비싼 추가 요금을 내야 한다.

많은 렌터카 회사들은 운전자 추가에 따른 필수 보험료 때문에 서류 작성 후 일별로 추가 요금을 받는데, 만에하나 이 과정을 생략하고 보험이 없는 운전자가 핸들을 잡으면 안 된다. 이 경우에는 아주 작은 사고라도 엄청난 비용을 지불해야 한다. 만약 당신이 자동 변속 모델을 원한다면, 반강제적으로 큰 모델을 타야 한다. 쏘나타(미드 사이즈) 이하급의 차량은 수동 모델만 렌트가 가능하다.

렌터카를 예약할 때는 좀 더 편한 스테이지에 차를 반납하는 방법을 고려하는 것이 좋다. 파리로 돌아가기 직전 스테이지에 차를 반납하고 기차를 타고 파리로 귀환하는, 그것도 TGV를 타고 돌아가는 방법 말이다! 이 방법은 스트레스를 덜 받고 파리로 돌아가는 방법이며, 파리에 가서는 택시나 지하철(*métro*)을 타고 호텔로 돌아가서 샹젤리제(Champs-Élysées)에서 마지막 레이스를 볼 준비를 할 수 있다. 에비스(Avis)의 사무실은 말 그대로 프랑스의 모든 역 주변 혹은 심지어 역 안에 있다. 에비스의 라이벌인 허츠(Hertz) 역시 비슷하게 역 주변에서 사무실을 운영하지만, 다른 주요 렌터카 업체는 보통은 반납할 수 있는 주차 공간을 확보하고 있다. 모든 프랑스 공항에도 주요 렌터카 업체들이 사무실을 운영하기 때문에, 만약 당신이 파리 외에 다른 도시로 비행기를 타고 이동한다 하더라도 렌트하는데는 아무 문제가 없다.

캠핑카 렌트

캠핑카 렌트는 조금 더 어려운데, 몇 안 되는 업체만 이를 운영하기 때문이다. 하지만 오히려 검색이 더 쉬운 장점도 있다! 대부분의 업체는 7월에 최소 14일 렌트 기간을 설정하며, 토요일과 일요일에는 영업을 하지 않는다. 일주일 기준으로는 하루에 180유로, 한 달을 계약하면 하루 기준 136유로로 비용이 내려간다. 이는 보통

두세 명의 어른과 한 명의 아이가 탈 수 있는 4인 침상용 캠핑카 기준이다. 개인적으로는, 이 정도 크기의 캠핑카 내부를 여러 번 보았기 때문에, 아이가 있건 없건 성인 커플이라면 이 크기의 캠핑카를 빌리는 것을 추천한다.

Motorhomes Worldwide(www.motorhomesworldwide.com)는 가장 유명한 업체이다. 이 업체의 웹사이트는 이용하기가 쉽고, 다양한 종류의 차량과 프랑스 주변의 임차 장소와 반납 장소를 많이 제공하며, 무엇보다 견적을 내는데 몇 분이 걸리지 않는다.

UK and Europe Travel(www.ukandeuropetravel.com)은 호주 멜버른 소재의 업체이지만, 프랑스에 다양한 캠핑카 조직망을 구축했다. 이 업체는 한 주 정도 투어를 따라다닌 후 툴루즈에 캠핑카를 놓고 떠나고 싶다면 가장 먼저 고려할 업체이다. 편도 렌트 비용은 하루에 200유로(약 27만 원) 정도다.

에비스가 비록 자체 캠핑카 렌트 업체인 **Avis Car-Away**(www.aviscaraway.com)를 운영하고 있지만, 위의 두 렌트 업체와 협업을 진행한다. 비록 허츠가 웹사이트에 Motorhomes Worldwide나 Avis Car-Away의 웹사이트 링크를 제공하지만, 에비스만이 자체적인 캠핑카 렌트를 진행하는 유일한 자동차 렌트 업체다.

더욱 주목할 업체는 남아프리카 소재 **Ashtons**(www.ashtonsgroup.com)와 **RV Motorhome Hire**(www.rv-network.co.uk) 두 업체이다. Ashtons는 프랑스뿐 아니라 다양한 국가에서 렌트 할 수 있다. 이 말은 프랑스보다 더 저렴한 가격으로 똑같은 수준의 차량을 네덜란드에서도 렌트가 가능하다는 것이다. 즉, 파리가 아니라 암스테르담에 내려서 렌트 할 수도 있다는 말이다. 물론 이렇게 절약한 비용이 투어의 시작점까지 더 오랜 시간을 소요되는 시간에 상쇄되긴 한다. 단, 잊지 말아야 할 부분은 2010년처럼 네덜란드에서 투어를 시작하는 경우도 있다는 점이다! Ashtons의 네덜란드에서 제공하는 다양한 캠핑카 종류는 12열과 차양 지붕, 작은 식당칸을 갖춘 폭스바겐 개조 캘리포니아 밴처럼 프랑스에서보다 더 다양하다.

RV Motorhome Hire는 좀 더 일반적인 캠핑카를 제공하지만, 투어 드 프랑스 일정에 딱 맞도록 최적화되었다. 렌트를 진행하는 여행객은 한곳에서 임차하여 다른 곳에서 반납하는 것이 자유로우며, 투어 루트에 대해 완벽한 정보를 제공받는다.

어디에서 렌트를 진행하더라도 피크닉 테이블과 의자, 침구, 자전거 거치대 등 추가 부속품을 예약할 수 있다. 침구류는 비좁은 공간을 감안하면 시트와 담요보다는 침낭이 더 효율적이다.

    자전거 거치대는 두 대 이상의 자전거를 운반할 때만 유용하며, 한 대는 그냥 캠핑카 안에 싣는 것이 낫다. 심지어 투어가 열리는 길에 차를 주차했어도, 그 어떤 이유에서라도 자전거를 밖에 두고 잘 이유는 없는데, 7월 즈음이 되면 여행객이 자신의 소중한 자전거와 자전거 거치대가 모두 사라져버린 것을 발견하며 아침을 맞는 일이 빈번하기 때문이다. 정말로 공간이 필요하다면, 자전거를 캠핑카 지붕에 고정하는 편이 좋은데, 이는 혹시나 모를 자전거 도둑이 당신을 깨울지도 모른다는 생각에 이내 포기하게 되기 때문이다. 하지만 이동 시에는 지붕 위에 자전거를 올려놓고 운전을 해서는 안 된다. 위험할 뿐만 아니라 이 같은 행동이 모든 유럽 국가에서는 불법이기 때문이다.

호텔 예약하기

    투어 루트에 대한 상세 정보를 빠르게 얻으려는 가장 중요한 이유는 캠핑카 사용자도 이용할 수 있는 호텔을 예약하기 위해서이다. 호텔을 예약하는 일은 상당한 인내와 계획이 필요한데, 투어 업체들이 새로운 루트가 발표가 되지도 않은 전 해 8월부터 지방 곳곳의 대부분의 좋은 호텔들을 일괄 예약으로 묶어버리기 때문이다.

    다행히도, 인터넷이 예전보다 숙소 찾는 일을 훨씬 쉽게 만들어주었다. 많은 웹사이트가 일 년 전이나 바로 하루 전이나 상관없이 예약을 할 수 있어 방을 찾는 데서 오는 두통을 앓는 일이 줄었다.

    대체로 투어 운영 업체들이 이비스(Ibis), 노보텔(Novotel), 메르퀴르(Mercure), 소피텔(Sofitel)과 같은 호텔 체인의 방을 모두 선점한다. 그 이후로 컴파닐(Campanile), 에탑 호텔(Etap Hotel), 프리미에르 클라스(Première Classe)와 같은 체인에 손을 뻗친다.

    이처럼 끊임없이 호텔을 선점하는 모습은 마치 다른 사람에게는 가구 한 점 허락하지 않을 듯이 보이지만, 프랑스에는 예약 절차가 너무나 낡아서 투어 업체와 연관되지 않은 작은 독립적 호텔들이 많다. 이러한 곳이야말로 앞서 언급한 웹사이트가 도움이 되는데, 지역을 설정하여 적당한 방이 있을 때까지 검색을 진행해준다.

    두 명 이상의 그룹이라면 숙소를 예약하는 것이 필요하다. 목적지에서 방이 없어서 어색한 밤을 보내지 않으려면 말이다.

하지만 한 명 혹은 두 명이라면 여행 중에 숙소를 찾아도 괜찮은데, 늘 방 하나쯤은 구할 수 있기 때문이다. 이때의 비법이라면 6월 중순이나, 7월 초에 인터넷을 다시 한 번 뒤지는 것인데, 이때가 되면 투어 운영 업체들이 확보해 놓았던 방이 필요없게 되었다고 판단하여 예약을 취소하기 때문이다.

훨씬 경험이 많은 여행객이라면 능수능란한 검색 실력을 발휘하여, 부상을 입은 사이클리스트가 이탈하며 예약을 취소하려는 빈 방을 해당 팀에 연락해서 남은 스테이지 동안 이용하기도 한다. 2007년에는 실제로 각 스테이지에서 전체 호텔이 공실이 된 적이 있는데, 두 팀이 약물 관련 문제가 발생하여 자격을 박탈당해 호텔 예약이 모두 취소되었기 때문이다. 하지만 대부분 이러한 발 빠른 방법은 해당 팀의 호텔에 연락하고, 마치 초청 명단에 있는 사람인 척하며, 심지어는 그 방에 지정된 사람 행세를 해서 체크인을 해야 사용이 가능하다. 사실 대부분의 호텔은 한두 개의 방을 한도 이상의 예약에 대비하여 남겨놓기 때문에, 만약 실제로 추가 요금을 내면 이용할 수는 있다. 물론 예약을 안 하고 호텔을 찾아가는 일은 상당한 용기가 필요하지만, 행운은 용기에 호의를 베풀기 마련이다!

마시프 상트랄(Massif Central)이나 보주(Vosges) 산맥과 같은 외진 지역을 여행할 때에는 언제나 만반의 준비를 해야 한다. 투어 팬이 아닌 단순히 휴가를 즐기는 여행객도 늘어나는 시기이기 때문에 미리를 잘 써야 한다.

영국, 벨기에, 네덜란드, 스칸디나비아에서 남쪽으로 내려와서 7월을 프랑스에서 보내는 사람들은 루아르(Loire) 계곡이나 부르고뉴(Burgundy) 지방으로 와서 프로방스나 도르도뉴, 혹은 스페인과 이탈리아로 가는 길에 하루 밤을 보내며 와인을 즐기곤 한다. 다행이도 아키텐(Aquitaine) 해변 리조트나 코트다쥐르(Côte d'Azur)와 같이 넓고 복잡하고 수천 명의 사람들이 2주 동안 휴가를 보내는 지역은 진행이 어려워 투어가 지나지 않는다. 역설적으로 2009년에는 30년 만에 처음으로 투어가 코트다쥐르 지역을 모나코에서 출발하여 통과함으로써, 지역 관광업에 얼마나 큰 영향을 미칠 수 있는지를 잘 보여주었다.

투르 드 프랑스는 해변에서 가깝고 열렬한 지지를 받는 브르타뉴나 노르망디와 같은 지역과 너무 조용하고 일부러 해변에서 떨어진 곳에 만든 호텔이 많아서 숙박이 편한 랑그도크루시용(Languedoc-Roussillon) 같은 지역을 찾아냈다.

프랑스 현지인과 달리 여행객에게는 알프스 산맥 역시 여름에 인기 있는 지역이어서, 7월에는 주중이 아니고는 하루라도 예약이 어렵다.

피레네 산맥은 알프스보다 좀 더 멀리 떨어져 있고, 작은 스키 리조트도 몇 개밖에 없어서, 하루 밤을 보내기는 더 어렵다. 투어는 플라 다데(Pla d'Adet), 베유 고원(Plateau de Beille), 오타캄(Hautacam)의 정상에서 끝나기 마련이지만, 투어를 따르는 팬들은 그보다 앞서 포(Pau), 타르브(Tarbes), 푸아(Foix) 같은 지역에서 숙박하기를 원하기 때문에 그 좁은 길에 있던 수천 명의 팬들이 모두 같은 목적지로 향하기 마련이다. 자립심이 강한 사람이라면 투어 때문에 대부분의 방이 차버린 상태에서, 아리에주(Ariège), 비고르(Bigorre), 베아른(Béarn)과 같은 피레네 산맥의 도

팁 주기

바와 레스토랑에는 자동으로 15퍼센트의 서비스 요금이 포함되고, 계산서에서 *Service Compris*나 Service Included라는 표시를 볼 수 있다. 법적으로는 이외의 팁이 더 필요하지는 않다. 만약 현금으로 팁을 주고 제대로 된 서비스를 받으려면 잔돈을 팁으로 주는 것이 관례이다(최대 1 유로까지). 만약 신용카드로 계산하려면 추가로 계산할 필요는 없다.

택시를 탈 때는 팁이 필요없다. 만약 요금이 16.75유로였다면, 20유로를 내고 택시 기사로부터 3.25유로를 받아야 한다. 비록 많은 여행객이 팁에 대한 의무감을 갖고, 또 실제로 그들이 원한다면 그래도 되지만, 택시 기사가 팁을 요구하는 것은 불법이다. 가방을 방까지 옮겨주는 호텔 직원과 택시를 잡아주는 급사장 역시 적합한 임금을 받기 때문에 팁을 요구하는 것은 금지되어 있다.

물론 의무감을 느껴서 팁을 주는 것은 개인의 선택이다. 만약 하우스 키핑 직원에게 팁을 주려면 그렇게 해도 좋다. 하지만 명심할 점은 매일 당신의 방을 다른 사람이 청소하기 때문에, 그 팁을 다른 직원과 공유하지 않을 수도 있다. 그리고 또 하나 명심할 것은 절대 체크아웃할 때에 팁을 남기지 말라는 점인데, 호텔 매니저는 절대 떠나는 손님이 남긴 팁을 직원들과 공유하지 않기 때문이다. 결국 팁을 주는 최선의 방법은 대면한 상태에서 주는 것이다. 물론 요즘 시대에는 팁을 기대하는 사람이 별로 없기는 하지만 말이다.

시를 구성하는 수많은 작은 마을에서 숙소를 찾는 것도 그렇게 나쁜 일은 아니다.

캠핑장, 유스호스텔, 가족이 경영하는 작은 호텔이 이 지역에 다수 분포하여 피레네 산맥을 더 매력적인 곳으로 만들어준다. 로지 드 프랑스(Logis-de-France) 호텔이 프랑스의 어느 지방보다 더 많으며, 미식에 모든 것을 거는 프로방스 지방에서 맛볼 수 있는 만큼의 수준 높은 음식을 다양하게 선택할 수 있는 레스토랑을 많이 발견할 수 있다.

아쉽게도 많은 부주의한 여행객들은 수많은 호텔이 있어 상당히 편하지만, 실제로는 짜증나고, 숨 막히고, 겉만 번지르르한 개발이 이뤄진 루르드(Lourdes) 지역까지만 방문한다. 루르드는 오직 배짱 없는 여행객만을 위한 지역이라는 사실을 명심하라!

숙소 예약 팁

나는 종종 프랑스의 숙소를 검색하기 위해 다음의 웹사이트를 사용한다. www.booking.com, http://hotel.fr, www.hrs.com, www.venere.com, www.planigo.com.

나는 도시의 숙소 정보만 오로지 제공하고, 영어 서비스가 없으며, 컴파닐(Campanile)이나 발라딘(Balladins)과 같은 호텔 체인만 나열하는 큰 규모의 '글로벌' 사이트는 피한다.

내가 가장 좋아하는 곳은 세계적인 호텔 예약 사이트로 알려졌고, 충분히 그런 영광을 누릴 수 있는 Booking.com이다. Bookings.com과 헷갈리지 말길 바란다. Booking.com은 네덜란드에 기반을 두고 다양한 종류의 호텔을 제공하고 호텔의 수준, 가격, 위치, 시설 등의 우선순위에 따라 검색할 수 있다. 또한 1년 전에도 예약이 가능한데, 만약 10월 투어 일정 발표 이전에 예약을 진행하면 상당히 중요한 요소로 작용한다. Booking.com은 심지어 예약한 당일 오후 여섯 시까지 예약을 취소할 수 있는데, 만약 매우 먼 곳의 호텔을 이미 예약했지만, 스테이지 도착 지점에서 바로 옆에 더 나은 호텔을 발견했을 경우 융통성을 제공한다.

Venere.com과 Planigo.com은 모두 Booking.com만큼이나 좋은데 무엇보다 프랑스 지도를 '활성화'해서 지도를 보며 당신이 예약할 곳을 선택할 수 있게 도와준다. Hotel.fr은 이러한 호텔을 가장 저렴하게 예약할 수 있는 반면, 독일 호텔 예약

서비스인 www.hrs.com은 좀 더 나은 수준의 호텔과 저택에 대한 정보를 제공한다.

최고급 호텔 찾기

최고급 숙소만 추구하면서도 투어를 단 하루라도 놓치고 싶지 않다면(적어도 나는 프랑스 최고급 호텔에서 묵을 기회가 있다면, 투어를 며칠 정도 놓치는 것은 신경 안 쓸 텐데…), 앞서 언급한 사이트를 모조리 건너뛰고 다음 사이트를 참고하라.

www.lhw.com(Luxury Hotels of the World), www.fivestaralliance.com(Five Star Alliance), www.slh.com(Small Luxury Hotels of the World), www.ghotw.com(Great Hotels of the World), www.greatsmallhotels.com(Boutique Hotels

of the World), www.grandesetapes.fr(Grandes Étapes Française), www.relais-chateaux.com(Relais & Châteaux), www.johansens.com(Johansens Luxury Hotels and Spas), and www.mrandmrssmith.com(Mr & Mrs Smith).

프랑스의 정말 위대한 호텔들이 위의 사이트에서 제공되지만, 몇몇 특별한 호텔은 특정 사이트에서만 볼 수 있다. **Grand Hôtel Barrière**는 Luxury Hotels of the World에서, 디나르(Denard)의 **Abbaye de Talloires**는 Great Hotels of the World에서, 알프스 산맥 부근의 안시 호수(Lac d'Annecy)에서의 7월은 비록 경쟁이 치열하지만 형언할 수 없는 환상적인 하루를 보낼 수 있다. Small Luxury Hotels of the World에서는 **Auberge de Cassagne**에서의 아비뇽 부근 방투(Ventoux) 산에서 치러지는 호화로운 투어를 감상할 수 있다(비록 미슐랭 스타 레스토랑에서 저녁을 먹고 많이 둔해진 상태이겠지만 말이다).

Five Star Alliance는 비록 잘 알려지지는 않았지만, 그 유명한 나폴레옹 3세의 거주지였던 비아리츠(Biarritz)의 **Hôtel du Palais**를 만나볼 수 있다. Great Small Hotels of the World는 내가 추천하는 최고의 웹사이트인데, 부티크 스타일의 숙소와 저택의 호텔을 제공하며, 부르고뉴 북쪽의 **La Lucarne aux Chouettes**와 앙굴렘(Angoulême) 남서쪽의 **Château de la Couronne**를 예약할 수 있기 때문이다. 콩데 나스트(Condé Nast) 그룹의 Johansens 역시 프랑스 전역의 이국적인 호텔들을 소개해주기 때문에 내가 좋아하는 사이트 중 하나이다. 발랑스(Valence)와 아비뇽 사이의 론 계곡의 장미 정원으로 둘러싸인 진주와 같은 마누아 드 라 로즈레**(Manoir de La Roseraie)**를 만나보길 바란다. 설립된지 오래되었으며, 상당히 소박한 를레 엔 샤토(Relais & Châteaux) 역시 또 하나의 보물 같은 곳이다. 브르타뉴(Brittany) 모르비앙(Morbihan)의 **Domaine de Rochevilaine**과 같은 대저택의 호텔과 멋진 숙소를 만날 수 있다.

Mr & Mrs Smith는 안젤리나 졸리와 브래드 피트 주연의 2005년에 개봉한 동명의 영화보다 훨씬 이전에 설립되었지만, 실제로 영화의 유명세 덕을 보았다. 이 영국 업체는 낭만적인 부티크 스타일의 호텔, b&b, 저택의 호텔 100여 곳을 소개한다. 기회만 된다면 이 모든 곳에서 묵고 싶지만, 현실적으로는 보통 하룻밤만 허락되기 때문에, 만약 그러하다면 나는 주저하지 않고 샹젤리제 거리에서 5분여 거리에 있는 퍼싱 홀**(Pershing Hall)**을 선택하겠다.

랜스 암스트롱의 시대에는 의도하지 않게 최고급 호텔에 묵을 기회가 많았다. 그중에서도 가장 기억에 남는 곳은 생 폴 트루아(Saint-Paul-Trois) 성의 오텔 빌라 아우구스타(Hôtel Villa Augusta)이다. 암스트롱과 미국 포스털/디스커버리(US Postal/Discovery) 팀은 그들의 절정기 시절에 프로방스 마을에 자주 묵었고 덕분에 우리 세 명은 덕분에 굉장한 음식과 어거스타(Augusta)보다 더 현대적이고 호화로웠던 오텔 레스플랑(Hôtel L'Esplan)의 아름다움을 오래 기억할 수 있게 되었다(이곳에서의 점심 메뉴 역시 완전 추천한다!).

2002년에는 로지 드 호텔(Logis-de-Hotel) 그룹의(다음 장에서 보다 자세히 알아볼 수 있다) 호텔들 중 아마도 가장 비싼 오베르주 뒤 슈카(Auberge du Choucas)에서 브리앙송(Briançon) 스테이지가 끝난 후 묵게 되었다. 콜 뒤 로타레(Col du Lautaret)의 중턱에 있는 이 17세기 농가를 개조한 호텔은, 일생에 한 번쯤은 꼭 방문해 볼 만한 곳이다. 목재보로 보강한 골동품 같은 침실만 놓고 보면 특별히 최고급이라는 느낌이 들지는 않지만, 동굴처럼 장식된 레스토랑에서 놀라운 음식을 맛본 기억은 오래된 지금도 잊을 수가 없다.

2000년 투어 당시 내 카메라 파인더에 담기는 암스트롱의 모습을 볼 기회가 있었고, 산을 가로질러 저 멀리 타랑테즈(Tarentaise) 계곡이 보이는 알프스의 가장 멋진 호텔 중 하나인 쿠슈빌(Courchevel)의 오텔 드 네주(Hôtel des Neiges)에 묵

드레스 코드

프랑스인은 무척 느긋한 성격들이고, 특히 식탁에서는 더욱 그렇기에 때문에, 외국인이 반바지나 샌들을 질질 끌고 식당에 나오더라도 너그럽게 용서하는 편이다. 프랑스인은 어차피 관광객은 예의가 없다고 생각하기 때문에, 만약 당신이 정말로 그러한 부류라도 별로 난감한 상황을 마주하지 않는다. 그럼에도 정말 비싼 식사를 할 계획이라면, 적어도 한 벌 정도의 정장을 챙겨가는 것이 현명하다. 만약 당신이 옷을 제대로 차려입었다면, 웨이터도 당신을 그에 걸맞게 대접할 것이고, 또한 제대로 된 식사 자리의 예의에 맞기도 하다.

<< 모네티에르 레방(Monêtier-les-Bains) 지역의 오베르주 뒤 슈카.

게 되었다. 이 호텔은 투어 조직 위원들이 특별히 초청한 인사를 위해 제공하는 호텔이었고, 최고급 스파 풀, 투어 스테이지 종료를 기다리며 즐길 수 있는 일광욕 시설, 마음껏 즐길 수 있는 진귀한 음식이 제공되었다. 음식과 분위기가 그 어디에도 비할 수 없었으니 암스트롱이 마르코 판타니(Marco Pantani)에게 스테이지를 내준 것이 내게는 큰 문제조차 되지 않았다!

로지 드 프랑스(Logis-de-France): 매력, 모험, 그리고 특별한 음식

Relais & Châteaux와 Small Luxury Hotels of the World와 같은 최고의 호텔 체인은 모두 웹사이트 정보를 보완할 만한 가이드북이 있다. 반면, 로지 드 프랑스(www.logisdefrance.com)는 웹사이트가 구식이어서, 오로지 안내서로만 부족함을 채울 수 있다. 로지 드 프랑스 호텔 체인 어디에서든 초록색 커버의 안내서를 무료로 제공하는데, 일단 발견하면 한 권 챙겨야 한다. 약 3,200개의 프랑스 호텔을 안내하는 웹사이트 역시 보기에는 좋지만, 직접 온라인으로 예약을 할 때 응답을 받으려면 적어도 3~5일을 기다려야 하는데 이는 7월에는 별 효용이 없을 수 있다. 그렇기 때문에 웹사이트는 단지 정보 습득 용도로만 사용하고, 웹사이트나 안내서에 있는 전화번호를 이용하여 당신이 선택한 호텔에 전화하는 것이 좋다. 비록 온라인 지도의 도움을 받더라도, 호텔을 찾는 일은 정말 지루하고 고단한 일이다.

그러나 일단 호텔에 도착하면 그곳에 대해 만족할 것이다. 로지 드 프랑스 체인의 호텔은 대체로 매우 만족스러운 서비스를 제공한다. 심지어 가정식을 제공하는 곳이라 할지라도 여행으로 지친 당신의 기분을 풀어주기에 충분하다. 아주 작은 로지 드 프랑스 호텔을 외진 곳에서 찾기란 마치 미지의 세계를 발견하기 위해 한 발

르 트라베르산느(Le Traversane)

특히 로지 드 프랑스 호텔을 이용하면서 만나는 독특한 즐거움의 하나는, 트라베르산느(*Le Traversane*)라는 길고 얇은 베개이다. 누구도 이 베개가 어디에서 유래되었는지 모르며, 침대를 다시 정리한 다음 이 베개를 시트 어느 위치에 정확히 두어야 하는지도 알 수 없다. 그럼에도 이 베개를 베고 자면 숙면을 취할 수 있고, 다리 사이에 끼고 자면 허리와 엉덩이 통증을 막을 수 있다.

관광 마을 투어 출발 마을에서 그림을 그리는 화가, 2008년.

한 발 딛는 항해와 같다. 고속도로 출구나, 로터리나, 쇼핑몰 옆에 있거나, 축구장에 가까이 있는 다른 호텔 체인과는 달리, 로지 드 프랑스 호텔을 찾는 일은 정말 지도를 보는 뛰어난 능력과 방향감각, 그리고 길을 잃었을 때 그 지역 사람에게 길을 물을 수 있는 용기가 필요하다.

GPS 시스템이 있다 하더라도 별 도움이 되지 않을 것이다. 그러나 당신이 선택한 바로 그 호텔을 찾게 되면, 그 경험은 다시는 잊을 수 없는 경험이 된다. 로지 드 프랑스의 호텔은 대부분 작은 마을이나 도시에 위치하며, 이 사실은 다른 곳에서는 경험 할 수 없는 그 지방만의 분위기를 경험 할 수 있음을 의미한다.

장거리 여행 계획하기

투어와 함께 여행하면서 하게 되는 많은 일 중에서 가장 즐거운 일은 알프스 산맥과 같이 투어가 진행되는 지역을 찾아 일주일 동안 긴 휴가를 보내는 일이다. 또

전기

프랑스는 220볼트, 50헤르츠가 기준이며, 유럽 기준의 2 라운드 핀 플러그이다(두 개의 둥근 핀을 사용하는 플러그를 사용한다). 만약 120볼트, 60헤르츠를 사용하는 북미 지역에서 프랑스를 방문했다면, 컴퓨터, 핸드폰 충전기, 그리고 아이폰, 카메라 충전기와 같은 기기는 플러그 어댑터만 있으면 그대로 사용할 수 있다. 하지만 전기다리미, 헤어드라이어, 전기면도기 등은 110볼트를 220볼트로 전환시켜주는 컨버터가 있어야 한다. 플러그 어댑터는 물론이고 작은 여행용 전압 컨버터는 커다란 여행용품 섹션이 있는 공항의 라디오샥(Radio shack)에서 찾을 수 있다.

여행팁(어댑터)

비록 몇몇 공항에서 국제 기준의 어댑터를 구비하기는 하지만, 프랑스 플러그용 어댑터가 아니고 다른 것을 구하기는 거의 불가능하기 때문에, 출발할 때 반드시 어댑터를 준비해야 한다. 스위스 여행용 어댑터(Swiss Travel Adaptor)를 추천하는데, 특정 지역뿐만 아니라 전 지역에서 모든 기기를 편하게 사용할 수 있다. 만약 여행 도중에 구입한 드라이어나 다른 제품이 있다면 이 어댑터로 집에서 쓸 수도 있다.

는 계획한 코스를 따라가다가, 며칠은 샛길로 새고 싶은 마음이 들어서 해변에서 열기를 식히거나 카오르(Cahors) 주변의 로트(Lot) 강변에서 낮잠을 잘 수도 있다. 또 다른 방법으로 차를 타고 투어를 일주일 정도 앞질러 가서 투어를 기다리며 준비할 수도 있다.

10월에 투어의 경로를 확인할 때는 반드시 투어가 지나는 주변 지역을 탐구하는 것도 좋다. 꼭 그 지역을 방문하지 않더라도, 예를 들면 남부의 베르동 협곡이나 북부의 세계 대전의 격전지와 같이 투어가 지나진 않더라도 볼 만한 지역을 알아두는 것은 이후 당신과 일행에게 마음의 여유를 줄 수 있다. 하루나 일주일 정도 레이스를 쫓는 일을 멈추는 것은 여행 자체의 즐거움을 크게 해주고, 또한 투르 드 프랑스를 쫓으면서 생기는 괴로움을 잠시 잊게 해준다.

한 지역에서 시간을 보낼 때는 숙소를 더 다양하게 고를 수 있다. 프랑스는 임대 별장(gîtes)과 베드 앤드 브랙퍼스트(chambres d'hôtes)의 방대한 연결망이 존재하여, 이러한 종류의 간판을 시골 어디서나 만날 수 있다. 임대 별장은 기본적으로 휴가용이며, 이곳에서 묵으며 요리할 수도 있고 혹은 밖에 나가서 음식을 사먹을 수도 있다. 특히 이러한 종류의 숙소는 농가의 일부이거나, 아예 별채인 경우가 많다. 임대 별장은 프랑스 사람들이 가족 단위로 여름휴가를 많이 보낸다. 그렇기 때문에 이러한 숙소를 예약하기는 쉽지 않다 (물론 프랑스의 여름휴가는 대부분 8월에 시작한다). 그렇지만 여전히 최소한 일주일 전에 예약해야 사용할 수 있는데, 이는 투어를 따라다니는 입장에서는 불가능에 가깝다.

베드 앤드 브랙퍼스트는 큰 집이나 저택에서 숙박과 식사를 동시에 제공하는 형식인데, 이는 투어를 따라다니는 이들에게 적합하다. 이러한 숙소는 하루, 이틀 혹은 일주일가량 빌리기 쉽고, 또한 이곳을 소유한 가족과 식사할 수도 있다.

이러한 숙소의 매력을 경험하는 기회는 늘리고 번거로움은 피하기 위

늘 손님을 환영하는 프랑스 시골의 저렴한 숙소의 전형적인 간판.

해서, 요즘에는 위의 두 가지 숙소의 장점을 결합한 하이브리드식 숙소가 트렌드다. 예를 들면, 아침을 제공하거나 최소 임대 기간이 상당히 짧은 임대 별장이 그러하다.

베드 앤드 브랙퍼스트나 임대 별장 모두 대부분의 호텔보다 가격이 저렴하지만, 방을 늘 깨끗이 사용하고 리넨을 직접 갈아 끼워야 한다. 투어를 하루 종일 따라다니며 진을 빼고서 집에 와서 베개가 잘 정돈되어 있고 냉장고에 차디찬 샴페인이 준비되어 있기를 기대하지는 말아야 한다는 말이다.

파리로 가는 길

투어가 알프스나 피레네 산맥에서 한창 절정으로 치달을 때 – 매년 두 장소가 번

> ### 임대 별장(Gîtes)과 베드 앤드 브랙퍼스트(Chambres d'hôtes) 찾기
>
> **Gîtes de France**(www.gites-de-france.com)은 프랑스의 임대별장과 베드 앤드 브랙퍼스트 모두를 아우르는 정보를 제공한다. 이러한 정보와 관련 브로슈어는 한국에 있는 프랑스 관광청 사무실에서도 구할 수 있다.
>
> 런던을 경유하여 프랑스로 오는 관광객이라면 피카디리(Piccadilly)의 메종 드 라 프랑스(Maison de la France)에서 수많은 정보를 만날 수 있으며, 여느 프랑스 관광청에서 얻을 수 있는 정보 역시 그곳에서도 구할 수 있다. 만약 여력이 있다면, www.us.franceguide.com이라는 사이트를 방문하길 바란다. 정보를 찾기에 적합하며, 무척 재밌게 만들어진 사이트여서 정말 모든 정보를 찾을 수 있다. 특히 나는 'Lost in Francelation'이라는 프랑스 관광객을 유쾌하게 놀려대는 비디오 블로그를 좋아한다(명심해야 할 점은 이 블로그에서 웃음거리로 만드는 대상이 바로 '우리' 여행객이라는 점이다!).
>
> 마지막으로, 정말 급하게 숙소를 구해야 한다면 자신이 머무는 지역의 프랑스 관광청으로 전화하는 것이 좋다. **Bureau de Tourism**이나 **Syndic d'Initiative** 모두, 지역 관광업을 홍보하기 위하여, 예약 가능한 방을 가진 호텔 목록을 가장 최근 것으로 업데이트하고 있다

갈아서 채택된다 - 당신은 이제 파리로 돌아갈 날이 얼마 남지 않았음을 깨닫게 될 것이고, 다른 모든 사람도 최대한 빠르고 안전하게 파리로 돌아가려는 생각을 한다. 투어에 참가하는 선수들은 마지막 산악 레이스와 파리 레이스 사이에 두세 개 스테이지에 참여하고, 이는 프랑스 중남부에서 이뤄지는 한 개의 타임 트라이얼 스테이지를 포함한다(적어도 2009년까지는 위에서 설명한 것이 대체적인 패턴이었는데, 예상치 못하게 방투 산이 끝에서 두 번째 레이스가 되며 패턴이 깨졌다).

누구도 조직위원회가 앞으로 어떤 결정을 할지 확신할 수는 없지만, 투어의 마지막 순간을 보기 위해서 파리에 묵거나 샹젤리제에서 마지막 레이스를 보고 싶다면, 미리 용의주도하게 여행 계획과 숙소를 준비해야 한다. 투어를 자전거로 쫓는 용감한 팬은 가능하다면 끝까지 페달을 굴리며 투어를 따라잡고 싶어 할 것이다. 다

른 사람들이라면, 끝에서 두 번째 레이스를 보고서 파리로 즉시 움직이든지, 며칠 앞서 파리에 도착해야 한다. 만약 전자라면, 호텔 예약을 정말 일찍 해야 하는데, 투어를 보러 온 수천 명 관광객이 주말에 레이스의 대단원(*grande finale*)을 보기 위해서 몰려들기 때문이다. 그리고 만약 당신이 한 번도 타보지 못한 TGV를 예약했다면, 바로 지금이 TGV를 경험할 기회이다.

컴퓨터와 휴대전화

자, 마침내 비행기 표를 예약했고, 교통편을 결정했으며, 숙소 예약도 어느 정도 마쳤으며, 여행 일정표를 만들고, 여행자 보험을 정확하게 들어놨으며, 심지어 집을 비울 동안 매일 반려동물의 밥을 줄 이웃을 구했다고 하자. 그렇다면 이제 투르 드 프랑스를 처음 방문하기 전에 준비할 것은 또 무엇이 있을까? 랩톱 컴퓨터를 가져갈 것인가? 만약 여행 중에 이메일을 확인하고 숙소를 검색하고, 기차 편이나 투어에 대한 정보를 검색하려면 정말 편리한 도구이다. 프랑스는 아직도 전화선으로 인터넷을 연결하는 정말 외진 지역이 아니고는 무선 인터넷이 잘 구비되어 있다. 만약 무게와 크기가 문제라면, 프랑스의 괜찮은 호텔은 대부분 인터넷이 가능한 컴퓨터가 구비되어 있기 때문에 줄 서는 것만 조금 참는다면 큰 문제가 아니다.

휴대전화는 어떠한가? 휴대전화만 있으면 고국에 있는 가족에게 안부를 전할 수도, 전화로 예약을 할 수도, 또한 투어 관람객이 꽉 들어찬 도시에서 일행을 찾기도 쉽다. 다만 당신의 휴대전화가 삼중 대역이 아니라면, 적어도 이중 대역인 것을 꼭 확인해야 하는데, 그렇지 않다면 프랑스에서는 사용할 수 없다.

또한 꼭 저렴한 국제 로밍 서비스를 선택하길 바라는데, 자칫 전화 한 통마다 엄청난 비용이 발생할 수도 있다. 자국 통신사 서비스를 그대로 사용할 수 없기 때문에, 프랑스에 도착하면 SIM 칩을 구매하는 것이 좋다. Orange, Vodafone, Bouygues와 같은 통신사의 SIM 칩을 구입하여 프랑스 번호를 받으면, 착신 비용을 상대방이 낸다는 것을 의미한다.(역자 주: 한국에서 로밍 서비스를 신청하면 해외 통신사 서비스를 이용할 수 있다)

7월로 향하는 여러 달 동안 프랑스에 대해 조금이라도 배우기를 원한다면, 내가 해줄 유일한 충고는 단 하나다.

"포기하지 말고, 일단 시도해봐!"

투르 드 프랑스의 전설들

잠시 스치듯 투르 드 프랑스의 전설을 훑고 지나는 것으로 충분하다면, 에디 메르크(Eddy Merckx)나 베르나르 테브네(Bernard Thévenet)가 내가 촬영했던 위대한 챔피언들 중 가장 앞에 위치할 것이다. 그러나 내가 그들을 처음 만났을 때는 둘 모두 선수 생활의 황혼기를 보내고 있었는데, 1977년은 메르크의 마지막 투어였으며 테브네도 그때 이후로 점점 이전 같은 모습을 재현하지 못했다. 대신, 나는 1977년 투어를 그 둘과의 작별 인사로 여겼다. 두 선수는 내 눈 앞을 빠르게 스쳐 지나며 천천히 사라졌다. 그 둘의 자리를 대신한 것은 베르나르 이노라는 이름이었는데, 역대급 전설의 명단에 오를 수 있을 만큼 그가 첫 출전에서 준 첫 인상은 너무나 강렬했다.

베르나르 이노(Bernard Hinault)

나는 1978년 투어 이전에는 그의 경주를 보지 못했고, 그래서 쉬페르 베세(Super-Besse)(역자 주: 오베르뉴 지방의 퓌드돔에 위치한 스키 리조트들이 많이 포진한 지역)에서 진행된 라운드에서 펠로톤의 한가운데에서도 가장 먼저 도착하는 모습을 카메라 파인더에 포착한 순간이 내 머리 속에 각인되었다.

"흠 저 선수가 이노군"하며 혼잣말을 했던 기억이 난다. 실제로 이 프랑스 스타를 카메라에 담기 일보직전이라는 사실이 믿기지 않았다. 남은 대회 기간에도 그를 찍을 기회가 매우 많았는데, 이노가 늘 선두권을 유지했기 때문이다. 그의 굳건하고 확고한 모습은 그가 대회 첫 출전에서 자랑스럽게 입고 나타난 프랑스 챔피언 저지(jersey)에 의해서 훨씬 더 당당하게 빛났다.

파랑, 하양, 빨강의 프랑스 삼색기(tricolore)가 대회 첫날부터 이노의 어깨에 있었고, 운이 좋게도 끝에서 두 번째 타임 트라이얼에서 결정적인 사진을 찍을 수 있었다. 나는 길었던 2주간 여행의 끝자락에 있었지만, 1978년 프랑스 대회 챔피언 *(pour la France)* 이노의 괜찮은 독사진을 찍을 기회를 잡지는 못했다. 아무튼 여태껏 한 번도 내가 투어와 프랑스를 따라 여행할 줄은 꿈에도 몰랐지만 참으로 아름다웠던 2주의 시간이었다. 그는 2주 동안 나의 일상과 함께했는데, 매일 오후 텔레비전을 켜면 그곳에 있었으며, 내가 매일 아침 고군분투하며 읽으려 했던 프랑스 신문에도 등장했다.

그는 낮에도 내 카메라에 늘 잡혔는데, 함께 경주하는 사이클리스트를 대놓고 무시하는 한이 있어도 절박한 마음으로 그에게만 포커스를 맞춘 사진만 지금

이노가 1982년 생 프리스트(Saint-Priest) 타임 트라이얼에서 우승 당시 모습.

까지 남아 있다. 그 당시가 바로 1978년 투어를 기점으로 사진가로서의 커리어를 이어가기로 결정했던 시기여서 약간의 미숙함이 사진에 녹아 있다.

메스(Metz)와 낭시(Nancy) 사이 어디쯤엔가 하루 종일 숲길 구릉에서 긴 하루를 보내고, 이노가 두 대의 경찰 오토바이 사이를 뚫고 시야에 들어왔다. 오토바이가 지나자마자 그 순간 나는 보석 같은 사진을 찍기 위해 튀어나갔다. 그해 7월 프랑스의 완벽한 우상이 나를 향해 페달을 굴리며, 눈은 도로를 주시하고, 피스톤처럼 다리를 움직이며, 어깨는 철석같은 모습으로 그곳에 있었다. 그의 몸짓은 순수한 투지이자 주변 환경과 완벽하게 차단되어 집중한 모습 그 자체였다.

이때 찍은 사진은 고맙게도 그를 잘 표현하여 이후 8년 동안 계속해서 사용할 수 있었다. 나는 점점 이노가 마음에 들기 시작했고, 마치 랜스 암스트롱이 7년간 왕좌를 차지했을 때처럼, 나는 이노의 시대를 따라다니며 한순간도 그의 모습을 놓치지 않기 위해 집중했다. 1978년 신인 시절을 제외하고, 그는 대부분의 투어에서 마이요 존느를 입었기 때문에, 나와 같은 사람은 늘 그 챔피언 저지를 입고 경주하는 그의 모습을 찍기 위해 부단히 노력했다.

이노는 그의 라이벌을 떨쳐내기 위해 언덕에서 누구보다 빠르게 치고 나갔으며 온종일 계속되는 레이스에서도 선두를 유지했다. 물론 그 시절 그에게 라이벌이 없던 것은 아니지만, 마치 암스트롱이 10년 후에 그러했듯이, 이노를 쫓는다면 어느 순간엔 그가 앞으로 치고 나와서 최고의 사진을 찍을 기회를 줄 것을 생각했다. 물론 그가 다른 경쟁자를 모두 떨어트리지 못하여 누가 그 곁에 남을지를 예측할 수도 있었다.

그가 초창기 대회에서 우승하며 역사의 일부가 되자, 나는 눈앞에서 이뤄지는 전설에 더욱 매료되었다.

1979년 알프 듀에즈(Alpe d'Huez)에서 찍은 그의 사진, 1982년 술로(Soulor) 산의 아름다운 내리막길의 장면, 그리고 1985년 타임 트라이얼에서의 정말 멋진 모습은 모두 그의 선수 인생에서의 휘황찬란한 시기이었으며 동시에 내 커리어의 여명을 밝히는 사진들이었다.

그러나 내게 이노가 준 위대함을 이 사진들만으로 다 나타낼 수는 없다. 그 시절로 돌아가면, 아직은 내가 투어를 촬영하는 사진가들 중 앞에 위치하기에는 몇 년

이노가 1985년 모진-아보리아즈(Morzine-Avoriaz) 코스에서 루이스 에레라(Luis Herrera)와 경주하는 모습.

의 시간이 더 필요했기 때문에, 내가 그를 촬영한 쓸 만한 사진들은 동료가 찍은 것에 비하면 턱없이 부족했다. 이 사진들 대부분은 이노가 자전거를 타고 있든 아니든 그의 격렬한 순간을 잘 잡아냈고, 스포지 일간지인 『레퀴프(L'Équipe)』에 실리곤 했다. 내가 잡지 못한 사진들을 그곳에서 만날 수 있었다. 이노가 미셸 폴렌티에(Michel Pollentier)나 헤니 카위퍼(Hennie Kuiper)와 같은 라이벌들과 그르노블(Grenoble) 산에서 자웅을 겨루고, 르노엘프(Renault-Elf) 팀 동료인 이봉 베르탱(Yvon Bertin)과 농담하는 사진들이었다.

매우 희귀하고 인기가 있는 이노의 사진은 1984년 로랑 피뇽(Laurnet Fignon)과 대화하는 사진이다(마치 그들이 잘 지낸 것처럼 보인다). 이노가 찍힌 사진을 살펴보면 꽤나 자주 화내는 모습을 볼 수 있는데, 자신의 길을 막아선 콜롬비아 선수나 자신의 팀 동료가 생수를 가지고 오는 것을 막은 경기 운영요원에게 화를 내곤 했다. 그의 불같은 성격을 잘 보여주는 대표적인 사건은 1985년 충돌 사고로 투어에서 탈락할 위기에 놓이자 필 앤더슨(Phil Anderson)에게 항의하던 모습이다. 아마도 그는 누군가 비난할 사람이 필요했는데, 자신의 앞을 막은 여러 선수 중 한 외국인 선수를 택했는데, 그것이 필 앤더슨이었던 것이다!

이노는 프랑스에서 인기를 즐기는 동시에 이를 유지하기 위해 신경을 썼는데, 특히 외국 선수가 앞을 막으면 겁을 주곤 했다. 또한 외신을 철저히 무시하는 모습을 보이면서 열혈 팬에게는 엄청난 지지를 받았다. 이노는 당당하게 자신을 표현했고, 대신 국적과 관계없이 팬과 사진가들이 사랑할 수밖에 없는 굳건한 능력으로 이 당당함을 증명했다. 그는 라이벌에게 치욕적인 말을 하거나 만약 자신이 앞으로 나갈 수 있다는 판단이 서면 "비키지 않으면 알아서 해"라는 식으로 겁을 주며 라이벌을 제압했다.

어느 벨기에 언론은 여전히 이노가 1978년 투어에서 폴렌티에를 쫓아내는 데 손을 썼다고 주장한다. 그 벨기에 선수는 다른 선수의 소변을 사용했다가 약물 검사에 적발되었는데, 폴렌티에는 다른 모든 선수들이 같은 방법을 사용한다며, 함정이라고 주장했다. 그렇기에 무혐의가 될 수 있었지만 폴렌티에가 실제로 그 해 투어를 우승할 수 있다는 가능성과 이노가 날개를 펼치기를 기다렸던 업계의 분위기 때문에 프랑스 임원들은 꿈쩍도 하지 않았다.

1985년 우승 이후 20여 년이 흐른 지금도 이노가 귀빈을 위한 감청색 스코다

(Skoda) 자동차의 앞좌석에서 투어의 개막을 맞이하는 모습을 볼 수 있다. 분명 충분히 매력적으로 보이지만, 거만하고 남을 경멸하며 냉담한 그의 모습은 30년 전과 다름이 없다. 그렇기 때문에 아무리 여전히 당신 카메라의 대상이 되더라도 그가 "안녕하세요*(bonjour)*"라고 인사를 받기를 기대해서는 안 된다.

필 앤더슨(Phil Anderson)

투르 드 프랑스에서 5위권에 진입하지는 못했지만, 호주 출신의 필 앤더슨은 투어에서의 투쟁심 넘치던 모습 때문에 내가 가장 좋아하지만, 우승을 놓친 세 사람 중 한 명이다. 1981년 23세의 나이로 플라 다데(Pla d'Adet) 스테이지에서 맹렬하게 기세를 올리던 시절, 그는 우승자의 마이요 존느*(maillot jaune)*를 얻기 위해 오직 본인이 생각하는 최선의 노력, 즉 '어택'(역자 주: 펠로톤에서 치고 나오는 행위)을 했다.

그가 이노를 향해 어택을 한 행위는 당시만 하더라도 앤더슨을 아끼는 외신과 투어 팬을 제외하고는 모든 사람에게 범죄 행위로 취급되었다.

앤더슨은 아마도 그 열정을 과도하게 발휘하여 자신의 팀 리더인 장 르노 베르노도(Jean-René Bernaudeau)에 대한 직무를 잠시 잊었을지도 모른다. 이 순진한 행동 때문에 베르노도는 4분도 넘는 손해를 봤고, 결국 앤더슨이 이후 선수 생활 내내 자신만을 위해서 경주한다는 융단폭격 같은 비난을 받는 계기가 되었다. 하지만 이 호주 선수의 대담한 첫 등장이야말로 그동안 이노와 그를 추종하는 프랑스 언론이 보였던 우월감과 오만함을 대체할 만한 선수로 영어권 팬들에게 일생의 인기를 얻게 되었다.

1962년 앤더슨이 영국의 톰 심프슨(Tom Simpson)이 스테이지 우승으로 옐로 저지를 얻고, 전체 6위를 기록한 이래로 가장 높은 점수를 얻으며 투어에서 앞서 나가기 시작하자 영어권 팬의 투어에 대한 관심도 되살아나기 시작했다. 1982년 비록 그가 알파인(Alpine) 스테이지에서 20분 이상 뒤처지며 패했지만, 매년 우승을 위한 투지를 새롭게 불태우며 투어에 재등장했다.

시각적으로만 보면, 앤더슨은 이노보다 뛰어났다. 그의 프랑스 라이벌보다 훨씬 젊고 날카로운 투지의 몸짓을 보였고, 이노는 이를 악물고 끙끙 소리를 내는 것이 가장 격렬한 표현이었기 때문에 비교가 되지 않았다. 이노가 아무리 격렬해도, 앤더슨이 이노를 따라잡기 위해서 내는 동굴처럼 거대한 입과 상어 이빨 같은 곳에서 뿜어져 나오는 괴성은 도저히 비교가 되지 않았다. 길가에 카메라를 들고 서 있을 때 이 호주 선수를 놓친다는 것은 상상할 수 없었다. 왜냐하면 다부진 다리로 페달을 굴리고 고양이처럼 웅크린 어깨에서 뿜어져 나오는 그의 노력을 도저히 외면할 수 없기 때문이었다.

1981년 포(Pau)에서 그의 트레이드마크라고 할 수 있는 옐로우저지를 입고 경주하는 모습.

1981년에 앤더슨은 스프린트나, 타임 트라이얼이나, 잔혹한 산악 코스를 오를 때나, 아니면 겁나는 알프스 하강 코스에 상관없이 폴 포지션(pole position)(역자 주: 경기 시작의 선두)을 잡고 시작했는데, 워낙 그의 신체 능력이 눈을 사로잡아서 이후에 마이요 존느를 등에 걸친 것은 그렇게 중요한 문제가 아니었다. 그의 푸조(Peugeot)팀 저지는 흰색-검은색의 체커드 플래그 디자인으로 그의 흉곽을 더 두드러지게 했다. 1982년 앤더슨이 스테이지에서 우승하여 마이요 존느를 열흘 동안이나 계속 입어서, 사진 찍기에는 더할 나위 없이 멋져 보였기 때문에 나는 무척 행복했다.

앤더슨은 1981년 - 내게는 정말 너무나 적절한 시기 - 에 등장해주었는데, 그가 투어 우승을 위해 도전하는 수준이 되자 그 이전까지는 영미권에 존재하지도 않았던 투르 드 프랑스 사진 시장이 형성되었다.

물론 나는 투어 우승자인 이노의 사진을 찍으면 쉽게 판매할 수 있다는 사실을 알았지만, 그보다는 그가 전례 없이 마이요 존느를 차지하자 언론의 관심이 가히 폭발적이 되었기에 누구보다 그에게 감사하지 않을 수가 없었다.

앤더슨의 타고난 강인함과 성공을 위한 열망은 그가 결승선에서 한담이나 나눌 사람이 아니라는 사실이 특히 부각되었는데, 특히 그가 만족스러운 레이스를 하지 못했을 때는 그 특징이 더 도드라졌다. 내가 그에게 마침내 몇 마디를 건넬 때까지 몇 년의 시간이 필요했고, 그마저도 언론에서 피레네의 우중충한 호텔 방에서 그와의 인터뷰를 진행할 때 사진 촬영을 내게 부탁했을 때 겨우 가능했다. 희미해지는 불빛 때문에 좀 더 나은 촬영 각도를 위해 자리를 바꿔가며, 나는 그가 어떻게 프랑스인이 아닌 투어 참가 선수를 통칭하는 "외인부대(Foreign Legion)"의 챔피언이 될 수 있었는지에 대한 이야기를 들으며 그의 단호한 천성과 분위기에 최면이 걸리듯 홀려갔다. 1986년 당시만 하더라도 호주, 미국, 영국, 아일랜드, 뉴질랜드, 남아프리카공화국의 다른 외국인 선수들은 그의 발자취를 따라서 선수 생활을 이어갔다. 이 선수들 모두 앤더슨에게 조언을 받기를 원했으며, 그는 기꺼이 이에 응해주었다. 그는 여전히 투어에 대해 큰 야망을 품은 사나이였지만, 내가 느끼기에는 젊은 선수들의 길을 이끌어주는 일종의 대장 역할을 상당히 즐겼던 것 같다.

내가 앤더슨에 대해서 더 잘 알게 된 것은 몇 년이 지나서 그가 내로라할 만한 스티브 바우어(Steve Bauer), 숀 에이츠(Sean Yates), 다그 오토 라우리첸(Dag-Otto Lauritzen), 앤디 햄프스텐(Andy Hampsten), 그리고 단연 최고인 랜스 암스트롱과 함께 모토로라(Motorola) 소속으로 투어에 참가했을 때였다. 그때까지 앤더슨은 7년간 파나소닉과 TVM 소속이었는데, 두 팀 모두에서 그는 산악 코스의 달인인 로버트 밀러(Robert Millar)와 스프린트의 달인 에릭 반데르에어당(Eric Vanderaerden), 에디 플랑카르트(Eddy Planckaert), 올라프 루트비히(Olaf Ludwig) 사이에서 내분을 겪었고, TVM에서는 최악의 팀 운영으로 고생했다.

앤더슨이 겪었던 이러한 어려움은 오직 팀의 성공이라는 이유 하나만으로 모토로라 팀으로 이적하게 만들었다. 1991년 투어에서는 전형적인 그의 스타일대로, 캥페르(Quimper) 스테이지에서 우승하고 다른 선수들은 기회를 얻기도 전에 팀의 캡틴이 되었다. 하지만 그는 이제는 자신의 경험과 힘을 팀 동료와 나누는 가치를 제대로 알 만큼 성숙했다.

앤더슨은 숀 에이츠와 함께 암스트롱이 존경해마지 않던 두 선수 중 한 명이었는데, 암스트롱은 모토로라에 1992년에 입단하였다. 비록 앤더슨이 1993년에 조기 은퇴를 하면서 팀과 암스트롱은 강력한 자산을 잃었지만, 이미 그의 굳세고 간단명료한 경주와 훈련을 대하는 자세는 성숙한 텍사스 출신의 선수였던 암스트롱의 가슴 속 깊이 새겨졌다. 적어도 필 앤더슨의 아주 작은 부분은 한 챔피언이 후계자에게 일종의 유산을 전수하는 것처럼 암스트롱이 7년 연속 투어에서 우승하기 시작한 시점에 이미 그의 일부로 존재하였을 것이다.

CHAPTER

투르 드 프랑스 따라잡기

일단 투어를 따라다닐 방법에 대해 결정했다면, 그다음 질문은 어떻게 투어를 찾을 것인가 하는 부분이다. 물론 대회 자체로서의 투르 드 프랑스는 뉴스에서, 인터넷에서, 그리고 전세계 많은 신문과 잡지에 도배가 되어 그야말로 어디에나 있는 듯 보인다. 그러나 투어를 따라 다니는 일은 실제로 서커스와 같은 여행이며, 매일 밤 다른 마을로 텐트를 옮겨 다녀야 하기 때문에 전혀 다른 이야기가 된다.

2008년 랑그도크(Languedoc)에서 펠로톤이 반가운 그늘을 지나고 있다.

투어를 쫓는 팬에게 선수를 따라다니고 전략적으로 경주의 순간을 잡기 위한 계획을 짜는 것은 그다음 임무이다.

가장 먼저 할 일은 집을 떠나기 전 『투르 드 프랑스 공식 가이드북(*Official Guide to the Tour de France*)』을 구입하는 것이다. 영어, 프랑스어, 스페인어, 독일어로 출간되는데 - 『벨로 뉴스(*Velo News*)』가 북미판을, 『프로사이클링(*Procycling*)』이 영국판을, 『라이드 사이클링 리뷰(*Ride Cycling Review*)』가 호주판과 뉴질랜드판의 출판을 담당한다 - 경주를 따라다니는 데 필요한 거의 모든 정보를 담고 있다. 공식 가이드북은 투어 루트의 전체 지도는 물론, 각 스테이지의 상세한 지도, 그리고 주요 스테이지의 설명, 그리고 각 스테이지의 상세한 일정을 포함하기 때문에, 당신이 언제 어디로 가야 하는지를 알려준다. 또한 투어의 역사, 이전 대회의 우승자들, 그리고 이번 대회의 우승 후보와 각 팀의 예상 라인업에 대한 읽을거리를 제공한다.

『레퀴프(*L'Équipe*)』와 『투어 공식 가이드북(*Tour guide*)』을 구할 수 있는, 프랑스에서 흔히 볼 수 있는 신문 가판대.

다양한 통계 자료 역시 많기 때문에, 가능하다면 5월에 출판이 되자마자 구입하는 것이 좋다. 만약 프랑스에 도착하기 전에 구하지 못했더라도, 프랑스의 신문 가판대(*Presse*)에서 영문판과 불문판을 구할 수 있고, 공항이나 기차역의 신문 잡지 판매대에서도 만나볼 수 있다. 또한 매일 투어의 출발점과 종료 지점에 있는 이동식 부티크 투어 상점(Boutique du Tour shops)에서도 구입 할 수 있다. 이곳에서 구입하면, 공식 투어 프로그램을 구입할 때는 얻을 수 없던, 출발 선수들의 목록도 받을 수 있다. 이 가이드북을 철저히 읽고 누구에게도 빌려주지 않길 바란다 (아마도 7월 내내 당신의 최고의 친구가 되어줄 것이다).

이 가이드북은 좋은 지도와 함께 사용할 때 그 진가를 발휘하는데, 특히 가장 정확하고 사용하기 편한 지도는 미슐랭(Michelin)의 접이식 프랑스 지도인데, 프랑스 국토지리원(Institut Géographique National, IGN)이 제공하는 더 활용하기 용이한 지도를 구하지 못한다면 최선의 선택이 된다. IGN은 또한 프랑스 지방의 와

응원의 환호성 2004년 경주에서 두 명의 어린 투어 팬이 열광하고 있다.

인, 치즈, 특산품, 건축물을 알려주는 지도도 제공하는데, 이는 지도를 읽는 또 다른 재미를 준다.

믿을 수 있는 미슐랭 지도나 구하기 힘든 IGN 지도 가운데 무엇이 되었든지, 프랑스 전역을 보여주는 지도야말로 휴대하기 쉽고 거리에 따른 시간을 계산할 수 있기 때문에 가장 유용하다. 그러나 여행하는 방법, 얼마나 많은 투어 스테이지를 참가할지에 따라서, 좀 더 자세히 프랑스 전역을 보여주는 스프링 제본이 된 지도를 사거나, 혹은 관람하고자 하는 투어의 스테이지 지역별로 자세한 정보를 제공하는 지도가 필요할 수도 있다. 대부분의 스프링 제본 지도는 도시별 지도를 포함하기 때문에, 대도시로 진입하는 길은 물론 중소 도시로 향하는 경로를 쉽게 파악할 수 있다.

이미 무거운 짐에 무게를 더하지 않을 가장 좋은 방법은, 프랑스에 도착하자마자 이 지도를 한꺼번에 구입하는 것이다. 이 지도들은 앞서 말한 것처럼 공항이나 기차역에서 구입하거나, 시청 앞 가판대(*Presse*)에서 만날 수 있다. 그러나 좀 더 미리 준비를 하는 성격이라면, 런던의 스탠퍼드(Stanfords) 서점이나 미국의 반스앤노블(Barnes & Noble), 혹은 투어 경로가 10월경에 공개되자마자 온라인으로 지도를 구매하는 방법도 있다. 투어 웹사이트(www.letour.fr)에서는 빠르면 4월에 투어

프랑스를 벗어난 코스 2004년 벨기에 워털루(Waterloo) 전투 지역을 지나는 순간.

의 세부 일정을 업로드하여 팬이 미리 준비를 할 수 있게 한다.

지도와 투어 웹사이트, 그리고 공식 가이드북을 함께 활용하여 당장이라도 투어를 볼 수 있는 계획을 짤 수 있다. 투어 경로를 당신의 지도 위에 한 가지 색깔로 표시하고, 다른 색깔로 당신이 계획한 경로를 표시하면, 두 색깔이 만나는 지점이 그날 투어를 관람하는 지점이 된다. 투어 경로 중에서 특히 관람할 흥미가 생기는 지점을 골라보는 것도 좋은데, 유명한 강을 지나는 다리, 프로방스 지역의 마을, 유명한 저택 등이 해당한다. 투어는 작은 간선 루트(routes deartementales, 'D' 도로)를 최대한 고수하는데, 이는 투어 팬들이 주요 루트(routes nationales, 'N' 도로)를 통하거나 D 도로를 활용하여 우회할 수 있게 하는 배려이다.

하루의 투어 계획을 짜는 황금률은 최대한 간단히 계획하기다. 예를 들면, 하루에 투어를 두 번 관람하는 시도를 하지 않는 것, 그리고 투어의 출발을 보고 서둘러 그날의 경로를 따르는 것들이 그러한데, 대부분 실패하기 마련이다. 하루에 한 지점을 목표로 정하고, 그곳에 도달할 충분한 시간을 고려하여, 점심때나 늦은 아침나절

출발전 행사 거대한 크레디 리요네(Crédit Lyonnais) 은행 마스코트인 사자가 레이스 시작에 앞서 군중 앞을 지나고 있다.

정도에 도착하는 것이 좋다. 시간과 관련된 요소를 고려하면, 차를 조금 멀리 주차하고 걸어서 투어를 감상해도 좋고, 자동차 루트(*autoroute*, 'A' 도로)를 이용하려면 톨게이트(*péages*)에서 시간을 소요하지 않기 위해 우회도로를 택하는 것도 좋다. 7월의 프랑스는 관광객으로 상당히 붐비는데, 이 모든 사람이 투어를 보는 것은 아니고, 이들은 대부분 천천히 여행을 하기 때문에 우회하는 것이 좋다.

투어 루트로 진입하는 모든 도로는 호송 차량이 공식적으로 지나기 4시간 전부터 통제되기 때문에, 시간을 잘 맞추어야 한다. 시간 계산시 판단 기준은 레이스 자체가 아니라 광고 차량(*caravane publicitaire*)에 맞춰야 한다. 일단 광고 차량이 출발선을 지나면, 심지어 선수 그룹이 200킬로미터 떨어져 있다 하더라도 누구도 레이스 루트를 달릴 수 없다.

산악 스테이지

투어 루트가 지나는 산은 하루 종일 진입이 통제되기 때문에, 산악 스테이지를 보고 싶다면 하루 전에 입장하거나 전날 밤중에 도착해야 한다. 사실상 투어에서 가장 중요한 스테이지이기 때문에, 다른 모든 것을 제쳐두고라도 선수가 산의 경사로를 오르는 것을 보는 일이 가장 중요하다. 만약 산악 스테이지에서 좋은 자리를 확보하는 것이 보장된다면, 이전 스테이지를 포기하는 것도 괜찮다(이는 투어의 타임 트라이얼 스테이지에도 똑같이 적용된다).

만약 산악 스테이지를 연속해서 보려면, 훨씬 이전부터 계획을 치밀하게 세워야 한다. 이를 위해서는, 전날 투어 스테이지를 보자마자 한밤중이라도 산악 스테이지 고갯길(*col*)에 미리 도착해야 한다.

만약 클라임 결승선에서 투어를 보려면, 자전거를 타거나 걸어 올라오지 않았다면 스테이지 종료 이후에 내려가는 시간이 그렇게까지 많이 들지는 않는다. 만약, 그렇게 클라임 코스를 올라왔다면, 클라임 결승전을 보자마자 다음 산악 스테이지로 옮겨가야 하는 상황일 수 있다(예를 들면 알프 듀에즈와 같은 경우가 그렇다). 이 경우에는 계획을 미리 잘 세워서 산을 완전히 내려온 구간에서 바로 네 바퀴 운송 수단을 탈 수 있도록 중간 지점에 자전거를 세워둬야 한다. 만약 자동차를 주변에 세우고 운전하는 것보다 더 빠르게 자전거로 움직일 수만 있다면, 앞서 말한 방법을 택하는 것이 좋다. 보다시피, 이러한 상황에서는 자전거를 이용하는 것은 장점이 많다.

운전의 팁

선수들이 코스를 지나면, 자동차나 자전거로 투어 루트를 달릴 수 있는 허가가 떨어지는 데는 10~15분 정도 걸린다. 이는 마지막 예상치 못한 순간이 없음을 확인하는 데 걸리는 시간인데, 자전거 고장으로 뒤처져서 선수 행렬을 쫓는 참가 팀의 차량이나 주변 마을에 들러서 주유한 주최 측 오토바이가 없는지 살피기 위함이다. 그러나 만약 당신이 차를 멀리 떨어진 곳에 주차했다면, 오히려 이 시간 간격을 이용하여 차를 가져오고 지친 몸을 쉬게 할 수 있다.

아마 투어가 시작되고 며칠만 지나면, 당신은 어떠한 길을 이용해야 투어 루트로 제대로 가는지를 알게 되고, 투어를 전부 보고 싶은 욕망을 자제하고 우회를 해

경주로 주변의 모습 2003년 100주년 기념 투어에서 펠로톤을 응원하는 프랑스 팬들의 모습.

야 하는 순간을 알게 되며, 펠로톤이 정말 쌩하고 지나가버린 다음에 도착하는 실수를 하지 않는 방법에 대해 익숙해질 것이다.

투어 루트와 평행한 도로를 따라서 가다보면, 가끔 밝은 오렌지색의 투어 표지판이 보이는데, 이것은 투어 공식 차량을 경주 루트가 아닌 결승선으로 인도하는 표지다. 만약 당신이 길을 따라가며 이 표지판을 발견하고, 또한 당신의 앞뒤로 투어 공식 차량이 따라 붙는다면, 거의 정확한 방향으로 가고 있음을 의미한다.

외국인 운전자가 주의할 점은 가면 갈수록 프랑스에서 주유소를 찾기가 어려워진다는 점이다. 많은 지역, 특히 대도시나 큰 마을 근처에는 무인 주유소(*automatiques*)가 많다. 경제적인 이유와 더불어 강도 사건을 방지하기 위해서다. 외국인 여행객에게 어려운 점은, 오직 이곳에서는 프랑스 신용카드만 받는다는 사실인데, 프랑스가 전세계에서 가장 많은 사람들이 방문하는 나라임을 감안하면 정말 말도 안 되는 현실이다. 당신이 집에서 가져온 신용카드가 결제될 확률은 50퍼센트이므로, 미리 기회가 닿는다면 꼭 시험해보라. 특히 무인 주유소나 시골에서 시도해보길 바란다. 제발 우연이라도 '일반' 주유소를 발견할 것을 기대하지 말길 바라는데, 조금만 투어를 따라가다 보면 이런 기대는 금방 사라진다.

만약 프랑스에서 렌털을 한다면, 번호판이 60으로 끝나는 것을 알 수 있다. 이것은 당신이 어디에서 렌털을 했느냐와 상관없이 차량이 파리 북동부 와즈 지역(*Oise département*)에 등록되어 있음을 의미한다. 이것은 행정적·금전적 이유 때문인데, 프랑스의 다른 지역에 비해서 와즈 지역이 차량등록세가 상당히 저렴하기 때문이다. 문제는 60으로 끝나는 번호판 차량이 렌털 차량이며, 대부분 관광객이 타고 있음을 광고한다는 사실이다. 따라서 값비싼 물건을 노리는 도둑의 표적이 되기 쉽다. 그렇기 때문에 값비싼 물품은 트렁크에 보관해야 한다. 도둑은 별로 비싸지도 않은 물건을 보더라도 충동이 일기 때문에 차에는 어떠한 물건도 놔두고 다니지 말아야 한다.

레이스 진행을 따라가기

경험이 많은 여행객이라면 투어 관람에서 누구나 가져야 하는 중요한 속성의 변화에 잘 적응할 수 있고, 유연하게 계획하는 방법을 금방 배운다. 투어가 진행되는 것과 나란히 투어를 따르는 가장 좋은 방법은, 일간 스포츠신문인 『레퀴프

운전 용어

Cédez le passage/cédez la priorité: 일단 정지

Priorité à droite: (교차로에서) 우측에서 오는 차량의 우선권

Vous n'avez pas la priorité: 진입 금지

Rappel: 표지판 준수

Vitesse limitée: 제한 속도

Doublage interdit: 추월 금지

Par temps de pluie: 우천시

Rue piétonne: 보행자 도로

Sauf riverains: 지역 주민만 통과 가능

Stationnement interdit/parking interdit: 주차 금지

Parking payant: 주차 요금

Parc de stationnement: 주차장/주차 지역

Garage couvert: 실내 주차장 있음

Sens interdit/entrée interdit: 출입 금지

Voie sans issue: 출구 없음

Sens unique/voie unique: 일방통행

Route fermée: 폐쇄도로

Déviation: 우회로

Allumez vos feux: 헤드라이트를 켜시오

Entrée: 입구

Sortie: 출구

Sortie des camions: 트럭 출구

Station de service: 주유소

Aire/Aire de repos: 휴게소*(autoroutes)**

Péage: 톨게이트

Télépéage: 하이패스

뒷면 계속 》》

> Cartes bancaires: 신용 카드로 결제 가능한 톨게이트
> Manual: 현금 결제 톨게이트
> Toutes directions: '모든 방향'(한 지역을 빠져나가는 길, 곧 다른 지역의 표지판 등장)
> Autres directions: '다른 방향'(해당 표지판의 지역을 제외한 지역을 향함)
> * 프랑스 고속도로(autoroutes)에는 두 가지의 휴게소가 있다. 테이블과 화장실 정도만 있는 곳, 그리고 주유소, 음식, 임시 숙소, 자동차용품을 구비한 곳이다. 만약 낮잠을 자려면 전자가 덜 붐벼서 좋지만, 사고를 피하기 위해서는 모든 것이 구비되어 있고, 여행객이 많은 후자가 더 낫다.

(L'Équipe)』의 투어 정보를 파악하는 것이다. 매일 아침 각 지역의 신문 가판대에서 구입할 수 있는『레퀴프』를 샅샅이 뒤져서 투어의 진행 상황에 맞게 당신의 계획을 재수립 할 수 있다. 만약, 미국, 영국, 호주 선수가 만에 하나라도 마이요 존느를 입었다면 계획을 수정하여 스테이지 출발선에서 그 선수가 즐거워하는 표정을 보는 것이 경주 중간에 펠로톤이 순식간에 쌩하고 지나가는 것을 스쳐 지나듯 보는 것보다 훨씬 낫다. 이와 같이, 만약 당신이 가장 좋아하는 선수가 마이요 존느를 따내기 일보 직전이거나 스프린트 점수로 마이요 베르(Mailot Vert, 스프린트 종합 점수 1위에게 주어지는 녹색 저지)를 얻을 수 있는 순간이라면, 다음 날에는 스테이지의 결승선으로 미리 이동하여 이 광경을 관람할 수 있다. 혹은 아예 스테이지 전후에 참가 팀이 묵는 호텔을 방문할 수도 있다.

『레퀴프』는 매일 아침 투어 관련 소식을 12쪽에 달하는 지면을 할애하여 뉴스와 사진으로 채우므로, 비록 당신이 모든 것을 이해하지 못하더라도 상당히 귀중한 정보가

투어의 한 지점에서 한 팬이 지평선을 바라보며 선수들을 기다리고 있다.

투어 기념 축포 2007년 덩케르크(Dunkirk) 근처에서 투어 스테이지를 기념하여 발포하는 장면.

된다. 랩톱 컴퓨터로 인터넷에 접속하는 것은 좋은 대안이다. 도움이 되는 관련 정보를 영문으로 찾을 수 있으므로 여유가 있다면 랩톱을 가지고 다니는 것을 고려해보자.

주변 여행

프랑스에서는 여름에도 운전하는 일이 즐겁다. 다만 투르 드 프랑스를 보러 온 수많은 인파와 섞이다보면, 이곳에서 운전하는 일은 일종의 도전이 된다. 약 4년 전, 프랑스 정부는 투르 드 프랑스와 같은 행사를 유지하는 데 필요한 경찰 조직을 신설했다. 이 경찰들은 아직 미숙해보이지만, 실제 경찰들과 같은 훈련을 받고, 권총을 소지하며, 해결해야 하는 일이 있다면 모든 수단을 다해서 해결하려 노력한다. 투어 루트에서는 500미터마다 이 경찰들이 보이고, 다른 일반 경찰은 주요 교차로에 위치한다.

경찰의 지시는 꼭 준수해야 한다. 프랑스에서는 이들이 법이고, 그들에게는 어떠한 논쟁도 이길 수 없으니 시도조차 하지 않는 것이 현명하다. 대부분의 경찰은 영

2004년 투어, 파리에서 3,016km 떨어진 지점에서 투어의 팬들이 선수들을 기다리고 있다.

어를 구사한다. 따라서 문제가 생기면 그들에게 도움을 쉽게 청할 수 있다.

경찰은 교통법규에 대해서는 철저한데, 특히 과속에 대해서는 약간의 융통성도 기대할 수 없다. 속도를 신경 쓰지 않고 프랑스 시골길을 달리던 일은 옛일이 되었다. 마을에서 제한 속도보다 시속 10km(대부분 시속 50km가 제한 속도임) 이상 빠르게 달리거나, 일반 도로(시속 90km가 제한 속도임)에서 똑같은 행위를 하면, 곧바로 쫓아와서 벌금을 부과한다. 좀 더 심한 교통법규를 어기면 경찰서로 가게 된다. 이곳에서 면허증을 압수하고 본국 경찰서로 보내버리기 때문에, 사실상 다른 사람이 운전할 수 없다면 차를 이용한 여행은 끝났다고 봐도 무방하다.

길가에서

수많은 난관과 계획을 거쳐서, 당신은 마침내 투어를 두 눈으로 목격하게 될 것이다. 그렇기 때문에, 일단 당신이 택한 투어 루트의 길가에 자리를 잡고나면, 진정한 팬의 의무를 다하기 위해 지나는 모든 선수들을 향해 환호를 보내야 한다. 다행이도, 투어의 광고 차량(*caravene publicitaire*)은 길가에서 투어를 관람하는 팬의

엉덩이 노출   프랑스 청소년 팬들이 2004년 투어에서 선수들에게 독특한 의식으로 "경례"를 하고 있다.

열기를 돋우는 역할을 한다. 약 5킬로미터 정도 앞서 특이하게 생긴 차량, 오토바이, 트럭들이 약 한 시간 후에 도착할 선수들을 앞서 지나가며 본 행사 전에 다양한 즐거움을 제공한다.

　소방관이 물벼락을 내릴 수도 있고, 전문 댄서가 자이브를 추는 것을 볼 수도 있다(대체 어떻게 3주 내내 몸을 그렇게 흔들어댈 수 있는 걸까?). 혹은 열쇠고리, 호루라기, 차광모와 같은 작은 선물을 받을 수도 있다. 가끔은 투어 의료팀이 선크림을 던져주기도 한다.

　실제로 즐거움의 절반은 관중 스스로 만들고, 이러한 즐거움은 독특한 분위기를 형성하여 몇 번이고 계속해서 경험하고 싶어진다. 뭐랄까, 프랑스 팬이 바지를 내리고 선수들에게 엉덩이를 보여주거나, 닭이나 카우보이·악마·부활절 달걀 복장을 입는다 해서 꼭 그대로 따라할 필요는 없다. 그러나 적어도 그들의 유쾌한 장난을 보며 즐길 수 있고, 만약 좀 지루하다면 선수들뿐만 아니라 오토바이를 타고 촬영하는 사진가를 응원할 수도 있다(우리 사진가들은 그런 응원은 언제든 환영이다).

투르 드 프랑스의 전설들

로랑 피뇽(Laurent Fignon)

텁수룩한 금발머리, 뿔테 카르티에 안경, 접시 모양의 푸른 눈을 가진 로랑 피뇽(Laurent Fignon)은 전형적인 투르 드 프랑스 사이클리스트처럼 보이지는 않는다. 정말로 그는 사이클리스트 이미지와는 거리가 멀다. 하지만 이 세련된 파리 출신 선수는 1983년과 1984년 투어에서 우승했고, 5년 동안의 베르나르 이노의 시대를 계승하며 프랑스의 아이콘으로 떠오르며 투어에서 인기를 구가했다.

1983년 피뇽은 이노가 부상으로 빠지고, 또 다른 선수인 파스칼 시몽(Pascal Simon)이 마이요 존느를 이미 입은 상태에서 어깨 부상으로 중간에 이탈하면서 순항했다. 피뇽은 그저 산악 스테이지에서 뒤를 따르면서 시몽이 알프 듀에즈에서 포기하는 것을 기다리면 됐다. 그는 경주 마지막 전날 타임 트라이얼 스테이지에서 승리하며, 스페인의 앙헬 아로요(Angel Arroyo)를 간발의 차로 따돌리고 종합우승을 지켜냈다.

이듬해 투어는 전혀 다른 양상이었는데, 프랑스 팬은 피뇽이 다섯 개의 스테이지에서 우승하고, 아직 부상에서 회복 중인 이노에게 무려 10분 이상의 격차를 보이는 모습을 열광적으로 지켜보았다. 프랑스 전역이 반으로 쪼개져서, 한 편은 도시 깍쟁이인 피뇽을, 다른 한 편은 시골 출신 이노를 응원했다고 하더라도 과언이 아니었는데, 그들의 경쟁은 그만큼 매력적이었다. 그 당시에는 아무도 몰랐지만, 그 이후로 프랑스인은 이러한 걱정을 할 필요가 없었는데, 다음 대회부터는 미국-아일랜드-스페인-덴마크-독일-이탈리아-미국-스페인 선수들이 연속으로 우승했기 때문이다. 그렇기에 많은 프랑스인이 피뇽의 분투가 이어지지 못한 사실을 아쉬워했다.

피뇽은 더 많은 우승을 위해 노력했지만 부상을 비롯해 수많은 인성 문제가 그의 인생 최고의 순간에서 빠르게 나락으로 떨어지게 만들었다. 그는 두 번의 우승으로 오른 스타덤에서 너무 거만한 모습을 보였고, 언론은 그가 나락으로 떨어지자 그

로랑 피뇽이 1989년 파리 스테이지에서 8초 차이로 패하여 절망하는 모습.

를 한순간도 가만히 놔두질 않았다. 그가 비교적 젊은 24세의 나이에 탈모가 진행되었던 사실은 오히려 파파라치에게 더 좋은 먹잇감이 되었다(그는 1987년 모발 이식을 받았다).

1989년의 피뇽은 새로운 아방가르드한 포니테일 헤어스타일로 기억되며, 언론의 관심에도 잘 대처하는 듯이 보였다. 그는 시즌의 개막을 알리는 밀란 산레모 원데이 클래식(Milan-San Remo One-day Classic)(역자 주: 밀라노에서 출발하여 산레모에서 끝나는 스프린트 대회)에서 우승하였으며, 지로 디탈리아(Giro d'Italia)(역자 주: 투르 드 프랑스와 비슷한 대회로 1909년에 시작되었으며, 이탈리아를 약3주간에 걸쳐 일주하는 자전거 대회)에서는 대단한 침착함과 함께 전력 질주를 보여주었다. 하지만 비극적이게도, 경이로운 실력의 그레그 르몽드(Greg LeMond)를 투어에서 만나, 결국에는 그 유명한 베르사유(Versailles)와 파리의 타임 트라이얼에서 패하며 우승을 놓쳤다. 피뇽은 15초를 앞선 상황에서 마지막 날을 맞이했지만, 타임 트라이얼에서 8초를 뒤지며 대회 역사상 가장 근소한 차이로 패하고 말았다.

나는 그가 샹젤리제에서 두 손으로 머리를 감싸고 눈물을 흘리는 모습을 아주 가까이에서 찍었는데, 마치 그 순간에는 그가 자살을 할 수도 있겠다고 생각했다. 다행히도, 그는 불굴의 용기를 보이며 자부심과 위엄을 되찾았고 레이스를 이어갔다. 그는 심지어 몇 년 후에는 르몽드와 상당히 다정한 사이가 되었다.

피뇽과 같은 캐릭터는 사진가의 커리어에서 만나기 어렵다. 가끔 우리는 스타덤보다는 오히려 그들의 감정이나 신비로움에 끌리기도 하는데, 피뇽은 고뇌하는 젊음과 감정의 변화를 잘 보여주었다. 그는 위대한 선수이기도 했지만, 그가 매력적으로 느껴지는 부분은 오히려 그의 나약함이었다. 파란만장하며, 끈질기고, 독선적이고, 짜증을 잘 내고, 투지가 넘치고, 종종 미친 듯이 보이는 피뇽을 향하는 카메라 렌즈는 정말 언제 어디서나 그를 향했고, 나는 스테이지 중간에 그가 던지는 물병(bidon)이 내가 있는 곳이 아님을 다행히 여겼다. 비록 내게는 침을 뱉지 않았지만, 피뇽은 파리 주재 사진사가 카메라를 들이대는 것에 화가 치밀어 오르자 그에게 침을 뱉었다.

그에 대한 좋은 기억은 대부분이 경기 내적인 요소인데, 그가 투어를 지배했던 1984년부터 나는 멋진 사진을 찍을 기회가 엄청 많았다. 피뇽은 그리고 몇 년간의 안 좋았던 평가를 뒤집고 다시 명성을 회복하기 위해 고군분투하였고, 1992년 투어 마지막 발롱 달자스(Ballon D'Alsace) 스테이지에서 상대를 꺾기 위해 단독 질주하는 장면은 내 경력에 있어 가장 손에 땀을 쥐게 하는 장면으로 남아있다.

아마도 이 장면은 만약 피뇽이 1989년 투어에서 우승했다면 그만큼은 긴장하지 않았을 것이다. 정말 그 해 투어에서 그는 우승할 자격이 있었지만, 물론 르몽드도 그럴 자격이 충분했으므로 결국 르몽드가 우승했다. 정말 그때는 공동 우승을 수여했어야 한다고 생각한다.

스티븐 로시(Stephen Roche)

스티븐 로시(Stephen Roche)의 1987년 투르 드 프랑스 우승을 압축하여 보여주는 한 장의 사진이 있는데, 라플라뉴(La Plagne)에서 이 아일랜드 선수가 쓰러져서 산소마스크를 착용하고 있는 사진이다. 그의 눈은 게슴츠레하고 풀린 상태였고, 나중에 실정을 듣지 않으면 마치 그의 투어 우승을 향한 노력이 끝나버린 것같이 보이는 순간이었다. 로시는 선두인 페드로 델가도(Pedro Delgado)를 쫓아 15킬로미터 클라임 코스를 오르면서 산소 부족에 빠졌는데, 사실 그날 투어 우승이 결정된 것과 다름이 없었다. 1분 이상의 격차를 좁히며 페드로에게 4초 뒤지며 결승선을 통과했다.

라플라뉴 일화는 9장으로 된 대하소설에서 7장 가량 되는 부분인데, 이는 로시가 스테이지 10에서 델가도를 2분 29초로 따돌리며 시작되었다. 로시는 사흘 후 타임 트라이얼에서 승리를 거두며 마이요 존느를 쟁취했다. 이들의 싸움은 수백만 명의 투어 팬을 열광시켰는데(비록 대부분의 프랑스 팬은 로랑 피뇽이 프랑스에 승리를 가져다주길 원했지만) 델가도는 클라임에서 시간을 벌었지만, 다운힐과 타임 트라이얼에서 시간을 잃었다.

로시가 트리플 크라운을 달성한 1987년, 알프 듀에즈(Alpe d'Huez)를 향해 어택하는 장면.

    로시가 만약 라플라뉴에서 정말 자신의 한계를 시험하는 용기가 없었다면, 투르 드 프랑스에서 아일랜드 선수가 우승하는 일은 없었을 것은 자명했다. 내 생각에는, 내가 봤던 투어들 중 가장 관심이 집중된 투어였다.

    로시를 포착한 대부분의 사진은 마지막 타임 트라이얼에서 델가도를 따라잡기 위해 몇 초라도 시간을 단축하려 최선을 다하는 모습들이다. 비록 그가 스페인 선수와 계속해서 경쟁하며 굉장히 애를 써서 그리 잘생긴 모습으로 사진에 찍히지는 않았지만, 로시는 남들이 그저 버리는 시간과 에너지까지 잘 계산하여 최선의 레이스를 진행할 정도로 다른 라이벌에 비해 영리한 모습을 보였다.

    그는 또한 두 다리의 평정심을 유지할 신체 능력이 있었으며, 자신의 적을 친구로 손쉽게 만드는 묘한 매력을 지녔다. 그는 미디어와도 좋은 관계를 형성하였고, 미디어는 그에 대한 특별한 이야기를 보도해주었다. 이는 로시를 늘 애깃거리가 있는 강인한 선수의 이미지로 만드는데 도움을 주었다.

    나는 그가 어느 정도는 영악한 면이 있음을 알고 있었는데, 이는 그가 1987년 지로 디탈리아에서 논란 많은 우승을 하는 모습을 목격하며 알게 되었다. 그는 자신의 팀 리더인 이탈리아 선수 로베르토 비센티니(Roberto Visentini)와 경쟁하고 있었는데, 로시는 카레라(Carrera) 팀 저녁 식사 자리에서 그와 다투기도 했다. 며칠 후, 비센티니는 충돌 사고를 당하고 이 모든 것에 환멸을 느껴 대회를 포기했다. 반면 로시는 지로 디탈리아 대회 때 대부분의 시간을 자신의 방문을 걸어 잠근 채 자신의 식단을 줄줄이 꿰는 트레이너(*soigneur*)가 준비한 식사를 따로 하며 보냈다.

로시는 자신의 팀 메이트나 호텔 주방장이 혹여나 해로운 음식이나 금지 약물을 넣을지도 모른다고 생각했는데, 이러한 조심성은 실제 성과를 거두었다. 그 결과 그는 더 굳건하게 되어 어렵게 얻은 지로 디탈리아 트로피를 자기 주변 사람들이 모두 질투하게 만들며 프랑스로 돌아왔다. 그리고 1987년, 그를 막을 수 있는 사람은 아무도 없었다.

로시는 1987년 말 펠로톤의 절대적인 리더였고, 이듬해 여름 트로피를 추가했다. 그러나 그 이후로는 이전과 같은 강력한 모습을 보이지 못했는데, 세계 정상급의 실력을 회복하기 위해 고군분투했다.

그는 1988년 무릎 수술로 대회에 참가하지 못했고, 1989년에는 순위권에도 들지 못했다. 1990년 투어에서는 44위라는 낮은 순위로 마감하며 전성기에서 빠르게 내려왔다. 최악의 순간은 1991년 투어였는데, 그의 팀이 타임 트라이얼 스테이지에 참가 중일 때, 그는 복통 때문에 화장실에 있었다. 결국 36km의 코스를 혼자 달린 끝에, 로시는 14분 손해를 보았고 그걸로 그해 투어 역시 끝이었다. 마침내 그의 커리어에 종지부가 온 것일까? 아마 그 정도는 아니었을 것이다. 그러나 로시는 분명히 은퇴를 원했고, 1987년 트리플 크라운으로 올라간 기대와 많은 부는 그가 제대로 훈련하고 레이스를 할 수 있는 능력 자체를 갉아먹었다.

이듬해인 1992년 로시는 사람들에게 다시 제대로 존경을 받으며 은퇴하기 위해 그가 1987년 트리플 크라운을 함께 달성했던 카레라 팀에 다시 합류했다. 그가 쟁취하려는 목표는 스테이지 16이었고, 실제로 그는 해당 스테이지였던 마시프 상트랄(Massif Central)에서 우승했다.

그러나 그는 아홉 번째 투르 드 프랑스 참가를 끝으로 은퇴했다. 나는 이듬해 그가 펠로톤에 은퇴 인사를 하기 위해 마지막으로 참가한 샤토시농(Château-Chinon)에서 개최된 크리테리움(Criterium)(역자 주: 일반 도로를 코스로 하는 자전거 경기)에 초대한 여러 지인들 중 한 명이었다. 그는 이 레이스에서 우승했는데, 나는 이것을 떠나는 그를 위해 지인들이 준비한 선물로 생각했는데, 놀랍게도 이들 대부분은 이탈리아 사람이었다.

CHAPTER

프랑스의 풍미

당신이 몇 개의 스테이지를 볼 시간밖에 없든, 긴 휴가를 보낼 수 있든지간에, 투르 드 프랑스를 프랑스라는 나라와 분리할 수는 없다. 프랑스의 열정은 투르 드 프랑스의 개성, 특징, 구경거리, 아주 정확한 규칙성, 그리고 경주 중에 자주 벌어지는 변덕스러움으로 느낄 수 있는데, 실제로는 투어는 백여 년 동안 투어를 성장시켰던 프랑스인과 닮아 있다. 어떠한 상황에도 투어 방문에 최고의 의미는 이를 만들어온

2007년 오트 피레네(Hautes-Pyrénées)에서 투어에 바치는 세레나데를 연주하는 아코디언 연주자.

63

사람들과 프랑스의 자연을 느끼는 일이다. 그렇기 때문에 영리한 여행객이라면 누구나 프랑스에서 보내는 시간의 대부분을 단지 투어 관람에만 사용하는 것이 아니라, 세계 어느 곳과도 다른 프랑스만의 문화를 감상하며 보낸다.

프랑스 사람들

프랑스를 방문할 준비를 하는 간단한 방법은 유럽 지도를 보며 프랑스가 얼마나 지정학적 위치에 의해 큰 영향을 받아왔는지를 보는 것이다. 64만 4000km^2에 달하는 거대한 국토는 유럽의 남과 북 한가운데에 위치하며, 다른 유럽 국가보다 대서양을 가장 넓게 접하고 있다. 그 결과, 프랑스는 국토의 위치 때문에 다양한 기후 조건을 가지며, 북쪽의 차가운 이웃들과 남쪽의 좀 더 변덕스러운 이웃에게 영향을 받아서 정말 다양한 종류의 문화를 갖고 있다.

프랑스의 인구구조는 다른 서방 국가보다 복잡하고 파악이 어려운데, 이는 북서 아프리카, 카리브 해, 인도차이나 반도에서 밀려들어온 식민지 이민자와 프랑스에서 자라 조국을 너무나 사랑하는 토박이들이 섞이기 어렵기 때문이다. 프랑스가 언제나 사회, 정치 사안을 두고 내부적으로 불협화음을 빚어왔다는 사실은 놀랄 일이 아닌데, 이러한 신구 문화의 혼합은 오히려 오늘날 프랑스에서의 생활에 큰 매력으로 다가온다. 세상이 상전벽해로 변하는 동안 프랑스는 오히려 그들의 역사와 문화에 대한 자부심으로 고립되어 갔다. 그러나 프랑스의 청년들은 바깥세상의 새로운 이미지를 프랑스에 들여왔다. 그렇기 때문에 프랑스가 금융업, 전자공학, 항공산업에서 세계 정상인 것은 그럴만한 이유가 있다.

이러한 프랑스에 대한 자세한 정보는 오히려 여행객이나 투어팬에게는 불필요할 수도 있다. 실제로 여행을 잘하는 가장 확실한 방법은 그 지역 사람들이 어떻게 생각하고, 또 나아가 어떤 삶을 사는지를 이해하는 것이다. 물론 프랑스의 카페나 레스토랑에서 프랑스어 몇 마디를 하거나 시골 마을의 작은 빵집에서 쇼숑 오 폼므 (*Chausson aux pommes*) - 얇게 벗겨지는 맛있는 반죽 안에 놀라운 애플파이가 들어있는 케이크 - 를 즐기는 데서 그칠 수도 있다.

하지만 당신은 바에 딱 붙어 있고 다른 프랑스 사람들은 술을 잘 마시고 있는데도, 바텐더가 왜 주문을 받는데 20분이나 걸리는지를 이해해야 한다. 그 바텐더는 다른 사람들에게 자신이 얼마나 뻔뻔스럽게 외국인을 무시하는지를 보여주고 싶은

투어 댄스　2008년 알프 듀에즈(Alpe d'Huze)스테이지에서 알록달록한 드레스를 입은 여인들이 투어에 춤으로 인사를 하고 있다.

것이다. 프랑스에서 빵집 카운터에 있는 아가씨보다 더 친절한 사람은 없을 것이다. 그러나 그럼에도 왜 그녀가 당신이 앞줄에 서 있는데도 뒷사람부터 먼저 계산을 하는지 알아야 한다(이것은 매우 간단한 이유인데, 그녀는 당신이 하루에도 두 번씩 바게트를 사러 오는 단골과는 달리 다시는 이 동네에 오지 않을 것을 잘 알기 때문이다). 무엇보다도, 당신은 도대체 왜 웨이터가 그토록 친절하게 세 가지 코스를 빠르게 가져다놓는 것과는 다르게, 계산서(l'addition)를 가져오는 데는 40분이나 걸리는지에 대해서 알 필요가 있다. 이건 정말 다른 설명이 필요없다. 프랑스 사람은 음식을 급히 내는 것을 싫어하고 몇몇 웨이터는 정말 오만하기 짝이 없기 때문이다.

　다른 부분은 당신을 짜증나게 하거나 기쁘게 만들 수도 있는데, 프랑스인의 행동에는 별다른 논리가 없음을 알아차리게 되면, 실제 프랑스인의 모습이 얼마나 놀랄 만한지를 다시 한 번 알 수 있게 된다. 어떤 상황에서 당신은 프랑스 사람에게 길을 묻거나, 뭔가 잘못 되었을 때는 도움을 요청해야 한다. 프랑스 사람은 여행자를 돕는 일에 상당한 자부심이 있기 때문에, 만약 당신이 그들이 당신에게 건네는 말의 미묘한 차이를 이해한다면 충분한 도움을 받을 수 있다.

물론 일단 당신에게 말을 걸었을 때 해당하는 말이다. 시골에서는 당신이 건네는 질문에 대한 첫 반응은 어깨를 으쓱 하는 것이 대부분이다. 이를 액면 그대로 거절(Non!)의 의미로 받아들이면 안 되는데, 왜냐하면 당신이 질문한 순진한 상대는 제대로 대답하기 위해 생각 중일 수 있기 때문이다.

그 대상은 보졸레(Beaujolais)로 진입하는 입구에서 당신의 고장 난 차를 보고 서성이던 얼룩투성이 골루아즈(Gauloise) 담배를 입에 물고 주름이 가득한 이마를 가리는 베레모를 쓴 모진 풍파를 이겨낸 농부일 수도 있다. 언뜻 보기에는 별 도움이 되지 않거나, 심지어 아예 가망이 없어보이기도 하지만, 그가 별다른 대가를 바라는 것이 아니라 그저 당신의 웃는 얼굴을 보기 위해 곧바로 자동차 후드를 열기 위해 옥신각신을 하는 천사였음을 알게 된 순간 당신은 자신이 틀렸음을 알게 된다.

보디랭귀지는 가장 이해하기 어려운 언어이기에, 프랑스 사람이 제스처를 하고, 입을 이죽이고, 어깨를 들썩이는 순간, 당신은 더 큰 어려움에 빠지게 된다. 여기서 영어를 한답시고 알아들을 수도 없는 억양을 쓰거나, 머리만 까딱이거나, 주머니에 손을 넣고 있는 자세는 전혀 도움이 안 되는데, 이 모습을 본 프랑스 사람은 피가 거꾸로 솟을 것이 자명하기 때문이다.

기분이 가장 좋을 때조차 늘 반항적인 성격의 프랑스 사람은 논점을 흐리고, 토론을 한 시간짜리 논쟁으로 바꾸고, 우위를 점할 수 있다면 어떠한 수단이라도 사용하여 상대를 절망시킨다. 그렇기에 단지 오늘은 선수들이 이 스테이지에 언제 도착할지에 대한 간단한 질문에 과장된 제스처가 돌아와도 놀라지 않길 바란다. 그냥 그는 당신을 놀리는 것뿐이다! 혹은 단지 투르 드 프랑스와 그에 따르는 자신의 평범한 하루를 뒤흔드는 변화를 싫어하는 것이다.

프랑스 사람은 당신이 그들을 싫어하게 만드는 데는 아주 전문가다. 그럼에도 그들이 당신에게 미움 받기를 원하는 것은 아니고, 단지 이는 그들이 점점 더 발 디딜 곳이 적다고 느끼는 세상에 대한 방어 기제다. 내가 어색한 순간을 맞이할 때면

(위) 2006년 투르 드 프랑스 노변에 자리를 차지한 시트로엥(Citroën) 구형 모델. >>
(아래) 2002년 노르망디(Normandy) 마을 주민이 레이스를 기다리고 있다.

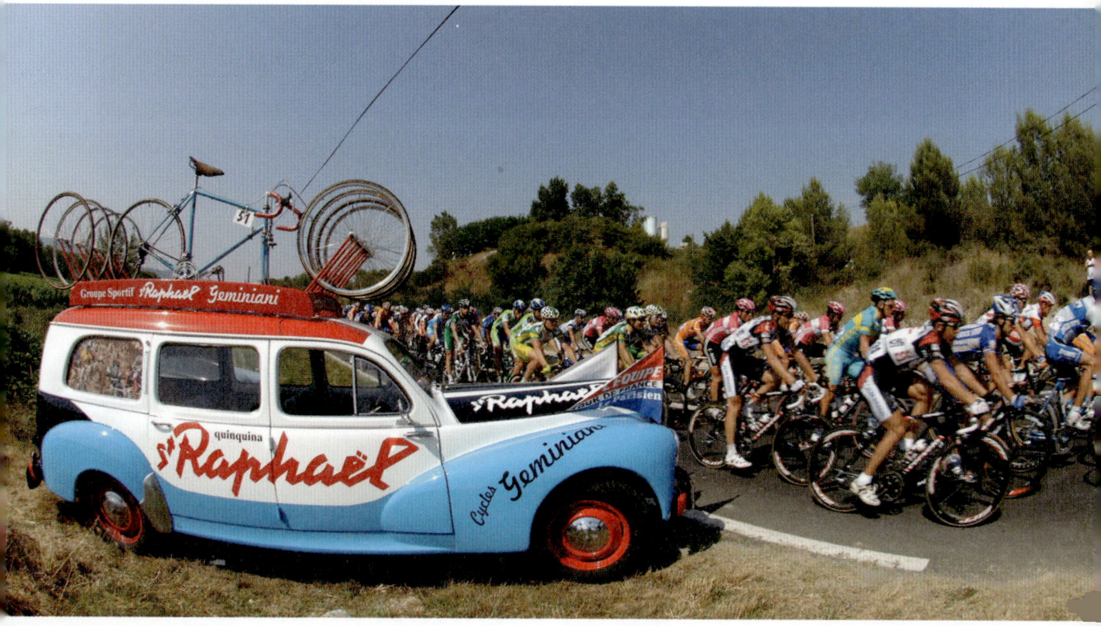
Groupe Sportif St Raphaël Geminiani
quinquina
St Raphaël
Cycles Geminiani

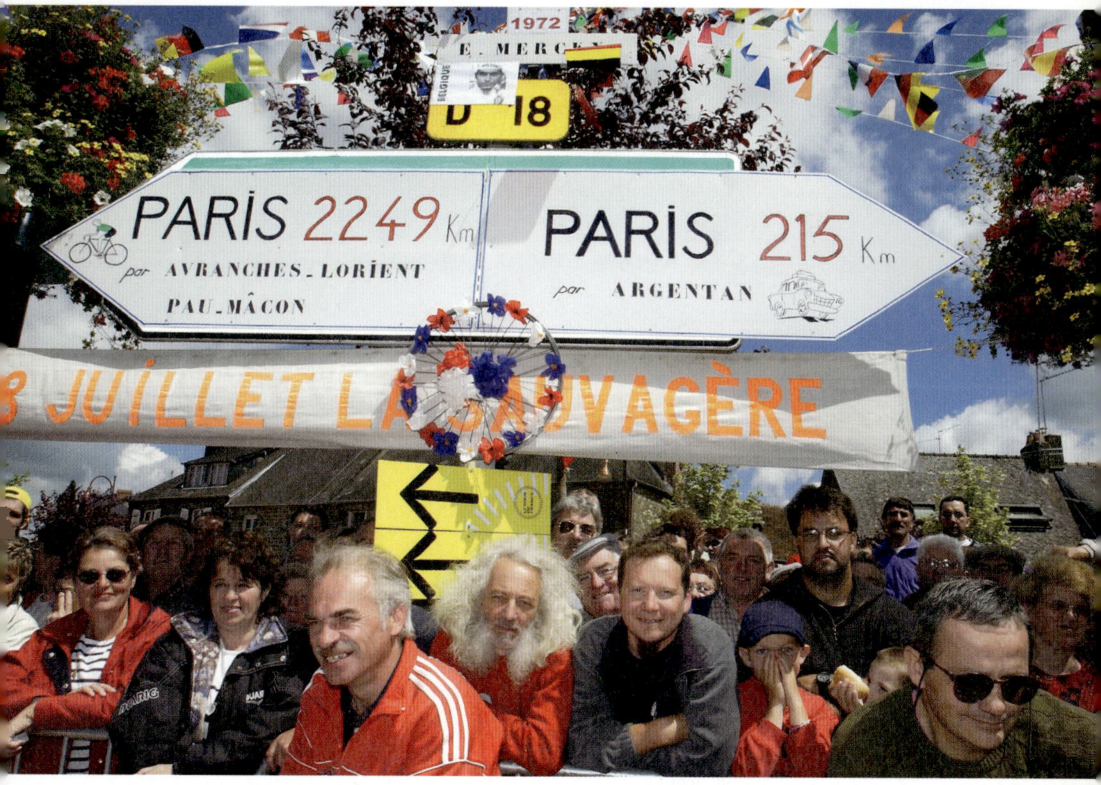
1972
D 18
PARIS 2249 Km
par AVRANCHES - LORIENT
PAU - MÂCON
PARIS 215 Km
par ARGENTAN
JUILLET LA SAUVAGÈRE

2004년 리무쟁(Limousin)을 지나는 투르 드 프랑스.

언제나 나는 영어 어휘의 40%가 프랑스어에서 왔고, 내가 프랑스 사람이라면 영어가 서구에서 가장 중요한 언어로 여겨지는 사실이 정말로 절망스러울 것이라고 말한다.(역자 주: 저자가 설명한 프랑스 사람들이 퉁명스러운 이유는 대부분 '영어권' 여행자에 대한 적대감이 기반이 되었다는 뉘앙스를 읽을 수 있다. 왜? 저자가 영국 사람이기 때문이다)

프랑스어

프랑스를 여행하기 전에 프랑스어를 약간이라도 배웠거나, 매년 익숙해진 프랑스어 발음으로 프랑스를 방문하는 사람이라도 일단 공항에 도착하자마자 한 마디도 알아들을 수 없는 것 같은 상황은 무척 소름끼치는 경험이다. 이는 프랑스 사람이 당신을 이해하지 못해서가 아니라 - 아무리 당신과 대화하는 프랑스 사람이 전형적인 프랑스 사람의 어깨 으쓱거림과 눈썹을 까딱거리며 당신을 불안하게 하더라도 - 이는 프랑스 사람이 사용하는 대부분의 어휘가 당신의 영어-프랑스 회화집이나, 지난 겨울 비싸게 산 녹음 어휘집에는 없기 때문이다.

물론 제대로 된 프랑스 사람은 당신이 신경 써서 공부한 것과 같은 프랑스어를 사용하지만, 그다지 많지는 않다. 일상 대화를 할 때 프랑스 사람 대부분은 은어를 엄청나게 사용하는데, 보통명사는 은어로 대체되고, 단어를 마음대로 줄이기도 하며, 아예 방언을 쓰기도 한다. 그렇기 때문에 당신이 프랑스어를 제대로 말하려는 노력은 당신이 알아챌 사이도 없이 수포로 돌아간다. 물론 관광객의 돈으로 생계를 이어가는 서비스업종의 사람은 당신의 질문과 요구에 아주 모범답안 같이 반응하지만, 반대로 당신이 아쉬워서 때때로 길을 물어야 하는 현지인에게 이러한 모습을 기대하기는 어렵다.

　일상의 프랑스 은어는 마치 디킨슨 소설에 나오는 런던 토박이 말투처럼, 대통령부터 길거리 환경미화원까지 사회 각 계층의 사람마다 다르게 사용한다.

진정한 프랑스 　루아르(Loire) 계곡의 르 뤼드(Le Lude)를 지나는 투어로 가장 프랑스적인 모습이다.

> ### 변형된 프랑스어 이해하기(여행 팁)
>
> 프랑스에서 길을 물으면, 당신은 종종 *borne*("bonne"으로 발음이 되는) 단어를 대답으로 듣곤 할 것이다. 엄밀히 말하면 은어가 아닌 이 단어는, 프랑스 도로에서 거리를 나타내는 노란색/흰색 표석의 이름이다. 이런 이유로, 프랑스 사람은 거리를 *cent*(100), *bornes*(100km), *vingt-cinq*(25) *bornes*(25km) 등으로 표현한다.
>
> 같은 방법으로, 돈에 대한 질문 역시 유로(Euro) 대신 발*(balles)*을 사용한 답변을 한다. *Balle*("barl"로 발음되는)은 프랑스 프랑의 오래된 은어인데, 아직도 *cent balles*(100유로), *vingt-cinq balles*(25유로) 등으로 사용된다. 당신이 길을 잃었거나, 배가 고프거나, 기름이나 돈이 떨어졌을 때 불안해하며 프랑스 사람에게 말을 걸면, "*Ah bon?*"이라는 대답이 돌아오는데 이는 오히려 외국인을 더욱 당황시킨다. 마치 당신이 곤경에 빠진 것을 비웃으며 "Oh, good?"이라고 말하는 것 같지만, 실제로는 "Oh, really?"라는 뜻으로 걱정을 건네는 의미다. 그렇기 때문에 종종 이런 말을 들었을 때도 화를 내면 안 된다.

실제로, 오직 프랑스어 은어만 모아놓은 사전이 있을 정도이다. 이러한 은어의 부정적인 면을 제외한다면 오히려 긍정적인 부분을 얻을 수 있는데, 이러한 은어 중 몇 개를 배워놓으면 당신에게 단단히 닫혀 있는 문이 열리기 시작한다. 예를 들면, 은어를 배워두면 바에서 술을 주문할 때 마치 진짜 프랑스 사람처럼 대접받을 수 있다. 레드 와인 한 잔을 주문할 때, "*verre du vin rouge?*(적포도주 한 잔?)" 대신 "*pinard*(대중적인 적포도주) 한 잔?"을 프랑스 사람처럼 주문해보는 건 어떨까? 프랑스 사람은 개*(chien)*에 대한 아주 특별한 애착이 있어서, 자신의 개가 조금이라도 작으면 남들에게 보여주길 부끄럽게 생각한다. 이럴 때 이런 작은 개 주인과 대화 할 일이 있다면, 그의 귀여운 개를 "*klebarb*"라고 불러보면 상당한 도움이 된다.

당신의 차*(voiture)*에 문제가 생겼나? 이럴 때는 고물차*(bagnole)*라는 말을 써보자. 호텔리어와 식전주를 몇 잔 마시고, 인생에 대해서, 특히 이성에 대한 당신의 생각을 말하기 시작했을 때는, 여성을 *une femme*가 아닌 *gonzesse*나 *meuf*나 *nana*

라는 단어를 써보자. 남성을 *un homme*가 아니라 un mec나 *un julot*으로 표현한다면 그들에게 충분한 인상을 남길 수 있다.

전세계 어디를 가나 촌뜨기 같은 사람(bumpkin)을 만날 수 있지만, 프랑스에서는 이러한 사람을 특별히 *plouc*이라고 부르며 - 물론 최대한 이런 사람에게 직접 저런 단어를 쓰지 않는 것이 좋긴 하지만 - 또한 당신의 직업*(ton travail)*을 부르는 말도 *boulot*이라는 단어로 대체해보고, 당신의 친한 친구도 *ton ami*가 아닌 mon pote로 대체해보라. 무엇보다 중요한 것은 당신의 자전거를 *ton vélo*가 아닌 *bécane*이나 *spade*로 불러보길 바란다.

식도락

당신이 프랑스에서 경험할 온갖 별스러운 경험 중에서도, 푸짐한 한 끼 식사를 주문하고 먹는 것만큼이나 특이한 것은 없다. 많은 여행객에게 음식은 마치 단지 취미가 아닌 필수품처럼 여겨지고, 21세기에 들어와서 도시에 사는 프랑스 사람에게도 예외는 아니다. 특히 시골에서는 모든 계층의 사람들이 한자리에 앉아서 먹는 세 시간짜리 점심식사*(repas)*의 전통을 아직도 존중하고 지킨다.

갑각류 파티 LES CRUSTACÉS 파리 어시장에 신선한 어패류들이 가득 진열되어 있다.

메뉴를 고르는 일은 쉬운 일이 아니다. 어떻게 먹느냐, 식사 시간은 얼마나 되느냐, 그리고 음식에 어울리는 와인을 선택하느냐에 대한 문제가 가장 중요하다. 보통 생선에도 레드 와인을 즐겁게 마실 수 있지만, 프랑스 사람은 생선과 생선 요리에 들어간 노력에 대한 모욕으로 여긴다. 게다가 그럴 경우 상대를 경멸하는데, 나는 생선 요리와 레드 와인을 마실 수만 있다면 그런 것쯤은 아무래도 상관없다.

프랑스 사람은 요리와 서빙, 그리고 먹는 일에 관해서는 오직 그들만이 가장 잘 안다고 자부한다(솔직히 이 사실을 누가 반박할 수 있는가!). 그럼에도 불구하고 그들의 오래된 전통은 때때로 이해가 안 될 때가 있다. 그래서 나는 웨이터나 소믈리에와 미묘한 신경전을 벌이기도 한다. 나는 언제나 저녁 식사 전에 맥주 한 잔을 꼭 마시는데, 내 행동이 웨이터를 열 받게 할 것을 알면서도 식전 와인리스트*(apéritif de la maison)*를 가져올 때 맥주 한 잔을 주문한다.

프랑스에서는 영어권 국가와는 반대로, 디저트가 나오기 전에 치즈*(fromage)*를 갖다준다. 이는 치즈가 메인 코스요리의 맛을 입가심해준다는 믿음에서, 디저트를 더 잘 즐길 수 있도록 하기 위함이다. 또한 마지막 코스에 앞서 코냑*(cognac)*이나 아르마냐크(Armagnac, 아르마냐크산 브랜디)와 같은 디저트 와인을 주문하도록 한다. 이 순간이 프랑스 사람이 생각하는 균형 잡힌 한 끼 식사가 끝난 순간인데, 내 생각에는 이는 잘못이다. 그들은 디저트가 나오기 전에 레드 와인 한 병 정도를 더 마시고 싶은 외국인 와인 애호가를 전혀 고려하지 않는데, 이들은 오히려 와인의 맛

물

식사 중에 물 한 잔을 마시고 싶다면, *"un verre d'eae, s'il vous plait*(물 한 잔 주세요)"라고 말해라. 만약 주전자로 물 한 병이 필요할 때는 *"une carafe d'eau"*(물 한 병 주세요)라고 말해야 한다. 보통 이렇게 요청하는 물은 추가 요금이 부가되지 않으며, 마셔도 아무 문제가 없다. 병에 든 생수는 추가 요금이 부가되고, 광천수*(eau minérale)*나 탄산수*(eau gazeuse)*가 있다. 만약 특정 탄산수를 선호한다면, 주문할 때 바두아(Badoit)나 페리에(Perrier)와 같은 탄산수 브랜드를 말해야 한다. 에비앙(Éian)이나 볼빅(Volvic)과 같은 브랜드는 어디에서나 주문이 가능하다.

랑그도크 LANGUEDOC 프랑스에서 음식에 대한 자부심이 가장 높은 랑그도크 지역을 투어가 지나고 있다.

을 떨어뜨릴까봐 디저트 먹는 것을 선호하지 않는다.

나는 가끔 아예 웨이터의 말을 거르고 디저트 다음에(*après*)에 치즈를 조금 더 달라고 말하고 싶기도 하는데, 단 것을 먹고 싶은 욕구에 굴복할 만큼 멍청할 때 그렇다.

와인은 그 자체로 신성한 반주로 여겨지지만, 프랑스에서는 확실히 와인보다는 음식을 높게 친다. 나는 음식보다 와인을 더 중요하게 생각하기 때문에(특히 음식보다 와인을 더 많이 소비한다), 언제나 와인을 먼저 주문해서 프랑스 사람들을 당황시키곤 한다. 내게 음식은 먹어야 하는 것이지만, 와인은 사랑하는 존재이다.

내가 일생을 통틀어서 가장 싫어하는 일 중 하나는, 혼자 식사하며 특별한 와인을 주문했을 때, 소믈리에가 팔이 닿지 않는 위치에 있는 사이드 테이블에 다른 사람의 와인과 내 와인을 함께 두는 일이다. 이는 프랑스 사람의 세계 어느 나라보다 큰 와인에 대한 자부심을 보이는 장면인데, 그래봤자 다른 이들의 와인과 함께 내 와인을 방치하고 내 잔도 제대로 채워주지 않을 때는 그런 자부심이 다 무슨 소용인가 싶다. 나는 언젠가 한 번은 파리의 레스토랑에서 인내심이 한계에 다다라 한 손으로는 병을 잡고 한 손으로는 코르크를 따서 와인을 스스로 따라서 마신 적이 있다.

잔이야 채워졌지만, 다음 잔은 제발 웨이터가 채워주기를 기다리라고 말리는 동료 때문에, 불편한 순간은 긴장과 함께 사라지지 않았다. 프랑스 사람들은 종종 짜증날 때가 있는데, 그렇기 때문에 절대 와인을 자주 따라 마시는 모습을 그들에게 보여서는 안 된다. 왜냐하면 그들은 돈을 더 벌기 위해서 이럴 때 와인 몇 병을 더 주문하기를 권하기 때문이다.

그럼에도 프랑스 사람이 저녁 식사 자리에서 행동하는 모습을 보면 배울 점이 많다. 그들 중 몇몇은 날붙이류(포크와 나이프)를 다른 나라와 반대로 놓기도 하는데, 포크를 오른쪽에 나이프를 왼쪽에 놓고, 포크를 아래 방향으로 나이프의 칼날을 안쪽에 놓으며, 버터에 들어있는 소금이 음식의 맛을 망칠 수 있다는 생각에 주문을 받고 주는 식전 빵과 함께 버터를 주지 않을 때가 있다.

그들은 가끔 소금을 구멍이 다섯 개인 후추 셰이커에 주고, 후추는 구멍이 한 개인 소금 통에 주기도 하기 때문에, 요리에 따로 간을 할 때는 특별히 신경 써야 한다.

좀 더 고급 레스토랑에서는 치즈 코스를 포함해서 포크와 나이프 한 세트로 저녁 식사를 계속하도록 하는데, 도자기로 만든 작은 식기류 받침대(pose couteau)를 제공하여 날붙이류가 테이블보에 닿지 않게 하고, 빵부스러기를 주울 필요가 없게 한다. 프랑스에서는 둥근 치즈 나이프를 거의 사용하지 않는데, 실제로 우리가 이 나이프가 프랑스에서 전해졌다고 믿는다는 점을 생각하면 재미있다.

더 놀라운 점은 프랑스에서는 다른 나라에서는 특별히 비싼 와인을 주문하면 늘 등장하는 이목을 끄는 존재인 디캔터(Decanter)(역자 주: 오래된 와인의 침전물을 걸러내기 위해 사용하는 입구는 좁고 내부는 넓은 구조로 된 용기)를 아예 사용하지 않는다는 점이다. 물론 파리의 몇몇 레스토랑에서는 디캔터가 쓰이는 것을 볼 수 있는데, 병당 50유로를 지불하면 관광객을 즐겁게 하는 데는 도움이 되지만, 실제 프랑스 소믈리에라면 누구도 이러한 보여주기 식 행위가 존경 받을 일이 아니고 빈티지 와인에도 아무 영향이 없다는 점을 잘 알고 있다. 20년산 보르도나 부르고뉴 와인이라면 디캔팅이 도움이 될 수도 있겠지만, 15년산 코트 뒤 론(Côtes du Rhône) 와인이라면 전혀 영향이 없다. 우리가 쉽게 따를 수 있는 최소한의 원칙이 있다면, 간단하다. 미식가처럼 먹어도 무엇보다 잘 먹어야 한다는 점이다.

내가 하는 조언은 투어 팬이라면 서둘러서 새겨들어야 하는데, 프랑스 방문 첫 날부터 케이크점이나 빵집(pâtisserie-boulangerie)을 방문하면 마치 알라딘의 동굴과 같이 보이게 하는 다양한 별미를 고르기 위해 고민해야 하기 때문이다. 30년 전과는 다르게, 요즘 케이크점은 단지 오후 몇 시간 동안 재료를 준비하는 시간을 빼면 하루 종일 영업한다. 오후 5시쯤에 다시 문을 열고, 신선한 빵과 저녁 식사와 어울리는 구미가 당기는 케이크를 내놓는다. 만약 점심(petit déjeuner)을 평범하게 먹어서 배가 많이 부르지 않다면, 케이크점의 진열대를 둘러보며 딸기 프리터(beignet de fraises), 치즈 케이크(gâteau Suisse), 혹은 건포도 브리오슈(pain aux raisins)를 구경하는 재미를 즐기는 것도 좋다.

프랑스에서는 만약 위와 같은 음식이 메뉴에 없다면, 카페오레(café au lait)를 주문하고 바에 앉아서 팽 오 쇼콜라(pain au chcolat, 초콜릿을 넣은 페이스트리)를 먹어도 된다. 팽 오 쇼콜라는 기본 크루아상의 변형으로, 사각형 모양의 크루아상 안

<<　부르타뉴의 르 로쉬 베르나르(Le Roche Bernard)에서 가장 유명한 요리는 해산물이다.

알프스에서 사부아(Savoie) 지방에서 진행되는 투어는 퐁듀(fondue)나 사부아 돼지고기(characuterie Savoyard)와 같은 지방 음식을 먹을 수 있다는 것을 의미 한다

에 초콜릿이나 헤이즐넛이 들어가 있고, 남부 프랑스에서는 쇼콜라틴(chocolatine)이라고 불린다. 만약 점심을 조금 가볍게 먹었다면, 키쉬(quiches, 달걀과 크림이 들어있는 페이스트리)를 먹어보는 것도 좋다. 요즘에 들어서는 키쉬의 원형이라고 할 수 있는 햄이나 베이컨을 더한 키쉬 로렌(quiche lorraine) 외에도 다양한 종류가 있는데, 시금치, 아스파라거스, 리크, 버섯을 추가할 수 있다.

대부분의 빵집에서는 갓 만든 샌드위치와 탄산음료. 물도 팔기 때문에 식사 시간 지체를 최소화할 수 있다. 정말 프랑스의 정취에 스며들려면, 빵집(boulangerie)에서 바게트를 사고, 델리카트슨(charcuterie, delicatessen, 육류나 치즈를 파는 가게)에서 고기를 사고, 토마토, 샐러드와 피클을 식료품점(alimentation générale 또는 épicerie)에서 사고, 치즈(fromage)를 치즈 가게(fromagerie)에서 사길 바란다.

당연한 말이지만, 진짜 프랑스식으로 먹으려면 프랑스 사람이 먹는 방법을 따를 필요가 있고, 이는 매일 비스트로를 골라서 넉넉한 마음으로 웨이터가 주문을 받을 때까지 기다리는 것을 의미한다. 좀 더 나은 점심 식사를 할 수 있는 곳은 브라세리(Brasseries, 작은 프랑스 레스토랑)인데, 정식 레스토랑보다는 저렴한 가격에 좋은 요리가 빨리 나온다. 이러한 브라세리는 기차역 가까이나 공굴리기 경기장 *(boulodrome)* 건너편의 마을 중심에서 쉽게 발견 할 수 있다. 공굴리기 경기장은 프랑스 사람들이 시간을 보내기 위해 잔디밭에서 하는 볼링*(boules)*으로 이탈리아 보치*(boccie)*와 비슷한 스포츠다.

프랑스 식당의 웨이터는 담당 테이블에 앉은 새로운 손님에 대해 무척 기민하게 알아차린다. 그는(그녀일 수도 있지만, 프랑스에서 웨이터는 주로 남자의 직업이다) 당신이 알아차리기도 전에 이전 손님이 남긴 음식을 치우고, 은 식기를 바꿔놓는다. 이러한 일련의 작업은 상당히 효율적으로 이뤄지는데, 프랑스에서 웨이터라는 일은 대학생이 담배나 맥주를 살 돈을 벌기 위해 얼쩡대는 아르바이트가 아니라 전문적인 직업*(metier)*이기 때문이다.

물론 다른 사람의 추천에 따라 레스토랑을 선택할 때 심사숙고할 순간

(위) 가금류, 치즈, 빵 등을 파리의 거리에서 파는 델리카트슨(Delicatessen).
(아래) 사람들이 붐비는 테이블은 그만큼 좋은 서비스와 훌륭한 음식의 신호이다.

이 자주 있을 텐데, 이럴 때는 꼭 제대로 된 한 끼 식사를 보장할 수 있는 그 지역 사람의 추천을 받길 바란다. 사람이 텅 빈 식당은 식사를 빨리 하고 싶은 사람이나, 다른 곳에서 너무 느린 서비스를 받은 사람에게는 꽤나 매력적으로 보이겠지만, 오직 그 지역 사람이 찾는 식당에서 식사를 하라는 오랜 격언은 늘 따라볼 만하다. 낭패를 감수하고라도 이 말을 거스를 배짱은 필요없다. 만약 당신이 앉은 테이블에 한 번 쓴 냅킨*(serviettes)*이 있고, 식기류 자국이 그대로 남아 있어도 너무 놀라지 말라. 이는 인기 있는 식당이라는 증거이며, 또한 바가지를 씌우지 않는 곳이기 때문이다.

그다음 단계는 그가 권한 아페리티프 와인(*aperitif,* 식전 와인)을 기꺼이 응한 손님에게 곧장 감사의 마음을 가질 웨이터와 친해지는 것이다. 프랑스 사람은 음식을 급히 먹는 것을 싫어하기 때문에, 좋은 식사 방법은 느긋하게 앉아서, 그들에게 당신의 여유를 보여주고, 그들이 일을 안 할 때와 마찬가지로 당신 역시 몇 시간 동안 천천히 오후 시간을 식사하며 보내는 모습을 보여주는 것이다. 이러한 모습으로 당신은 리카르(*Ricard,* 미나릿과 식물인 아니스로 만든 술)나 크렘 드 카시스[*crème de cassis,* 붉은색의 단 맛이 나는 까막까치나무로 만든 술, 키르(*Kir*)를 만드는 데 사용]와 혼합한, 메뉴에도 없는 백포도주를 즐길 기회를 잡을 수 있다.

다시 말하면, 그 지역 사람이 자주 하는 행동을 그대로 해라. 오늘의 특별 요리(*plat du jour*)를 메뉴에 있는 음식을 시키기 전에 주문할 것을 생각해라. 좋은 레스토랑에서는 좋은 음식을 내놓긴 하지만, 오늘의 특별 요리는 주방장이 특별히 직접 선택한 요리이기 때문에 그가 집에서 부부싸움을 하고 오지만 않았다면, 그가 추천한 요리는 메뉴의 다른 일반 요리보다 어쨌든 더 신경 써서 만들 수밖에 없다. 그리고 심지어 보통은 더 저렴하기까지 하다.

어쨌든 프랑스와 프랑스의 미식 세계(*gastronomie*)에 대해서 제대로 배우는 방

오늘의 요리(Le menu) vs. 메뉴에서 요리 주문(La carte)?

프랑스 식당에서는 음식을 주문하는 두 가지 방법이 있다. 당신은 오늘의 요리(*le menu*)를 주문할 수도, 메뉴에서 요리를 주문(*la carte*)할 수도 있다. 불어의 므뉘(*menu*)는 흔히 영어에서 말하는 메뉴와는 의미가 다른데, 오히려 영어의 메뉴는 카르트(*carte*)이다. 므뉘는 가격이 정해진 음식(*formule*라고도 불린다)으로 코스로 제공되며, 만약 당신이 한꺼번에 주문하는 것이 편하다면(물론 코스마다 약간의 선택이 있다) 이 방법이 더 경제적이다. 만약 각각의 요리를 따로 주문하고 싶거나, 혹은 간단한 코스를 주문하려면 알라 카르트(*à la carte*)로 주문하여 각각 선택을 할 수 있다.

와인은 포도주 리스트(*carte des vins*)에 따로 제공될 가능성이 크지만, 더 저렴할 뿐만 아니라 다른 와인만큼이나 훌륭한 하우스와인(*vin de maison*)을 선택하지 않을 이유는 없다.

케이크가게 LA PÂTISSERIE 프랑스의 케이크가게는 지나칠 수가 없다.

법 중 하나는 만약 그날 꼭 페퍼스테이크와 프렌치프라이(*steak au poivre et pommes frites*)를 먹고 싶어 안달이 나지만 않았다면, 걱정을 무시하고 주방장이 추천하는 대로 따라보는 것이다.

와인 역시 똑같은데, 웨이터는 당신보다 어떤 와인이 어떤 코스에 어울릴지 훨씬 잘 알기에 그에게 추천을 받는 것이 좋다. 대부분은 지역 와인을 추천하고, 가끔은 와인 피셰(*pichet*, pitcher)를 추천하는데, 그렇기에 아주 북쪽 지역만 아니라면 그냥 웨이터의 추천을 따르길 바란다. 북쪽 지방에서는 맥주를 생산하고, 당신에게 그 맥주를 마시게 하기 위해 영국식 와인을 추천할지도 모른다!

프랑스를 가장 이상적으로 즐기는 방법은 세 시간 정도 점심 식사를 하고 산책과 낮잠(*sieste*)을 잔 후에, 일어나서 다음 라운드의 먹고 마시는 저녁 식사를 준비하는 것이다. 실제 우리 대부분은 오직 하루에 한 끼만 제대로 먹을 수 있기 때문에, 거한 점심을 먹을지 아니면 서너 시간짜리 성대한 저녁을 먹을지를 결정해야 한다.

투어를 따라다니다 보면 이런 선택을 할 기회도 없는데, 나는 내가 이전에 말했던 퍼프 페이스트리(얇은 페이스트리를 여러 장 겹쳐 만든 파이) 안에 사과와 계피 소가 찬 쇼송 오 폼므(*chausson aux pommes*)로 스테이지가 시작하기 전에 식사를 때우고 중간에 샌드위치라도 하나 먹기를 바라면서 저녁 식사까지 견뎠다. 혹은 기자실(*salle de presse*)에서 운이 좋아서 미니 뷔페에서 소시지나 치즈를 먹곤 했다. 그것은 기자들이 우리 사진가를 위해서 남겨 놓았을 때만 즐길 수가 있었다.

대부분의 다른 사람은 거나한 식사를 즐길 때, 투어를 따라다니는 팬은 오후 시간에야 사치를 부릴 수 있는데, 이는 하루 종일 돌아다녀야 하기 때문에 저녁에는 제대로 먹을 필요가 있기 때문이다. 다만 오늘의 특별 요리 - 플라 뒤 주르(plat du jour) - 가 점심때보다 가끔 더 많이 나올 때가 있다는 점만 제외한다면, 프랑스의 저녁 식사 요리는 점심과 크게 다르지 않다. 물론 그럼에도 저녁보다는 점심 서비스가 확연하게 좋다는 점은 분명하다. 저녁 9시 30분에 레스토랑에 들어가면, 테이블 안내가 거부될 가능성이 크다. 이는 셰프가 너무 게으르거나 아니면 주인이 그에게 초과 근무 수당을 주지 않거나 둘 중 어느 쪽이든, 영업을 하기에는 너무 늦은 시간이기 때문이다.

프랑스의 모든 지역에는 저마다 비장의 기술(spécialité de la région)이 있기 마련인데, 정말 진짜배기이기 때문에 그 메뉴의 본고장에 머무른다면 반드시 그 지역 스페셜 메뉴를 추천한다. 그러나 부야베스(bouillabaisse)를 본고장인 마르세유에서 이미 맛보았다고 하더라도, 일주일 후 니스(Nice)에서 누가 당신에게 더 맛있는 부야베스를 먹을 기회가 있는데 다시 주문할 수 없다고 막을 수 있겠는가? 당연히, 니스식 샐러드(salade niçoise)는 거의 프랑스 전역에서 주문할 수 있다.

프랑스에서 여행객이 대처해야 하는 가장 복잡한 일은, 음식의 선택에 늘 논쟁이 동반한다는 사실이다. 일반적으로 최고의 푸아그라(foie gras)는 피레네 산맥의 베아른(Béarn) 지역에서, 가장 맛있는 소시지(saucisson)는 툴루즈 - 물론 소고기 요리, 콩 스튜와 카슐레(cassoulet, 고기와 콩을 넣어 뭉근히 끓인 요리)로도 유명하다 - 에서, 최상급 소고기는 리옹/디종(Lyon/Dijon) 지방에서 뵈프 부르기뇽(boeuf bourguignon, 부르고뉴 방식의 소고기, 양파, 버섯, 포도주 조림 요리)으로 맛볼 수 있다.

물고기가 어느 지역으로는 헤엄을 못 치는 것도 아니고, 프랑스는 삼면이 바다를 맞대고 있기 때문에, 어떤 한 지역만이 해산물로 특별히 유명하지는 않을 거라고 생각할 수 있다. 하지만 홍합(moules)은 영국 해협 해안에서, 굴(huîtres)은 아르카숑(Arcachon)이나 올레론(Oléron) 섬에서, 조개류(crustacés)는 브르타뉴 지방에서, 정어리(sardines)는 지중해 연안에서, 대구(cabillaud)는 비스케이(Biscay) 만에서 먹는 것이 정석이다. 숭어(truite), 연어(saumon), 농어(perche)는 특히 아르덴(Ardennes)이나 피카르디(Picardie) 산(産)이 가장 맛있다.

이러한 미묘한 차이를 알게 되고 특히 가장 독특하고 어려운 치즈의 선택과 구

채식 메뉴

채식주의자는 지난 몇 년 동안 고기를 사랑하는 이 나라에서는 도통 생경한 존재였고, 심지어 오늘날에도 웨이터에게 채식주의(*végétarianisme*)가 고기, 생선은 물론 심지어 유제품도 먹지 않는다는 의미를 이해시키는 일은 여간 어려운 일이 아니다.

그렇기 때문에 페스토 소스만 얹은 파스타를 주문했는데, 맛을 내기 위해 작은 조개가 들어 있어도 놀라지 말길 바란다. 니스아즈 샐러드(*salade niçoise*)에는 안초비가 들어가고 작은 새우가 상추와 양파 사이에 숨어 있는 것이 보일 것이므로 혼합 샐러드(*salade composée*)를 시켜야 한다.

이런 상황이기 때문에 당신의 요구 사항을 도무지 이해하지 못하는 웨이터를 화나게 하지 않기 위해서, 능숙한 채식주의자는 고기나 생선은 접시 한 쪽에 치우고 나머지 채소를 먹는 것이 최선임을 터득했다.

물론 사려 깊은 셰프가 있다면 당신이 따로 요청하기도 전에 올리브 오일과 향신료가 가미된 야채 요리인 야채 모듬 요리(*plate de légumes*)나 꽃양배추, 브로콜리, 당근, 오이 등과 스파게티 면을 올린 파스타 샐러드(*salade de crudités*)와 같은 먹음직스러운 요리를 제공할 것이다. 나는 종종 채식주의자가 토마토, 양파, 시금치, 아스파라거스, 버섯 등을 넣은 오믈렛을 식사로 타협하는 경우도 자주 보았다.

도시에서는 상황이 조금 더 나은데, 1990년대 영국에서 광우병 파동을 겪고 난 이후 건강에 대한 두려움 때문에 프랑스 곳곳에서 채식 레스토랑이 생겼다. 채식주의 식당을 찾을 만한 좋은 정보처는 상당히 빈약하지만, www.VegDining.com을 참고하라. '유럽'을 클릭한 이후, '프랑스'를 누르면 도시에 있는 좋은 식당을 찾을 수 있다. 하지만 작은 마을에서는 혼자 찾을 수밖에 없다. 점심에는 적어도 대부분의 빵집에서 오직 신선한 채소로만 속을 채운 샌드위치를 찾을 수 있다. 저녁에는 어쩔 수 없이 웨이터와 셰프의 자비에 자신을 내맡길 수밖에 없다. 만약 운만 좋다면 나중에 집에다가 편지를 쓰고 싶어질 만큼 맛있는 식사를 할 수도 있다.

분에 편안하게 익숙해지는 데는 몇 년의 시간이 필요하다.

프랑스 사람들 중 몇몇은 소박한 치즈야말로 음식에 관해서는 프랑스의 자부심을 드높여줄 수 있는 존재라고 믿는다. 요즘같이 비행기, 자동차, 트럭으로 리옹의 홍합(moules)과 마르세유의 푸아그라가 레스토랑으로 배달되는 시대에는, 단지 어느 지역의 음식이 최고냐는 문제는 그저 당신이 믿고 싶은 대로 믿으면 되는 문제일 뿐이다.

그러나 치즈는 고유의 독특함이 있기 때문에 고기, 생선, 그리고 햄이나 소시지와 같은 육류가공식품(charcuterie)과는 비교도 안 되게 원산지가 훨씬 중요하다. 또한 치즈 생산자는 아주 소량을 만들기 때문에, 원산지 이외의 지역으로는 수출하기가 어렵다. 이는 그 유명한 생리지에(Saint-Lizier) 치즈를 먹기 위해서는 베아른(Bérrn)을 방문해야 한다는 것이다.

블루치즈는 대표적인 원산지가 15곳이 있는데, 그에 따라 이름도 각양각색이다. 블뢰 도 베르뉴(Bleu d'Auvergne), 블뢰 드 젝스(Bleu de Gex), 블뢰 드 코르스

커피와 차

프랑스에서 보편적인 커피는 카페(café)인데, 이는 에스프레소를 의미한다. 만약 큰 잔을 원한다면 카페 그랑(café grand)을 주문해야 한다. 다른 종류는 아래와 같다.

café crème: 스팀 우유를 넣은 에스프레소
grand crème: 스팀 우유를 넣은 에스프레소(대)
café au lait: 커피 약간과 뜨거운 우유
noisette: 아주 약간의 우유를 넣은 에스프레소
café décaféiné: 디카페인 에스프레소
홍차(*thé* 또는 *thé nature*)는 어디에서나 주문이 가능하며, 다른 종류로는
thé au lait: 우유를 탄 홍차
thé citron: 레몬을 넣은 홍차
une infusion: 허브차
커피나 차에 설탕을 넣으려면 수크레(sucre)라고 말해야 한다.

프랑스 깊숙한 곳 자연이 만들어낸 풍요로움을 품은 프랑스의 시골 풍경.

(Bleu de Corse), 그리고 블뢰 드 사스나주(Bleu de Sassenage)에 프로방스와 알프스에서 주로 생산되는 종류인 톰(tomme) 치즈도 유명하다.

프랑스에는 통틀어 365가지 정도의 유명한 치즈가 있는데, 지역에 따라 대표 치즈가 존재한다. 피레네의 베쓰말(Bethmale), 코르시카의 브로시오(Broccio), 남서 지방의 에슈낙(Echourgnac), 북부 릴의 미몰레트(Mimolette)가 대표적이다. 대부분의 치즈는 와인과 마찬가지로 원산지 마을의 이름을 따르는데, 와인처럼 원산지와 그 이름을 딴 라벨을 부착한다. 이는 아주 중요하다.

이러한 모든 부분은 프랑스 사람들이 음식과 와인에 대해 이미 통달했다는 사실을 말해준다. 그렇기 때문에 프랑스라는 나라는 외국인이 그저 엄청나게 먹고 마시며 집으로 돌아가서도 즐길 수 있도록 먹었던 음식과 메뉴를 기억하려 애쓰는 것 말고는 딱히 기여할 수 있는 것이 없다. 프랑스 사람의 머리는 온통 365일 동안 먹고 마시는 것에 관한 생각으로 가득 차 있고, 일이란 그저 어느 정도 인생을 즐기기 위해 돈을 벌기 위한 수단일 뿐이다.

프랑스가 비록 그 속도는 점점 느려지지만, 마지못해 현대 사회에 통합되고 있어도 음식에 관해서만은 적어도 전통을 꿋꿋하게 지키고 있다. 이러한 자세로 인해 가장 간단한 재료로 천상의 맛을 만들어내는 명성을 지탱해나가고 있다. 아마 당신은 프랑스에서 요리를 한술 뜨기도 전에, 이 요리는 그저 유명 레스토랑의 레시피를 베껴서 만든 것이 아니라 수년간 전승되어온 경험 기반을 두고 요리되었음을 느낄 수 있을 것이다.

아마 1장에서 눈치를 챘을지는 모르겠지만, 나는 로지 드 프랑스 호텔(Logis-de-France)에서 될 수 있으면 자주 묵는데, 주된 이유 중 하나는 주인이 직접 요리하거나 아주 친한 가족의 지인이 요리를 하기 때문이다. 언제나 정말 특별한 요리를

치즈 가게 LE FROMAGE 약 365가지의 치즈로 상점이 가득 차 있다.

먹었을 때는, 나는 그 요리를 비슷한 수준의 레스토랑에서 다시 먹기 위해서 적어 간다. 만약 그 레스토랑에만 있는 아주 특별한 레시피여서 이후에 재현하기 어렵지만 않다면, 이 방법은 실패할 일이 없다. 그러니 주저하지 말고, 현재를 즐기며, 언제나 이국적인 요리를 메뉴에서 선택하길 바란다.

투르 드 프랑스의 전설들

페드로 델가도(Pedro Delgado)

내가 만약 100세까지 살고, 최소한 60세까지 사진가로 활동한다고 하더라도, 내가 앞으로 델가도만큼 고요한 투르 드 프랑스 우승자를 다시 보게 될 거라고는 생각지 않는다. 스페인 출신으로 클라임에 강점을 보인 이 선수는, 1988년 투어에서 열흘 동안이나 선두를 유지하면서 수월하게 우승했다. 그러나 마지막 일주일 동안은 금지 약물을 복용했다는 혐의를 받으며 레이스에 참가해야 했다. 하지만 그가 특정 약물을 복용한 것은 사실이지만, 국제올림픽위원회(IOC)의 금지 약물에는 포함되지 않았기 때문에 그는 규칙을 어기지 않았다.

델가도는 1987년 투어에서도 우승할 뻔 했는데, 나는 그가 최상의 컨디션과 뛰어난 지능을 가진 챔피언 스티븐 로시(Stephen Roche)와 경쟁했다는 사실이 그저 안타까울 뿐이었다. 나는 델가도가 1985년 스페인 투어에서 우승하는 장면을 목격했고, 그가 제 실력만 발휘하면 충분히 투르 드 프랑스에서도 우승할 능력이 있다고 생각했다.

1988년에는 실제로 그는 제 실력을 발휘했고, 알프 듀에즈에 도착하였을 때 그는 마이요 존느를 입고 있었고, 수많은 클라임 경쟁자의 도전을 하루 종일 받아야만 했다. 그가 다음 날 빌라 드 랑(Villard-de-Lans)에서 벌어진 타임 트라이얼 스테이지에서 경쟁자들의 추격을 떨쳐냈을 때, 델가도는 아직 피레네와 마시프 상트랄이 남아 있었지만 이미 투어 우승을 거의 확정지은 것처럼 보였다. 이 순간, 델가도는 내 카메라 렌즈에서 벗어나는 일이 거의 없었는데, 그도 그럴 것이 내가 그동안 보아 왔던 프랑스, 벨기에, 네덜란드 선수들의 냉정한 눈빛과 희멀건 몸에 익숙해져 있던 내게는 그의 연갈색 머리색과 갈색 눈동자는 너무나 매력적으로 보였기 때문이다.

델가도는 마이요 존느를 입었을 때 정말 대단히 빛이 났고, 자부심 넘치는 모습을 보였다. 이 모습에 그의 후배 스페인 선수인 라우델리노 구비노(Laudelino Cubino)는 너무나 감명 받아 피레네 산맥의 난코스인 뤼즈 아르디당(Luz Ardiden) 스테이지에서 우승하기도 했다. 델가도는 그의 라이벌인 스티븐 룩스(Steven Rooks)를 클라임 코스에서 기회를 보아 역전했고, 퓌드돔(Puy-de-Dôme)에서도 며칠 후 같은 상황을 재현했는데, 다만 이번에는 스페인 파고르(Fagor)팀 소속이었던 덴마크 선수 요니 벨츠(Johnny Weltz)와 네덜란드 선수인 헤르트 얀 퇴니세(Gert-Jan Theunisse)와 경쟁하여 승리했다.

룩스와 퇴니세 모두 델가도가 레이놀즈(Reynolds)팀으로 옮기기 전인 1987년까지 몸을 담았던 PDM 소속이었으며, 1987년 투어까지는 팀메이트로 함께 참가했다. 하지만 1988년 투어부터는 델가도에게 이기기 위해 최선을 다해야 하는 입장이 되었다. 델가도가 레이스를 계속하자, 그에 대한 의혹은 점점 커졌는데 그럼에도 이 냉정한 스페인 선수는 그저 파리를 향해 페달을 굴리는 데에만 집중했다. 결승을 앞둔 며칠 전, 조직위원회는 델가도가 어떠한 규정도 위반하지 않았음을 발표했고, 그는 대회 종료 하루 전 엄청난 타임 트라이얼 성적을 기록하며 전체 우승을 확정지었다.

또 다른 스페인 선수인 후안 마르티네스 올리버(Juan Martinez Oliver) 역시 그 날 스테이지에서 활약했는데, 스페인 사이클러의 특별한 애국심을 다시 한 번 확인할 수 있는 기회였다. 스페인 선수들은 자신이 어느 팀에 소속되었건, 종종 한 그룹처럼 레이스를 하는데, 스페인의 승리가 고국에 있는 팬과 언론에 얼마나 큰 의미인지를 알기 때문이다. 델가도와 조직위원회의 충돌은 스페인 동료들을 화나게 했는데, 그에 대한 혐의 자체를 스페인에 대한 불명예로 받아들였기 때문이었다. 전체적으로, 1988년 투어에서 스페인 선수들은 잊을 수 없는 족적을 남겼다.

델가도는 이 첫 승리를 기반으로 더 큰 발전을 이뤘어야 했다. 그 어떤 투어 우승자도 한 번의 성공에 만족하지 않으며, 특히 그 한 번의 승리도 약간의 의혹으로 더럽혀졌기 때문이다. 그러나 불운하게도, 1989년 팀의 미숙한 실수로 워밍업 중이었던 델가도를 출발시키게 하여 룩셈부르크에서의 프롤로그 레이스에서 거의 3분이나 손해를 보게 하였다. 게다가 다음 날 스트레스를 받은 델가도는 깜빡 잠이 들어서 팀 타임 트라이얼에서 팀원을 기다리게 하여 4분이나 뒤처지게 되었다.

이미 이 이틀의 실수로 모든 것이 끝난 것처럼 보였지만, 델가도는 승부욕에 불타는 질주로 그레그 르몽드를 스테이지 5의 73km 타임 트라이얼에서 거의 따라잡을 뻔 했고, 코트레(Cauterets) 스테이지에서도 팀 동료인 미구엘 인두라인이 우승하는 데 기여했다. 다음 날에는 총알 같은 질주로 밀러(Millar)가 스테이지를 가져가는 와중에 피뇽과 르몽드에게 3분을 앞섰다. 투어의 시작은 절망스러웠지만, 델가도는 오로지 3분 정도만 뒤처진 상태에서 알프스 스테이지에서 반전을 계획했다. 그는 오르시에르-메를렛(Orcières-Merlette)의 업힐에서 르몽드에 10초, 피뇽에게는 거의 1분을 앞서게 되었다. 알프 듀에즈에서 열리는 세 번째 구간에 들어가기에 앞서 오직 르몽드에게 1분만 뒤진 상태였다.

알프스에서 엑스레벵(Aix-les-Bains)까지 톱 4 선수들의 레이스는 축제 분위기였고, 그렇기에 나머지 펠로톤은 말 그대로 너무나 뛰어난 네 선수의 마지막 타임 트라이얼 전 상승/하강 코스의 레이스를 그저 즐기고 있었다. 델가도는 자신이 3위 이내에는 무조건 들 수 있고, 너무나 멍청했던 초반 실수만 아니었다면 우승할 수 있었음을 알고 있었다.

비록 그가 우승하지는 못했지만 화려하게 복귀했고, 우승하여 마이요 존느를 입었을 때만큼이나 박진감 넘치지는 않았지만, 나는 여전히 그가 우승했을지도 모른다고 믿는다. 실제로 그는 거의 투르 드 프랑스를 3연패(連覇)할 수 있었다.

나는 여전히 델가도를 자주 보는데, 그

1990년 투르 드 프랑스가 끝난 후 델가도와 인두라인(Miguel Induráin).

는 아주 인기 있는 텔레비전 진행자이고 특히 그의 특별한 출연은 사이클 팬이 아닌 사람까지도 매일 텔레비전 앞으로 끌어들였고, 특히 여자들에게 크게 어필했다. 그는 특히 중요한 스테이지를 텔레비전에서 프리뷰하면서 몇몇 산악 클라임 코스를 답사했는데, 스페인에서는 한편의 시를 낭독하는 듯한 그의 레이스 스타일을 소개했다. 나는 그가 1988년 투어, 1987년 로시와 대결, 1989년 피뇽과 르몽드와의 결전에 대해 말하는 것을 좋아한다.

델가도는 1989년 투어의 출발에 대해서 말하기를 꺼려한다. 그는 1988년, 1989년, 1990년 투어에서 그의 우승을 돕고, 또한 그가 1991년, 1992년, 1993년 투어에서 우승을 도운 미구엘 인두라인에 대해 그가 애정을 드러내는 것을 좋아한다. 요즘에도 그 둘은 스페인 텔레비전에 함께 출연하여, 앞으로도 지속될 진정한 우정을 자랑한다.

정말로 성격이 다른 두 선수는 스페인에서 10년 동안 사이클 붐을 불러일으켜 축구 다음으로 인기 있는 스포츠로 만들었다. 이들에게 가장 감명을 받은 사람은 2007년 투르 드 프랑스 우승자인 알베르토 콘타도르(Alberto Contador)인데, 델가도가 우승을 차지했을 때보다 여섯 살이 어렸으며, 인두라인이 첫 우승을 차지했을 때 그의 나이는 고작 아홉 살이었다. 만약 많은 사람이 기대하는 바와 같이 콘타도르가 차기 투르 드 프랑스의 위대한 스페인 선수가 된다면, 그 누구보다 델가도 자신이 행복할 것이다.

숀 켈리(Sean Kelly)

숀 켈리는 유럽 선수의 압도적인 강세를 위협하는 영미권 선수들이 들이닥치기 훨씬 이전부터 투르 드 프랑스에 참여했다. 그러나 이 아일랜드 선수는 철저하게 스프린터 타입이었기 때문에, 로버트 밀러나 필 앤더슨과 같은 올라운드 선수들과 동등한 칭송을 받기에는 시간이 좀 걸렸다.

켈리는 1978년 투어에서 하나의 스테이지에서 우승했고, 1980년에는 두 개, 1981년에는 역시 하나의 스테이지에서 우승했다. 그러나 그가 1982년 또 하나의 스테이지를 따내면서 사람들은 이 마이요 베레(green points jersey)를 입은 선수의 기량이 점점 발전하는 사실을 알아보기 시작했다.

1983년에는 그는 이미 파리-니스에서 몇 달 전에 우승했지만, 레이스에서 선두를 차지하기위해 최선을 다했다. 그러나 그는 피레네에서 불과 하루 전에 파스칼 시몽(Pascal Simon)에게 패하면서 상당히 실망했는데, 켈리는 이제 하나의 스테이지에서 우승을 하거나 마이요 베레를 얻는 것을 넘어서 더 큰 성공을 원했기에, 모든 노력을 다해서 실력 향상에 정진했다. 그는 발전된 클라임과 타임 트라이얼 기술을 활용하여 이후 투어에서 그의 이전 기록을 뛰어넘기 시작했다. 그는 1983년부터 1985년 투어까지 전체 성적 7위, 5위, 4위를 기록하며 우승에 근접했지만, 결국 최종 투어 성적은 네 번의 마이요 베레 우승자로 기록되었다.

물론 켈리를 그저 스프린터로만 보는 것 이상으로 인식하는 데는 오랜 시간이 걸렸는데, 하지만 분명 그가 그 모습 이상으로 투어 우승권에 근접한 선수가 되기 위해서 보인 노력은 점점 그가 전체 그룹 속에 숨어 있다가 부각되며 더 많은 사진을 찍을 수 있음을 의미했다. 스프린터가 스프린트를 하는 순간에 근접 촬영을 하는 일은 몹시 어려우며, 켈리는 너무 진지한 모습으로 머리를 내리고 경주에 참여했으며, 산악 스테이지에서 나머지 선수들이 느긋하게 자신의 그룹에서 레이스를 하는 와중에 켈리는 그들을 지나갔다.

대체로 마이요 베레를 입은 선수를 제대로 찍는 일은 상당히 어려운 일인데, 30분 넘게 결승선에서 오직 최고의 스프린터가 도착하기를 기다리면서 마지막 순간에 모든 것을 걸어야 하는 일이 수반되기 때문이었다. 당신이 정말 중요한 결전의 순간을 맨 앞에서 놓친다는 사실은 정말 견디기 어려운 일이다. 그렇기 때문에 켈리는 사진가에게 정말 꿈과 같은 존재였다. 오늘날에도 나는 탁월한 스프린터인 톰 부넨(Tom Boonen)의 하강 장면을 찍기 위해서 30분 이상을 기다리는데, 켈리는 몇 분이 채 걸리지 않았다. 켈리는 가장 먼저 산을 오르기도 했는데 생테티엔(Saint-Étienne), 토농레뱅(Thonon-les-Bains) 스테이지에서 우승하고 추가로 계곡 스테이지에서 보너스 점수를 얻기 위한 과정이었다.

내가 그를 처음 본 날부터 그는 완전한 미스터리였다. 왜냐하면 말이 없고 꽤나 소심한 성격임에도 엄청난 신체 능력을 보였기 때문이다. 이러한 신비로움 때문에, 그는 정말 매력적인 피사체였고, 나는 계속해서 그가 기자의 질문에 대한 답변을 고민할 때 입술을 깨문다던가 답변이 즉각 나오지 않으면 손으로 턱을 만지는 것과 같은 변덕스러운 습관 사진을 잡아내고자 했다. 그 아일랜드 사람의 눈은 다른 사람들에게는 미심쩍게 보였지만, 장난기 가득한 눈으로 언제나 반짝반짝 빛나곤 했다.

켈리는 언제나 자신의 KAS팀 레이싱 캡을 회색빛 머리카락 위에 거꾸로 쓰고, 아침마다 팀 차량의 후드에 앉아서 농담을 던지곤 했는데, 이러한 모습은 내 카메라가 주목하는 또 다른 그의 습관이었다.

켈리의 점점 커지는 위상은 아일랜드 언론의 주목을 끌었는데, 수많은 언론은 하루에도 두 번씩 그의 기사를 스테이지 출발과 종료에 쏟아냈다. 놀랍게도 이 부끄럼을 많이 타는 선수는 매일 아침 언론과 수다 떠는 것을 즐겼다. 그는 확실히 긴긴

1988년 타임 트라이얼에서 숀 켈리.

침묵을 활용하여 저널리스트를 다루는 방법을 알고 있었고, 뭔가를 기대하는 언론은 이러한 부분을 정말 싫어했다. 만약 뭔가 기사를 쓸 만한 것을 켈리가 말하지 않으면, 기자들은 최소한 잊지 못할 그의 모습이라도 잡기 위해 애를 썼다.

켈리는 1978년부터 1992년까지 총 14회의 투르 드 프랑스에 참여했는데, 1987년 동료 아일랜드 선수인 스티븐 로시가 우승할 때는 펠로톤에서 어느새 존경 받는 선배 선수가 되어있었다. 그는 로시가 투어의 우승 후보로 성장하는 상황에서 상당히 잘 대처했는데, 정말 다른 선수에게 이목이 집중됨에 따라서 오히려 그는 자신의 레이스에 더 집중했고, 그 결과 1983년, 1984년, 1985년 투어에서는 전체 성적이 상위권에 들 수 있었다. 그가 부상 때문에 1986년 대회에 참가하지 못했기에, 1987년은 켈리에게는 파리에서 시상대에 오를 최적의 기회였다. 물론 스테이지 11에서 이미 켈리는 전날 타임 트라이얼에서 너무나 멋진 질주를 보여주었던 로시에게 이미 5분 가량 뒤처진 상태였다.

그러나 사실 켈리는 산악 코스가 시작되기 전에 최고의 컨디션을 유지하기 위해서 스프린트 때 일부러 페이스를 조절했고, 그래서 타임 트라이얼 스테이지에서 좋은 모습을 보이지 못했다. 하지만 슬프게도 이 아일랜드의 전설적인 선수는 피레네 산맥에서 반전을 만들지 못했는데, 보르도를 향해 가는 도중에 충돌 사고로 쇄골이 부러졌기 때문이다.

그해는 내가 처음으로 오토바이 접근권을 얻은 해였기 때문에, 내가 비록 켈리의 충돌을 처음 본 것은 아니지만 그럼에도 고통은 더 강렬하게 다가왔다. 내 우상의 한 명이 고통으로 울부짖으며 바닥에 쓰러져서 다시 자전거에 오르려고 몸부림치는 모습을 상상해보길 바란다. 켈리는 자전거에 다시 오른 이후에도 계속 눈물을 흘렸고, 수 킬로미터를 달린 이후에 의사가 결국 그에게 앰블런스에 오르게 하자 다시 눈물을 터트렸다.

이 장면은 내게 켈리 역시 그저 인간일 뿐이라는 큰 충격을 주었고, 그 결과 나는 이듬해 그의 사진을 더 많이 찍었는데, 그가 영원히 투어에 있을 수 없다는 것을 알았기 때문이다. 사실 그는 마지막으로 전체 우승권에 근접했던 1982년 스테이지에서 우승한 이후로 한 번도 스테이지에서 우승하지 못했는데, 그럼에도 그보다 훨씬 젊은 선수들과 계속해서 레이스를 하려는 노력은 내게 잊을 수 없는 인상을 남겼다.

2년 후 1989년 투어는 켈리에게 상당히 중요한 해였고, 더불어 내게도 중요했다. 마이요 베레를 입은 수많은 그의 사진을 가지고 내가 프랑스를 떠남에 따라, 나는 꼴 디조아(Col d'Izoard)의 마지막 코너를 도는 그의 모습을 내가 가장 좋아하는 르몽드, 피뇽, 그리고 델가도 사진들 사이에 담아 두었다. 나는 그가 마지막 순간까지 굽이치는 하강 구간에서 보너스 점수를 얻기 위해서 마지막까지 페달을 밟는 순간 모든 팔 근육의 힘줄, 다리, 곧게 뻗은 목을 사진에 담았다.

내가 1990년 차를 도난당하기 전까지, 이 아일랜드 선수는 내 사진 컬렉션 중 가장 많은 비중을 차지했는데, 나는 그래서 그가 이후에도 계속 레이스에 참가하여 내게 다시 그의 사진을 복구할 수 있는 기회를 주어서 정말로 감사하다. 그의 순간은 1994년에 멈추었다. 그의 시간이 멈춤에 따라서 내 속에서도 거대한 무언가가 내려앉았는데, 그도 그럴 것이 지난 15년간 내 작업을 하며 느끼는 즐거움의 중심에는 그가 있었기 때문이다. 나는 앞으로도 사이클 세계에서 켈리만큼 특별한 사람을 절대 만날 수 없다는 사실을 안다. 그래서 그와 함께 그 시절을 보낼 수 있는 경험을 하게 되어서 정말 영광이라고 느꼈다. "숀 켈리의 시대", 나는 그 시절을 그렇게 부르고 싶다.

CHAPTER

프랑스의 지역들

일단 당신이 기본적인 여행 계획을 세우고 나면, 그다음 단계는 프랑스의 풍미를 온전히 느낄 수 있는 코스를 정하는 일이다. 물론, 투어의 루트를 탐색하는 짬을 내지 않고는 코스를 제대로 정할 수 없다. 프랑스는 워낙 넓어 기분 좋게 프랑스의 구석구석을 모두 볼 수는 없지만, 적어도 이 장에서는 용감무쌍한 모험에서 만날 수 있는 기회에 대한 아이디어를 제공한다. 산에 대해서는 아예 이 장을 통째로 할애하여 설명해야 하기 때문에, 여기에서 알프스와 피레네를 약간 훑고 넘어가겠지만 다른 산악 지역에 대한 자세한 정보는 5장에서 확인하기 바란다.

공식적으로 프랑스 영토는 21개의 지역(*régions*, 레지옹)으로 나뉘며, 100여 개의 행정구역(*départements*, 데피르망)으로 구성된다[코르시가 섬(Corsica)과 다른 4개의 해외에 위치한 영토를 포함하면 프랑스 국토는 총 26개로 나뉘지만, 여기서는 해외 영토에 대해서는 다루지 않는다]. 이러한 복잡한 구분은 프랑스에 대해 잘 알지 못하는 여행객을 골려먹기에 딱 좋기 때문에, 많은 저자는 역사적이고 정치적인 배경이 아닌 지정학적 배경에 따라 프랑스를 15개의 지역으로 나누는 것을 선호한다. 그러나 일정한 규칙에 근거하지 않으면 오히려 이해하는 데 혼란스러울 수 있기 때문에, 필자는 21개 지역으로 구분해 설명한다.(역자 주: 2014년 프랑스 의회는 프랑스 본토의 레지옹을 22개에서 13개로 줄이는 법률안을 통과시켰다. 새 레지옹은 2016년 1월 1일부터 사용된다.)

정말 짧은 일주일 정도의 휴가만 아니라면, 프로방스(Provence) 지역이야말로 프랑스의 다른 어떤 지역보다 매혹적이어서 계속해서 머물고 싶은 곳이다. 실제로 최근에는 프로방스 주민에게는 짜증나는 일이지만 계속 관광객의 숫자가 늘고 있다. 하지만 이러한 모습은 투어 팬에게는 언감생심인데, 본인이 원하는 지역을 먼저 고르는 것이 아니라 투어가 어떠한 지역을 지날지 미리 알아서 어느 지역의 레이스를 쫓을지 미리 정하는 것이 최선이다.

여행객은 투어 루트를 공부하고 잘 알려진 관심 있는 지역을 설정함으로써, 다양한 문화를 지닌 프랑스를 제대로 알 수 있게 여행 계획을 짤 수 있다. 이러한 계획을 짜는 일이야말로 정말 시간을 잘 보내는 일이다.

브르타뉴(BRETAGNE)

프랑스 북서부, 인구는 3,103,000명(2007년), 주도는 렌(Rennes)으로 파리 남서쪽 30Km 지점〈출처: 두산백과〉

브르타뉴는 프랑스에서 가장 독립적인 지역이다. 그래서 투어를 보려는 팬이라면 가장 먼저 방문해야 한다.

브르타뉴는 프랑스 사이클의 중심지로 여겨지기 때문에, 투르 드 프랑스는 거의 매년 이 지역을 지난다. 또한 이곳은 1907년부터 1985년까지 총 11회의 우승 횟수를 일군 루시앙 프티브르통(Lucien Petit-Breton), 장 로빅(Jean Robic), 루이종 보베(Louison Bobet), 그리고 베르나르 이노(Bernard Hinault)와 같은 위대한 투어 우승자들의 고향이다.

다른 지역에서 투어가 진행되는 시기에, 브르타뉴는 그 지역 사람만이 알고 있는 작은 해변을 숨기고 있는 바람이 많이 부는 북쪽 바닷가와 더 세찬 바람이 부는 삐죽삐죽한 장관을 이루는 해안 절벽을 가진 서쪽 바닷가가 주는 자연의 고요함을 느낄 수 있다. 대서양을 접하는 특이한 반도 형태의 지역 특색 때문에 브르타뉴는 투어가 진행될 때 가장 많은 방문객이 몰리는 지역인데, 그때는 궂은 날씨를 만나게 된다.

나는 개인적으로 특히 프랑스 최서단의 플로고프(Plogoff) 근교의 푸앵트 드 라즈(Pointe du raz)와 같은 브르타뉴의 바위가 많은 긴 해안지대를 좋아하며, 무엇보다도 16세기까지 프랑스로부터 완전한 자치권을 행사하던 특색을 잘 보여주는 마을을 좋아한다. 이러한 지역 중 한 곳인 콩카르노(Concarneau)는 베 드 라 포레(Baie de la Forêt) 해안에 숨어 있는 분주한 항구도시다. 이곳에는 항구의 작은 섬 안에 성벽으로 둘러싸인 마을이 있으며 고대 병영에 세운 낚시 박물관(Musée de la Pêche)이 있다. 두아르네즈(Douarnenez)는 그 이름이 유래된 것과 같이 깊숙한 만에 위치하여 대서양으로부터 멀리 있으며, 레가타(regatta, 보트 경주의 일종)의 천국이기도 하다.

또한 브르타뉴는 프랑스에서 가장 아름다운 마을인 로크로낭

1985년 베르나르 이노가 브르타뉴 플럼렉(plumelec)에서의 프롤로그 타임 트라이얼에 참가하는 모습.

RECOMMENDATIONS ■ LODGING ■ LODGING and FOOD ● FOOD

1. Auberge Armor Vilaine
2. Auberge Grand Maison
3. Auberge de Kervéoc'h
4. Hôtel Château de Talhouët

LEGEND   ROAD   RAIL   ○ CITY MENTIONED IN TEXT   ◻ POINT OF INTEREST   25km

(Locronan)과도 가까운 것으로 유명하다.

    동쪽 끝 중세의 디낭(Dinan)에서부터 서쪽 끝에서 남쪽 모르비앙 만(Gulf of Morbihan)까지 브르타뉴에는 크기와 성격이 다른 아름다운 지역이 수없이 많다.

브르타뉴 두아르네네즈(Douarnenez)의 어촌 마을.

디낭에서 북쪽으로 25km 거리에는 해변 마을인 디나르(Dinard)가 있는데, 이곳에서 그레그 르몽드(Greg LeMond)가 1989년 투어의 길고 긴 스테이지 5의 렌(Rennes)까지 타임 트라이얼에서 승리하여 마이요 존느를 따면서 투르 드 프랑스 우승의 시발점을 만들었다. 렌은 브르타뉴의 주도로서 오늘날에도 여전히 한 번쯤 방문을 추천한다.

   모르비앙(Morbihan)은 브르타뉴 해안에서 가장 조용한 지역인데, 모르비앙 만은 작은 섬들과 값비싼 굴 양식장으로 유명하다. 모르비앙에는 2008년 투어의 출발지였던 오레(Auray)가 있는데, 최근 이곳의 바닷가 건물에는 이 마을의 전쟁과 상업의 역사를 자랑스럽게 드러내는 작은 부티크과 함께 많은 화랑이 들어서고 있다.

   사실 브르타뉴의 어촌 마을까지 투어가 들어가기에는 대회 규모가 너무 크기 때문에, 투어를 따르는 팬은 이러한 브르타뉴 지역의 명소를 나중에 따로 시간을 내서 여유롭게 감상해야 한다. 대도시 중에서는 생말로(Saint-Malo), 렌(Rennes), 그리

브르타뉴   2004년 투어에 울려 퍼지는 브르타뉴 파이프 연주자들(Breton pipers).

고 반(Vannes)을 방문할 만하며, 특히 브르타뉴 주의 주도인 렌은 중세시대의 목조 건물로 구성된 도심부로 유명하다.

이곳에서는 브르타뉴의 전통 백파이프인 풍적*(biniou)*을 감상할 수 있는데, 야외 카페에 앉아서 훌륭한 해산물 외에도 지역 특산품인 능금주*(cidre)*와 얇고 바삭거리는 페이스트리인 갈레트*(galette)*를 즐기며 음악을 감상하면 즐거움은 배가 된다.

추천 명소

Auberge Armor Vilain(웹사이트 없음 / 전화 02 97 42 91 03)은 Péaule (*département* 56)에 위치한다. 반(Vannes)의 해변에서 수 킬로미터 떨어진 조용한 마을에 있는 전형적인 브르타뉴 레스토랑이다. 모든 면에서 품격이 있으며, 특히 해산물 요리를 주문하면 최고의 맛을 볼 수 있다.

Auberge Grand Maison(www.auberge-grand-maison.com)은 Mur-de-Bretagne(*département* 22)에 위치한다. 고풍스러운 호텔에서 유명한 요리를 제공한다.

Auberge de Kervéoc'h(www.auberge-kerveoch.com)을 방문한다면 농가를

개조한 열세 개의 작은 방에서 느낄 수 있는 고요함과 맛있는 음식 때문에 다시는 잊을 수 없는 추억을 갖게 될 것이다. Douarnenez(*département* 29) 위치함.
Hôtel Château de Talhouët(www.chateaudetalhouet.com)은 Rocheforten-Terre(*département* 56)에 위치한다. 모르비안(Morbihan) 만과 가까운 고요한 시골 한가운데에 위치하는 이 17세기풍의 저택에는 매우 넓은 일곱 개의 방이 있는데 가격은 놀랍게도 합리적이다. 왕족이 된 것과 같은 대접을 받을 수 있는 레스토랑에서는 짧은 시간이라도 머물 만하다.

지역 특산 요리

Homard à l'armoricaine: 화이트와인, 코냑, 토마토, 버터소스를 곁들인 로브스터

Andouille de Guéméné, oignons caramélisés: 캐러멜라이즈된 양파와 사과 소스를 곁들인 브르타뉴 돼지고기 소시지

페이 드 라 루아르(PAYS DE LA LOIRE)

프랑스 북서부, 인구는 3,455,000명(2007년), 주도는 낭트(Nantes)로 파리에서 남서쪽으로 394Km 정도 떨어져 있다.〈출처: 두산백과〉

과거에 낭트(Nantes)가 브르타뉴의 주도(州都)인지에 대한 논쟁이 있었지만, 이제는 페이 드 라 루아르(Pays de la Loire)의 주요 도시로 확실히 안착했다. 낭트 앞으로 루아르 강이 대서양으로 흐르며, 마치 도시 자체가 아름다운 루아르 계곡의 문지기 역할을 하고 있다. 이 지역의 웅장한 저택들, 특히 샤토 드 브리삭(Brissac-Quincé), 플레시스 부레(Plessis-Bourré) 또는 소뮈르(Saumur)에 있는 르네상스 시대의 건축물을 방문하지 않고는 프랑스 여행을 제대로 했다고 말할 수 없다.

비록 2004년 루아르에서 스테이지가 하루 종일 진행되어 앙제(Angers)로 가는 길에 보석과 같은 르 뤼드(Le Lude) 성과 몽제오프루아(Montgeoffroy) 성을 스쳐 지나갈 수 있지만, 투르 드 프랑스는 이 인기 관광지를 지나지 않는다. 나는 사실 그 당시 언론이 오히려 이 날을 기억하는 이유는 이 지역의 유명한 와인 뱅 드 페이 드 라 루아르(*vins de pays de la Loire*)를 경기가 끝나기를 기다리며 맛볼 기회가 있었기 때문으로 확신한다.

제4장 프랑스의 지역들

방데(Vendée) 지역 남쪽으로는 영국과 프랑스의 100년 전쟁(*Guerre de Cent Ans*)이 벌어진 곳에 세워진 유명한 중세풍 놀이공원인 퓌 뒤 푸(Puy du Fou)가 있

페이 드 라 루아르   2004년 투어에서 몽제오프루아 성(Château de Montgeoffroy)을 지나고 있다.

다. 사이클 팬에게 좀 더 흥미를 끌 수 있는 점은 랜스 암스트롱의 1999년 우승까지의 7년 연속 우승이 시작된 1993년 투어가 시작된 지역이 바로 이곳이라는 사실이다. 암스트롱은 그의 마지막 투어가 되었어야했던 2005년 투어 때 다시 이 지역을 방문했는데, 데이비드 자브리스키(David Zabriskie)가 강풍이 부는 누아무티에르 섬(Île de Noirmoutier)의 타임 트라이얼에서 승리했다.

이 지역은 오직 썰물 때만 이용할 수 있으며 1999년 투어의 루트에 포함되었던, 본래 노르망디를 잇는 독특한 파사주 두 구(Passage du Gois)를 만날 수 있다.

사실 1999년 투어 조직위에서 계산을 잘못해서 이미 서쪽으로부터 선수들이 들어올 때 둑길까지 바닷물이 차 있는 상태였다. 다음 날 암스트롱과 동료들은 펠로톤에서 마치 VIP 손님(patrons)처럼 편하게 갔는데, 앞서 나가는 조직위원회 차량이 둑길의 바닷물을 롤

데이비드 자브리스키가 2005년 일 드 노르망디의 타임 트라이얼에서 역주하고 있다.

러로 치워주며 나아갔기 때문이다.

　마지막 순간이 돼서야 진행된 작업은 그리 효과적이지 않았다. 그래서 몇몇 사이클리스트는 미끌거리는 표면에서 미끄러지거나 충돌했고 결국 그들 중 몇몇은 도로 바로 아래의 젖은 모래밭으로 떨어지기까지 했다.

　이미 난장판이 된 옆바람이 부는 현장 속에서, 암스트롱의 US 포스텔(U.S. Postal) 팀은 가장 먼저 둑길에 도착해서 자신들의 리더를 앞서 나가게 만들면서 선수들이 밀집한 위험 속에서 벗어나게 했고 속도를 올리며 뒤에서 벌어지는 - 도저히 수습할 수 없는 - 난리법석의 현장에서 멀어졌다. 암스트롱의 주요 경쟁자들, 알렉스 쥘레(Alex Zülle), 이반 고티(Ivan Gotti), 그리고 미카엘 보헤르드(Michael Boogerd)는 그날 투어에서 우승할 희망을 완전히 포기했다. "파사주 두 구"는 그 스테이지 자체를 웃음거리로 만들었으며, 이 루트는 투어에 두 번 다시 포함되지 않았다. 그러나 US 포스텔 팀이 이러한 도로 사정에 대응한 방법은 그들의 전술적인 지혜를 엿볼 수 있는 첫 번째 장면이었고, 이러한 모습은 이후 7년간 그들의 핵심 무기가 되었다. 이 이기적인 사진가가 보기에는, 그들이 그 당시로 돌아가서 매년 같은 스테이지에서 경주한다면, 아마도 그와 같은 현명한 방법으로 둑길을 대처하여 기록이 더 좋아질 것이며, 무엇보다도 사진이 정말 멋지게 나올 것 같다!

　특히 암스트롱 덕분에, 투어는 이 지역을 엄청나게 유명하게 만들었다. 그는

1999년 퓌튀로스코프(Futuroscope) 근처에서 첫 투어 우승을 이뤄내며, 퓌 뒤 푸(Puy du Fou)에서의 성공적인 출발을 더욱 의미 있게 만들었다. 암스트롱은 이듬해 그의 팀을 이끌고 팀 타임 트라이얼에서 우승에 근접했다. 이 스테이지는 맞바람을 맞고 오르는 생나제르(Saint-Nazaire)와 생브레뱅(Saint Brévin-les-Pins)을 잇는 사장교인 퐁 데 생나제르(Pont de Saint-Nazaire)가 주된 코스였다. 강풍은 그와 그의 팀메이트들이 가장 뒤처진 팀원을 기다리게 하여, 결국 승리를 놓치게 만들었다.

금문교(Golden Gate Bridge)만큼 장관은 아닐지 모르지만, 그럼에도 만약 60미터 높이에서 루아르 강을 감상하고 싶으면 퐁 데 생나제르는 방문할 가치가 있다. 투르 드 프랑스에서 이 다리는 자동차 통행료를 걷기 위해서 1996년에 처음으로 이용되었다. 사실 조직위원회는 투어 사진가에게도 이곳에 오르는 비용을 받아야 했다. 그 이유는 엄청나게 몰려든 투어 관광객이 마치 남쪽에서 이곳으로 횡단하는 개미 떼처럼 보이기는 했지만 정말 그 곳에서의 광경은 엄청나게 인상 깊었기 때문이다.

생나제르는 또 다른 것으로도 유명한데, 퀸메리 2호(Queen Mary 2)를 포함한 수많은 원양 여객선이 이 지역 조선소에서 건조되었다는 사실이다. 또한 에어버스 역시 이곳에 거대한 공장이 있으며, 관광객에게 공장을 개방한다.

바로 남쪽에는 포르닉(Pornic) 어항(漁港)이 있고, 바로 이곳에서 랜스 암스트롱과 얀 울리히(Jan Ulrich)의 세기의 대결이 2003년에 시작되었다. 마을 사람들이야 그의 투어를 금방 잊어버렸겠지만, 그 마을의 낚시용품점 주인은 생생하게 기억하고 있다. 왜냐하면 바로 이곳이 배우 로빈 윌리엄스가 암스트롱의 경주가 시작되기를 기다리면서 우산을 산 곳이기 때문이다. 그 당시 프랑스 사람보다 더 유창하게 농담을 던질 만큼 말을 잘해서 가게 주인은 정말 소스라치게 놀랐다고 한다.

추천 명소

Relais du Gué de Selle(www.relais-du-gue-de-selle.com)은 에브론(Évron, *département* 53) 근처이다. 전통 석조 건물 양식의 현대적인 호텔과 레스토랑으로, 이 지역의 명물인 자연 호수와 긴 산책로가 있다. 요리는 대단히 훌륭하며, 르망(Le Mans)과 마엔(Mayenne) 사이에 위치하기 때문에, 마엔식 해산물, 민물고기, 육류를 제공한다.

<< 1996년 투어가 퐁 데 생나제르를 지나고 있다.

Hôtel de France는 낭트(Nantes, *département* 44) 중심에 위치한다. 이 18세기 양식의 호텔은 고급스럽고 편안하지만, 가격은 그리 비싸지 않다. 이곳의 **L'Opéra** 레스토랑의 음식은 너무나 뛰어나서, 마치 다른 모든 것을 제쳐두고 이같은 레스토랑을 찾아서 그저 거리를 헤매다녀야 할 것만 같은 기분이 들게 만든다. 하지만 곰보 버섯(*morille*) 소스로 졸인 송아지 췌장 요리(*ris de veau*)로 유명한 낭트의 가장 인기 있는 레스토랑 중 하나인 **Le Pressoir**는 꼭 찾아보길 바란다.

지역 특산 요리: 페이 드 라 루아르

Brochet de beurre blanc: 흰 버터 소스와 데친 강꼬치고기
Pigeonneau les Charmilles façon bécasse, toast d'abats, pomme tapée: 구운 닭 내장과 감자가 곁들어진 비둘기 새끼 요리

오트 노르망디(HAUTE-NORMANDIE), 바스 노르망디(BASSE-NORMANDIE)

프랑스 서북부의 레지옹으로 인구는 3,322,757명(2013년). 2014년 프랑스 의회가 본토의 22개 레지옹을 13개로 개편하는 법률안을 통과시킨 후, 2016년 1월부터 기존의 오트 노르망디와 바스 노르망디가 합쳐져서 노르망디로 신설되었다. 이로써 프랑스는 본토에 13개, 해외에 5개의 레지옹이 있다. 주도는 루앙(Rouen)으로 파리로부터 북서쪽 약 100Km떨어져 있는 센강 하구에 위치하고 있다. 행정구역 개편 이전 바스 노르망디의 행정중심지가 캉(Caen)으로 파리 서쪽 224Km지점에 있다.〈출처: 두산백과〉

티에리 마리가 1991년 노르망디 스테이지의 르 아브르에서 우승했을 때.

브르타뉴(Bretagne)와 방데(Vendée)와 같이 노르망디 지방은 유서 깊은 사이클의 역사를 자랑하는데, 투르 드 프랑스 5회 우승에 빛나는 자크 앙크틸(Jacques Anquetil)이 사는 곳이기도 하다. 다른 노르망디 출신의 유명 사이클리스트는 제라드 생(Gérard Saint)과 티에리 마리(Thierry Marie)와 전 투어 기술 감독이었던 알베르 부베(Albert Bouvet)가 있다. 또한 노르망디는 만약 당신이 출발선이나 결승전에 가까이 서 있다면 늘 그 목소리를 또렷하게 들을 수 있는 투어 공식 아나운서인 다니엘 망제아(Daniel Mangeas)의 고향이기도 하다.

무엇보다 노르망디는 제2차 세계대전 때 미국, 캐나다, 영

오트 노르망디, 바스 노르망디   103

RECOMMENDATIONS ■ LODGING ■ LODGING and FOOD ● FOOD

❶ Hostellerie Saint Martin
❷ Le Clos Joli
❸ Le Cheval Blanc
❹ Chez Laurette
❺ Côté Port
❻ Entre Terre et Mer

LEGEND   ROAD   RAIL   ○ CITY MENTIONED IN TEXT   □ POINT OF INTEREST   25km

국군이 상륙작전을 펼쳤던 곳으로 유명한데, 한 시간을 운전하여 캉(Caen) 북쪽의 이 해변을 반드시 한 번쯤은 방문해야 한다. 이미 잘 알고 있겠지만, 노르망디에는 1세기에 호전적인 바이킹이 찾아왔고, 그들은 1066년 영국으로 떠났다(정복자 윌리

오트 노르망디 HAUTE-NORMANDIE 1995년 투어 스테이지를 환영하는 주민들.

엄이 이끌며). 14세기에서 15세기에는 영국과 프랑스 백년 전쟁의 무대가 되었다.

　변화무쌍했던 역사를 고려해보면, 노르망디는 잇따른 침략자들의 영향을 받아 그들 특유의 건축양식을 지닌, 프랑스에서 아주 독특한 지역이다. 비록 르 아브르(Le Havre), 캉(Caen), 그리고 루앙(Rouen)이 제2차 세계대전을 치르면서 초토화되었지만, 이를테면 바이외(Bayeux), 도빌(Deauville), 그리고 옹플뢰르(Honfleur)와 같은 지역은 무척 아름다운 마을을 그대로 보존하고 있다. 센(Seine) 강 어귀에 있는 어항인 옹플뢰르는 꼭 방문해야 하는데, 이름만큼 아름다움을 자랑한다. 이곳의 생트카트린(Sainte-Catherine) 둑길 주변에 있는, 마치 서로를 둘러싼 듯한 좁은, 반(半)목재 양식의 집들은 당신의 숨을 멎게 할 만큼 아름답다.

　이 지역의 끝에는 노르망디 방문객이라면 반드시 방문해야 하는 작은 섬인 몽생미셸(Mont-Saint-Michel)이 있다. 이 돌출된 바위섬은 8세기 즈음 수도원으로 건설되었기 때문에, 종교적으로 세계적 명성을 얻게 되었다. 이 지역에서 계속되었던 전쟁은 오직 몽생미셸을 권력과 영향력의 보루로 만들었으며, 이러한 특별한 장소가 유네스코 세계문화유산에 등재된 것은 그다지 놀랄 만한 일은 아니다.

　몽생미셸은 바다에 노출된 가장 큰 관광명소이며, 비록 둑길이 이제는 섬과 본토를 이어주지만, 사람들은 썰물 때 조금은 위험할 수도 있는 본래의 길인 모래언덕을 넘어서 돌아가곤 한다. 플랑드르(Flanders)의 사자로 불리는 존 뮈세우(Johan Museeuw)는 1990년 이곳에서 열린 스테이지에서 우승하며, 이 종교적인 성지에 사이클과의 연결고리를 만들어냈다. 그 스테이지는 둑길의 끝에서 종료되었는데, 바로 아래 성곽 도시가 있어서, 길이 너무 좁고 구부러져서 어쩔 수 없이 업힐에서 레이스가 종료되었다.

조용한 해안 도로와 아름다운 강변이 있는 노르망디는 관광과 사이클 모두에 천국 같은 곳이다. 바람이 꽤 강하게 불기 때문이 주의해야 하지만, 노르망디의 한적한 시골길에서 자전거를 타면 전혀 다른 곳처럼 느껴진다. 스위스 노르망디(Suisse Normande)는 반드시 방문해야 하는데, 캉(Caen)과 알랑송(Alençon) 사이에 있어 언덕이 많고, 무척 평화롭고 아름다운 스위스와 이름이 같은 지역이다.

추천 명소

Hostellerie Saint Martin(www.hostelleriesaintmartin.com)은 크를리(Creully, *département* 14)에 위치한다. 캉에서 서북쪽 방향으로 약간 떨어진 D-day 해변과 가까운 이곳은 로지 드 프랑스(Logis-de-France) 체인과 유사한 느낌이다. 이곳의 메뉴는 다섯 개로, 봄 드 브니즈(Beaumes-de-Venise) 리큐어로 맛을 낸 오리 간 요리, 상추가 곁들어진 크로탱 드 샤비뇰(Crottin de Chavignol) 치즈 등으로 구성된다. 노르망디의 자연이 만들어낸 닭, 소고기, 오리, 양, 해산물 등의 재료를 이용하여 요리를 만든다.

Le Clos Joli는 바뇨올 드 로른(Bagnoles-de-l'Orne, *département* 61)에 위치한다. 알랑송(Alençon)과 돔프롱(Domfront)의 중간 정도에 위치한 이 숲 속의 자연 그대로의 호텔은 전통적인 노르망디 스타일인 반(半)목재 외양을 하고 있으며 고급 레스토랑에서는 풍부한 식사를 제공한다. 몽생미셸이나 브르타뉴를 방문하기에 적합할 뿐 아니라 휴식을 취하기에도 아주 좋다.

Le Cheval Blanc은 옹플뢰르(Honfleur, *département* 14) 중심에 위치한다. 가장 유명한 호텔 체인 중 하나이며, 구항(*vieux bassin*)에 가장 가까이 위치하여 카페와 레스토랑 사이를 거닐거나 배들이 오가는 것을 구경하며 시간을 보낼 수 있다. 자신의 배로 직접 잡은 해산물에 향신료를 이용하여 만든 요리를 판매하는 **Chez Laurette**는 꼭 가볼 만하다. **Côté Port**는 케 생카트린(Quai Saint-Catherine) 길에 있으며 사과를 곁들인 절인 오리 고기(*confit de canard*)나 허브와 찐 감자를 곁들인 즙이 많은 구운 돼지고기(*porc rôti*)와 같은 특선요리를 제공한다. **Entre Terre et Mer**는 옹플뢰르의 미식 레스토랑 중 하나이며, 차이브 버터와 생강을 곁들인 바다 배스(*bar*) 요리와 생강과 고수 수프(*bouillon*)와 로브스터(*homard*)가 특선 요리다.

지역 특산 요리: 노르망디

Filet mignon de porc normande: 설탕에 졸인 애플링에 곁들여 사과, 양파, 사과주와 함께 요리된 돼지고기 안심 요리

Filet de lieu à la normande: 크림 버섯 소스를 곁들인 사과주로 요리된 은대구 요리

Moules à la normande: 화이트 와인과 크림 홍합 요리

파 드 칼레(PAS-DE-CALAIS), 피카르디(PICARDIE), 샹파뉴(CHAMPAGNE), 로렌(LORRAINE)

파 드 칼레는 프랑스 북부에 위치한 주로 인구는 약 140만명(2006년), 주도는 아라스(Arass)이며 파리 북쪽 175Km지점에 있다.

피카르디는 프랑스 북부에 위치한 레지웅으로 인구는 약 190만명(2007년), 중심도시는 솜(Somme) 강 연안에 있는 아미앵(Amiens)으로 파리 북쪽 130Km에 있다.

샹파뉴는 프랑스 북동부의 샹파뉴아르덴 레지웅과 거의 일치하며, 인구는 약 130만명(2007), 중심도시는 샬롱쉬르마른(Chalons-sur-Marne)으로 파리에서 동쪽으로 170Km떨어져 있다.

로렌은 프랑스 북동부, 라인강 서안에 있는 레지웅으로 인구는 약 230만명(2007)이며, 중심도시는 모젤강과 세유강의 합류점에 있는 메스(Metz)로 파리의 동쪽 약 312Km에 위치한다. 〈출처: 두산백과〉

아무리 프랑스의 전 지역을 방문하고 싶은 충동이 들더라도, 결국 대부분의 관광객은 프랑스 남부와 중부를 방문하고 싶은 마음 때문에 북쪽을 외면한다. 나는 그럼에도 관광객에게는 많이 알려지지 않은 바람 부는 해변과 모래톱이 있는 영국 해협 주변의 오팔 해변(Côte d'Opale)을 추천한다. 영웅의 광장(Place des Héros)과 제1차 세계대전 당시 독일군을 골탕 먹였고, 제2차 세계대전 때 시민을 보호했던 미로와 같은 지하터널이 있는 아름다운 아라스(Arras)에 대해 말해주고 싶다.

그보다 더 남쪽에는, 피카르디 숲의 고요하고 평화로운 분위기와 프랑스에서 가장 위대한 저택 두 곳이 있는 콩피에뉴(Compiègne)와 샹티이(Chantilly)의 아름다움에 대해 이야기하고 싶다. 끔찍한 전쟁의 역사 때문이 아니라, 조용하고, 구불구불한 개울과 강에서 낚시꾼이 하루 종일 시간을 보내고, 조류학자는 수백 종류의 새들을 관찰할 수 있는 마르컹테르 조류공원(Parc du Marquenterre)의 솜(Somme)

파 드 칼레, 피카르디, 샹파뉴, 로렌

강 계곡 역시 반드시 방문해야 할 곳이다.

반면, 랭스(Reims)와 트루아(Troyes) 주변에 있으며, 언덕이 많고 북쪽 끝에 아

(위) 베르덩(verdun) 근처의 제1차 세계대전 전몰자 위령탑과 국립묘지.
(옆) 2003년 투어에서 펠로톤이 샹파뉴 지방을 지나고 있다.

르덴(Ardennes) 숲과, 남쪽에는 장관을 이루는 랑그르(Langres) 성곽도시가 있는 샹파뉴 지역을 방문하지 않은 관광객은 아마 없을 것이다.

샹파뉴의 동쪽은 메스(Metz)와 낭시(Nancy)가 위치하며 보주(Vosges) 산맥과 네 갈래로 나눠지는 모젤(Mosselle), 뫼즈(Meuse), 라인(Rhine), 뫼르트(Meurthe) 강을 경계로 경쟁하는 로렌(Lorraine) 주 지역이 위치한다.

추천 명소

Hôtel de Nord는 콩피에뉴(Compiègne, *département* 60)에 위치한다. 보통 수준 이상의 편의시설은 없는 방이지만, 아주 비판적인 평론가조차도 만족시킬 조개(*crustacés*) 요리와 따뜻한 거위 간 요리(*Foie Gras Chaud*) 메뉴가 있다.

Hôtel de la Plage(www.hotelplage-wissant.com)는 위상(Wissant, *départe-*

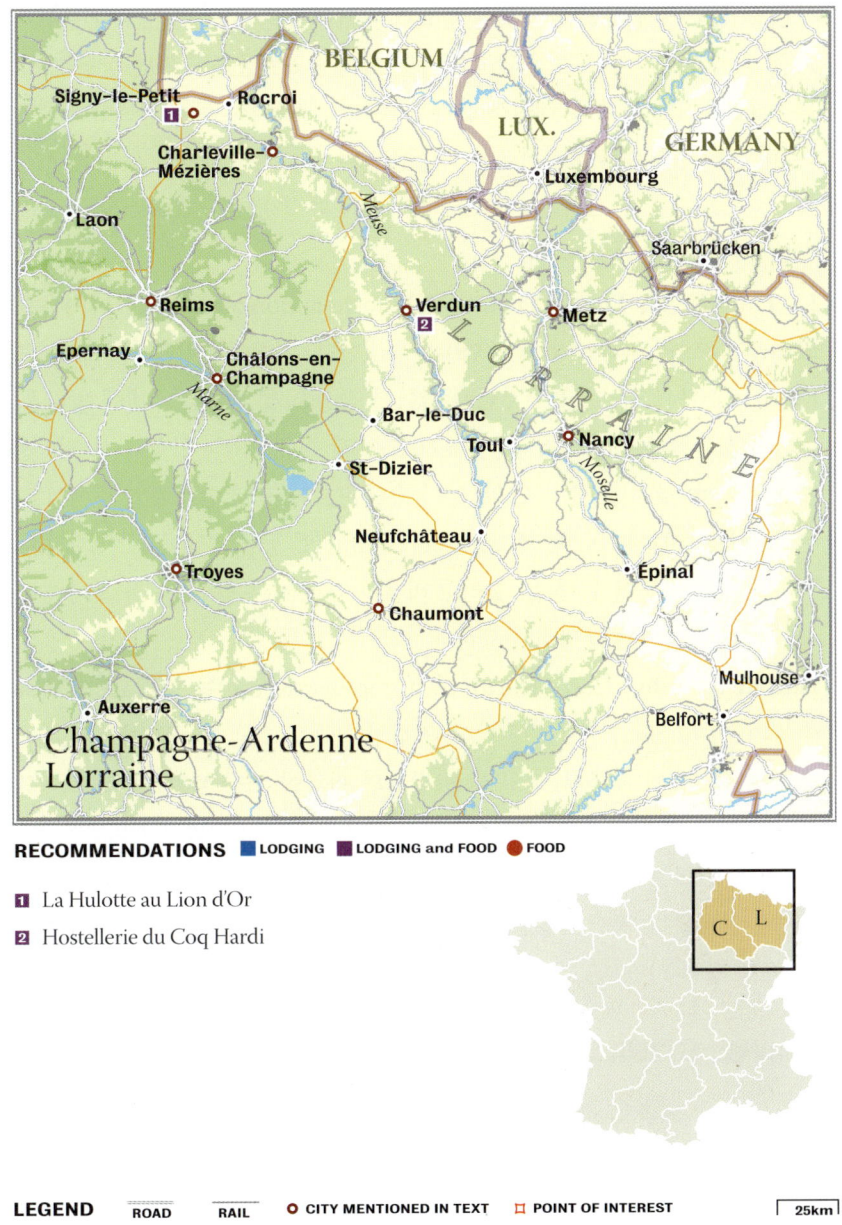

RECOMMENDATIONS ■ LODGING ■ LODGING and FOOD ● FOOD

1. La Hulotte au Lion d'Or
2. Hostellerie du Coq Hardi

LEGEND — ROAD --- RAIL ○ CITY MENTIONED IN TEXT ▫ POINT OF INTEREST 25km

ment 62)에 위치한다. 샤를 드골 대통령이 이 아름답고, 강풍이 부는 오팔 해변에서 휴일을 보내곤 했지만, 바로 이 19세기 양식의 여관에서 묵었는지에 대해서는 잘 알려지지 않았다. 이곳은 확실히 과거에서 온 것 같은 장식과 분위기를 지닌 오래된 호텔이다. 방은 소박하지만, 오래되었음을 감안하면 상당히 넓다. 레스토랑은 고전적이며, 해산물 요리는 프랑스 대통령이 즐길 만큼이나 훌륭하다. 내가 이곳을 좋아하는 이유는 사람이 많지 않은 모래사장이 있는 해변을 썰물 때 거닐 수 있고, 그리네 곶(Gris-Nez caps)과 블랑네 곶(Blanc-Nez caps)의 장관을 볼 수 있기 때문이다.

La Hulotte an Lion d'Or(www.lahulotte-auliondor.fr)는 씨늬-르-쁘띠(Signy-le-Petit, *département* 08)에 위치한다. 샤를빌메지에르(Charleville-Mézières) 북서쪽으로 30킬로미터 떨어진 작은 시골 호텔은 주변에 별다른 볼거리가 없는 작은 마을에 있지만, 로지 드 프랑스 체인의 편안함과 샹파뉴 전원지대(*champenois*)를 즐길 수 있다. 이 호텔은 로지 드 프랑스 체인 중에서도 높은 등급을 의미하는 "굴뚝 세 개(three-chimney)" 등급 호텔이다. 이 지역산 숭어와 돼지와 더불어 꽃, 허브, 그리고 버섯과 같은 지역 농수산물을 최대한 이용하여 만드는 음식은 상당히 훌륭하다.

Hottellerie du Coq Hardi(www.coq-hardi.com)는 베르덩(Verdun, *département* 55) 중심에 위치한다. 진정한 클래식 호텔-레스토랑으로 19세기 중반에 개업했기 때문에, 만일 당신 발밑의 바닥이 조금 삐걱대더라도 너그럽게 넘어가길 바란다. 뫼즈 강을 가로질러 전쟁에 폐허가 되었던 지역은 물론, 호수, 시내, 그리고 시골 산책로는 로렌 지역에 베르덩(Verdun) 마을의 아름다운 풍경을 보여준다. 풀코스를 주문하면 가격은 조금 비싸지만 음식은 매우 훌륭하다. 호텔 옆에 비스트로가 있고 다른 맛있는 음식점도 많다.

지역 특산 요리: 파 드 칼레, 피카르디, 샹파뉴, 로렌

Waterzooi: 계란과 야채로 육수를 낸 플랑드르 지역의 수프다. 닭(*waterzooi de poulet*)이나 생선(*waterzooi de poissons*)으로도 만들 수 있다. 맥주나 와인을 넣어서 변형할 수도 있는데, 음식의 이름은 네덜란드어로 말 그대로 '물을 넣고 끓인 잡탕'이다.

Andouillette de Troyes: 돼지의 위와 대장으로 만든 소시지다. 양파, 소금, 후추로 재워서 다섯 시간 동안 천천히 요리하여 독특한 풍미를 낸다.

Papillotes de hareng à la boulonnaise: 마늘, 레몬주스, 버터와 함께 포일에서 구운 청어알과 샬롯, 버터를 곁들인 청어 요리

알자스(ALSACE)

프랑스 북동부에 위치한 레지옹으로 인구는 약 180만명(2007년), 주도는 스트라스부르(strasbourg)로 파리에서 동쪽으로 447Km 떨어져 있다.〈출처: 두산백과〉

예전에는 독일 영토였지만 지금은 프랑스 영토가 된 알자스를 투르 드 프랑스가 자주 지나지 않지만 이곳은 정말 영원히 머물고 싶은 곳이다. 이 지역은 이미 예전부터 좋은 와인, 아름다운 건축물, 높이 치솟은 성들, 스트라스부르(Strasbourg), 그리고 유럽 의회가 있어 관광지로 큰 역할을 한다. 사실, 이 지역은 워낙 인기 있는 지역이기 때문에 굳이 투르 드 프랑스가 필요하지 않다.

그러나 투어가 이곳을 방문할 때면, 리슬링(Riesling), 게부르츠트라미너(Gewürztraminer), 그리고 뮐루즈(Mulhouse)와 같은 훌륭한 화이트와인을 만들어내는 거대한 물결처럼 보이는 포도밭을 볼 수 있다. 콜마르(Colmar)와 뮐루즈(Mulhouse)나 전형적인 알자스 지방의 마을인 베츠도르프(Betschdorf), 리크위르(Riquewihr), 그리고 아주 깨끗한 이웃 마을인 리보빌(Ribeauville)의 매력적인 모습에 넋을 잃게 된다.

알자스 ALSACE 2006년, 투어가 스트라스부르에서 출발하고 있다.

RECOMMENDATIONS ■ LODGING ■ LODGING and FOOD ● FOOD

1. Hôtel la Diligence
2. Domaine Langmatt
3. Hostellerie Le Maréchal

LEGEND ROAD   RAIL   ○ CITY MENTIONED IN TEXT   □ POINT OF INTEREST   25km

    2006년 스트라스부르에서 투르 드 프랑스가 시작되었을 때, 나는 마치 며칠 전 있었던 약물 파동에 모든 신경을 쏟기보다는 정말 매혹적인 도시 내부의 운하를 따라서 지나가는 투어의 첫 스테이지(*grand départ*)를 기억하고 싶어 하는 정말 몇 안 되는 언론 중 한 명이라는 생각이 들었다. 나는 룩셈부르크로 이어지는 길고 지루한 도로보다는 출발점이었던 오베르네(Obernai)의 목재 골조의 건축물과 굽은 길, 그리고 오베르네의 숲으로 이어지는 완만한 오르막 때문에 스테이지 2가 기억에 남는다.

알자스 지방은 걸어서, 차를 타고, 그리고 특히 자전거로 여행하기 안성맞춤이다. 프랑스에서 가장 작은 지역인 이곳에서 오래 머물 필요는 없다. 이곳의 아름다움을 확인하는 가장 좋은 방법은 로지 드 프랑스의 "호텔 가이드"를 가지고 수많은 주변 산장과 여관을 통과하는 것이다. 걸어서 여행하는 이는 이러한 작은 호텔에 머무를 수도 있고, 발롱(Ballons) 언덕을 탐험할 수도 있으며, 자전거를 타고 여행하는 이는 좀 더 용기를 내서 알자스의 와인 가도(Route des Vins)를 따라 며칠 동안 내려올 수 있다(만약 와인을 마시지 않거나 무척 급한 성격이라면 하루면 충분하다).

투어가 아직은 오쾨니스부르 성(Haut-Koenigsbourg)을 지나지는 않았지만, 이러한 웅장한 곳에 방문하지않고서는 – 마치 이 나라 위에 걸터앉아 독일로 흘러가는 라인 강(Rhine)을 관망하는 – 이 지역에 대해 아는 것은 불가능하다. 이 지역의 언어는 프랑스어와 독일어가 섞였지만, 프랑스 사람은 이 지역이 잠시나마 독일에 속했던 것을 인정하지 않기 때문에, 자연스럽게, 이 지역 사람은 마치 이를 알자스 지역의 사투리처럼 보이게 하려고 애쓴다. 하지만 몇몇 완고한 사람은 여전히 오랜 시간이 지났음에도 프랑스어로 대화하기를 거부한다.

밤 시간의 유흥은 확실히 독일풍인데, 맥주는 맥줏집(bierstubs)에서 와인은 와인집(winstubes)에서 즐긴다. 프랑스어를 배우기 전에 독일어를 약간 배웠던 기억을 더듬어보면, 사우어크라우트(sauerkraut, 소금에 절인 양배추)가 프랑스어로는 *choucroute*로 쓰인다는 재미난 사실을 알 수 있다. 적어도 독일인은 투르 드 프랑스를 *Le Tour de France*라고 불러준다.

추천 명소

Hôtel la Diligence(www.hotel-diligence.com)는 오베르네(Obernai, *département* 67)에 위치한다. 이 평화로운 마을의 아름다운 목조 호텔-레스토랑 건축물은 당신의 숨을 멎게 할 것이다. 돼지고기, 소시지, 숭어나 강꼬치고기와 같은 민물고기로 조리하는 전형적인 알자스 지방의 요리는 정말 맛있다. 약간은 바닥과 천

알자스 지방의 매력을 물씬 풍기는 오베르네의 오텔 라 딜리정스(Hôtel La Diligence)

장에서 삐걱거리는 소리가 날 수 있기 때문에, 잠을 자기 전에는 이곳의 맥주나 이 지역 알자스 와인*(vins d'Alsace)*, 아니면 이 지역 전통주인 쉬냅스*(schnapps)*를 많이 마시고 잠을 청해야 한다.

Domaine Langmatt(www.domainelangmatt.com)는 무르바흐(Murbach, *département* 68)에 있다. 뮐루즈와 콜마르 사이의 숲으로 뒤덮인 고요함 속에 파묻힌 이 호텔은 보주 산맥의 여름 관광객이나 마르크슈타인(Markstein) 산의 겨울 스키 관광객 모두 일 년 내내 즐길 수 있는 실내 난방이 되는 수영장이 있다. 방은 크지만 아주 소박하고, 이곳에서의 우선순위는 사우나 수영장에서의 휴식, 호화로운 레스토랑에서 긴 시간 동안의 식사와 같은 고급스러운 경험에 초점이 맞춰져 있다.

Hotellerie Le Maréchal(www.hotel-le-marechal.com)은 콜마르(Colmar, *département* 68)에 위치한다. 이 16세기 호텔은 여전히 훌륭한 수준을 유지하고 있으며 안팎에서 경험을 해야 이들을 모두 즐길 수 있다. 로슈 강(Lauch river)의 둑과 잘 어울리게 들어서 있으며, 콜마르의 목조 건물로 이뤄진 올드타운 중심지에 있는 르 마레샬은 최고급 서비스를 제공한다. 바그너와 바흐 스위트 룸을 고르거나 아니면 좀 더 간단하게 다른 30개의 방 중 하나를 선택하여 하룻밤을 보낼 수 있다. 단 이 호텔의 레스토랑인 레샤방(À l'ÉWchevin)에서 코스마다 소믈리에(*sommelier*)가 고른 와인이 제공되는 여덟 개 코스의 갈라(Gala) 메뉴를 놓치지 말길 바란다. 다음 날 아침 자전거를 타며 칼로리를 소비하면 된다!

지역 특산 요리

Filet de boeuf au foie d'oie en croûte de choucroute: 사우어크라우트 안에 넣은 거위 간을 곁들인 소고기 살코기 요리

Blanc de turbot duxeline, sauce au vermouth: 베르무트 소스의 터봇(Turbot, 가자미과 유럽산 넙치) 살코기 요리

프랑슈콩테(FRANCHE-COMTÉ)

프랑스 동부의 레지옹으로 인구는 약 114만명(2006년), 주도는 브장송(Besancon)으로 파리에서 동남쪽으로 360Km 정도 떨어져 있다. 〈출처: 두산백과〉

이제 움푹 꺼진 지방인 보주에서 자동차나 자전거를 이용하여 빠져나와 남쪽으로 향해, 독일과 스위스 사이의 프랑슈콩테(Franche-comté)의 브장송(Besançon)으로 가보자. 투르 드 프랑스는 이 지역을 몇 년에 한 번씩 지나는데, 롱르소니에(Lons-le-Saunier), 벨포르(Belfort), 몽벨리아르(Montbéliard), 퐁타를리에(Pontarlier), 그리고 돌(Dôle)이 출발점이나 결승선으로 활용되었다. 올라프 루트비히(Ludwig Olaf)나 블레일레번스(Jerome Blijlevens)와 같은 스프린터는 이 지역 주도이며 종종 알프스 스테이지가 시작되는 브장송 스프린트에서 우승했다. 최근에는 랜스 암스트롱이 1996년 궂은 날씨 속에서 경기를 중도에 포기했는데, 그 당시에는

페이스 타임 FACE TIME   2004년 프랑슈콩테에서 랜스 암스트롱을 응원하는 영국 팬들.

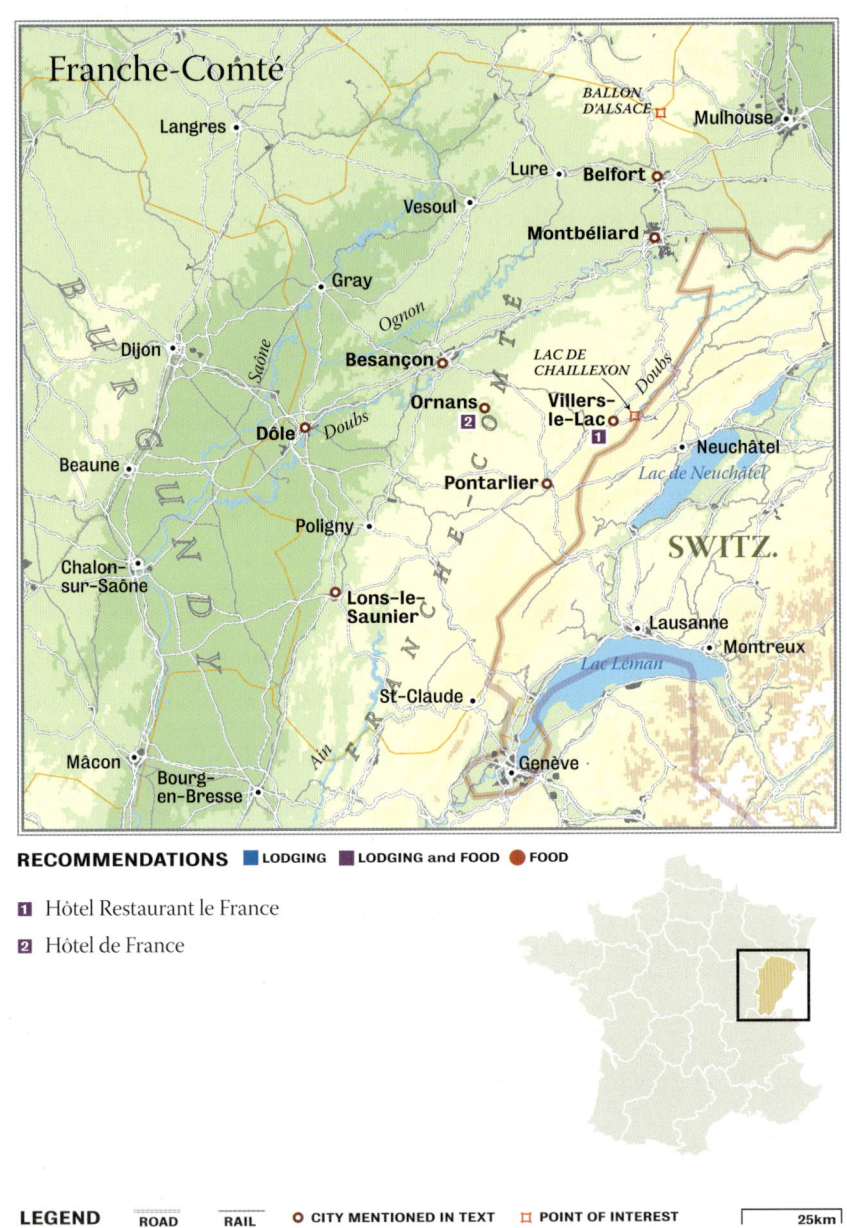

RECOMMENDATIONS ■ LODGING ■ LODGING and FOOD ● FOOD

1. Hôtel Restaurant le France
2. Hôtel de France

LEGEND   ROAD   RAIL   ○ CITY MENTIONED IN TEXT   ◻ POINT OF INTEREST   25km

그의 질병이 고환암 초기였음을 알지 못했다. 사실 이 텍사스 출신의 선수는 8년 후 브장송으로 돌아와 스테이지 15에서 우승했고, 사실상 투어의 우승을 결정지었다.

프랑슈콩테를 방문하는 여행객 중 의욕이 있는 사람이라면, 쥐라(Jura) 산맥의 산악지대를 하이킹하거나 자전거를 타는 선택을 할 수 있으며 1905년에 투어가 처음으로 올랐던 산인 발랑 달자스(Ballon d'Alsace)를 자동차나 자전거를 타고 오를 수 있다. 이곳에는 그해 처음으로 산 정상을 지났던 르네 포티에(René Pottier)에 대한 기념비가 있는데, 아쉽게도 그는 위대한 기록을 남긴 다음 날 피로 때문에 투어를 포기했다. 이 기념비는 1년 후 그가 2위와 무려 48분이라는 엄청난 격차를 만들며 투어에서 우승하던 해에 그의 업적을 기리며 세워졌다.

아마도 유명한 사이클리스트들 중 누구도 두(Doubs) 강의 비공식적인 발원지(發源地)를 방문하지는 않았을 것이다. 이곳은 스위스 국경으로 수천 개의 폭포가 있어 단언컨대 당신의 귀를 멀게 할 것이다. 두 강이 흘러들어가 살롱쉬르손(Chalon-sur-Saône)의 손 강과 만나는 브리네호(Lac des Brenets, 프랑스에서는 Lac de Chaillexon라고 부른다) 역시 상당히 아름답다.

추천 명소

Hôtel Restaurant le France(www.hotel-restaurant-lefrance.com)는 빌레-르-락(Villers-le-Lac, *département* 25)에 위치한다. 하이커와 자전거 여행객 모두 브리네호의 제방에 위치하고 두 강과도 가까운 이 작은 번화가를 사랑할 것이다. 관광객은 Châteaux & Hôtel de France 체인의 일류 서비스에 더욱 마음을 빼앗길 수 있다. 약간은 꾀죄죄한 외관만 무시하면, 직접 잡은 생선, 사냥한 멧돼지와 꿩 요리로 채운 각양각색의 메뉴를 안락한 레스토랑에서 접할 수 있다. 이곳의 소믈리에는 특히 이 지역에서 생산되는 아주 유명한 스트로 와인(straw wine, 건조한 포도를 발효시킨 와인)인 뱅 드 파우*(vin de paille)*를 추천할 텐데, 이 레스토랑에서 요리 만큼 유명하다. 아마 이곳이 정말 마음에 들 것이다!

Hôtel de France(www.hoteldefrance-ornans.com)은 오르낭(Ornans, *département* 25)에 있다. 25개의 현대적인 객실을 갖춘 로지 드 프랑스 체인의 이 호텔에서 여행객은 루 강에 있는 건물이 들어선 지역의 멋진 아름다움을 경험할 수 있다. 강가에 있는 레스토랑 역시 이 호텔 레스토랑만큼 훌륭하기 때문에 최소 이틀은 이곳에서 묵어야 한다. 루 강과 주변 호수에서 잡은 잉어와 숭어는 유명하며, 또한 쥐라 산의 교림(喬林)은 메추라기, 뿔닭, 그리고 양과 같은 다양한 재료를 제공한다. 오르낭 출신인 화가 구스타브 쿠르베(Gustave Courbet)의

영향을 - 그의 생가를 개조한 박물관을 비롯해서 - 어디에서나 발견할 수 있다.

지역 특산 요리

Poulet au Côtes-du-Jura: 화이트 쥐라 와인에 놓아 기른 닭을 마리네이드를 하고 버터, 버섯 소스를 곁들여 파스타와 함께 서빙되는 요리.

Fondue comtoise: 프랑슈콩테 치즈를 사용하여 드라이 화이트쥐라와인, 키르시(kirsch), 마늘, 후추, 육두구로 향을 낸 퐁듀. 딱딱한 빵을 향이 가득한 퐁듀에 찍어 먹는다.

부르고뉴(BOURGOGNE), 상트르(CENTRE)

부르고뉴 - 프랑스 동부의 레지옹으로 영어로는 버건디(Burgundy)라고 하며, 인구는 약 160만 명(2007년), 주도는 디종(Dijion)으로 파리로부터 남동쪽 309Km지점에 위치한다.
상트르 - 2015년 개편된 지명으로는 상트르 발드루아르 - 는 중부의 레지옹으로 인구는 약 250만 명(2007년), 주도는 오를레앙(Orleans)으로 파리에서 남쪽으로 116Km지점에 있다.〈출처: 두산백과〉

　이 지역은 스위스 국경의 서쪽에 위치한 중부 지방으로 프랑스 북부와 남부 지방을 확실하게 나누는 기준이 된다. 부르고뉴와 상트르 - 다음 장에서 다룰 푸아투샤랑트(Poitou-Charentes) 역시 - 같은 지역은 다른 어떤 여행지에서도 결코 찾아볼 수 없는 지역이다. 부르고뉴는 마치 모든 것을 다 가진 것처럼 보이는데, 밀밭, 포도밭은 물론 소농장과 양계장도 있다. 부르고뉴 소(*Boeuf charolais*)는 마꽁(Mâcon) 서쪽 지역에서 그 이름을 따왔고, 부르고뉴 소고기 요리(*Boeuf bourguignon*)는 본(Beaune) 인근 지역에서, 그리고 이 지역의 가장 맛있는 닭고기(*Poulets de Bresse*)는 남쪽 지방에서 유래했다.
　이 지역에서 생산되는 와인 - 코트 드 본(Côte de beaune), 코트 드 뉘(Côte de Nuits), 그리고 페이 도수아(Pays d'Auxois)와 같은 와인 - 들은 지브리(Givry), 뫼르소(Meursault), 메르퀴레(Mercurey), 뉘 생조르쥐(Nuits-Saint-Georges), 사비니 레 본(Savigny-les-Beaune), 그리고 스뮈르 앙 오주아(Semur-en-Auxois)와 같은 아펠라씨옹(Appellations)으로 알려져 있으며 세계적으로 유명한 와인이다. 피노 느아(Pinot noir) 품종의 가볍고, 과일향이 풍부한 고가의 레드와인과 샤도네이

<< 빌레르락(Villers-le-Lac) 근처 두 강의 발원지.

RECOMMENDATIONS ■ LODGING ■ LODGING and FOOD ● FOOD

1. Hôtel de l'Univers
2. Domaine de Beauvois
3. Le Cheval Noir

LEGEND ROAD RAIL ○ CITY MENTIONED IN TEXT □ POINT OF INTEREST 50km

(Chardonnay) 품종의 탄산기가 있고, 드라이한 고가의 화이트와인이 있다. 이 지역은 언덕이 많아서, 포도밭(vignes)이 여름 동안 많은 일조량을 받는다. 그래서 서쪽 지역보다는 사이클링 하기에는 덜 적합하다.

슈농소 근교의 셰르(Cher) 강에 위치한 슈농소 성은 베르사유 궁전 다음으로 가장 많은 관광객이 찾는 성이다.

상트르 지역은 루아르 계곡을 사이에 두고 페이드 드 루아르 지역(Pay de la Loire)과 맞닿아 있는데, 샹보르(Chambord) 성, 슈농소(Chenonceau) 성, 발랑세(Valençay) 성, 그리고 마이엉 성(Maillant)과 같은 르네상스 시대의 성들이 많다. 이 지역은 투렌 포도주 (*Vins de Touraine*)를 생산하는 몇몇 포도밭과 샤르트르(Chartres), 오를레앙(Orléans), 투르(Tours), 그리고 부르주(Bourges)와 같은 멋진 도시도 있다. 그리고 중심부에는 1,800제곱미터의 규모에 다양한 야생동물들이 있어 사냥을 할 수 있는 솔로뉴(Sologne) 숲과 자전거를 즐겁게 탈 수 있는 조용한 시골길이 있다. 프랑스의 공식 수렵 기간인 10월 1일이 되기 전까지는 사냥꾼이 자전거 관광객을 겨눌 일은 없으니 걱정할 필요는 없다.

추천 명소

Hôtel de l'Univers(www.hotel-univers.fr)은 투르(Tours, *département* 37)의 중심에 위치한다. 19세기부터 자리를 지킨 이 보석같은 호텔은 파리 중심부의 호텔과 같은 가격으로 정말 궁궐 같은 곳에서 하룻밤을 보낼 수 있다. 이전에 이곳을 방문한 명사들은 어니스트 헤밍웨이(Ernest Hemingway), 러디어드 키플링(Rudyard Kipling), 윈스턴 처칠(Winston Churchill), 캐서린 헵번(Katharine Hepburn), 그리고 수많은 유럽의 국왕과 왕비를 비롯하여 다양한 명사들이 있다. 맛있는 음식이야말로 이곳 최고의 장점인데, 호텔에서 10분만 걸어나가면 마치 토끼가 다니는 좁은 길과 같은 곳에서 다람쥐가 숨겨 놓은 듯한 맛있는 식당들(*vieux ville*)을 만날 수 있다.

Domaine de Beauvois(www.slh.com/beauvois)는 루아르의 뤼느(Luynes)가 까이에 위치한다. 이 지역의 저택 호텔 중 하나인데, 루아르 근교에 있다는 점과 1년 내내 석양이 비춘다는 점 때문에 유명세를 얻었다. 아주 우아한 가구를 채운 방에서 밤을 보내기 전에 테라스에서 저녁 식사를 즐길 수 있다. 호텔 아래 석회암 속에 지어진 와인 셀러는 이 호텔만의 독특한 특징이다.
Le Cehval Noir(www.le-chevalnoir.fr)은 아제통 쉬르쿠즈(Argenton-sur-Creuse, *département* 36)에 위치한다. 나는 2008년 투어 때 이곳의 아름다움을 알게 되었는데, 당시 예약했던 호텔의 착오 때문에 그날 밤 어떤 호텔이라도 찾으려고 허둥댔기 때문이다. 그 당시에는 그저 최선인 곳을 찾으려 노력했지만, 실제로 대문 입구 뒤쪽의 매력적인 파티오(patio)에서 동료 여행객들과 대접받은 저녁 식사 때문에 이곳이 마치 낙원과 같이 느껴졌다. 나에게 시골풍의 방을 보여주었던 친근한 리셉셔니스트는, 몇 분 후에 식전 음료를 내오면서 그날의 피로가 잘 풀리는지 확인하기 위해 나를 다시 방문했다. 로지 드 프랑스의 호텔 중에서도 가장 기억에 남는 한 곳이다.

지역 특산 요리: 부르고뉴

Boeuf bourguignon, 뵈프 부르기뇽: 레드와인과 마늘, 당근, 양파 육수에 쪄낸 소고기와 버섯 고명과 파스타나 찐 감자를 곁들인 메뉴

Escargots de Bourgogne, 에스카르고: 마늘버터, 샬롯, 화이트와인, 빵가루와 함께 껍질 속에서 구워 살짝 데친 달팽이 요리

푸아투샤랑트(POITOU-CHARENTES)

프랑스 북부에 위치한 레지옹으로 인구는 약 170만명(2007년 기준)이다. 중심도시는 푸아티에(Poitiers)로 파리에서 약 340Km 떨어져 있다. 〈출처: 두산백과〉

푸아투샤랑트를 보게 되는 순간이야말로 완전히 다른 종류의 프랑스를 보기 시작하는 때다. 서늘한 날씨와 북쪽의 비옥한 녹음, 그리고 그곳에 사는 날씨보다 더 냉정한 사람들은 사라지고, 따뜻한 대서양에 노출되어 내륙 농업에 큰 영향을 준 축복 받은 지역인 푸아투샤랑트에서는 반전이 일어나며, 오색 형형한 풍경과 문화의 땅인 진정한 프랑스가 시작된다.

이곳에서 남쪽으로는 피레네(Pyrenees)로 향하고, 동쪽으로는 마시프 상트랄(Massif Central)로 향하는 길이 시작된다. 그렇기 때문에 프랑스 사람들은 바로 아래 아키텐(Aquitaine)과 프랑스 농업의 중심지인 바로 오른쪽에 위치한 리무쟁(Limousin)을 푸아투샤랑트와 연관지어 생각한다.

푸아투샤랑트

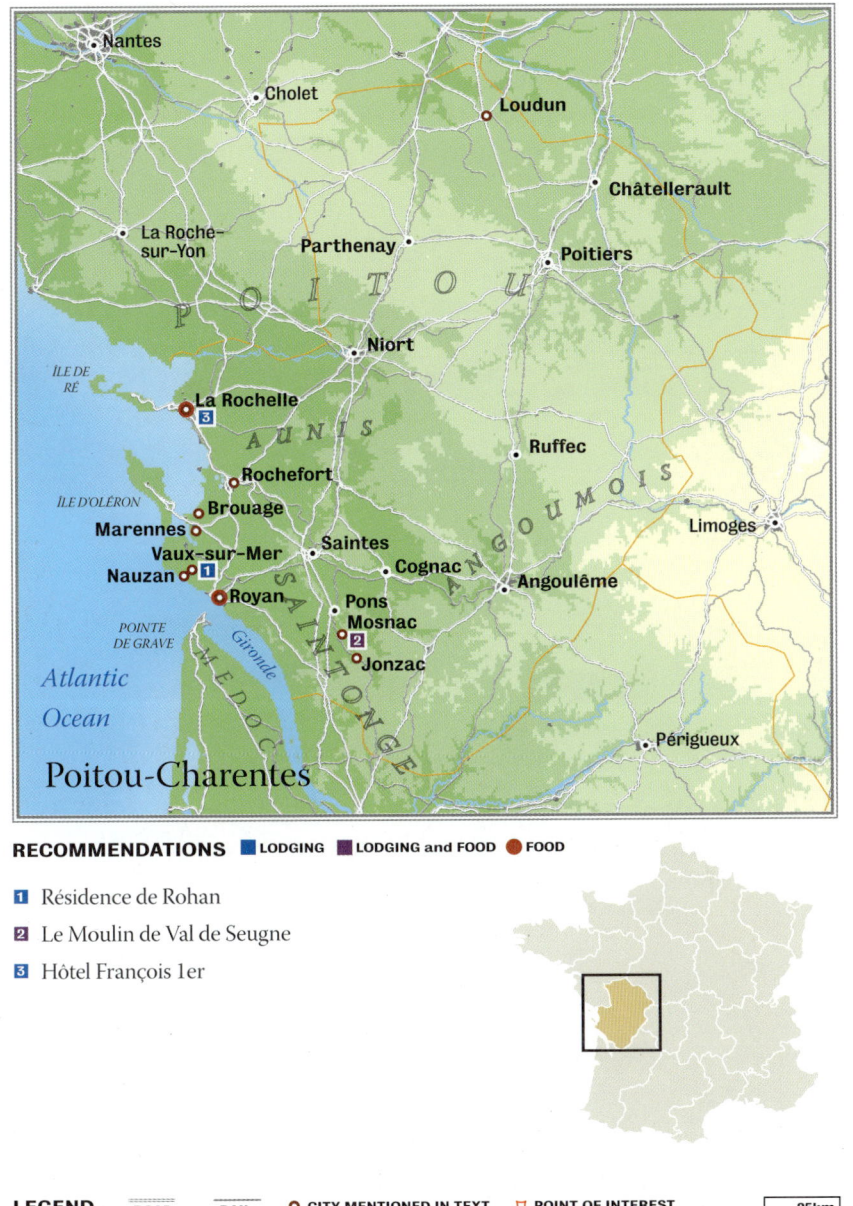

RECOMMENDATIONS ■ LODGING ■ LODGING and FOOD ● FOOD

1. Résidence de Rohan
2. Le Moulin de Val de Seugne
3. Hôtel François 1er

LEGEND   ROAD   RAIL   ○ CITY MENTIONED IN TEXT   □ POINT OF INTEREST   25km

푸아투샤랑트에서는 순례자들이 영감을 얻어 지난 수세기 동안 계속해서 걸어온 생자크 드 콩포스텔(Saint-Jacques-de-Compostelle) 길 - 산티아고 순례자의 길(Santiago de Compostela)로 향하는 길 - 과 로마시대 성당과 수녀원과 같은 문

화의 정수를 경험할 수 있다. 아마 순례자는 파르트네(Parthenay)와 같은 자갈이 깔린 길과 노르망디와 같이 영국의 흔적이 남아 있는 중세 가옥들이 있는 북쪽 마을에서부터 내려왔을 가능성도 있다. 아마 당시에 그들은 오늘날에는 관광객들이 바닥이 평평한 배*(barques)*를 타고 미로와 같은 수로를 탐험할 수 있게 된 푸아투뱅 습지(Marais Poitevin)를 지나는 모험을 하진 않았을 것이다.

오늘날에는 순례자가 코냑(cognac)이 주는 술의 온기를 맛보고자, 술기운에 같은 이름의 마을에서 적어도 한나절 동안 쓰러져 자는 불상사를 걱정하지만 않는다면, 이 길을 지나는 것이 문제가 되지 않는다. 이곳의 술은 이 지역에서 직접 생산한 화이트 와인으로 만드는데, 많은 관광객들이 질 좋은 코냑이 숙성되는 모습을 보기 위해 증류장을 방문하기도 한다.

많은 사람들이 푸아투샤랑트의 해안을 보려고 이 지역을 방문하는데, 매년 수천 명의 피서객이 고요한 내륙 지역을 제쳐두고 해변으로 달려간다. 이곳 해안선은 아키텐(Aquitaine)만큼이나 길고, 방데(Vendée)의 해안선처럼 구석에 숨어 있지도 않다. 이곳은 요트 항구로 세계적으로 유명한 라로셸(La Rochelle)의 항구와 보르도까지 거슬러 올라가는 지롱드(Gironde) 강 사이에 흩어져 있는 작은 해변 리조트들 때문에 앞선 두 지역보다 훨씬 흥미롭다. 브루아주(Brouage)산 홍합*(moules)*과 쌍벽을 이루는 마렌(Marenne)산 굴*(huîtres)* 등 해산물이 아주 풍부하다.

두 개의 큰 섬인 올레옹(Île d'Oléron)과 레(Île de Ré)는 본토와 길이 연결되며 - 대부분 프랑스의 서쪽 해안 섬이 그렇듯이 - 풍부한 해산물과 끝없는 모래사장이 있어서 한 번쯤 방문할 만하다. 두 섬 모두 호텔과 캠핑장이 있기 때문에, 다른 곳을 방문하기보다는 이곳에서 며칠 머물면서 매력이 넘치는 라로셸(La Rochelle)의 북적거림을 경험해보는 것을 추천한다.

관광객이 붐비는 이곳의 사정상 투르 드 프랑스가 이 해변을 지나는 일은 거의 없다. 비록 이 지역은 당신이 한 번쯤 와볼 만큼 매력적이긴 하나, 여름철에는 라로셸로 가는 길은 차로 붐벼 자전거를 타고 올 만한 곳은 아니다. 그러나 이 지역은 리카르도 마그리니(Riccardo Magrini)가 1983년 올레옹 섬에서 종료된 스테이지를 우승한 후 방문했던 것처럼 한 번쯤은 꼭 방문할 만하다.

<< 푸아투뱅 습지(Marais Poitevin)의 바닥이 평평한 배(brques).

추천 명소

Résidence de Rohan(www.residence-rohan.com)은 로얀(Royan, *département* 17) 근교에 위치한다. 보쉬르메르(Vaux-sur-Mer) 해변 뒤에 있는 이 오래된 사냥용 오두막은 주변에 아름다운 공원이 있으며, 이곳에 묵는 손님은 나우잔(Nauzan) 해변으로 곧장 갈 수 있다. 이 호텔은 투숙객의 프라이버시에 신경을 써서 레스토랑이 없는 246-strong Relais du Silence 체인(www.relaisdusilence.com)에 속해 있다. 로얀에서는 – 당신의 마음을 사로잡을 수 있는 정말 훌륭한 메도크 와인을 생산하는 – 메도크(Médoc) 반도의 끝자락에 위치한 푸앵트 그라브(Pointe de Grave)까지 페리를 타고 30분이면 여행할 수 있다. 만약 와이너리에서의 완벽한 점심 식사에 만족하지 않았다면, 저녁 식사를 위해서 밤새 문을 여는 로얀의 도심지로 향할 수도 있다. 르 도팽(**Le Dauphin**)의 모든 해산물 요리는 정말 훌륭한데, 생선 파릴라다(*Parillada de poisson*)라는 대구, 황새치, 정어리, 그리고 연어에 작은 바다가재와 홍합이 함께 나오는 요리에도 도전해 볼 만하다.

Le Moulin de Val de Seugne(www.valdeseugne.com)은 종작(Jonzac, *département* 17) 가까이에 있는 모스낙(Mosnac)에 있다. 16세기 물레방앗간을 개조한 이 호텔은 시골풍의 숙소와 훌륭한 레스토랑이 있어서 당신의 넋을 빼

푸아투샤랑투 아니, 오히려 암스트롱이 코냑을 더 사랑하지 않던가?

앉는다. 방은 아주 낭만적이며 동시에 넓고 현대적인데, 무엇보다 쇠뉴(Seugne) 강의 경치를 감상할 수 있다. 특선 요리로는 코냑으로 조린 오리 푸아그라와 허브와 버터로 요리한 양고기가 있다. 이곳에서는 코냑을 만드는 포도로 제조하는 그 유명한 피노 데 샤랑트(*Pineau des Charentes*, 코냑 지방의 식전주)를 맛볼 수 있다.

Hôtel François 1er(www.hotelfrancois1er.fr)은 라로셸(La Rochelle, *département* 17)에 있다. 고풍스러운 라로셸의 조용한 뒷골목에 있는 이 우아한 2성 호텔은 특히 손님에게 두 배나 넓은 주차 공간을 제공하는 넓은 뜰이 있어서 큰 성공을 거두었다. 몇 분만 걸으면 카페와 레스토랑이 넘쳐나는 유명한 항구가 나올 정도인데, 38개의 훌륭한 객실을 갖춘 이 호텔은 당신이 길 위에서 또 바다에서 여행을 하며 쌓인 피로를 금세 날려줄 정도로 훌륭하다.

지역 특산 요리: 푸아투샤랑트

Noix de coquilles Saint-Jaques dorées à la plancha, risotto safrané à la tomate confite et persil plat, jus de veau corsé: 말린 토마토와 구운 관자와 파슬리 리소토 그리고 송아지 그레이비 소스가 곁들여 나오는 요리
Parmentier de canard et truffes: 감자 퓌레와 오리, 푸아그라, 송로버섯으로 만든 코티지 파이

아키텐(AQUITAINE)

프랑스 남서부에 위치한 레지옹으로 인구는 약 328만명(2006년 기준)이다. 주도는 보르도(Bordeaux)로 파리에서 남서쪽으로 약 562Km 떨어져 있으며 가론(Garonne) 강을 끼고 대서양까지 98Km 떨어진 하항(河港)이다. 파리 몽파르나스(Montparnasse)역에서 보르도 생장역(Garede Bordeaux St. Jean)까지 고속열차로 연결되는데 약 3시간 30분이 걸린다. 〈출처: 두산백과〉

아키텐은 그 이름처럼 굉장히 아름답고 감칠 맛 나는 지역이다. 그리고 이 지역이 로마, 독일, 무어족, 영국은 물론 프랑스 사람과도 자주 싸웠던 것은 그럴 이유가 있는데, 바로 이 지역이야말로 프랑스라는 왕관을 장식하는 데 가장 중요한 보석 같은 지역이기 때문이다. 도대체 산, 해변, 강, 그리고 숲을 모두 가진 이 지역은 어디부터 여행해야 할까?

제4장 프랑스의 지역들

루아르보다도 더 많은 성이 있으며 세계에서 가장 훌륭한 와인도 만든다! 우선 와인부터 다뤄보자면, 간단하게 보르도(Bordeaux) 북서쪽부터 시작해 보자. 영국 사람이 프랑스 사람을 싫어하는 것 만큼, 프랑스 사람은 영국 사람의 많은 면을 싫

RECOMMENDATIONS ■ LODGING ■ LODGING and FOOD ● FOOD

1. Hôtel La Belle Étoile
2. Hôtel L'Ayguelade
3. Grand Hôtel
4. Bayonne Etche-Ona
5. Hostellerie de Plaisance

LEGEND ROAD RAIL ○ CITY MENTIONED IN TEXT ▫ POINT OF INTEREST 50km

아키텐 AQUITAINE 생장드루즈(Saint-Jean-de-Luz)의 바스크(Basque) 어항(漁港).

어하지만, 적어도 이 지역 사람들은 보르도 와인이 오늘날 전세계에서 인기가 있도록 시장에 프랑스 와인을 내놓는 계기를 제공한 로스트 비프*(les rosbifs)*(역자 주: 프랑스인이 영국인을 비하하는 의미로 지칭한 단어)에게 반드시 고마워해야 한다. 영국인은 로마인이 그랬던 것처럼 지롱드(Gironde) 강으로 화물선을 타고 와서 프랑스 와인을 싣고 영국을 경유해 세계로 나가는 출발점으로 삼았다. 오늘날에도 영국은 프랑스를 제외하면 세계 어느 나라보다 와인을 많이 소비하는 나라이다. 영국인이 그 당시에 아키텐의 경계를 정하는 데도 관여했는지 궁금한데, 그도 그럴 것이 남쪽 경계에 위치한 푸아투샤랑트에서는 이러한 영국인의 흔적이 발견되지 않기 때문이다.

    리옹(Lyon)보다는 작고, 마르세유(Marseille)보다는 조용한 보르도는 내가 생각하기에 프랑스에서 파리 다음으로 최고의 도시이다. 분명 이곳에서 와인 투어를 해보면 최고의 경험을 할 수 있다. 만약 투어 스테이지가 시작되거나 끝날 때 이곳에 있다면 더욱 즐거운 경험이 될 것이다. 나는 스테이지가 종료된 몇 시간이 지난 이후에나 보르도를 즐길 수 있었는데, 루이8세 항(Quai Louis VIII)을 거닐며 가론 강의 빠른 유속을 꿈같이 응시했던 경험이야말로 이 흥미로운 도시에서 느낀 진정한

보르도, 프랑스 서부의 보석

가론(Garonne) 강 주변에 보르도가 자리하고 있기 때문에, 관광객은 종종 이 인상적인 도시 주변에서 방향 감각을 잃고 헤맨다. 투르 드 프랑스가 종종 보르도 호수(Lac de Bordeaux) 주변에서 끝난다는 점은 전혀 도움이 안 되는데, 관광객이 이제는 호수까지 고려해야 하기 때문에 더 큰 혼란이 생기기 때문이다.

만약 대부분의 스테이지가 끝나는 켕콩스 광장(Esplanade des Quinconces)을 등지고 가론 강을 바라본다면, 대서양이 아주 가까이에 있다고 생각할 수 있다. 그러나 그 생각은 틀렸다. 당신은 도시 반대편에 서 있고 심지어 40킬로미터나 떨어져 있다! 이 지역에서 어떤 불빛이나 방대한 양의 물 때문에 잘못된 신호를 포착하여 당신이 바다 아주 가까이에 있다고 잘못된 판단을 내릴 수 있다.

대부분의 사람은 이 지역 와인의 맛을 보기도 전에 이러한 혼란에 빠지곤 한다. 포도밭과 가까운 보르도의 특성상, 몇몇 사람은 반나절 동안 도시 내부를 구경하는 것보다 오히려 한나절 메도크(Médoc), 블라예(Blaye), 혹은 생테밀리옹(Saint-Émilion)의 와인 테이스팅 시설을 방문하는 것을 선호한다. 누가 그들을 비난할 수 있겠는가?

하지만 보르도는 프랑스에서도 손꼽을 만한 훌륭한 건축물이 많고, 심지

어 파리의 방대한 지역 중 일부는 이 곳의 건축물을 본떠서 만들어졌다. 또한 이 지역은 유럽에서 가장 긴 쇼핑 거리인 루 생트 카타린(Rue Sainte-Catharine), 가론 강의 바쁜 항구 모습, 그리고 블라냑(Blagnac) 공항 근처에 프랑스 첨단 항공기술연구소 등 볼거리가 무궁무진하다.

보르도는 아프리카부터 카리브 해까지 다양한 지역에서 이민자를 받아들인다. 그래서 보르도는 문화적으로 다양하며, 기술을 선도하고, 지리적으로는 무척 특별하며, 특히 전역에는 정말 축복 받은 와인들로 넘쳐난다.

보르도에서의 저녁식사

대형 벽난로 앞에서 육즙이 넘치는 해산물과 고기 요리를 맛볼 수 있는 전통 레스토랑인 **La Tupina**를 한번 방문해보길 바란다. 좀 더 현대적인 레스토랑을 원한다면, **Chez Greg**을 찾아보길 바란다. 강가에 위치한 이 레스토랑은 신선한 생선 요리가 특징이지만, 사시미나 치킨 케밥과 같은 다양한 세계 각국의 요리를 맛볼 수도 있다. 고급 요리는 1933년 미슐랭 스타를 받았던 레스토랑 중 하나이며, 1987년 같은 건물에 다시 문을 열며 옛 영광을 재현하기 위해 노력하는 **Le Chapon Fin**에서 맛볼 수 있다. 보르도는 영국과 아일랜드의 많은 유산을 가지고 있다. 예를 들면 프랑스 최고의 크리켓 팀은 보르도에 있으며, 아일랜드식 스튜와 기네스 맥주를 특별 메뉴로 두껍고 묵직한 홈메이드 빵을 제공하는 **O'Rowlands**가 있다.

즐거움이었다. 또한 팔레 광장(Place du Palais), 부르스 광장(Place de la Bourse), 그리고 코메디 광장(Place de la Comédie) 주변의 미로와 같은 거리에서 경험한 아주 특별한 고급 레스토랑들 역시 즐거웠다.

최근 투어는 보르도 북부의 와인 산지를 거의 방문하지 않는데, 이곳의 면적이 넓어서 길을 잃을 수 있다는 우려 때문이었다. 물론 리부른(Libourne)이나 생테밀리옹(Saint-Émilion)과 같은 마을로 향하는 일반적인 길이나, 앙굴렘(Angoulême), 리모주(Limoges), 브리브라게야르드(Brive-la-Gaillarde)와 같은 지역으로의 길은 일반 관광객도 감당할 수 있다. 하지만 수많은 유명한 AOC 등급 와인(*Appellation d'Origine Controlee*)(역자 주: 프랑스 정부는 와인의 등급을 4단계로 나누는데 가장 최상위의 등급을 원산지 통제명칭 와인(AOC)이라고 한다) – 생테스테프(Saint-Estèphe), 포이약(Pauillac), 마고(Margaux), 그리고 오메도크(Haut-Médoc) 등 – 이 있는 메도크(Médoc) 반도로 향하면, 그곳으로부터 나오는 몇 안 되는 길도 몽땅 끊어 버리고, 단 하루만이라도 다른 곳으로는 와인이 유출되지 못하게 막고, 나만 그것들을 독차지하고 싶은 마음이 들 수도 있다!

투어의 많은 팬은 지롱드의 양쪽 지역을 모두 마음에 들어 하는데, 동쪽 제방은 업힐이 있으며, 서쪽 제방은 평지다. 또한 중세 생테밀리옹 주변의 조용한 지역을 탐험하는 데 몇 주가 걸리지만 않는다면, 이곳에서의 시간이 마음에 들 것이다. 많은 프로 팀들이 이곳에 프리시즌 때나 혹은 투어를 대비하여 트레이닝캠프를 차리는데, 사실 사이클리스트들이 안전하게 훈련을 할 수 있어서인지 아니면 감독이나 구단주가 이곳에서 와인을 흥청망청 마실 수 있기 때문인지는 잘 모르겠다. 아무튼 적어도 이 지역에서는 사이클리스트는 상당한 환영을 받는다.

또 다른 사이클에 적합한 지역은 바로 앙트르되메르(*Entre-Deux-Mers*, 두 바다 사이라는 뜻)인데, 도르도뉴(Dordogne) 강과 가론 강의 사이에 위치하여 그 이름을 얻게 되었다. 이 이름이 그저 지역의 입지에서 유래된 흔한 작명은 아니다. 왜냐하면 두 바다 사이에 위치한 이 지역은 프랑스 최고의 와인을 생산하는 '바다'와 같은 두 지역 사이에서, 수준 높은 그랑 크뤼 클라세(*Grand Crus Classés*) 와인 대신 테이블 와인(*vins de table*)을 생산하는 것을 최선으로 여기기 때문이기도 하다.

와인은 베르주라크(Bergerac) 지역에서도 유명한데, 이 지역 와인은 아주 맛이

아르카숑(Archachon) 근방의 필라(Pilat) 사구(沙丘, 모래 언덕).　>>

풍부한 카오르(Cahors), 가이야크(Gaillac), 그리고 마디랑(Madiran) 지역의 포도로 만든 남서부 와인(*vins du sud-ouest*)의 한 종류로 분류된다. 만약 당신이 베르주라크를 방문하려 한다면, 아마도 신비스러운 도르도뉴 강을 따라서 - 동화 같은 이야기를 지닌 베나크-에-카즈나크(Beynac-et-Cazenac)와 볼리외(Beaulieu) 지역의 심장부를 찾아서 - 여행을 계획했기 때문일 것이다. 이 지역은 도르도뉴 지역에서 가장 인기 있는 지역인데, 베나크(Beynac), 몽포르(Montfort), 그리고 카스텔노(Castelnaud) 성이 한 눈에 보이는 곳에 거대한 곡류천(*cingles*)(谷流川, meander)이 있고, 강 위쪽에는 라로크-가자크(La Roque-Gageac) 절벽에 매달린 듯 위치한 선사시대의 주거지가 있다.

투어가 2007년 앙굴렘으로 향하는 길에 라로크를 지나며 이 지역 사람들을 기쁘게 했는데, 이때 내 사진 촬영 역사상 최초로 경주가 강을 따라서 진행되는 것을 목격했다. 다른 지역은 여행하며 우연히 마주칠 수도 있는 지역이었지만, 이곳은 내가 다음 생에도 다시 와보고 싶은 곳이었다. 이곳의 집은 거의 대부분 금색을 띠는 돌로 만들어졌고, 석양이 강에 비치며 만든 빛의 조화로 그 건물들은 마법 같은 색조를 띠었다.

루아르 계곡을 가보면, 도르도뉴라는 이름의 지역이 실제로 그 이름을 가진 강보다 훨씬 더 넓은 지역에 걸쳐 있는 것을 알 수 있다. 페리괴(Périgueux)와 사를라라카네다(Sarlat-la-Canéda)까지 포함하며, 구르동(Gourdon)은 물론 인근 미디 피레네(Midi-Pyrénés) 역시 포함한다. 만약 당신이 이곳을 방문한다면, 라스코 동굴(Grotte de Lascaux)의 장관과 베제르(Vézère) 강을 따라 위치한 동굴과, 작은 우이

스(Ouysse) 강이 휘돌아 나가는 까마득한 협곡 위에 세워진 로카마두르(Rocamadour) 마을을 보고 싶을 것이다. 좀 더 동쪽에 위치하여 오베르뉴(Auvergne) 강에 가까운 보리우-쉬르-도르도뉴(Beaulieu-sur-Dordogne) 역시 가볼 만하다.

아키텐을 방문하려는 여행객은 이곳에 도착하기 전에 방문할 곳에 대한 계획을 잘 세워야 한다. 하지만 하고 싶은 것을 우선 정함으로써, 고민을 간단하게 할 수 있다. 와인을 맛보려면 북쪽으로, 강에서 보트를 타려면 동쪽으로, 해변을 즐기려면 서쪽으로, 산을 보려면 남쪽으로 가면 되고, 물론 자전거를 좋아하는 사람이라면 이 지역 어디라도 환영이다.

아키텐의 해변은 메도크(Médoc)부터 베이온(Bayonne)까지 300킬로미터에 달하는 길이로 뻗어 있다. 이곳에는 10곳 미만의 해변 리조트가 있는데, 이곳의 해변이 얼마나 매력적인지를 대략 알 수 있다. 진입로가 무척 좁고, 몇 개 되지도 않아서, 한번 해변에 도착하면 한적함이 이곳을 더욱 매력적이게 한다. 만약 수영이나 일광욕이 지루해지면, 소풍 바구니를 준비하여 아키텐의 3분의 1에 걸쳐 있는 해안과 어울리는 랜더스(Landers) 지역의 휴양림으로 소풍을 떠나는 것도 좋다.

편히 쉴 수 있는 아르카숑(Arcachon), 닥스(Dax), 그리고 몽드 마르상(Mont-de-Marsan) 같은 마을을 제외하면 실제 주민이 사는 곳은 찾기 어렵다. 아르카숑에는 프랑스에서 가장 잘 보존된 굴 양식장이 있으며, 만약 숲에서의 휴식이 마음에 들지 않는다면 이 마을의 항구에 많이 있는, 해산물을 즐길 수 있는 훌륭한 레스토랑을 찾으면 된다. 바다로 길이 약간 막혀 있는 아르카숑의 남쪽으로 가면, 유럽에서 가장 큰 사구인 높이 107미터, 길이 3킬로미터의 필라 사구(沙丘)(Dune du Pilat) 를 볼 수 있다. 몽드 마르상은 아키텐 지역의 주요 교통 요지이며 프랑스 스타일의 투우를 볼 수 있다.

페이 바스크(Pays Basque)로 이동하기 전에 볼 만한 곳이 한 곳 더 남았다. 이곳은 마치 하늘의 은총을 받은 듯 풍성하고 푸른 목초지로 덮여 있으며, 산과 해변의 경계이다. 만약 며칠간의 도시생활을 경험하고 싶다면, 생장드루즈(Saint-Jean-de-Luz)에서 여유롭게 지내는 것, 베이온의 분주한 항구를 방문하는 것, 그리고 멋지고 우아한 비아리츠(Biarritz)를 구경하는 것 중에서 선택할 수 있다. 세 선택지 모두 자전거를 타거나 걷기에 좋다. 이곳 사람들은 그저 다른 프랑스 사람들과 다르게 보이거나 다르게 말하는 것이 아니라, 실제로도 아주 다른 사람들인데, 그들의 조상은

아키텐 AQUITAINE   앙다이(Hendaye) 근처의 바스크 해변을 달리는 1996년 투어의 펠로톤.

스페인 국경 주변에서 살았기 때문이다. 모든 바스크 사람은 에우스카디(*Euskadi* - 바스크 분리주의자들이 거주하는 프랑스와 스페인의 바스크 지역을 칭함)의 깃발 아래 집결하는데, 바스크 주의 녹색, 적색, 백색으로 이루어진 삼색기(*Ikurriña*)는 투어의 산악 스테이지에서 무척이나 자랑스럽게 휘날린다.

 프랑스의 바스크 사람들은 비록 훨씬 더 열광적인 스페인의 바스크 사람들보다는 덜 열정적인 민족주의를 가지고 있지만, 라 니브(La Nive)와 같은 지역의 카페나 식당에 가면 사람들이 말하는 단어를 하나도 알아들을 수 없고, 바스크 깃발을 보면 위축되는 기분을 느끼게 된다. 이러한 기분은 바스크 전통주(*Izarra*)를 한잔 마시거나 베이온(*Bayonne*) 햄을 이 지역 사람들과 먹고 나서야 해소가 되는데, 결국 이곳의 사람도 여느 프랑스 사람과 다르지 않음을 알 수 있다(그들도 먹고 마시는 것을 사랑한다!).

 만약 내가 프랑스에서 자전거를 타기 위해서 딱 한 지역만 선택해야 한다면, 바로 이곳이다. 론알프(Rhône-Alpes)보다 조용한 도로에, 완만한 해변 도로, 도전적인 산악 코스, 사람이 없는 시골길까지, 바스크(Basques)는 사이클리스트에게 다양한 선택지를 주고 1년 내내 자전거 타기에 좋은 날씨도 덤으로 제공한다.

추천 명소

Hôtel La Belle Étoile(웹사이트는 없으며, 이메일은 hotel.belle-etoile@wanadoo.fr, 전화번호는 +33(0)5 53 29 51 44)는 라로크-가자크(La Roque-Gageac, *département* 24)에 위치한다. 이 호텔은 돌담이 도르도뉴 강 제방에 둘러쳐진 마을 최고의 호텔이며, 최고의 전망을 자랑한다. 레스토랑 역시 만족스러운데, 근방에서 잡은 신선한 생선 요리와 더불어 좀 더 무거운 요리로는 오리 가슴살*(magret de canard)*, 매콤한 파테*(pâté basque)*, 그리고 소고기와 콩 스튜*(cassoulet)*가 있다. 이 로지 드 프랑스(Logis-de-France) 체인 호텔은 다른 호텔들과 가격은 비슷하지만, 다른 곳과는 다르게 강이 보이는 테라스 레스토랑이 있다.

Hôtel L'Ayguelade(www.hotel-ayguelade.com)는 라헝(Laruns, *département* 64) 근방의 오소(Ossau) 강 계곡에 위치한다. 소박하지만 고상한 이 호텔은 여행객을 위해 아주 성대한 음식을 준비한다. 이 지역은 음식으로 말하자면 요리계의 프랑스 수도로 볼 수 있고, 별다른 노력 없이도 적당한 가격에 최고의 음식을 맛볼 수 있다. 송아지 췌장 요리*(Ris de veau)*, 가자미 조림, 그리고 아키텐 송아지 요리는 저녁 메뉴 중 극히 일부분에 불과하다. 자전거를 탄 여행객은 이곳에 짐을 풀고 근처의 산인 콜 다비스크(Col d'Aubisque), 콜 뒤 술로(Col du Soulor), 그리고 꼴 드 마리 블랑(Col de Marie-Blanc)에 오를 수 있다.

Grand Hôtel(www.luzgrandhotel.fr)은 생장드루즈(Saint-Jean-de-Luz, *département* 64)의 어항 건너편 만에 위치한다. 최근 개조한 호텔 이름은 벨에포크 시대*(belle époque)*(역자 주: 19세기 말부터 1차 세계 대전 전까지 파리가 번성한 '화려한 시대')의 걸작과 같은 호텔과 어울린다. 비싼 가격만 감당할 수 있다면(7월 금액은 310유로) 한쪽으로는 모래사장이 펼쳐진 해변이 내려다보이고, 한쪽으로는 바스크 주의 푸른 언덕이 보이는 52개의 객실

생장드루즈의 그랑 오뗄(Grand Hôtel).

보다 머물기에 더 나은 곳은 없다. 물론 저녁 식사도 훌륭한데, 미슐랭 레스토랑에서 근무한 경험이 있는 셰프인 니콜라 마스(Nicolas Masse)가 제공하는 해산물과 주변 특산물로 만든 여덟 가지 코스 요리가 110유로에 제공되고, 좀 더 간단한 식사는 해변이 보이는 호텔의 로즈우드(Rosewood) 레스토랑에서 할 수 있다. 호텔에 딸린 스파는 비단 사이클 팬이 아니더라도 하루 종일 산에서 페달을 굴리는 대신 이 마을의 수많은 부티크를 보러 온 사람들도 끌어들인다.

Bayonne Etche-Ona(www.bordeaux-hotel.com)는 보르도(Bordeaux, *département* 33) 중심에 위치한다. 보르도에서 가장 좋은 호텔이기도 하지만, 보르도 중심의 역사적인 명소와 최고의 레스토랑이 포진한(호텔에는 레스토랑이 없다) 코메디 광장과 가깝기 때문에 이곳을 골랐다. 에체오나(Etche-Ona)는 서구에서 최고급 호텔 체인이며, 많은 시설을 갖췄지만, 무엇보다 100유로 아래의 요금으로 모든 방을 이용할 수 있다. **Le Bistro des Anges**, **Le Pavillon des Boulevards**와 같은 근처 레스토랑을 방문하면 푸짐한 보르도식 프랑스 음식(native of Bordeaux)*(Bordelais)*을 맛볼 수 있다.

Hostellerie de Plaisance(www.hostellerie-plaisance.com)는 생테밀리옹(Saint-Emilion, *département* 33)에 위치한다. 유명한 를레 엔 샤토(Relais & Châteaux) 호텔 체인에 속한 이 호텔을 일반적으로 묘사하기는 어려운데 왜냐하면, 이곳의 세련된 시설은 중세의 생테밀리옹과 어울리고 세계에서 가장 유명한 와인 휴양지가 있기 때문이다. 이 호텔은 마을 중심에 있으여 투숙객에게 쭉 뻗은 포도밭과 두꺼운 돌담 안에 있는 정원과 맞닿은 방을 제공한다. 호텔의 위치적 장점과 더불어, 이 호텔 레스토랑은 지역 전체를 통틀어 가장 높은 평가를 받는데, 미슐랭 2스타 셰프 필리프 에체베스트(Philippe Etchebest)가 주방장으로 근무한다. 700개 이상의 와인들이 와인 셀러에 있기에 칼로리를 소모하기 위해 마을의 자갈길과 골목을 걷는 것을 빼고는, 별다른 모험을 할 필요가 없다.

오스텔르리 드 플레정스(Hostellerie de Plaisance).

포(Pau): 투어에서 가장 인기 있는 지역

투르 드 프랑스에서 가장 인기 있는 경유지인 포는 프랑스의 소도시들 중 진정한 스포츠의 보루이다. 2008년까지 투어가 62번이나 지난 이곳은, 파리와 보르도를 제외하면 가장 많이 방문한 곳이다. 포가 비록 럭비의 고장이기는 하지만, 포뮬라 1 모나코 그랑프리와 유사하게 트랙이 아닌 도시의 거리에서 벌어지는 자동차 경주 대회를 여러 번 개최했다. 이곳에서 1901년 첫 그랑프리가 열렸으며, 여전히 포뮬라 3 레이싱이 개최된다. 포의 지역 특성은 영국의 영향이 컸는데, 많은 영국인이 18세기 말 포에 정착하였으며, 그들의 발자취는 그라몽 광장(Place de Gramont)과 피레네 도로(Boulevard des Pyrénées)를 따라 늘어선 건물에서 확인할 수 있다.

1553년 12월 13일 헨리 4세가 태어난 포 성(Château de Pau)은 나폴레옹이 사용했으며, 마리 앙투아네트(Marie Antoinette)가 가장 사랑한 정원이 있다.

동시에, 포는 프랑스 남부 국경에서 60킬로미터 떨어진 곳에 위치하여, 스페인의 영향을 뚜렷하게 받았다. 사실, 포는 한때 스페인 나바라(Navarra) 지역의 일부였다. 이러한 사실을 종합해볼 때, 왜 프랑스와 스페인 선수들이 주축이 된 펠로톤이 이곳을 방문할 때 그토록 열광적인 환호를 보내는지 알 수 있다.

최근 투어의 조직위원 중 일부가 경주 구간을 단순화하기로 하여, 포에서 스테이지 스타트와 피니시를 진행하며 사흘 동안 이곳에서 머무는 매력적인 스케줄 - 투어의 오아시스와 같은 - 이 만들어졌다. 이에 따라 차로 한 시간 가량 걸리는 오타캄(Hautacam), 쉬페르바니에르(Superbagnères), 라몽지(La Mongie), 플라 다데(Pla d'Adet), 그리고 콜 다비스크(Col d'Aubisque) 등의 지역들도 방문할 수 있게 되었다. 몇 년 전만 하더라도, 포는 약간 외딴 도시로 피레네 산맥에서는 편리하게도 가깝지만 보르도와 보르도 공항에서는 꽤 오랜 시간이 소요되었다. 오늘날 포에 지역 공항이 생기면서 영국과 네덜란드로 매일 항공편이 오가며, 잘 짜인 자전거 관광의 유명 중심지가 되었을 뿐만 아니라, 파리로 VIP들을 태우는 페리 호를 타기에 안성맞춤인 지역이 되었다.

포는 전세계 관광객을 맞이할 수 있도록, 누구나 부러워할 호텔과 레스토랑을 갖추었으며 이곳에서 보내는 한여름 밤의 경험은 절대 놓쳐서는 안 된다. 가브드포(Gave de Pau) 강이 내려다보이는 참으로 아름다운 고성을 거닐어보면, 최고의 레스토랑들이 모여 있는 포의 중심부의 교차로인 데타 광장(Place d'Etat)에 도달할 것이다. 투르 드 프랑스가 열리는 시기에 이곳을 방문하면, 그야말로 텔레비전과 영화에서만 보던 스타와 투어의 사이클리스트들이 늦은 오후 아이스크림이나 맥주를 먹기 위해 삼삼오오 모여 있는 장면을 포착할 수 있다.

포에는 좋은 호텔이 많은데, 그중에서도 특히 추천하는 곳은 오텔 빌라 나바르(Hôtel Villa Navarre, www.villanavarre.fr)다. 영국에 영향을 많이 받은 전형적인 19세기 건축물로 도심에서 5분 거리에 있고, 반짝이는 피레네 산맥을 볼 수 있는 넓은 정원이 있다. 30개의 객실이 있지만, 방의 크기와 화려함은 흠을 잡을 데가 없다. 이곳은 암스트롱과 그의 팀이 투르 드 프랑스가 포를 지날 때면 언제나 묵는 곳이다. 바, 레스토랑, 객실, 그리고 로비에 모두 나무판자가 깔려 있어서 이 지역의 근사한 분위기를 전달하는데, 이러한 훌륭한 곳을 오늘날에는 메르퀴르(Mercure) 호텔 그룹에서 운영한다는 사실은 그다지 놀랍지 않다.

지역 특산 요리: 아키텐

Parillada de la mer: 정어리, 연어, 새우, 숭어에 레몬, 후추, 올리브 오일로 양념을 한 해산물 요리. 그릴에서 직화구이를 하거나, 불판(*plancha*)에 구워서 준비하며, 흰 쌀이나 상추, 토마토 샐러드를 곁들인다.

Escalope de foie gras haud aux raisins: 건포도와 포도 소스를 곁들인 로스트 오리 간 요리

미디 피레네(MIDI-PYRÉNÉES), 리무쟁(LIMOUSIN)

미디 피레네: 프랑스 남부에 위치한 레지옹으로 인구는 약 292만명(2012년 기준)이다. 중심도시는 툴루즈(Toulouse)이며 파리에서 남쪽으로 681Km 떨어져 있으며 유럽의 항공우주산업의 중심지로 에어버스사의 본사 소재지이다. 또한 툴루즈는 가론강 우안에 위치하며 대서양 연안과 지중해를 연결하는 지점이다. 파리, 마르세유, 리옹 다음가는 프랑스 제4의 대도시로 프랑스 남부 최대의 교통, 산업, 문화의 중심지이다.

리무쟁: 프랑스 중부의 레지옹으로 인구는 약 73만명(2007년), 주도는 리모주(Limoges)로 파리에서 남쪽 약 375Km 지점 비엔강 우안에 전개된 넓은 분지 중앙에 위치한다. 리무쟁은 제2차 세계대전 당시 레지스탕스의 근거지로 유명했다. 〈출처: 두산백과〉

프랑스 지역을 여행하는 특정 시점에는, 좀 더 구미가 당기는 목적지로 가기 위해서는 이 지역을 빠르게 지나가야 한다. 미디 피레네 지역은 이러한 선택을 마냥 쉽게 허락하지 않는다. 이곳은 프랑스에서 가장 넓은 지역으로 로(Lot) 강의 고요함부터 툴루즈(Toulouse)가 주는 흥분, 그리고 미디 운하(Canal du Midi)에서 피

미디 피레네 MIDI-PYRÉNÉES 투어의 펠로톤이 해바라기가 핀 지역을 지나고 있다.

레네 산맥의 대부분까지 정말 다양한 지역을 포함한다. 그러나 이러한 관광지로 유명한 지역을 제외하면, 다른 가이드북에서도 잘 설명해주듯이 미디 피레네 지역에는 특별한 일은 별로 없다.

사이클리스트를 즐겁게 하는 수 킬로미터의 평야에는 해바라기 밭이 펼쳐 있는데, 이 샛노란 색의 놀라움은 새로 생긴 도로를 지날 때만 발견할 수 있고, 예전 고속도로에서는 볼 수 없다. 해바라기는 관광객에게는 아름다움을, 농부에게는 기름을 의미하는데, 이 지역은 일상에서 농사 말고는 별 다른 사건이 일어나기 어려운 거대한 농업 지대이기 때문이다. 만약 당신이 이미 도르도뉴에서 미디 피레네로 이동했고, 카오르(Cahors)와 로(Lot) 강이 사이에 걸친 신비로운 악마의 다리(Pont Valentre)를 구경하며 시간을 보냈다면, 이는 당신이 사실상 피레네 산맥 – 다음 장에서 확인하시라! – 을 제외하고는 대부분의 지역을 구경했음을 의미한다.

리무쟁 지역 역시 비슷한데, 사이클과 농사 모두에 훌륭한 지역이지만 리모주(Limoges) 도자기를 제외하면 별다른 볼 것이 없다. 자크 안퀴틸(Jacques Anquetil) 때문에 세 번이나 준우승에 그쳤던 영원한 2인자 레몽 풀리도(Raymond Poulidor)는 리무쟁에서 태어나서 여전히 생 레오나르 드 노블라(Saint-Léonard-de-Noblat)에 살며 아직도 시골길을 따라 일주일에도 여러 날씩 자전거를 타는 진정한 리무쟁 사람*(vrai Limousin)*으로 지낸다. 이 지역은 관광객이 좋아할 만한 요소가 부족하다. 숙소가 그중 한 이유인데, 이 지역에는 일반 임대 별장*(gîtes)*만이 넘쳐난다. 그래도 적어도 바시비에르 호수(Lac de Vassivière)는 볼 만한데, 이곳에서 르몽드(Greg LeMond)와 인두라인(Miguel Indurain)이 각각 타임 트라이얼 스테이지에서 우승했다.

추천 명소

Inter-Hôtel Atrium(www.inter-hotel-atrium-limoges.fedral-hotel.com)은 리모주(Limoges, *département* 87)의 중심에 위치한다. 베네딕트(Bénédictins) 역이 가까이에 있으며, 현대적인 시설을 갖추고 차, 기차, 도보로 접근하기에 모두 적당한 거리에 있다. 리모주는 미식의 중심지로, 가까이에 위치한 아트리움(**Atrium**) 역시 최상급의 평가를 받는 음식점이다. 그러나 만약 기 케로아(Guy Queroix) 셰프의 프랑스 요리를 맛보려면 라 퀴진(**La Cuisine**)은 한 번쯤 방문할 만하고, 에스카파드 뒤 구르메(**L'Escapade du Gourmet**)도 훌륭한 음식으로 유명하다.

<< 악마의 다리(Pont Valentre)를 건너는 투어의 펠로톤, 2007년.

툴루즈(Toulouse): 기술의 도시

대도시로서의 출발은 늦었지만, 툴루즈는 엄연히 파리, 마르세유, 그리고 리옹 다음으로 어엿한 프랑스의 네 번째 도시다. 툴루즈가 성장한 데에는 여러 이유가 있지만, 그중에서도 가장 큰 요인은 유럽 우주항공산업의 중심지가 되었다는 것이다. 에어버스 비행기의 생산기지가 있고, 또한 1970년대 콩코드(Concorde) 초음속 여객기도 이곳에서 생산되었고, 블라냑 공항(Blagnac)을 비행기로 오가는 사람이라면 누구나 공식 출시를 앞둔 신 기종을 볼 수 있다. 현대 기술에 대한 강렬한 관심은 많은 젊은이를 툴루즈로 불러 모았고, 그 결과 이곳에 유럽에서 가장 큰 대학 캠퍼스도 위치한다. 그런 이유로, 밤의 유흥 문화가 상당히 눈에 띄고 가론 강과 미디 운하 사이에 낀 도시의 삶을 즐길 수 있다.

이 바쁜 지역에서는 국립 툴루즈 극장(Théâtre National du Capitole), 자코뱅 수도원(Ensemble Conventuel des Jacobins) - 전형적인 고딕 양식의 뛰어난 예시가 되는 이 지역의 과거 수도원 - 과 이 도시의 오페라 하우스인 알로 그랭(Halle aux Grains) 등지에서 문화 활동이 활발하다. 현대 미술을 사랑하는 사람이라면, 퐁네프(Pont Neuf) 다리를 통해 가론 강을 건너서 툴루즈 왼쪽 제방에 있는, 새롭게 단장한 아바투아 박물관(Musée des Abbatoirs)을 방문해보는 것도 좋다.

> 투르 드 프랑스의 팬이라면 아마 이러한 명소를 방문할 시간이나, 항공우주공학(Aérospatiale)의 성지를 방문하여 에어버스 380과 콩코드 제작 과정을 보기는 어려울 것이다. 그러나 만약 시간을 좀 내서 이곳을 방문하면 절대 후회하지 않을 것이다!

Hôtel Le France(www.aubussonlefrance.com)은 오뷔송(Aubusson, *département* 23)에 위치한다. 로지 드 프랑스의 가이드에 의해 '세 개의 굴뚝' 등급을 받은 이 오래된 스타일의 호텔은 80유로 가격의 품격 있는 방이 제공되며, 식당을 이용하거나 아니면 좀 더 호화로운 곳에서 셰프의 지역 특선*(terroir)*요리인 오리 파테*(terrine de canard)*(duck pâtée)와 매시트 포테이토를 올린 간양고기 요리*(Parmentier d'agneau limousin)*를 맛볼 수 있다.

Hôtel Wilson Square(www.hotel-wilson.com)는 툴루즈 중심가(*département* 31)에 위치한다. 시청 가까이에 있으며, 30개의 객실이 있다. 여러 번 개조한 이 호텔은 다른 큰 호텔 체인과는 차별화된 서비스를 제공한다. 툴루즈는 프랑스에서도 손꼽을 민한 식도락 도시이기 때문에, **Les Jardin de l'Opéra**나 **La Brasserie des Beaux-Arts**, 그리고 아주 약간은 저렴한 베야르 수문으로부터 떨어진 선상 레스토랑인 **L'Occitania** 등의 레스토랑을 가보고 싶을 것이다. 만약 푸아그라, 카슐레, 소고기, 오리 요리 등과 같은 툴루즈의 유명한 음식 외의 가벼운 음식을 원한다면, 온갖 연어 요리를 만나볼 수 있는 **Le Pink Fish**를 방문해보길 바란다.

Grand Hôtel Beau Site(www.bestwestern-beausite.com)은 로카마두르(*département* 46)에 위치한다. 높이 솟은 석회암 지대에 세워진 로카마두르의 중심부를 차지하는 것이 12세기 중세 시대 사람들에게 가장 큰 명예의 상징이었다. 새로 이곳의 주인이 된 정복자는 돌 벽에 보초를 세우고 기존의 마을에 천장을 둘렀고, 좁은 길을 따라 현대적인 건축물을 이 지역에서 최고의 식사를 할 수 있는 테라스 레스토랑 옆에 지었다. 이 테라스에서 알주(Alzou) 계곡을 내려다보거나 마을 위쪽의 가파른 계곡을 보기 위해 고개를 들 수도 있다. 뻣뻣해진 목을 풀어주기 위해서 카오르 몇 잔 마시는 것이 도움이 된다.

리무쟁 LIMOUSIN 중세 마을 로카마두르(Rocamadour)의 장관.

지역 특산 요리: 미디 피레네, 리무쟁

Dinde aux marrons: 밤을 곁들인 구운 칠면조 요리
Foie gras poêlé: 팬프라이 푸아그라
Croustillant de magret de canard, saice aux pêches: 복숭아 소스를 곁들인 바삭한 식감의 오리 가슴살 필레 요리

오베르뉴(AUVERGNE), 랑크도크루시용(LANGUEDOC-ROUSSILLON)

오베르뉴: 프랑스 중부, 마시프상트랄을 차지하는 지역으로 인구는 약 130만명. 중심도시는 클레르몽페랑(Clermont-Ferrand)으로 파리에서 남쪽으로 382km 떨어져 있다.
랑크도크루시용: 프랑스 중남부의 레지옹으로, 인구수는 약 250만명(2007년), 동쪽으로는 론강(江), 남동쪽으로는 지중해에 면하고, 남쪽으로는 피레네산맥이 에스파냐와의 국경을 이루고, 북쪽은 마시프상트랄(중앙산괴)의 일부를 이룬다. 중심도시는 몽펠리에(Montpellier)로 파리에서 남쪽으로 748km 떨어져 있다. 〈출처: 두산백과〉

오베르뉴, 랑그도크루시용   147

RECOMMENDATIONS ■ LODGING ■ LODGING and FOOD ● FOOD

1 Hôtel Le Pré Galoffre
2 Hostellerie de Saint Alban
3 Hôtel Les Elmes
4 Hôtel La Frégate
5 Best Western Hôtel Donjon

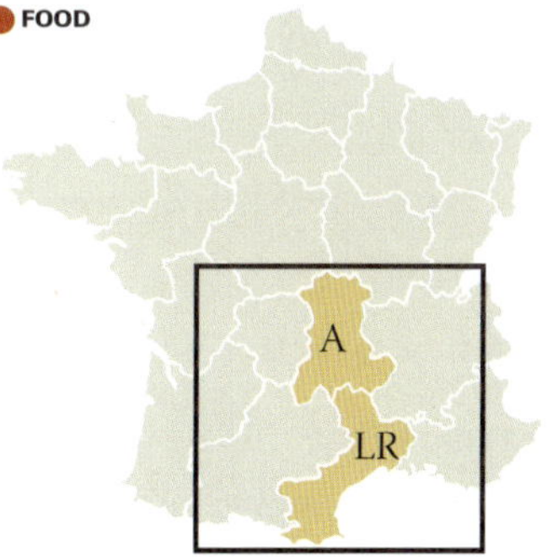

LEGEND   ROAD   RAIL   ○ CITY MENTIONED IN TEXT   ▭ POINT OF INTEREST   50km

랑그도크 LANGUEDOC   카르카손(Carcassonne) 성채를 지나는 투어, 2003년.

    리무쟁과 미디 피레네 지역을 빠르게 뛰어넘으면 더 풍성한 볼거리가 있는 동남쪽 오베르뉴와 랑그도크루시용을 여행할 수 있다. 이 두 지역은 정말 많은 부분에서 다르다. 오베르뉴는 수 세기 동안 숨겨진 보물 같은 곳으로 한때는 활화산과 같이 많은 사람들로 붐비는 지역으로 유명했다. 오늘날에는 아주 고요한 산골로, 인구부족(역자 주: 열악한 자연환경때문에 타지역으로 경제활동하러 이주)과 돌담으로 경계를 세운 푸르른 급경사면의 아름다움, 그리고 시선을 한 몸에 받고 투어에도 자주 등장하는 퓌드돔(Puy-de-Dôme)으로 유명하다.

    이곳의 주도는 퓌드돔 아랫자락에 위치한 클레르몽페랑(Clermont-Ferrand)이며, 미슐랭 타이어의 본사가 있는데 미슐랭 박물관에는 투르 드 프랑스와 사이클의 오랜 역사를 볼 수 있는 기념품들이 있다. 만약 도시에서 머물고 싶다면, 제2차 세계대전 괴뢰 정부가 위치했던 비시(Vichy)나 오리악(Aurillac), 르 퓌 엉 벨레(Le-Puy-en-Velay), 그리고 생플루르(Saint-Flour)와 같은 작은 레스토랑과 호텔이 있는 산꼭대기 마을을 방문하는 것도 좋다. 르 퓌 엉 벨레는 고대와 아주 깊은 연관이 있는데, 프랑스에서 스페인의 산티아고 순례자의 길(Santiago de Compostela)로 가는 출발점이었으며, 거대한 금빛 성모상으로 유명하다. 절대로 잊을 수 없는 곳이니 서두르길 바란다!

랑그도크루시용에는 카탈루냐 지역과 국경을 맞댄 세르베르(Cerbère)와 아비뇽으로 가는 길 사이를 따라 흐르는 관광객들로 붐비는 해안선이 있다. 다른 곳과 대비되는 특색을 가진 이 지역은 벙드르 항(Port-Vendres)이나 그뤼상(Gruissan)과 같은 작은 어항과 세트(Sète)와 같이 큰 상업항구, 그리고 콜리우르(Collioure) 요새가 있다. 모래사장은 사방에 펼쳐져 있으며, 해변이 잘 정돈되어 있는 이유는 La Grande Motte, Cap d'Agde, 그리고 Port Bacarès와 같은 리조트가 지어졌기 때문이다. 도시를 선호하는 사람들이라면 페르피냥(Perpignan), 나르본느(Narbonne), 베지에(Bèziers), 몽펠리에(Montpellier), 그리고 님(Nîmes)과

(위) 중세시대의 콜리우르(Collioure) 요새는 1670년대에 확장되며 아름답게 꾸며졌고, 이 마을은 현재 예술가의 천국으로 칭송된다. (아래) 카타르(Cathar) 지역을 지나는 투어, 2004년.

같은 사람들이 언제든 차고 넘치는 대도시들을 방문해도 좋다.

랑그도크루시용에서 내가 가장 좋아하는 곳은 내륙 지역인데, 이곳은 대서양에서 피레네 산기슭까지 가기를 부추기거나, 혹은 오 랑그도크(Haut-Languedoc)로 혹은 타른 협곡(Gorges du Tarn)으로 통하는 더 먼 들판으로 가도록 유혹한다. 랑그도크의 와인인 코르비에르(Corbières)와 미네부아(Minervois)는 카타르 성의 잔해가 산등성이와 산 정상에 흩어져 있는 고지대로 통하는 숲이 우거진 완만한 구릉지에 숨어 있는 곳에서 생산된다.

종종, 투어는 페르피냥 서쪽의 외진 지역이며 프랑스에서 가장 한적한 마을인 세르다뉴(Cerdagne)를 거쳐 피레네 산맥으로 들어간다. 경주에 가장 많이 사용되는 이 길은 카탈루냐의 영향을 받은 프라드(Prades)와 킬랑(Quillan)을 지나서, 오른쪽 아리에주(Ariège)를 지나, 이 지역에서 가장 가파르기로 유명한 피레네 산으로 진입한다.

만약 피레네나 랑그도크 해변 주변에서 투어를 감상하기로 했다면, 반드시 오드(Aude) 강 주변의 사람들이 아주 옛날부터 지배하며, 잘 보존해온 요새인 카르카손 성채(Citadel of Carcassonne)를 하루쯤은 방문하자. 아마 유럽에서도 이 정도로 멋진 중세 도시를 만나기는 쉽지 않은데, 너무 멋지다는 표현을 할 수밖에 없다(19세기에 많은 비용을 들여 완벽하게 복원하였기 때문이다). 라 시테(La Cité)라 불리는 도시 내부에는 자갈이 깔린 골목과 작지만 훌륭한 레스토랑 그리고 고급 부티크가 있는 신시가지(quartiers)가 있다.

카르카손은 유람선과 바지선이 툴루즈와 님을 오가는 미디 운하 근처에 있는데, 투어가 너무 정신없이 돌아갈 때는 이를 지켜보며 색다른 주말을 보낼 수 있다. 대부분의 크루즈선과 렌터카는 툴루즈와 카술레(cassoulet)의 원조 논란을 매번 일으키는 상업도시인 카스텔노다리(Castelnaudary)에서 출발한다. 소시지, 콩, 고기를 넣어 만든 간단한 요리에 대해서 우리는 원조 논쟁에 합류할 필요는 없고, 그저 즐겁게 그랑 베신(Grand Bassin – 화구호)을 내려다보며 음식을 음미하면 된다.

추천 명소

Hôtel Le Pré Galoffre(www.lepregaloffre.com)은 님 북부(*département* 30)에 위치한다. 최근 농장에서 개조한 이 반(半) 현대적 호텔은 도시의 소음과 도

심지의 부산함으로부터 몇 킬로미터 떨어진 고요함의 천국이다. 레스토랑은 없지만, 수영장과 그늘이 진 테라스는 프로방스의 느낌을 더해준다. 음식이야 님으로 먹으러 가면 된다.

Hostellerie de Saint Alban(www.saintalban.com)은 Nézignan-l'Évêque(*département* 34)에 위치한다. 로지 드 프랑스 체인의 보물 같은 곳으로 예술적 장식을 갖춘 저택(*grand maison*)에서 누벨 퀴진(nouvelle cuisine)(역자 주: 새로운 요리' 란 뜻으로 1970년대부터 시작된 새로운 방식의 프랑스 요리를 말한다. 무겁고 기름진 요리에서 좀 더 가볍고 신선한 요리로 변화함)을 맛볼 수 있다. 낭만적인 침실에서는 탁트인 시골풍경을 볼 수 있으며 손님이 식사를 하거나 수영장에서 휴식을 취할 수 있는 정원 테라스가 있다. 이 19세기식 호텔이야말로 당신이 다시 방문하고 싶어질 장소다.

Hôtel Les Elmes(www.hotel-des-elmes.com)은 바뉠쉬르메르(Banyul-sur-Mer, *département* 66)에 위치한다. 이 아름다운 호텔-레스토랑에서는 랑그도크의 가장 아름다운 해안 마을의 바닷가를 볼 수 있다. '굴뚝 세 개'를 받은 또 하나의 로지 드 프랑스 체인으로, 경치만큼 음식도 훌륭하다.

Hôtel La Frégate(www.fregate-collioure.com)는 콜리우르의 중심(*département* 66)에 위치한다. 이 고장 최고의 호텔이며, 호화로운 레스토랑과 어울리는 이 호텔은 적당한 가격으로 며칠 동안 아름다운 해변을 즐길 수 있게 해준다. 몇몇 2성급, 3성급 방은 지중해의 빛나는 경치를 볼 수 있지만 다른 방은 피레

랑그도크 LANGUEDOC 마티스(Matisse)가 유럽에서 가장 푸른빛 하늘을 가진 마을이라 말한 콜리우르(Collioure)의 바위투성이 해안.

네 산맥이 보인다. 이 호텔이 훌륭한 이유는 조용하며 부지런한 직원들의 품성과 풍미가 좋은 랑그도크 와인과 해산물 요리를 이 지역 사람은 물론 여행객에게도 똑같이 제공하기 때문이다. 또한 다른 호텔이나 마을에 묵는 실수를 한 관광객들의 질투를 한 몸에 받을 수 있는 여름날의 저녁 식사를 할 수 있는 테라스도 있다. 그들과 같은 실수를 하지 말길 바란다.

Best Western Hôtel Donjon(www.hotel-donjon.fr)은 카르카손(*département* 11)에 위치한다. 실제 고대 도시(*Cité*) 내부에 위치한 세 호텔 중 하나인 Hôtel Donjon은 중세 건축물과 20세기의 우아함이 잘 섞인 곳이다. 몇몇 방은 비록 작지만, 고급스러운 분위기와 매우 부드럽고 아늑한 침대를 제공한다. 이 호텔은 좋은 평가를 받은 자체 레스토랑을 바로 옆에 있지만, 가까이에 있는 이 레스토랑만큼이나 훌륭한 다른 대안을 찾지도 않고 그곳으로 직행한다면 어리석은 짓이다. 자동차로 호텔을 가려면 오후 6시 이후에만 가능하지만, 좀 더 일찍 도착했다 하더라도 호텔 직원은 반갑게 당신의 가방을 옮겨줄 것이다.

지역 특산 요리: 오베르뉴, 랑그도크루시옹

Cassoulet languedocien: 돼지고기 소시지와 오리 콩피, 그리고 흰 콩을 넣어 만든 전통적인 스튜 요리

Feuilleté de rognon de veau et champignons, flambé au cognac: 송아지 콩팥과 버섯을 코냑으로 플람베 한 후 바삭한 페이스트리와 내놓는 음식

Dorade grillée, pommes de terre écrasées aux olives: 매시트포테이토와 올리브를 곁들인 구운 도미 요리

Saucisse sèche d'Auvergne: 말린 오베르뉴 돼지고기 소시지와 샤퀴테리(*Charcuterie* - 소금에 절이거나 훈연한 육가공품)를 곁들이거나 베이컨과 허브와 함께 부드럽게 스튜를 만들거나 렌틸콩(*saucisse auc lentilles de Puy*)을 깔고 내놓는 음식

프로방스(PROVENCE)-알프(ALPES)-코트다쥐르(CÔTE D'AZUR)

프랑스 남동부에 위치한 레지옹으로 중심 도시는 마르세유(Marseille)이며 인구는 약 490만명(2012년)이다. 마르세유는 파리에서 남쪽으로 약 797km에 위치한다. 〈출처: 두산백과〉

Provence-Alpes-Côte d'Azur

RECOMMENDATIONS
■ LODGING ■ LODGING and FOOD ● FOOD

1. Auberge Castel Mireïo
2. Hôtel Restaurant La Touloubre
3. La Bastide de Gordes
4. Auberge de Carcarille
5. Auberge de Cassagne
6. New Hotel Vieux-Port

LEGEND ROAD RAIL ○ CITY MENTIONED IN TEXT □ POINT OF INTEREST 25km

프로방스 PROVENCE 해바라기와 라벤더 – 프로방스를 지나는 투어, 2006년.

    프로방스는 한 지역이라기보다는 지중해, 론 계곡, 그리고 알프스가 섞여서 실제로도 세 지역이 하나의 공식 지명으로 불리는, 하나의 국가에 가깝다. 프로방스 토박이이라면 프랑스에서 가장 부유한 지역에 산다는 자부심이 말 한 마디 한 마디에서 느껴진다. 이민자나 관광객과 기꺼이 자신의 고장을 공유할 수 있는 그들 고유의 전형적인 문화가 있다.

    프로방스는 너무나 다른 면면이 있기 때문에, 그곳 모두를 보려면 1년이라는 시간이 모두 필요할지 모른다. 이곳은 가르 교(Pont du Gard), 아비뇽 교황청(Palais des Papes in Avignon), 오랑주(Orange)의 고대 로마 원형극장, 그리고 로마네스크 양식의 도시인 아를(Arles)이 있다. 위의 명소들 모두 프로방스로 진입하는 대문이자 동쪽과 서쪽으로 통하는 길인 론 계곡에서 접근이 가능하다. 마르세유나 니스 공항에서 프로방스 지역 관광을 시작할 수 있는데, 망통(Menton)에서 이탈리아 국경까지 이어지는, 무척 붐비지만, 아름다운 해안선을 감상할 수 있다. 그 후 내륙지역으로 진입하여 코트다쥐르의 유서 깊은 생폴드방스(Saint-Paul-de-Vence), 그라스(Grasse), 드라기냥(Draguignan), 엑상 프로방스(Aix-en-Provence)와 같은 마을을 방문할 수 있다. 망통에서는 세상 속 숨은 작은 마을들이 알프스까지 길이 통하는 티네(Tinée) 계곡이 있는 북쪽까지 계속 여행하기를 부추기는데, 이를 따라가면 알프마리팀(Alpes-Maritimes)의 후미를 탐험할 수도 있다.

　북쪽에서 프로방스로 진입하면, 이 지역의 아름다움을 더 잘 느낄 수 있다. 특히 방투 산부터 뤼베롱(Luberon) 산맥과 보클뤼즈 고원(Plateau de Vaucluse)까지 이어지는 이곳이야말로 대부분의 사람들이 진짜*(vrai)* 프로방스로 여기는 곳이다.

　보클뤼즈(Vaucluse)는 고르드(Gordes), 보니유(Bonnieux), 압트(Apt), 포카퀴에(Forcalquier), 메네르브(Ménerbes)와 같은 언덕 꼭대기에 자리한 도시이며, 카르펑트라(Carpentras), 카바용(Cavaillon), 그리고 오랑주(Orange)는 이곳 주민이 하루에도 두 번씩이나 쇼핑할 정도의 상업도시다. 피터 메일(Peter Mayle)이 그의 베스트셀러 『나의 프로방스(A year in Provence)』에서 이곳의 생활을 기술한 이래로, 메네르브나 보뉘는 유명 관광지를 찾아 헤매는 버스 여행족으로 넘쳐나게 되었다. 메일은 다른 영화배우와 그가 책에서 언급했던 인사들과 마찬가지로 금방 이곳을 떠났지만, 여행객은 이곳으로 우르르 몰려와서 메네르브를 사실상 이곳에서 사

프로방스 PROVENCE　고르드(Gordes)의 언덕 꼭대기의 아름다운 석조 건물들.

는 사람이 아니고는 '접근 금지 구역'으로 만들어버렸다(이토록 기분 좋은 마을을 보기에 참 부끄러운 일이 아닐 수 없다).

오늘날 여행객은 타라스콩(Tarascon), 생레미드프로방스(Saint-Rémy-de-Provence), 그리고 베종 라 로멘(Vaison-la-Romaine)과 같은 더 따뜻한 마을을 만날 수 있고, 또한 샤토뇌프 뒤파프(Châteauneuf-du-Pape)와 같은 와인 마을 역시 그곳에서 파는 비싸고, 약간은 과대평가된 와인을 구입한다면 당신을 두 팔로 맞이할 것이다. 만약 와인 외에도 와인의 고장에서 가까운 프로방스 식당의 맛을 보고 싶다면, 라스토(Rasteau), 바케라스(Vacqueyras), 지공다스(Gigondas), 혹은 케란느(Cairanne)과 같은 내륙지역을 찾아보는 것이 좋다.

방투 산 기슭에서는 괜찮은 와인인 코트 뒤 방투*(Côtes du Ventoux)*를 만날 수 있으며, 메일(Mayle)이 다뤘던, 오늘날 비밀스럽게 이곳 저곳에 살아 숨 쉬는 뤼베롱 산맥(Massif du Luberon)에서도 좋은 와인을 만날 수 있다. 뤼베롱 산맥 아래에 숨어 있는 마을인 오페데 레 부(Oppède-le-Vieux)를 꼭 방문하길 바란다.

보클뤼즈는 여름이 절정이며 사이클리스트의 천국이다. 오직 자신을 학대하는 데 취미가 있는 이들만이 방투 산 오르기를 원할 것이지만, 실제로 평평함과 울퉁불퉁함을 동시에 느낄 수 있는 이 지역을 자전거도 넘기에 적당한 수백개의 좁은 길*(routes départementales)*이 있다. 오랑주와 베종 라 로망 사이에 있는 케란느는 북쪽으로는 생폴트루아샤토(Saint-Paul-Trois-Châteaux), 동쪽으로는 발레아

방투 산 MONT VENTOUX   방투 산 정상과 관측소.

(Valréas), 남쪽으로는 베종 라 로망, 그리고 다시 케란느로 돌아오는 코스를 매일 다르게 시도할 수 있기 때문에 자리를 잡고 즐거운 시간을 보내기에는 제격이다. 좀 더 먼 코스에는 방투 산 측면 여기저기에 흩어져있는 카페들이 있다. 커피, 빵, 그리고 한잔하기에 적절한 캐랑에서 15킬로미터 떨어진 말로센(Malaucéne)이 있다.

방투 산에서 동쪽으로는 소(Sault)가, 남쪽으로는 압트가 여행의 주요 지점으로 적합하지만, 지형적으로는 언덕이 많아지기 시작한다. 카바용에서 아주 좁고 아찔한 길을 통해서 뤼베롱 산맥의 기막힌 절경을 볼 수도 있다. 그곳에서 동쪽을 보면 자전거나 차로 여행하며 한 번쯤 들를 만한 산꼭대기 마을인 페르투스(Pertuis)와 마노스크(Manosque), 압트(Apt), 보니유(Bonnieux), 카드네(Cadenet)를 볼 수 있다. 프로방스는 도처가 자전거를 타기에 적합한 환경이지만, 한여름에는 조금 이질적이며, 그곳을 방문하는 사람이라면 교통체증이 심해 울화통이 터지는 코트다쥐르만큼은 조심해야 한다. 그렇기에 진짜 프로방스 지역에 머무는 것도 좋다.

해변도 싫고, 대도시도 싫고, 와인도 저녁에 그저 한 잔만 마시면 족한 당신에게 프로방스는 꼭 알맞은 비장의 무기를 숨겨두었는데, 바로 절경으로 유명한 베르동 협곡(Gorges du Verdon)이다. 세계에서 두 번째로 큰 협곡으로 이 협곡에는 부분적으로 중세의 정취가 남아 있으며 알프스 산맥을 통하며 역사적인 나폴레옹 가도(Route Napoléon)가 지났던 무스티에르 생트 마리(Moustiers-Sainte-Marie)와 카스텔라네(Castellane) 사이에 베르동 강이 뻗어 있다.

이 협곡은 어떤 곳에서는 300미터 깊이의 웅장함을 자랑하며, 그 바닥으로는 터키 색의 아름다운 물이 흐른다. 대부분의 관광객은 북쪽 끝 D952 도로를 타고 협곡이 내려다보이는 지역에 들른다. 작은 마을인 라 팔뤼 쉬르 베르동(La Palud-sur-Verdon)에서 더 좁은 루트 데 크레트(Route des Crêtes)라 불리는 D 도로를 따라서 빙글빙글 올라가면 더 아찔한 협곡 경치를 감상할 수 있다. 물론 이곳은 큰 차나 버스로는 오를 수 없다.

자전거를 탄다면 아마도 협곡 반대쪽의 에귄느(Aiguines)와 메스클라 전망대(Balcons de la Mescla) 사이에 있는 루트 드 라 코르니시(Route de la Corniche)의 비경을 느껴 보기를 추천한다. 루트 데 라 코르니시는 아주 구불구불한 길로 오토바이를 탈 때보다 자전거를 타면 훨씬 급변하는 높낮이를 느낄 수 있다. 전망대부터 내리막길이 시작되며 협곡을 따라 내려가다가, 에귄느의 길로 돌아가

베르동 협곡(Gorges du Verdon).

든지 아니면 카스틸라네의 주요 도로로 되돌아가기 위하여 한 시간 정도 페달을 굴려야 한다.

추천 명소

Auberge Castel Mireïo(www.castelmireio.fr)는 케란느(cairanne, *département* 84)에 위치한다. 전형적인 프로방스식 음식을 셰프 베르나르(Bernard Kbaïer)가 준비하고 그의 아내 오딜(Odile)이 방투 산이 멀리 보이는 저택의 테라스에서 서빙한다. 숙소는 별채에 있으며, 주의할 점은 이곳의 셰프와 수 셰프는 저녁식사 이후 손님들과 한잔하기를 좋아한다는 사실이다.

Hôtel Restaurant La Touloubre(www.latouloubre.com)은 펠리산(Pélissanne, *département* 13)에 위치하며 시골풍의 지역 특산 요리를 도로에서 떨어진 그늘진 정원의 테라스에서 제공한다. 가족이 운영하는 호텔이어서 아주 친근한 분위기이다.

La Bastide de Gordes(www.bastide-de-gordes.com)는 고르드(Gordes, *département* 84)에 위치한 뤼베롱 산맥이 보이는 프로방스 최고의 호텔 중 하나다. 프로방스와 지중해식 요리를 포도가 주렁주렁 열린 고요한 정원에서 맛볼 수 있다. 호화로운 스파와 800개가 넘는 종류의 와인을 맛보거나 마을의 자갈길을 산책할 수 있는 이곳은 정말 매력적이다.

Auberge de Carcarille(www.auberge-carcarille.com)는 고르드(Gordes, *département* 84)에 위치한다. 이 돌 벽의 호텔은 주변의 바스티드 드 고르드(Bastide de Gordes)보다는 훨씬 저렴한 가격이지만, 이곳의 매력이나 품격은 불만의 여지를 남기지 않는다. 큰 수영장은 하루의 끝자락에서 방투 산을 구경하거나 그곳에서 사이클을 탄 손님의 열기를 식혀주며, 숙소에는 호텔의 진정한 매력 포인트인 레스토랑이 배고픈 손님을 위해 준비되어 있다. 이 '굴뚝 세 개' 급인 로지 드 프랑스 체인 호텔은 아주 독창적이며 군침이 도는 최고급 가정식 요리를 제공한다. 이곳에서의 경험은 그야말로 승리의 깃발을 휘날리고 싶게 만드는 수준이다. 이곳의 기본 메뉴를 즐기기에는 3박도 충분하지만, 주인장이 너무나도 기쁘게 추천을 해주는 주변의 음식점을 들르거나 좀 더 휴식을 취하기 위해 일주일 동안 머물기에도 최적의 장소다.

마르세유, 가장 오래된 도시

프랑스에서 가장 멋진 도시 중 하나인 마르세유는 라이벌 도시인 툴루즈, 보르도, 리옹보다 더 많은 관광객을 유치하려고 한다. 그 이유는 나머지 프랑스의 도시가 한때 보였던 마르세유에 대한 무시 때문인데, 마르세유는 인종 갈등에 따른 소요사태로 최근 악명을 얻었다. 다행히도, 오늘날 마르세유는 문화적으로, 정치적으로, 그리고 역사적으로도 뛰어나다는 명성을 얻고 있다. 마르세유는 프랑스 최고의 상업 항구이다. 그래서 많은 화물과 승객이 전세계에서 이곳을 오간다.

이 도시에서는 근처에 있는 화려한 니스에서는 찾을 수 없는 식민주의 시대의 느낌을 분명히 느낄 수 있으며, 한 나절이나 하루 밤 동안 전부 볼 수 없는 역사가 있다. 구 항구(Vieux-Port) 주변을 거닐며 아프리카와 지중해의 영향을 받은 마르세유를 감상하는 데는 많은 노력이 들지 않는다. 이곳은 한때 그리스와 로마의 영토였으며, 6세기에 프랑스에서 가장 오래된 도시가 되었다. 비록 도시 인구가 튀니지, 알제리, 모로코의 이민자로 구성되지만, 이곳의 주민은 프랑스의 국가(國歌)인 "라마르세예즈(La Marseillaise)"의 고장임을 무엇보다도 자랑스러워한다.

마르세유에는 밤이 없다. 이것은 저녁 식사를 하고 늦은 저녁에 노트르담 성당(Notre-Dame de la Garde)을 산책하거나 바다와 그 건너편 공업 항구를 응시하며 시간을 보내는 투르 드 프랑스 팬에게 무척 적합하다. 그러나 밤이 되어 도시가 조용해지고 신비함이 사그라지면, 영화 "프렌치 커넥션(French Connection)"에서 진 해크먼(Gene Hackman)이 마르세유의 깡패와 싸우는 장면을 떠올리지 않을 수 없을 것이다.

나는 투어의 스테이지가 종료되어 당분간 업무가 없을 때 요트가 꽉 차 있는 항구에 슬그머니 가서 자리를 잡고 늦은 저녁을 먹기 위해 레스토랑을 고르기 전, 키르(Kir)나 맥주 혹은 와인 한잔을 마시려고 마르세유에서 몇 시간 보내는 것을 좋아한다. 마르세유는 사람들을 구경하기 무척 좋은 도시인데, 대부분의 관심이 카나비에르(Canabière)와 구 항구의 분주한 드나듦에 모아져서 전세계 온갖 문화가 여러 언어 속에 섞이는 모습이나 사람들이 단순히 밤중에 드나드는 배들처럼 오가는 것을 볼 수 있다.

대부분의 맛 집은 항구 주변에 모여 있고, 최고의 호텔 역시 이곳에 모여 있어서 술 몇 잔을 하더라도 다시 운전을 해서 되돌아갈 필요가 없다.

이 지역 주민은 라 마세나(Le Massena)와 같은 레스토랑에서 식사하는데, 그동안 관광객은 미로와 같은 인도에서 부야베스에서 스시까지 전세계 다양한 요리를 고르기 위해서 여전히 고민할 수밖에 없다.

마르세유는 1903년 투르 드 프랑스가 개막할 때 리옹에서 출발한 374킬로미터 스테이지의 종착지로 중요한 역할을 했다. 2007년 마르세유를 떠나는 펠로톤.

마르세유에서는 해산물 요리가 단연 최고이며, 이는 방돌(Bandol) 레드와인을 음식에 맞게 화이트와인으로 바꿀 수 있다는 의미다(물론 당신이 레드와인을 선호한다면 어쩔 수 없지만 말이다). 샥슈카(Chakchouka, 토마토, 후추, 마늘, 양파, 그리고 삶은 계란으로 만든 라타투이)와 같은 튀니지 음식에 당황할 필요는 없다. 프랑스에서는 좀처럼 찾기 힘든 풀바디 와인인 튀니지 레드와인 비유 마공(Vieux Magon)과 완벽히 어울리는 요리다.

Auberge de Cassagne(www.aubergedecassagne.com)은 르 퐁테 아비뇽(Le Pontet-Avignon, *département* 84)에 위치한다. 정말 아름다운 이 샤토 호텔 드 프랑스(Châteaux & Hôtel de France) 체인 호텔은 비싸지만, 이곳에서의 경험을 잊지 못하게 할 것이다. 진정한 미식 세계(*gastronomie*)를 즐길 수 있고, 옆에 있는 매혹적인 정원 수영장에서 물장구를 칠 수도 있다. 방은 넓은 시골집 느낌이며, 수영장이 내려다보이는데, 이곳은 호텔의 신축 스파로 통한다.

New Hotel Vieux-Port(www.http://new-hotel.com/VieuxPort/fr)는 마르세유(*département* 13)에 위치한다. 마르세유가 국제적인 관광지로 명성을 얻으면서, 이 오래된 호텔도 관광 붐의 덕을 보기 시작했다. 항구 주변에는 새롭게 단장한 아름다운 명소들이 생겨났고, 마르세유의 매력적인 거리에 가까이 위치하지만 가격은 합리적인 New Hotel Vieux-Port는 내가 매우 선호하는 호텔이 되었다. 20초만 걸으면 항구의 레스토랑으로 갈 수 있는데, 자신의 웹사이트 www.bouillabaisse.com에서 마르세유 최고의 해산물 레스토랑이라고 주장하는 미라마(Miramar)도 그 리스트에 포함된다.

지역 특산 요리 : 프로방스

Filet de rouget au citron vert, salpicon de fenouil et tomate: 깍둑썰기 한 라임, 회향, 그리고 토마토를 곁들인 숭어 요리

Filet de boeuf Simmental Poêlé à la fleur de sel de Camargue, pressé de pommes amandine, foie gras, et girolles: 카마르그 소금으로 맛을 낸 시멘탈 소고기찜 요리와 푸아그라, 버섯, 아몬드 향을 낸 감자 요리

론알프(RHÔNE-ALPES)

프랑스 남동부의 레지웅으로 인구수는 약 600만명(2006년), 중심도시는 리옹(Lyon)으로 프랑스에서 3번째로 큰 도시이며, 파리로부터 남동쪽으로 465.6km 떨어져 있다.(출처: 두산백과)

이 지역은 프로방스와 아키텐보다도 더 모든 지역의 질투를 받는 곳일 것이다. 론알프는 비록 해변은 없지만 대신 강, 산, 숲, 호수, 와인, 그리고 훌륭한 음식까지 모든 것을 말 그대로 갖추고 있다. 리옹, 발랑스(Valence), 그르노블(Grenoble), 그리고 생테티엔(Saint-Étienne)에서는 온갖 상품과 각각의 지역에서 온 천연 농수산

물을 세계 각지로 수출하는 산업의 주축을 담당한다.

　이와 같은 도시에는 남쪽 프로방스나 코트다쥐르, 서쪽 마시프 상트랄, 혹은 동쪽 알프스로 가기 위하여 수백만 명의 관광객이 방문하는데, 이들 모두 자신의 취

RECOMMENDATIONS ■ LODGING ■ LODGING and FOOD ● FOOD

1. Savoy-Hôtel
2. Auberge du Choucas
3. Hôtel de la Tour
4. L'Escarbille
5. Villa Florentine

LEGEND　ROAD　RAIL　○ CITY MENTIONED IN TEXT　□ POINT OF INTEREST　25km

(위) 2006년, 투어가 유럽에서 가장 큰 인공호수인 세르퐁송 호수(Lac de Serre-Ponçon)를 지나고 있다.
(아래) 모진(Morzine) 스테이지에서 사부아(Savoie)를 지나는 투어의 100주년을 팬들이 축하하고 있다.

향에 맞게 스키, 사이클, 수영, 등산, 래프팅, 동굴 탐험, 카약 타기, 트래킹, 행글라이딩 등 놀거리를 선택한다(이 지역에서 에너지만 있으면 즐길 수 있는 활동 중 몇 가지만 설명했을 뿐이다).

와인 애호가들은 코트 뒤 론(Côtes du Rhône) 와인을 대단히 좋아하는데, 특히 투르농 쉬르론(Tournon-sur-Rhône)과 리옹 북쪽의 비옥한 보졸레(Beaujolais) 마을에서 생산된 크로제 에르미타주(Crozes-Hermitage)와 생조제프(Saint-Joseph) 라벨의 선호도가 높다. 샹베리(Chambéry) 주변 산비탈에서 자란 미묘한 맛을 가진 사부아(Savoie) 와인도 있다. 음식 애호가들은 정말 다양한 풍미를 맛볼 수 있는데, 라클렛(*Raclette*, 스위스 치즈)과 퐁듀는 좀 더 유명한 샤롤레(*Charolais*) 소고기와 양파 수프와 더불어 맛봐야 하는 이 고장 특산 음식이다. 신선한 물고기 역시 어디서나 맛볼 수 있는데, 농어, 연어, 숭어가 가장 유명하다. 감자와 치즈 캐서롤을 오븐에 구워 바삭하게 만든 그라탱 도피노아즈(*Gratin dauphinoise*)는 프리츠(*frites*, 프렌치프라이) 대신에 나의 선택을 받는 요리다.

론 계곡은 연중 노도와 같이 밀려드는 관광객을 맞이하는 관문인데, 울퉁불퉁한 지형과 이 지역을 유명하게 만든 특색 있는 경관을 만든 위대한 론 강은 이 지역의 사람들이 자랑하는 것들 중 하나일 뿐이다. 한 번쯤 손(Saône) 강, 루아르(Loire) 강, 이제르(Isère) 강, 론(Rhône) 강이 어떻게 프랑스를 분할하여 매력적인 지형을 만들었는지 생각해볼 만하다. 이 강들이 만든 수많은 지류는 프랑스의 동맥 역할을 하며 이를 따라 주변의 작은 마을을 만들어 관광객을 맞이한다.

이제르 강은 이 지역에서 두 번째로 중요한 수로다. 알프스를 말 그대로 둘로 나누는데, 타랑테즈 계곡(Vallée de la Tarentaise) 꼭대기를 기준으로 마시프 드 라 바누아즈(Massif de la Vanoise)에서 북쪽의 산맥을 반으로 나눈다. 바누아즈는 Val d'Isère, Tignes, Les Arcs, La Plagne와 같은 스키 리조트로 넘쳐나며, 트루아 발레(Trois Vallées) 역시 Courchevel, Meribel, 그리고 Val Thorens와 같은 투르 드 프랑스의 출발을 종종 맞이하는 리조트들이 있다.

이제르 강은 계속해서 론을 향해서 알베르빌(Albertville)을 지나 장관을 이루는 도시로 샤르트뢰즈(Chartreuse), 베르코르(Vercors), 혹은 마시프 데 제크랑(Massif des Écrins)의 리조트로 가기 전에 잠시 들를 만한 그르노블을 지난다. 이제르 강이 론 강에 합쳐지기 전에, 내가 정말 좋아하는 도시가 있는데 바로 인도 주

타랑테즈 계곡의 교회를 채운 팬들, 2007년.

변의 카페와 레스토랑이 강의 제방을 따라 늘어서있으며, 해가 지면 불을 밝히는 로망 쉬르 이제르(Roman-sur-Isère)이다.

이제르 강이 론 강에 도달하기 전에 베르코르(Vercors)를 둘러 가는데, 훼손되지 않은 그대로의 자연을 사랑하는 사이클리스트와 같은 사람은 반드시 방문해야하는 고요한 곳이다. 빌라 드 랑(Villard-de-Lans)과 로 다리(Pont-en-Royans)는 거의 유사한 모습을 보이는데, 다만 한 곳은 알프스에 있으며 다른 곳은 본(Bourne) 강을 마주하고 있는 절벽에 매달린 프로방스에 있다. 이 사이로 400미터 높이의 석회암 절벽을 가로지르는 12km 길이의 본 강 협곡(Gorges

1987년 베르코르에서 옐로우 저지를 입고 역주하는 베르나르(Jean-François Bernard).

de la Bourne)이 우리의 눈을 즐겁게 한다. 이 협곡은 베르코르의 유일한 협곡은 아니지만, 몇몇 동굴과 자연적으로 생성된 기암괴석이 장관을 이룬다.

빌라 드 랑스는 동계 시즌 크로스컨트리의 중심지이며, 하계 시즌에도 휴식을 취하기에 최적의 장소이다. 한번 자리를 잡고나면, 자전거나 자동차를 이용하여 강과 개울이 가로지르고 가파른 암석으로 둘러싸인 광대하고, 녹음이 무성한 베르코르 고원을 즐길 수 있다. 이 지역에서 단순한 평지 따위는 볼 수 없는데, 다만 가파른 업힐, 부드럽게 내려오는 다운힐, 그리고 높낮이를 느낄 수 있는 구불구불한 도로 등 다양한 지형이 등장한다.

투르 드 프랑스는 지난 몇 년 동안 이 지역을 정기적으로 방문했는데, 빌라 드 랑스나 랑스 인 베르코르에서 종료되는 스테이지나, 이 지역을 통과하여 그르노블이나 발랑스, 혹은 생테티엔에서 종료되는 스테이지를 운영했다. 빌라에서는 암스트롱, 미구엘 인두라인(Miguel Induráin), 베르나르 이노(Bernard Hinault)와 같은 챔피언들이 프리투어 시즌을 준비하거나 투어 스테이지 종료 후 묵었던 르 도팽(Le Dauphin)을 꼭 가보길 바란다.

또 이 지역에서 가볼 만한 곳은 서쪽의 아르데슈(Ardèche) 강과 남쪽의 알프스, 북쪽으로는 비엔(Vienne), 그리고 오트 사부아(Haute-Savoie)의 건너편지역이 있

투어가 다리를 지나는 와중에 아르데슈(Ardèche) 강으로 다이빙하는 어린이들, 2006년.

다. 사실은 투어가 지난 몇 년간 이 지역을 계속해서 지나왔기 때문에 풍부한 내 경험으로 볼 때, 누구도 한 번의 방문으로는 이 지역의 모든 것을 볼 수 없다.

론 강 서쪽의 퐁생트에스프리(Pont-Saint-Esprit) 주변의 아르데슈 강 지역은 다른 지역보다는 한층 고요한 협곡과 숲이 울창한 고원이 있는 관광지로 내가 아주 좋아한다. 이 지역은 매우 덥기 때문에 아르데슈 강이 인기가 많다. 도로에서 멀리 떨어지지 않은 강에서는 사람들이 안전하게 수영을 하거나 카약을 탄다. 2006년 투어 때는 갑작스럽게 투어 코스가 바뀌면서, 우연치 않게 이곳에서 수영하는 아이들을 만났다. 오스카르 페이이로(Oscar Pereiro)는 펠로톤의 리더인 플로이드 렌디스(Floyd Landis)의 눈을 피해 30분 가량의 이 일탈에 참여하였다. 이 순간에 내게도 투어 사진을 찍기 위해 바위를 오르거나 강을 가로지르기 전, 이 일탈의 순간을 찍을 수 있는 기회가 주어졌다. 분명 아이들도 강을 가로질러서 사이클리스트를 응원하고 싶었을 터이다. 하지만 나와 내 프랑스 동료는 그들에게 계속해서 펠로톤이 다리를 지나는 동안 다이빙을 해주기를 주문했고, 그 결과 아름다운 사진을 포착했다. 그 순간만큼은 실제로 투어보다는 아르데슈 강의 아름다움이 더 마음에 들었다.

>> 디뉴레뱅(Digne-les-Bains)으로 향하는 세르퐁송 호수(Lac de Serre-Ponçon)의 다운힐을 지나는 펠로톤, 2005년.

부르게 호수(Lac du Bourget) 남쪽 끝자락 아래에 위치한 사부아(Savoie) 공국의 수도였던 샹베리(Chambéry) 북쪽 지역으로 접어들면, 또 다른 프랑스가 관광객을 기다린다. 단지 스위스 국기와 닮은 지역이기 때문만이 아니라 실제로도 스위스처럼 훨씬 조용하고 훼손되지 않은 자연이 있다. 이곳은 독특한 삶의 방식과 다른 지역과 대비되는 건축 양식으로 유명한 프랑스의 색다른 지역이다. 알프스 지역의 독특한 목재 주택이 고원 지대를 대부분 차지하고 있으며, 특히 꽃바구니가 발코니에 걸려 있거나 땅바닥에 마치 사유지를 지키는 울타리처럼 둘러있다. 모란, 초롱꽃, 백합, 노란색 용담 등 이 지역 식물로 구성된 눈부신 꽃바구니는 건초 더미가 마르는 푸른 녹음과 대비를 이룬다.

또한, 이 지역은 모험가를 위해 프랑스에서 가장 화려한 산과 수심이 깊은 강과 개천이 있다. Sallanches, Megève, 그리고 Chamonix와 같은 리조트들 위로 산 정상에 눈이 덮여 있는 장엄한 몽블랑의 고장이다. 오트 사부아(Haute-Savoie)는 더 거친 노두(露頭) 아래서 종종 콜 드 라 콜롬비에르(Col de la Colombière), 콜 데 세지(Col des Saisies), 그리고 콜 데 자라비(Col des Aravis)를 넘는 투르 드 프랑스 경주가 이뤄지는 아라비스 산맥(Chaîne des Aravis)의 고향이다.

매일 다른 경로를 선택하여 알프스의 새 면모를 볼 수 있게 하는 마을들인 모진

(Morzine), 클뤼즈(Cluses), 르 그랑 보르낭(Le Grand Bornand), 그리고 생제르베(Saint-Gervais)에 자리를 잡을 수 있다. 부르게 호수, 안시(Annecy) 호수, 그리고 낭트(Nantua) 호수는 산 중턱에서 로즈렁 댐(Barrage de Roselend)이 만든 호수나 산 정상 사이에서 발견되는 호수들보다 훨씬 잔잔한 수영 환경을 제공한다. 그리고 거대한 레만 호(*Lac Léman,* Lake Geneva 제네바 호수)에서는 관광객이 수영과 워터스키를 즐길 수 있으며, 스위스 몽트뢰(Montreux)와 로잔(Lausanne)으로 보트를 타고 호수를 건널 수 있다. 온천 마을인 에비앙 레 뱅(Évian-les-Bains)과 레만 호수는 비록 7월에는 관광객으로 붐비지만, 휴식과 쇼핑에는 적격이다.

물론 보통 알프스가 7월 말에 자그마한 스키 코스를 재개장하지만, 유명한 마을보다 오히려 숨겨진 곳에서 머무는(*séjour,* stay) 것이 더 좋을 수 있다. 플랜(Flaine)이나 레 새지(Les Saisies)와 같은 곳의 숙소를 찾는다면 그곳의 절경 때문에 절대 실망하지 않을 것이다! 내가 정말 한적한 시간을 보내기 위해 가장 좋아하는 곳은, 아주 작은 두 개의 호텔과 스키 리프트가 있고 꼴 드 라 라마즈(Col de la Ramaz)로 통하는 험로가 있는 작은 프라즈 드 리스(Praz de Lys)라는 곳이다. 프라즈 드 리스는 투어의 전설적인 클라이머였던 루시앙 반 임페(Lucien Van Impe)가 벨기에 티비에서 일할 때 머물렀던 곳이다. 그는 본인이 우승했던 1976년 투어에서 우연히 이곳에 묵게 되었고, 그 이후로는 매번 이곳을 방문한다고 말했다.

프로방스와 아키텐과 더불어 여행객은 론알프 지역에서 발견할 것이 정말 많다. 서북쪽 가장자리는 마시프 상트랄을 맞대며 협곡과 숲이 어우러져 아름다운 포레 고원(Plateau du Forez)을 형성한다. 서쪽에서 멀리 떨어지지 않은 위치에서 루아르 강이 시작되는데, 즉 이 지역 곳곳으로 강과 개울이 스며든다는 것을 알 수 있다. 작은 돌다리부터 강을 가로지르는 큰 D 자형 도로는 자동차나 자전거를 타고 방문할 멋진 장소를 만들어낸다.

이 지역은 무척이나 가파른 지형으로, 사이클리스트들이 얼마나 많은 업힐을 넘어왔는지에 따라서 아예 질리게 하거나, 아니면 사랑에 빠지게 만드는 힘겨운 지형이다. 생갈미에(Saint-Galmier), 부르-아르젠탈(Bourg-Argental), 그리고 몽브리송(Montbrison)과 같은 화려한 마을에 반드시 하룻밤을 쉬어가고 싶어지겠지만, 생테티엔의 마을은 만약 렌터카를 버리고 TGV를 타려는 것이 아니고는 반드시 피해야 하는 곳 중에 하나라는 사실은 두말하면 잔소리이다.

알프스의 경치　알프 듀에즈의 전경.

　　생테티엔의 끝자락 반대편에 위치하는 도피네알프스(Dauphiné-Alpes)도 꼭 들러봐야 할 곳이다. 남동쪽의 샤르트뢰즈(Chartreuse)와 남쪽의 동서를 양분하는 모리엔(Maurienne) 계곡은 투르 드 프랑스가 가장 강한 인상을 남긴 산 속에 있다. 알프듀에즈, 라 투쉬르(La Toussuire), 꼴 뒤 그렁동(Col du Glandon), 꼴 드 라 크와 드 페흐(Col de la Croix de Fer), 꼴 뒤 텔레그라프(Col du Télégraphe), 꼴 뒤 갈리비에(Col du Galibier)까지 이 무시무시한 산들은 잔혹한 고리를 만들지만 동시에 아름다운 오르막을 만들어내며 투르 드 프랑스를 사랑하는 팬들의 이목을 집중시킨다. 한번 그곳에 도착하면, 아르크(Arc) 강의 흐름을 뒤쫓아 꼴 드 리제랑(Col de l'Iseran)까지 가거나, 알프스-프로방스 지역으로 진입하여 꼴 디조아(Col d'Izoard)와 위대한 꼴 아니엘(Col Agnel)(이탈리아어로 더 유명한 콜레 델라넬로(Colle dell'Agnello))에 도전하고자 사이클리스트나 자동차를 탄 관광객은 더 깊은 탐험을 시작한다.

　　이 지역은 너무나 아름답기 때문에 이 정도로 다 설명할 수 없어서, 다음 장에서 이곳에 대한 더 자세한 내용을 다룰 예정이다.

콜레 델라녤로(Colle dell'Agnello)를 가로지르는 투어, 2008년.

리옹, 세 도시가 하나로

리옹이 비록 프랑스의 제2의 도시이지만, 투르 드 프랑스에서는 출발선과 결승선을 단 여섯 번밖에 유치하지 못했는데, 이는 이 도시의 스포츠 전통을 생각하면 참담한 결과가 아닐 수 없다. 리옹은 프랑스 명문 축구팀인 올림피크 리옹(Olympique Lyonnais)의 연고지다. 또한 리옹은 일류 럭비팀뿐만 아니라 아이스하키팀도 보유하고 있다. 근처의 빌뢰르반(Villeurbanne)의 유력한 농구팀을 덤으로 보면, 미식 세계(*gastronomy*)에서도 이미 프랑스 일류인 리옹이 투르 드 프랑스를 더 자주 개최하였다면, 아마도 사이클이 이 고장의 최고의 스포츠로 자리잡았을지도 모른다고 예측해 볼 수도 있다.

리옹은 투어 개최에 무관심했는데 이는 아마도 아주 복잡하고, 혹은 정말 혼란스러운 지형 때문이었을 것이다. 론 강과 손 강이라는 두 개의 큰 강은 도시에 동시에 흘러들어오지만 다시 북쪽과 북동쪽으로 갈라지며 도시를 섬처럼 감싸 안는다.

리옹의 붐비는 도로와 교통체계는 증가하는 인구에 대처하기 위함이며,

북쪽이나 남쪽으로 가려는 여행객은 리옹을 통과할 필요 없이 최선의 방법을 선택한다.

리옹은 구도시와 신도시로 나누어지는데, 최근 독립적으로 테트 도르 공원(Parc de la Tête d'Or) 부근에 세 번째 도시가 등장했다. 리옹에는 두 개의 기차역이 있는데, 파르디외(Lyon-Part-Dieu) 역은 통근시간에 가장 붐빈다. 페라슈(Lyon-Perrache) 역은 오래되어서 구도심에 가깝고, TGV 정거장이다. 당신의 여정이 이곳에서 끝나지 않는다면, 아마도 도시를 가로지르거나 반드시 파르디외를 들르게 될 것이다.

당연히 음식은 리옹 정체성의 중심에 있는데, 훌륭한 레스토랑은 중심부 섬(Presqu'île)에 있다. 너무 바쁜 라이프스타일 때문에, 리옹 시민은 부숑(*Bouchons,* 아담하고, 격식이 없으며 저렴한 선술집)에서 식사하고 한 시간 만에 다시 일터로 돌아가곤 한다. 이런 종류의 부숑 중에서는 시청(Hôtel de Ville) 근처에 있으며 오래된 **Café des Fédérations**이 단연 뛰어나다. 노동자 계층이 주로 이용하는 곳으로는 이례적으로 토요일에도 영업을 한다. 좀 더 화려한 곳을 원한다면 낭트, 보르도, 툴루즈, 그리고 몽펠리에도 체인점이 있지만, 각기 독특한 맛을 내는 **L'Entrecôte**이 있다. 리옹의 최고급 음식점은 **Nicolas Le Bec**이나 4가지 코스(*deuxième arrondissement*)가 당신을 기다리는 **Cour des Loges**도 있는데, 당신은 진짜 14세기 주거지를 개조한 방에서 와인 한 병을 즐기며 하룻밤을 묵고 싶어할 것이다.

추천 명소

Savoy-Hôtel(www.savoy-hotel.fr)은 생미셸모리엔(Saint-Michel-de-Maurienne, *département* 73)에 위치한다. 방은 평범하고 소박하지만, 레스토랑은 평범한 분위기 속에서 최고의 음식을 내놓는다. 아주 매력적인 이 개인 소유 호텔은 꼴 뒤 텔레그라프(Col du Télégraphe) 언덕 기슭에 위치한다. 이 호텔의 주인은 사이클리스트와 사진가의 열렬한 팬이니, 언제나 내게 한 표를 받을 수밖에 없다.

Auberge du Chucas(www.aubergeduchoucas.com)은 르 몬네티레르 레방(Le Monêtier-les-Bains, *département* 05)에 위치한다. 로지 드 프랑스 호텔 체인으로 저명한 호텔 체인 가이드인 콩데 나스트 요한상(Condé Nast Johansens)에도 이름을 올리고 있다. 알프스에서 매우 유명한 호텔-레스토랑인 이곳은 숙박객이 사랑하는 콜 뒤 로타레(Col du Lautaret)로 이어지는 오래된 농장을 개조한 곳이다. 큰 나무문과 덧문 그리고 진짜배기 가구들로 독특하지만 자유로운 이곳만의 분위기를 주기 위해 농장의 느낌 외에는 어느 것도 덧붙이지 않았다. 돌로 된 천장과 거대한 난로가 있는 소박한 레스토랑에서 내놓는 음식은 둘이 먹다 하나가 죽어도 모를 맛이다. 온갖 종류의 프랑스 식기류를 사용하기 때문에, 많은 것을 배울 수 있다. 게다가 당신은 시골에 와있기 때문에 격식에 맞춰 옷을 차려입을 필요조차 없다!

Hôtel de la Tour(www.hotel-latour.com)은 샤티옹 쉬르 샬라론(Châtillon sur Chalaronne, *département* 01)에 위치한다. 아주 평범한 이름의 호텔이지만, 건물까지 평범하지는 않다. 마꽁(Mâcon)과 부르앙브레스(Bourg-en-Bresse)의 바로 남쪽에 있는 이 호텔은 만약 버건디나 보졸레로 와인 여행을 떠난다면 한 번쯤 들러보기에 적합한 곳이다. 아름답게 장식된 방은 낭만적이고, 저렴하며, 넓은 공간을 제공하는 동시에 대부분 사주식 침대를 구비하고 있다. 가볍게 점심식사를 한 후 잔디밭에서 쉬거나, 그늘의 해먹에서 낮잠을 자거나, 혹은 수영을 할 수 있다. 만약 72시간 전에 예약하면 맛볼 수 있는 트레퇴르(*traiteur*, 주방장 특선 메뉴)를 만난다면 이곳에서의 기억을 잊지 못할 것이다.

L'Escarbille(www.hotel-restaurant-lescarbille.com)은 생마르탱다르데슈(Saint-Martin-d'Ardèche, *département* 07)에 위치한다. 미지의 낙원인 아르데슈 협곡을 만나기 위해 하루를 보낼 수 있는 이 평화로운 로지 드 프랑스 호텔은 수영, 카약, 사이클, 드라이브, 산책하기에 최적의 장소로 생마르탱다르데슈 마을의 작은 길을 따라서 강과 오래된 현수교, 성들을 만날 수 있다. 협곡의 아찔한 절경을 감상한 후에 느긋하게 저녁식사와 함께 근처 루시용, 가르, 그리고 론 지방의 와인을 맛볼 수 있다.

Villa Florentine(www.villaflorentine.com)은 리옹에 위치한 호텔이다. 푸르비에르 노트르담 대성당(Basilica of Notre-Dame de Fourvière) 바로 옆에 위

치한 이 호텔은 도시와 강에 비할 데 없는 훌륭한 광경을 볼 수 있는 푸르비에르 언덕에서도 가장 근사한 곳에 자리하고 있다. 객실은 16세기 수녀원을 개조하여 아주 고전적인 스타일이지만 동시에 실용적이고 신기술을 적용한 시설을 갖추고 있다. 꼭 기억해야 하는 레스토랑은 바로 테라스 드 리옹(Terrasses de Lyon)으로 아주 확고한 신념으로 요리된 타르타르소스를 곁들여 설탕에 졸인 사과와 함께 나오는 50유로짜리 브리타니 새우 요리가 대표적인데, 이는 애피타이저에 불과하다.

지역 특산 요리: 론알프

Brochettes d'agneau: 올리브유와 허브로 절인 양 케밥을 양파, 피망과 함께 꼬치로 구워서 구운 감자나 그라탱 도피누아(*gratin dauphinois*, 감자와 크림, 우유, 그리고 치즈나 계란과 함께 구워낸 캐서롤)를 내놓는 요리

Raie grenobloise: 민물 가오리를 리크, 그뤼예르 치즈, 화이트와인, 베사멜 소스, 버터, 계란과 함께 구운 요리

Quenelles de brochet: 강꼬치고기 살을 파나드(*panade*, 우유 버터를 넣은 수프)에 데쳐서 몹시 뜨거운 버섯, 코냑, 가재 소스와 함께 내놓는 요리. 리옹의 부숑(*bouchons*)이라고 불리우는 콜레스테롤이 무척 높은 특선 요리이다.

파리(PARIS), 일 드 프랑스(ÎLE DE FRANCE)

프랑스 중북부 파리분지 중앙부를 이루는 레지옹으로 인구수는 11,577,000명(2007년). '프랑스의 섬' 이란 뜻으로 센강(江)과 마른·우아즈 강이 접하는 지점에 해당하며, 하천 사이에 삼각주가 많기 때문에 일(섬)의 명칭이 붙었다. 퐁텐블로·콩피에뉴 등의 넓은 삼림으로 둘러싸인 평원으로 중심도시는 파리이다. 〈출처: 두산백과〉

파리를 중심부에 놓은 일 드 프랑스(Île de France)는 프랑스에서 가장 유명한 지방이다. 그러나 도시 중심부만 벗어나면 마치 파리가 전혀 다른 지역이라는 생각이 들 만큼 광활한 지역이 펼쳐진다. 일단은 파리를 둥글게 둘러싼 악명 높은 외곽도로를 일주하며 리옹, 보르도, 루앙, 메스와 같은 위성 도시로 나가면 도시의 풍경은 갑자기 숲이 무성한 시골 풍경으로 바뀌는데, 바로 이 지역이 1976년에 새로운 이름으로 불리게 된 일 드 프랑스 지역이다. 파리는 사실 울창한 숲지대, 농경 지대, 고전적인 마을과 강변의 마을로 둘러싸인 일종의 섬으로 볼 수 있다.

LEGEND ROAD RAIL CITY MENTIONED IN TEXT POINT OF INTEREST 50km

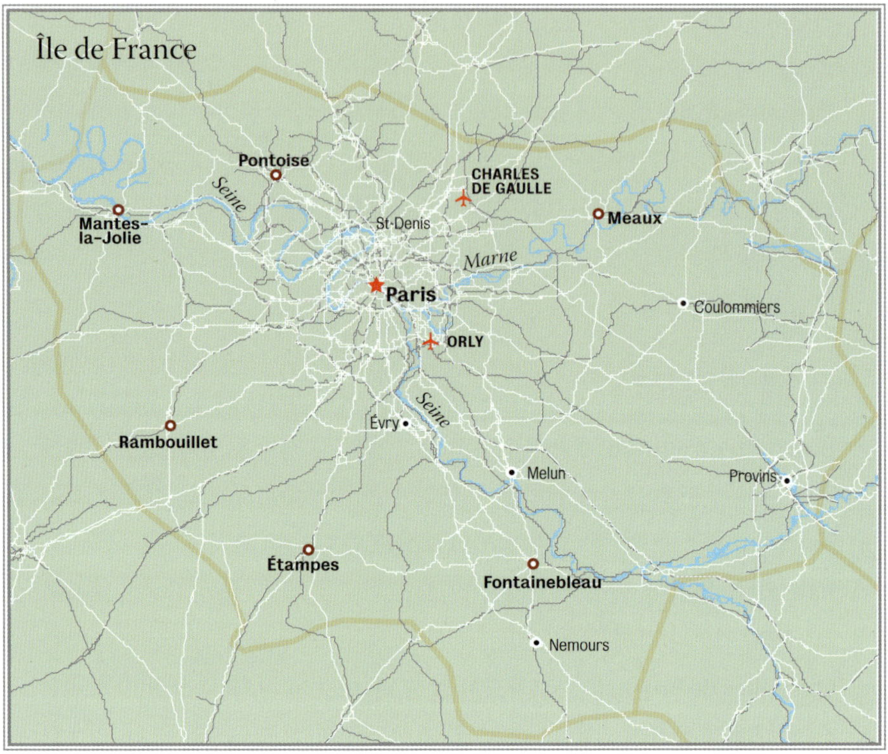

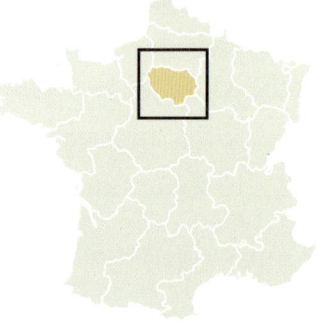

파리, 일 드 프랑스 177

RECOMMENDATIONS　■ LODGING　● FOOD　■ PARK　■ POINT OF INTEREST　■ TRAIN STATION

1 Hôtel de Crillon
2 Hôtel Élysées Régencia
3 Paris Marriott Hotel Champs-Élysées
4 Hôtel Marceau Champs-Élysées
5 Pershing Hall

❶ Chez Clément
❷ Bistro Saint-Ferdinand
❸ La Maison Blanche
❹ La Grande Armée
❺ Le Boeuf sur Le Toit
❻ Chez Georges
❼ Impala Lounge

❽ Casa Luca
❾ La Tour d'Argent
❿ River Café at Issy-les-Moulineaux
⓫ Restaurant Guy Savoy
⓬ Le Restaurant de l'Hôtel
⓭ Pâtisserie Stohrer

LEGEND　ROAD　RAIL　　2km

카를로스 사스트레(Carlos Sastre)가 투르 드 프랑스에서 우승하는 장면, 2008년 파리.

만약 파리가 당신이 지난 몇 주간 경험했던 프랑스의 광활한 지역을 경험한 이후 기대해왔던 모습과 조금 다르다면 외곽에서 머무는 것을 고려해볼 만하다. 모(Meaux), 망트라졸리(Mantes-la-Jolie), 퐁투아즈(Pontoise), 랑부예(Rambouillet), 에탕프(Étampes), 그리고 퐁텐블로(Fontainebleau) 같은 지역은 모두 파리에서 기차를 타고 45분 만 가면 도착할 수 있다. 이 지역들은 프랑스 여행의 마지막을 보내기에 충분히 매력적이며, 파리에서 시간을 보낼 여유가 여전히 있다면 한 번쯤 방문할 만한 곳이다.

퐁텐블로는 이 중에서도 가장 매력적인데, 도시의 이름을 얻게 된 울창한 숲 한가운데 있는 마을로 파리 사람들이 주말에 트래킹하기 위해 자주 모이는 곳이다. 숲 한 가운데에 위치한 고성은 유네스코 세계문화유산에 등재된 프랑스의 최고의 명소 중 하나다.

만약 투르 드 프랑스의 관람이 파리에서 끝나거나 투어와 관련하여 방문하는 유일한 도시가 파리라면 반드시 기억해 두었다가 방문해야만 한다. 다행히도, 투어는

파리 시청 앞에서 열린 투르 드 프랑스 팀 프레젠테이션.

당신의 파리 관광의 거점이 될 샹젤리제 거리에서 끝이 난다. 파리 문화와 역사의 중심부를 지나며 센 강을 따라서 부티크 호텔과 레스토랑이 즐비한 거리를 마주하며 투어가 진행된다.

런던 사람으로서, 나는 몇 세기 전 영리한 설계자가 이토록 보석같이 아름다운 명소를 센 강 가까이에 건설하면서, 만약 원한다면 하루에 모두 볼 수 있도록 파리를 만들었다는 점이 무척 부러웠다. 투르 드 프랑스를 보려는 관광객 대부분이 샹젤리제 거리 주변의 수백 개 호텔을 예약할 것을 감안하면, 약간 남쪽의 마르소 거리(Avenue Marceau)나 몽테뉴 거리(Avenue Montaigne)나 알마 다리(Pont de l'Alma) 주변에 숙소를 잡으면 문제를 간단히 해결할 수 있다.

다리를 건너거나 에펠탑(Eiffel Tower)을 방문하거나, 뒤쪽 제방을 따라 걸으면 루브르 박물관(Musée du Louvre), 튈르리 정원(Jardin des Tuileries)도 쉽게 찾아갈 수 있다. 루브르는 용기 없는 사람은 방문하기 어려운데, 정말 넓어서 하루 안에 다 관람할 수 없으며, 수천 명의 관광객이 몰리는 대단한 예술작품을 보기 위해서는 줄을 서서 오래 기다려야 하기 때문이다.

루브르 안쪽의 광장을 거닐며 강 건너편의 수많은 역사적 건물을 바라보는 것도 좋다. 그랑 팔레(Grand Palais)의 거대한 온실을 지나, 나폴레옹이 마지막으로 거처한 앵발리드(Hôtel des Invalides), 그리고 1939년까지 파리에서 오를레앙 방향으로 승객들이 오갔던 역을 개조한 오르세 미술관(Musée d'Orsay)을 만날 수 있다.

파리 루브르 박물관 입구에 있는 유리 피라미드.

오르세 미술관은 바로 US 포스털(U.S. Postal) 팀이 오페라 하우스(l'Opéra) 근처의 인터컨티넨탈 파리 르 그랑(InterContinental Paris Le-Grand)에서 진행했던 투어 종료 파티를 암스트롱이 너무 자주 우승하면서 좀 더 성대하게 치르게 된 장소이다. 오르세 미술관은 방대한 실내 공간에 있는 수많은 그림과 조각에 관심이 있다면 한 번쯤 방문할 만한데(특히 인상주의 시대를 좋아한다면 더욱 그러하다), 내가 2001년 마지막으로 봤던 연회장 천장의 벽화도 볼 만하다.

시간이 계속 흐르니, 빠르게 움직이자! 오르세 동쪽에는 프랑스 학술원(Institut de France)이 있는데, 다리를 건너고 싶지 않다면 강 건너에서 봐도 충분히 아름답다. 마침내 거대한 두 개의 탑이 있는 대성당에 도착하여 수천 명의 관광객을 마주했다면, 당신은 드디어 노트르담 대성당(Cathédrale de Notre-Dame de Paris)에 도착한 것이다. 이곳은 잠시 쉬며 점심 식사하기에 적합한데, 만약 성당 내부까지 둘러볼 힘이 있다면 우선 관광을 해도 좋다. 만약 당신이 그 유명한 파리의 지하묘지

를 둘러보고 싶다면, 당연히 우선 점심부터 먹어야 한다! 또한 반드시 다른 곳으로 이동하기에 앞서 옛 시청사를 둘러보는 것을 잊지 말기를 바란다.

강을 건너서 계속 걷는다면, 자갈이 깔린 미로와 같은 길에 수많은 먹거리가 흩어져 있는 카르티에 라탱(*Latin Quarter*, 라틴 구(區))에 도착하게 될 것이다. 이 순간 누구보다 기민하게 눈치를 발휘해서 파리의 직장인(*homme d'affaires*)이나 우아한 부인(*madame*)을 알아보고 그들이 식사하는 맛있는 식당을 발견해야 하는데, 자칫 부주의한 여행객을 상대로 장사하는 음식점에 들어갈 수도 있기 때문이다. 더욱 좋은 방법은 생제르맹 거리(Boulevard Saint-Germain)을 지나서 수많은 여행객을 피해 좀 더 조용하고 한눈에도 알아보기 쉬운 훌륭한 레스토랑이 있는 거리로 가는 방법이다.

Les Éditeurs(4, Carrefour de l'Odéon)와 **La Méditerranée**(2, Place de l'Odéon)는 오데옹(l'Odéon) 극장 주변에 있으며, **Restaurant L'Aoc**(14, Rue des Fossés St-Bernard)는 센 강 남쪽의 생루이 섬(Île Saint Louis)을 가로지르는 쉴리(Pont de Sully) 다리 주변에 있다. 이 레스토랑들은 한번쯤 방문할 만한데 그 이유는 이곳들

오데옹(l'Odéon) 근처의 에디퇴르(Les Éditeurs) 레스토랑.

이야 말로 파리의 비즈니스맨이 느긋하게 앉아서 음식을 즐기는 곳이기 때문이다.

파리의 넓은 중심부에는 훌륭한 레스토랑과 호텔이 즐비하다. 또한 많은 관광객은 의심할 여지없이 시인, 예술가, 음악가, 그리고 배우의 수많은 낭만적인 이야기에 이끌려서 북쪽 몽마르트 언덕(Montmartre)을 찾는다. 몽마르트는 파리 외곽 지역으로 면세 혜택과 이곳에 몰려들던 젊고 재능 있는 사람들의 예술에 도취한 삶의 양식을 볼 수 있는, 그 자체로 하나의 도시다. 반 고흐(Van Gogh), 피카소(Picasso), 달리(Dalí), 모네(Monet), 마티스(Matisse), 르노아르(Renoir), 툴루즈 로트레크(Toulouse-Lautrec)까지 이들 중 몇몇은 몽마르트에 화실을 차리거나, 또

<< 해질녘의 노트르담 대성당.

투르 드 프랑스가 드디어 세계에서 가장 유명한 거리인 샹젤리제에 도착했다.

다른 몇몇은 해 질 녘이나, 특정 작품을 만들며 자신의 실력이 벅찰 때면 마음껏 놀곤 하였다.

이러한 정신(*esprit*)은 아직도 몽마르트에 남아서, 예술 애호가는 젊은 파리 시민과 관광객과 함께 수백 개의 카페와 레스토랑을 채운다. 사크레쾨르 대성당(Basilique du Sacré-Coeur)의 그늘 아래서 벌어지는 대부분의 일은 저 멀리 파리에서 벌어지는 일과는 차원이 다르다.

만약 파리에서 보낼 시간이 매우 짧아서 몇 시간 산책도 아깝다면, 내가 정말 급할 때 썼던 방법을 추천한다. 저녁에 아주 천천히 강을 따라 정기적으

사크레쾨르 대성당.

센 강 THE SEINE 바토 무슈 크루즈가 해 질 녘 센 강을 지나고 있다.

로 운행되는 긴 유리창을 가진 바토 무슈(Bateaux-Mouches)라는 보트를 타고 센 강 위에서 식사하는 것이다. 이러한 방법은 파리에서 최고의 순간을 대부분 섭렵할 수 있다. 왜냐하면 역사적인 도시의 명소를 바라보는 동시에 몇 시간 동안 먹고 마시며 정말 즐거운 시간을 보낼 수 있기 때문이다.

　바토 무슈와 라이벌인 바토 파리지앵(Bateaux-Parisiens) 모두 낮과 저녁에 모두 비슷한 서비스를 제공한다. 내가 해줄 만한 조언은 가장 비싼 가격(1인당 150 유로)을 지불하라는 것이다. 샴페인 칵테일로 시작하여, 와인 한 병, 그리고 세 가지 코스 요리를 클래식 사중주단이 연주하는 세레나데를 들으며 제대로된 미식 세계(*gastronomique*)를 즐길 수 있다.

　보트의 유리 창문과 천장을 통해 바라보는 파리는 그야말로 눈이 부시다. 특히 에펠탑 근처에서 출발하여 시테 섬(*Île de la Cité*)을 지나 파리의 낭만적인 16개의 다리를 지나서, 프랑스가 미국에 1886년에 보낸 자유의 여신상(Statue of Lierty)의 7분의 1 크기의 복제판인 자유의 여신상(*Statue de la Liberté*)을 돌아오는 트와일라잇 크루즈는 백미라 할 수 있다.

　돌아오는 길에는 파리에서 아마도 가장 인상 깊은 건물인 불이 밝혀진 파리 시청을 지나오게 된다. 만약 당신의 반쪽이 사이클을 좋아하지도 않고, 투르 드 프랑스에 대한 당신의 지난 몇 주간의 열정에 지쳐서 낭만을 갈구한다면, 바토 무슈는 당신의 애정 전선을 지켜줄 투자가 된다. 또한 많은 사람이 알게 되듯이 밤에 만들어지는 관계는 절대 잊을 수 없다. 그저 이 낭만적인 경험을 할 수 있을 정도의 신용카드가 준비되었는지를 확인하면 된다.

추천 명소

2004년 텍사스 주기(Lone Star Flag)를 달고 있는 크리용 호텔.

Hôtel de Crillon(www.crillon.com)은 파리의 콩코르드 광장(Place de la Concorde, *département* 75)에 위치한다. 나는 여기서 아침식사만 해봤지만, 이곳은 파리 최고의 호텔이자 투어가 끝나는 곳이다. 내가 몽상가이고, 언젠가는 이곳에서 하룻밤을 보낼 수도 있기 때문에, 다른 그 어느 곳보다 이곳에 대해 먼저 언급한다. 이 화려한 비밀스러움을 크리용(Crillon)은 모든 손님에게 제공한다. 랜스 암스트롱은 2000년 투어 때부터 이곳에서 묵기 시작했고, 그는 감독을 설득하여 샹젤리제에 그가 도착할 때 프랑스 국기 대신 텍사스 주기를 들자고 제안했다(이것은 이후 6년 동안 반복된 전통이 되었다). 2006년 암스트롱의 은퇴와 함께, 프랑스 국기는 7월에 다시 휘날렸고, 2007년에는 알베르토 콘타도르(Alberto Contador)가 암스트롱의 디스커버리 채널(Discovery Channel) 팀 소속으로 우승하며 스페인 국기가 휘날리게 되었다. 콘타도르는 이곳에 묵지 않았지만, 암스트롱은 밤을 보냈기 때문에, 그의 영향으로 스페인 우승자가 콩코르드 광장을 지날 때 환호를 받을 수 있었다.

Hôtel Élysées Régencia(www.regencia.com)은 마르소 거리(Avenue Marceau, *département* 75)에 위치한다. 이 호텔은 175유로라는 합리적인 가격으로 이용할 수 있는 개선문(Arc de Triomphe) 근처의 조용한 거리에 있는 4

성 호텔이다. 레바논, 중국, 이탈리아, 그리고 '평범한' 프랑스 레스토랑이 즐비하다. 물론 베르네 곶(Le Cap Vernet)의 생선 요리는 투어를 보고나서 맛볼 수 있는 최고의 음식 목록에 올려야 하기는 하지만 말이다.

Paris Marriott Hotel Champs-Élysées(www.marriott.com)은 샹젤리제 바로 옆에 위치한다(*département* 75). 가장 유명한 쇼핑 거리에 있는 유일한 호텔이다. 외관으로만 봐서는 19세기 건물의 내부를 상상할 수 없다. 700유로부터 시작하는 가격은 여름철에 피크인데, 오직 소수의 행운아만이 이 호텔 192개 방의 매력과 고혹함을 보는 기회를 잡을 수 있다. 적어도 아름다운 호텔 로비는 모두가 즐길 수 있는데, 호텔 바는 누구나 사용할 수 있기 때문이다. 오직 파리에 하루만 있을 수 있고, 투어는 모두 끝났다면, 이곳에서 하루를 보내면 절대 후회하지 않을 것이다!

Hôtel Marceau Champs-Élysées(www.hotelmarceau.com)은 마르소 거리에 있다(*département* 75). 이곳의 매력 중 하나는 개선문과 샹젤리제와 가깝다는 것이다. 또한 마르소 거리의 먹자 골목과도 가깝고, 에펠탑이 보이는 알마 다리 주변의 식당들도 즐비하고, 무엇보다도 그 유명한 바토 무슈와 바토 파리지앵의 출발지이기도 하다.

Pershing Hall(www.mrandmrssmith.com)은 피에르 샤롱 가(Rue Pierre Charron, *département* 75)에 위치한다. 미스터 앤 미시즈 스미스(Mr & Mrs Smith) 체인의 여느 부티크 호텔과 같이 밤을 보내기에 아쉬움이 전혀 없다. 19세기 저택을 개조한 건물은 정말 많은 매력이 있다. 호텔 26개의 방에는 낭만적인 매력이 있으며 방에서 보이는 정원도 아름다움 그 자체다. 뜰 안에서, 쿠션을 베고, 연철로 만든 의자에 앉아서 일본 셰프가 준비하는 환상적인 저녁을 맛볼 수 있다. 퍼싱 홀(Pershing Hall)은 샹젤리제에 가장 가까이에 있는 스미스 체인이고, 만약 몇 개 되지 않는 방을 예약할 수 있으면 최선의 선택이다.

지역 특산 요리: 파리, 일 드 프랑스

Gratinée à l'oignon: 소고기와 양파를 넣고 끓인 육수에, 양파, 마늘, 그뤼에르 치즈, 그리고 브랜디 약간을 넣은 전형적인 프랑스 양파 수프다. 주로 빵조각이나 치즈를 갈아서 올린다.

파리에서의 식사

파리는 크기가 매우 넓어 무엇을 먹을 것인가 하는 선택의 폭은 그야말로 끝이 없다. 내가 투어를 경험하며 수많은 일을 겪고 나서 내린 결론은, 결국은 당신이 어디에서 자게 되는가에 따라서 그 주변에서 무엇을 먹을지가 결정된다는 사실이다. 나도 종종 힘든 하루를 보내고 나서 그저 가까운 곳에 숙소를 잡은 경험이 있는데, 다음 날 점심이나 저녁을 먹기 위해서 무려 세 시간을 좋은 레스토랑 찾는데 허비했다.

만약 내가 추천하는 호텔에 묵을 수만 있으면, 그 주변의 레스토랑을 가보기를 추천한다. 우선, 샹젤리제의 쉐 클레망(Chez Clément, *123 Avenue Champs-Élysées*)을 언급하지 않을 수 없는데, 이곳의 편안함과 입지(무려 14개의 레스토랑 체인이 있고, 그중 10개가 파리에 있다), 그리고 테라스나 유리 천장이 있는 방에서 정통 프랑스 음식을 맛보는 것을 거부하기는 힘들 것이다. 결코 멀지 않은 곳에 더 나은 메뉴가 있는 비스트로 생 페르디낭(Bistro Saint-Ferdinand, *275 Boulevard Péreire*), 라 메종 블랑쉬(La Maison Blanche, *15, Avenue Montaigne*), 라 그랑드 아르메(La Grande Armée, *3, Avenue Grande Armée*), 르 뵈프 쉬르 르 투아(Le Boeuf sur Le Toit, *34, Rue Colisée*), 쉐 조르쥬(Chez Georges, *273, Boulevard Péreire*)와 더불어 훌륭한 이탈리아 요리를 파는 까사 루까(Casa Luca, *82, Avenue Marceau*)를 추천한다.

만약 좀 더 먼 곳을 방문 할 의사가 있다면, 노트르담 대성당 건너편의 라 뚜르 다호장(La Tour D'Argent, *15-17, Quai de la Tournelle*), 이시레몰리노(Issy-les-Moulineaux)의 리베르 카페(River Café, *146, Quai Stalingrad*), 기 사부아(Guy Savoy, *18, Rue Troyon*)나 노트르담 왼쪽 제방의 레스토랑(Le Restaurant de l'Hôtel, *13, Rue des Beau Arts*)을 방문해보길 추천한다. 만약 정말 시간이 없다면, 파리의 가장 유명한 빵집인 스토레(Pâtisserie Stohrer, *51, Rue Montorgueil*)는 꼭 방문하길 바란다.

Hachis Parmentier: 영국의 셰퍼드 파이와 비슷하며, 간 소고기, 닭, 송아지, 혹은 푸아그라 위에 매시트포테이토를 얹는다.

Omelette Viroflay: 시금치, 햄, 치즈를 넣은 전통적인 오믈렛 요리

투르 드 프랑스의 전설들

얀 울리히(Jan Ullrich)

진정으로 위대한 사이클리스트인 얀 울리히(Jan Ullrich)는 1997년 투어에서 처음으로 내 시선을 빼앗았다. 나는 그 당시 앞으로 다섯 번은 투르 드 프랑스를 우승할 선수를 보고 있다고 믿었다. 울리히는 내가 처음 그의 클라이밍 순간을 잡아낼 때 정말 멋져보였는데, 꼴 드 라스팡(Col de l'Aspin) 구간에서 선두로 치고 나갈 때 그의 흰색 독일 챔피언 셔츠는 마치 신호기처럼 빛났다. 울리히는 1996년 우승자며, 그해에도 다시 우승하려던, 팀 리더 비얀 리스(Bjarne Rils)를 확실히 보좌했다. 하지만 카메라 렌즈는 거짓을 고하는 경우가 없는데, 이번에 리스의 얼굴은 너무 고통스러워 보였다. 반면 울리히는 젊고 싱그러웠으며, 언제든지 힘을 폭발시킬 준비가 되어 보였다.

울리히가 결정적으로 치고나온 순간은 바로 안도라(Andorra)의 아르칼리스(Arcalis) 클라임이었는데, 덕분에 나는 결승전을 10킬로미터 남기고 클라이밍 에이스인 마르코 판타니(Marco Pantani)와 리샤르 비렌크(Richard Virenque)를 앞질러 나가는 그의 폭발적인 신체 능력을 렌즈에 담을 충분한 시간을 얻을 수 있었다. 단지 인상 깊었던 것은 산을 오르는 힘을 뿜어내는 그의 다리뿐만 아니었다. 또한 파워와 브레이크를 잡기에 적합한 긴 상체만이 내 눈을 사로잡은 것은 아니었으며, 다리, 팔, 등, 그리고 어깨가 모두 하나의 집약된 힘을 내며 누구도 상대할 수 없는 힘을 뿜어내는 모습이 가장 인상 깊었다.

물론 그는 1997년 투어에서 보여주었던 그러한 엄청난 힘을 다시 보여주는 데는 실패했지만, 그해 경주에서는 55킬로미터의 짧은 거리에도 불구하고 샹젤리제

유로 디즈니(Euro Disney)에서 타임 트라이얼에 참가 중인 얀 울리히, 1997년.

타임 트라이얼에서 2위에 3분이나 앞서는 모습을 보였고, 판타니와 비렌크를 알프스 스테이지에서 가볍게 제압하며, 전체 기록에서는 무려 9분이나 앞서며 투르 드 프랑스를 제패했다.

그러나 그 후 울리히의 투어 경력은 '만약'과 '혹시나'의 연속이었다. 만약 '그가 1998년 투어 때 갈리비에(Galibier)에서 얼음장 같은 비를 맞지 않았더라면', 만약 '판타니가 1998년 그토록 맹렬하지 않았더라면, 혹은 랜스 암스트롱이 고환암을 극복하지 못했더라면', 만약 '판타니를 이겨내고, 암스트롱을 이겨냈다면, 그리고 울리히가 만약에 다섯 번의 투어를 더 우승했더라면'과 같은 모든 가정이 그에게 따라붙는다. 하지만 반대로 그렇다면 누군가 울리히를 이겨냈을 것이라는 가정 앞에 아무것도 아닌 상상이 될 뿐이다.

그렇다면 도대체 무엇이 그리 전부 잘못된 것일까? 실제로 진짜 문제는 그 안에 있었는데, 특히 1년 내내 그의 경쟁자들만큼이나 날카롭게 그 자신을 가다듬을 훈련을 하지 못한 것이 가장 큰 문제였다. 나는 울리히가 그의 힘을 너무 당연히 여겨서, 마치 7월이 되면 다리와 등 근육이 모두 정상 상태로 돌아올 것이기에 겨울에는 그저 재미나 보며 즐겨도 된다고 생각했으리라는 생각을 한다.

그러나 1999년이 되자 그의 무릎은 더 이상 그가 젊었을 때 힘을 발휘했던 상태가 아니었다. 물론 그가 2000, 2001, 2003년 암스트롱을 위협할 수 있을 만큼 다시 신체 능력을 회복했지만 충분하지 않았다.

점점 울리히는 몸무게가 늘면서 클라이밍에서 위력을 발휘하기 어렵게 되자, 그는 주 종목을 타임 트라이얼로 바꾸었는데, 그 결과 타임 트라이얼에서 두 번의 우승을 거두었다. 그가 2003년 투어에서 암스트롱을 타임 트라이얼에서 위협했던 모습은 인상 깊었지만, 이를 발판으로 피레네에서 그를 위협하기에는 역부족이었다. 투어의 마지막 산악 스테이지에서, 암스트롱은 힘을 회복하여 결국 5년 전 울리히가 그의 유일한 투어 우승을 거머쥔 이후 마지막으로 우승할 수 있는 기회를 앗아갔다.

역설적이게도, 암스트롱에게 수 차례 도전하고 패하면서 울리히는 점점 더 유명해졌다. 매년 그와 라이벌의 경쟁은 수백만 명의 팬을 프랑스로, 전세계의 텔레비전 앞으로 불러들이며, 투어 역사상 가장 성공적인 한 해로 만들었다. 누가 2000년과 2003년 타임 트라이얼의 마지막 결전이나, 그들이 2001년 보여주었던 무려 여섯 개 스테이지에서 지속되었던 산악 결전을 잊을 수 있겠는가? 울리히는 분명히 경쟁을 즐겼고, 암스트롱이 더 나은 실력을 발휘하도록 압박했다. 그리고 심지어 그가 암스트롱이 너무 강력해서 대적하기에는 본인이 부족하다는 사실을 알았을 때조차, 울리히는 대중 앞에서 암스트롱에게 존경의 표시로 악수를 청하는 겸손함을 보였다. 그렇기 때문에 2005년 암스트롱이 은퇴 파티를 열 때 울리히가 참석한 것은 놀랄 일이 아니며, 인터컨티넨탈 파리 르 그랑(InterContinental Paris Le-Grand)에 그가 도착했을 때 우레와 같은 박수가 쏟아졌다.

나는 언제나 울리히를 최고의 피사체로 기억하는데, 그런 대단한 체구의 선수가 언제나 큰 고통을 안고 경주하면서도 그토록 우아한 모습을 보는 기회는 흔치 않기 때문이다. 울리히는 타임 트라이얼에서는 누구보다 우아했고, 나는 그의 사뿐한 경주를 잡아내기 위해 그를 쫓았고, 꽁무니를 바로 쫓으며 그의 대퇴사두근이 페달을 엄청난 힘으로 돌리는 순간을 포착했다.

또한 산악 코스에서 그가 보인 날카로운 모습을 포착한 순간도 있는데, 울리히가 최선을 다해 코스를 공략하는 순간을 잡아내는 일은 모든 사진가의 소망인데, 손은 드롭바를 쥐고, 어깨를 숙인 채로, 고양이처럼 구부린 상태에서, 함성을 내지르며, 한껏 상기된 얼굴로 최선을 다하는 모습은 슬프게도 1997년 투어 이후로는 자주 볼 수 없었다.

그가 맞이한 최악의 순간은, 암스트롱이 승리의 영광을 빛내고, 또한 라이벌과 그들의 팬에게 한껏 살이 찐 조롱의 대상으로 추락한 때였다. 그러나 그의 전성기 때만 하더라도 늘 최상의 모습을 유지했기에 그의 이러한 추락은 아쉬움이 클 수밖에 없었다. 특히 1997년 아르칼리스에서의 모습은 마치 1969년 또 다른 투어의 전설인 에디 메르크(Eddy Merckx)가 라이벌들을 제치고 혼자서 산악 코스를 내달리던 모습을 그대로 재현했다고 믿을 수밖에 없었다.

2007년 울리히는 무성한 소문을 남긴 채 은퇴했다. 과연 약물을 복용했을까? 누가 신경이나 쓴단 말인가? 얀 울리히는 투르 드 프랑스에서 독특한 경쟁의 아이콘이 되었고, 그것이 내가 기억하기를 원하는 그의 모습이다.

미구엘 인두라인(Migueal Induráin)

미구엘 인두라인(Migueal Induráin)은 1991년부터 1995년까지 5년 연속 우승했다. 그러나 1990년에도 자신을 위해서 레이스를 했다면 6년 연속 우승은 문제도 아니었다. 이 큰 키의 스페인 선수는 1985년 처음 투어에 참가했고, 페드로 델가도(Pedro Delgado)가 갑작스레 그를 레이놀즈(Reynolds) 팀에 영입하고 우승하면서 유명세를 얻기 시작했다.

인두라인은 계속해서 성적을 끌어올렸는데, 1989년 투어에서 델가도가 다른 선수들을 혼란시키는 동안 산악 스테이지에서 우승했다. 델가도는 1989년에서 뒤죽박죽 상황을 만들며 우승을 지켜냈고, 1990년에도 마찬가지였다. 이 해에 인두라인은 그가 우승할 기회를 양보하면서까지 델가도가 스테이지에서 우승할 수 있도록 희생했다.

　모든 사람에게 인두라인이 델가도보다 더 강하다는 것이 명백했고, 다른 경쟁자보다도 인두라인은 뛰어났지만, 팀 정책이 그의 발목을 잡았다. 인두라인은 주요 타임 트라이얼에서 위의 세 선수를 모두 꺾었다. 이 떠오르는 샛별은 뤼즈 아르디당 (Luz Ardiden)의 산악 스테이지에서 우승하였고, 미요(Millau)에서도 거의 우승을 거머쥐었을 뻔 했으며, 1990년 투어에서는 그가 우승했었야 한다는 모두의 믿음을 만들어냈다. 알프 듀에즈에서의 12분이라는 치명적인 시간 낭비가 있었지만, 이미 인두라인이 델가도를 강풍이 불어치는 계곡에서 이끌며 마지막 클라이밍을 대비할 수 있도록 만들어준 이후에 벌어진 일이었다.

　인두라인이 이후 5년 동안 얼마나 부드럽게 경주를 진행했는지를 보았을 때, 그리고 그 누구도 그를 위협하지 못했을 때, 7회 연속 우승도 가능하다는 생각을 했을 것이고, 이는 암스트롱이 연속 우승 기록을 세우기 위해서는 8회 연속 우승이어야 가능했다는 사실을 의미한다. 하지만 현실적으로 말하면, 인두라인이 프로로서 일곱 번째 시즌과 32세의 나이를 지나 1996년에 절정을 찍고나서 그의 기량은 내리막길로 들어섰다.

모진-아보리아(Morzine-Avoriaz)에서 힘을 발휘하는 미구엘 인두라인, 1994년.

계속해서 좋은 기록을 냈지만, 많은 이들이 그가 1996년에는 그간 누적된 피로와 싸울 수밖에 없다고 말했다. 다섯 번이라는 연속 우승 기간에서 인두라인 최고의 순간을 하나만 콕 집어내기는 어려운데, 모두 일정한 기량을 보였기 때문이다. 아주 특이한 때를 제외하고 인두라인은 산악 스테이지에 들어가기 전에 이미 타임 트라이얼에서 여유를 벌어놓곤 했다. 그는 팀원의 보호를 받으며 경주하거나, 그와 경쟁하며 전체적인 기량 향상의 기회를 잡으려는 라이벌에게 둘러싸여 경주하며, 그의 긴 다리로 그들을 나머지 스테이지에서 멀찍이 떼어놓을 힘을 비축하며 페달을 굴릴 수 있었다.

인두라인은 잔니 부뇨(Gianni Bugno)와 1991년, 클라우디오 치아푸치(Claudio Chiappucci)와 1992년, 토니 로밍거(Tony Rominger)와 1993년, 그리고 알렉스 쥘레(Alex Zülle)와 1995년에 연합을 맺었고, 오직 1994년에만 홀로 레이스를 치렀지만 그의 힘으로는 큰 문제가 되지 않았다. 그가 5년 연속 우승을 하는 동안, 인두라인의 바네스토팀(Banesto team)은 팀 타임 트라이얼(TTT)에서도 그의 능력 덕분에 20초 앞서며 승리했다.

어떤 사이클리스트에게는, 팀 타임 트라이얼이 사실상 투어 패배의 지름길이었다. 인두라인은 비록 그가 가장 큰 역할을 했지만 그 어떤 다른 선수보다 산악 코스에서 큰 이득을 거두었다. 인두라인은 특히 이런 상황에서 더 큰 힘을 발휘하여 팀 타임 트라이얼에서 페이스를 당기며 20초가량을 앞서는 기회를 만들었다. 카메라에는 그가 조금은 따분하게 보일 수도 있지만, 나는 그의 멋진 모습을 잡기 위해서 최선을 다했다. 큰 키, 우아하며 신사답고 휘날리는 머리카락에 어울리는 잘 생긴 얼굴은 마치 프랑스에 찾아와서 매년 상을 휩쓰는 왕자 그 자체였다.

그는 위엄과 겸손함을 갖추었지만, 동시에 무자비하게 큰 키와 균형 잡힌 다리로 놀라운 결과를 만들었다. 183센티미터의 키와 80킬로그램의 몸무게인 인두라인은 마치 치타처럼 우아하게 경주했고, 그의 라이벌이 미처 알아차리기도 전에 클라이밍 스테이지에서 승리했다. 1995년에는 드물게, 쥘레(Zülle)에게 위협을 받았지만, 라플라뉴(La Plagne) 기슭에서 기회를 보다가 가파른 코스에서 페이스를 급격히 올렸다. 수많은 선수를 제치며 결국에는 쥘레를 제치게 되었다.

이 챔피언은 효율적인 클라이밍 스타일을 사용하여 큰 손으로 바를 잡고, 팔꿈치는 90도로 유지하며, 다리는 짧은 간격으로 페달을 빠르게 돌리며, 얼굴은 찌푸린 상태로, 입은 벌린 상태로 질주한다. 라플라뉴에서 다른 선수들은 그에게 4분 이상 뒤졌고, 피레네로 넘어가기 전 쥘레에게도 1분을 앞섰다. 이것이 아마도 인두라인의 클라이밍 퍼포먼스 가운데 최고였고, 그동안의 단순한 타임 트라이얼에 특화된 선수라는 오명을 벗어던지는 기회가 되었다.

그렇지만 인두라인을 촬영한 대부분의 사진은 그의 경주 첫 주 모습이나, 그가 마이요 존느를 입고 있거나, 혹은 그가 산악 코스에 들어가기 전 모습과 같은 완벽한 타임 트라이얼 경주 장면이었다. 그는 절대 마지막 주까지도 선두권에서 이탈하지 않았다. 가장 완벽했던 모습은 1992년 첫 주에 그가 시속 49킬로미터의 속도를 기록한 룩셈부르크 타임 트라이얼이었다. 그가 5년 연속 우승을 하는 동안 이때가 최고의 타임 트라이얼 기록이었고, 이를 통해 신기록을 경신했다.

인두라인의 타임 트라이얼에서의 우월함은 이후 1996년 우승자인 비얀 리스(Bjarne Riis)가 재현했고, 이후 리스를 계승한 얀 울리히가 그로부터 1년 뒤에 다시 한 번 재현했다. 인두라인에게 가장 큰 찬사를 보낸 선수는 1994년 투어에서 그를 3분 이내까지 추격했던 랜스 암스트롱이다. 암스트롱은 그의 스킬을 지속해서 연구하여 최선을 다한 결과 1999년 투어, 메스(Metz)에서 시속 49.417킬로미터의 속력으로 신기록을 달성했다.

CHAPTER

투르 드 프랑스의 산악 코스

계곡 저 아래로부터 로터 블레이드의 웅장한 소리로 모든 이의 이목을 집중시키며 흥분의 도가니를 만들어내는 것은 바로 텔레비전 헬리콥터. 저 멀리에 있는 사람들의 함성이 들리는 순간은 헬리콥터 아래로 펠로톤이 보이기 시작한다는 것을 의미하며, 이때 좋은 자리를 차지하기 위해 사람들이 몰려온다. 물론 무척 천천히, 마치 죄면을 거는 듯 기다리는 관객에게 오랜 시간을 걸려 도달하지만, 펠로톤은 개미들처럼 산을 '오르고' 있다.

좀 더 열성적인 팬은 자신이 하루 종일 끈질기게 지켰던 길가의 자리를 포기하고, 바위 쪽 관망 지점으로 기어오르기도 한다. 그 정도 거리에서는, 아무리 눈이 좋은 사람도 저지의 색깔만 보고서는 펠로톤의 선두를 알아내기는 어려운데, 오히려 이런 점이 미스터리와 즐거움을 더해준다.

사이클리스트들이 점점 가까워지며, 헤어핀 커브(lacets)(역자 주: 구불구불한 U자형 커브 구간)가 두 개만 남고 은색, 파란색, 빨간색의 펠로톤에 앞서 지나가는 호송차량이 앞으로 천천히 스쳐 지나간다. 오직 단 몇 분이 남은 순간이다! 그 순간 관중이 서 있는 바로 아래로 사이클리스트들이 도착하고, 땀에 젖은 저지와 반바지들이 맑은 산의 전경 속에 선명해진다. 그 순간 얼굴조차 선명히 보일 정도로 그들은 가까이 다가온다.

이 광경을 목격한 관중은 모두 정신을 놓고, 질서정연한 모습을 완전히 내던지게 된다. 몇 시간이나 자신의 자리를 지켰던 사람들이 갑자기 반대쪽으로 달려가고, 서로 밀치면서 수많은 사람들과 좋은 자리를 차지하려는 경쟁이 시작된다. 어떤 사람들은 정신 나간 것 같은 군중으로부터 벗어나기 위해 더 높이 올라가려고 하는데,

<< 콜 뒤 로타레(Col du Lautaret)를 오르는 펠로톤 2000년.

더 높은 곳의 무성한 잔디에 앉아서 선수들, 관중, 그리고 경이로운 광경을 더 자세하게 보려는 것이다.

드디어 마지막으로 선수들이 도착하면, 그들의 반짝이는 얼굴은 선명한 산의 빛으로 환해지며 낯설지만 화려한 모습이 더욱 뚜렷해진다. 어떤 팬에게는, 오직 선수들의 경기에 대한 집념, 용기, 침착함, 그리고 헌신이 투르 드 프랑스의 모든 것이다. 다른 이에게는, 전체적인 투르 드 프랑스의 아름다움이 중요한데 - 자연의 힘에 맞서는 인간의 분투가 주는 위대함과 더불어 - 코스가 가지는 진정으로 놀라운 자연 경관이 만들어내는 경이로움이 더욱 소중한 것이다.

드디어 선수들이 관람객들을 거의 다 지나갈 때 쯤 - 그들이 더 높이 올라갈수록 마주하게 될, 그리고 그들이 지금까지 올라오며 들었던 소음과 열정, 그리고 감정이 뒤섞인 불협화음 같은 - 더욱 뜨거운 응원을 받는다. 투어는 드디어 산악 코스에 진입하고, 위대한 팬들은 경주에 가장 뜨거운 경의를 표한다.

산악 코스의 위대함

많은 사이클 팬에게, 산악 코스는 투르 드 프랑스 그 자체인데, 별 볼일 없는 평론가조차도 이 정도 사실은 알고 있다. 1903년 투르 드 프랑스가 처음으로 개최되었을 때만 하더라도, 어느 순간에 프랑스의 가장 인상적인 산봉우리로 경주가 접어들면, 평지에서 그저 바퀴를 굴리는 스테이지를 아무리 많이 치르더라도 경주의 가장 위대한 챔피언인 산악 레이스에는 빗댈 수 없으리라는 기대가 있었다. 사실 이러한 생각은 오늘날에도 똑같이 적용되며, 여전히 투르 드 프랑스와 영원히 연관되는, 독특하고 극적인 장면을 포착하는 데가 바로 산악 스테이지이다.

투어에서 장엄함과 우아함이 실현될 때는 오직 경주가 산악 코스로 접어들었을 때뿐이다. 플랫 스테이지(평지 스테이지)는 레이스가 전행되는 아주 잠시 동안 선수들의 노력이 느껴지며, 광고 차량(*caravane publicitaire*)의 신기함을 느낄 수도 있다. 그러나 평지에서 스피드를 다루는 경주(플랫 스테이지)는 - 절대 산악 코스에서는 느낄 수 없는 - 먼발치에서 펠로톤과 용감한 선수들에게 찬사를 보내는 기회를 가질 수 없다. 뱀처럼 구불거리며 올라오는 펠로톤을 저 위에서 내려다 볼 때, 그 누구도 오토바이, 자동차, 헬리콥터, 그리고 수많은 팀의 콘보이 차량, 마지막으로는 경주를 포기한 선수를 태우기 위한 기권선수들을 태우고 가는 차량(*voiture-balai*)

알프 듀에즈 ALPE D'HUEZ 투르 드 프랑스 스테이지가 열릴 때 알프스 산맥은 가장 붐빈다.

(broom wagon) 앞으로 지나가는 정말 위대해 보이는 선수들에게는 한 명도 빠짐없이 감명을 받을 수밖에 없다.

 산악지대는 투어 진행에 있어서, 다른 종류의 진지함이 있는데, 실제로 승패가 산 속에서 갈리며 평생의 영광이 세워지기도 하고 혹은 산산조각 나기도 하기 때문이다. 그 대신, 투어는 산이 아니면 이끌어낼 수 없는 경외심을 만들어낸다. 투르 드 프랑스가 콜 뒤 투르말레(Col du Tourmalet)를 오르지 않았다면 과연 이 산이 유명해질 기회를 얻기나 했을까? 1967년 만일 톰 심프슨(Tom Simpson)이 넘어지면서 낭떠러지로 추락하여 죽지 않았더라면, 방투 산이 그 악명을 떨칠 수나 있었을까? 알프 듀에즈는 비록 여름에는 사람이 얼마 없는 스키 리조트에 불과했지만, 투어는 이곳을 21개의 급커브로 유명한, 반드시 방문해야 하는 명소로 만들었다.

 일반 투어에서, 산악 스테이지는 총 3주의 대회 기간에 9일 정도를 진행되고 그 중에서도 사나흘은 산 정상에서의 결승선을 위해 할애된다. 비록 보주(Vosges) 산맥과 쥐라(Jura) 산맥도 선수를 시험하기에 충분하지만, 진정한 선수를 시험하기 위한 배경은 바로 피레네, 마시프 상트랄, 그리고 알프스다.

 산악 스테이지 첫날부터 대단한 긴장감이 감도는데, 겨우 눈에 띌 만한 산에서 한 주 정도 경주를 한 후에 갑자기 알프스, 피레네, 마시프 상트랄이 등장하며 선수들에게 전력을 다할 것을 요구한다. 그러한 긴장감은 투어를 따르는 관중과 경주를 하는 선수들 사이에 똑같이 공유되는데, 그 누구도 산을 오르며 무슨 일이 일어날지 알 수 없기 때문이다.

물론 이를 지켜보는 중에 가장 큰 혜택은 경주하는 선수들을 지켜보는 즐거움과 그들에게 보내는 찬사인데, 이는 전혀 힘들지 않고 순전히 관람객들이 원하는 부분이기 때문이다. 그러나 대부분의 선수들에게 산악 스테이지는 오직 견뎌내고, 불확실하며, 그리고 그들이 달리 걸어볼 만한 것이 없는 운명과의 약조일 뿐이다. 오직 소수의 선수만이 그들의 선수 경력에서 가장 위대한 스테이지를 만들 수 있다.

마시프 상트랄(MASSIF CENTRAL)

세 지역 중에서, 마시프 상트랄은 투어와는 연관성이 적어 보이는데, 그럴 수밖에 없는 것이 알프스와 피레네는 매년 투르 드 프랑스가 지나는 코스지만, 마시프 상트랄은 몇 년에 한 번씩 방문되는 코스이기 때문이다. 그러나 이 점은 때때로 장점으로 작용하는데, 마시프 상트랄이 프랑스에서 가장 아름다운 풍경을 지닌 외진 곳으로서 외부에는 미스터리로 남기 때문이다.

아마도 마시프 상트랄은 다른 산맥보다는 방문이 뜸한데, 외진 위치와 등산 코스가 부족하기 때문이다. 마시프 상트랄로 드나드는 것은 투르 드 프랑스에서는 너무나 제한적이다. 어떠한 코스는 화산 지대를 지나거나, 빽빽한 산림에 둘러싸여 있거나, 혹은 양치기들이 썼던 석조(石造) 오두막(burels)이 흩어져 있는 목초지에서 펼쳐진다.

또한 마시프 상트랄은 두 개의 특별한 공원이 있다. 르 퓌 엉 벨레(Le Puy-en-Velay) 북쪽에 있는 도립 리브라두아 포레 자연공원(Naturel Régional du Livradois-Forez)과 서쪽의 바위 투성이의 오베르뉴 화산 자연공원(Naturel Régional des Volcans d'Auvergne)을 투어가 지난다.

대부분의 마시프 상트랄은 오베르뉴에 위치하는데, 론알프, 미디 피레네, 리무쟁, 랑그도크로도 뻗어나간다. 하지만 좀 더 쉽게 이 지역을 이해하기 위해서는 마시프 상트랄의 지리적 위치와 오베르뉴의 역사가 그 궤를 같이한다고 생각하는 것이 최선이다. 산만 놓고 보면, 마시프 상트랄은 세 개의 다른 지역으로 구분되는데, 캉탈 산(Monts du Cantal), 돔 산(Monts Dômes), 도르 산(Monts Dore)으로 구분되고 투르 드 프랑스는 이곳들을 종종 방문한다.

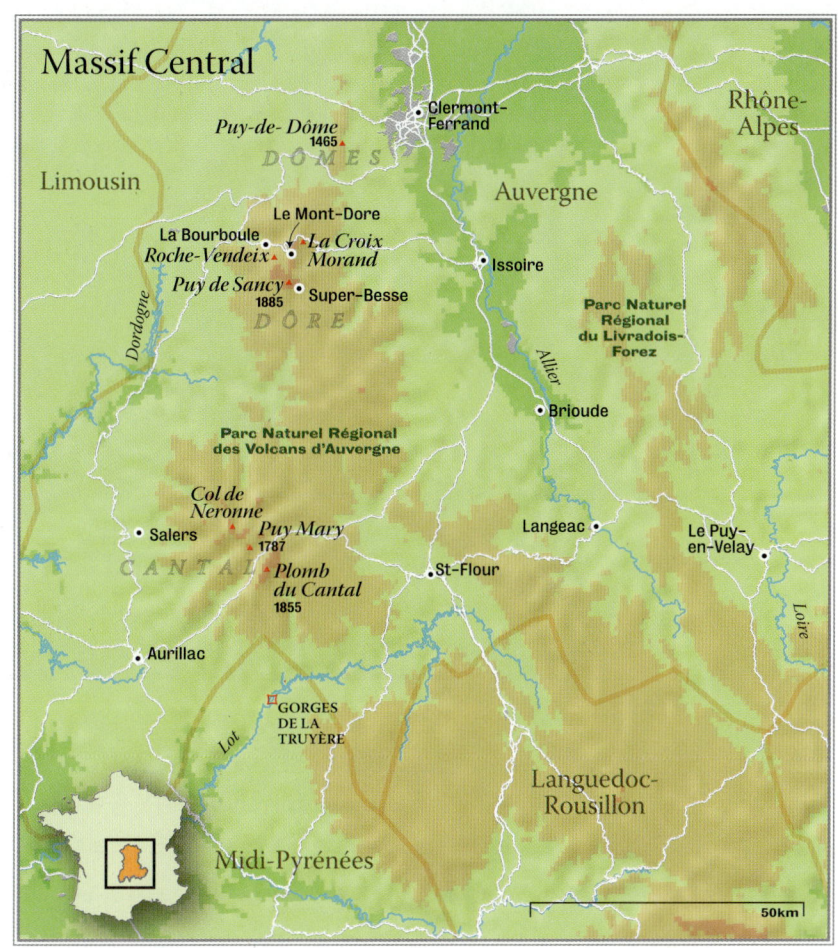

퓌드돔(Puy-de-Dôme)

오베르뉴의 산 중에서 가장 유명하다. 돔 산(Monts Dômes)에 위치한 퓌드돔은 1952년 투어에서 처음 코스로 사용되었지만, 정상에서 강하게 부는 바람 때문에 코스로 적합하지 않아서 1988년까지 코스에 포함되지 않았다.

겨우 6.4킬로미터의 길이탓에, 엄청나게 늘어난 현대 투르 드 프랑스의 관중을 수용하기에는 도로가 비좁아 안전하지 못하다는 의견이 많았다. 적어도 대부분의 사람은 그렇게 생각한다. 어쨌든 그 누구도 너무 많은 사람들 때문에 사이클 팬이 고대 화산으로 떨어지기를 바라지는 않을 것 아니겠는가?

퓌드돔 PUY-DE-DÔME 관중들이 뒤처진 선수들에게 격려하는 모습, 1998년.

사실인즉, 근교 도시인 클레르몽페랑(Clermont-Ferrand)이 퓌드돔에 대한 권리를 가지고 1988년부터 지속적으로 관객이 비용을 지불해야 한다고 주장하였으나, 투르 드 프랑스는 무료입장라는 대회의 가치에 반하는 이러한 주장이 마음에 들지 않았다. 퓌드돔이 파리로 돌아가는 길과 알프스와 피레네 스테이지 사이에 위치하여, 더욱 서밋 피니시(Summit finish, 산 정상에서 끝나는 스테이지)에 적합해지며 클레르몽페랑 시와 협상해야 하는 순간이 다가왔다.

이 1,464미터 높이의 산이 얼마나 중요한지를 알기 위해서는, 몽펠리에서 파리까지 여객기를 타고 마시프 상트랄을 넘어가야 한다. 하늘에서 보면 퓌드돔은 마시프 상트랄의 다른 사화산들 중에서도 유독 홀로 치솟아 있는데, 마치 방투 산이 프로방스의 나머지 산들 중에서 홀로 눈에 띄는 것과 같다. 비행기를 타지 않아도, 자동차나 자전거를 타고 6킬로미터 길이의 도로를 따라 올라가서, 분화구로 조금만 올라가면 정상에 도달한다. 쉔 데 퓌(Chaîne des Puys)는 40킬로미터 지름의 마시프 상트랄에서 폭발해 나온 종상화산 무리로 경탄을 자아낸다!

더 남쪽으로는 돔 산보다 더 가파른 화산구 무리인 도르 산(Monts Dore)을 만날 수 있다. 특히 라 부르불(La Bourboule)과 도르 산의 두 마을은 투어 팬들이 가장 방문하기 좋아하는 곳이다. 두 곳 모두 고산지대에 위치하는데, 라 부르불은 콜 드 라 크와 모랑(Col de la Croix Morand)에 그리고 도르 산은 더 가파른 로슈 벤딕스(Roche-Vendeix)에 위치한다. 이 지역의 도로는 매우 울퉁불퉁한데, 그나마 나은 도로는 D996으로 퓌드돔에서는 무척 힘들지만 동시에 즐거운 롤러코스터와 같이 어려운 경주를 버티도록 해준다.

이수아르(Issoire)와 라 부르불 사이의 이 도로를 벗어나자마자 작은 스키 리조트인 쉬페르 베세(Super-Besse)를 만날 수 있는데, 이곳 도로에서 나는 베르나르 이노(Bernard Hinault)의 모습을 1978년에 처음으로 촬영했지만 이에 너무 흥분을 한 나머지 단 몇 분 후에 당대 유망한 TI-Raleight 팀의 얀 라스(Jan Raas)가 그에게 분명히 욕설을 한 관중과 주먹다짐을 하는 장면을 놓치고 말았다.

이것이 투어가 쉬페르 베스를 처음으로 통과했을 때이며, 이후 1996년에 롤프 쇠렌센(Rolf Sørensen)이라는 올라운드 플레이어가 포르투갈 선수인 오를란두 호드리게스(Orlando Rodrigues)를 꺾고 스테이지에서 우승했다. 그는 2008년에도 다시 한 번 같은 스테이지에서 우승했지만, 약물 복용 사실이 적발되며 리카르도 리코(Riccardo Rico)에게 우승을 넘겨주었다. 쉬페르 베소는 돈을 얼마를 내고서라도 반드시 결승선에 갈 만한데, 사실 이 외에는 여름에 이곳을 방문할 이유는 그다지 없다.

리카르도 리코는 2008년 쉬페르 베스에서 우승했지만, 약물 검사에서 적발되어 실격당했다.

퓌마리(Puy Mary)

단언컨대, 캉탈 산(Monts du Cantal)은 오베르뉴에서 가장 매혹적인 곳이다. 수많은 멋진 산악 코스가 있는 이 지역, 특히 퓌마리에서 투어는 2004년과 2008년에 클라이밍 스테이지를 개최했다. 퓌드돔이 명성, 라 크로아 마랑(La Croix Marand)이 웅장함의 정수라면, 의심할 여지 없이 퓌마리는 아름다움 그 자체이다. 특히 1,787미터의 아름다운 산 정상에 앉아 펠로톤이 마지막 클라이밍에 최선을 다하는 모습을 바라보는 것은 그 자체로 자연이 주는 장관이라 할 수 있다.

퓌마리는 각각 난이도가 다른 네 종류의 진입로가 있는데, 그중에서도 최악은(이러한 종류에 대한 당신의 열정에 따라서는 최고가 될 수도 있는) 바로 살레(Salers)에서 D680을 타고 동쪽으로 향하면 만날 수 있는 꼴 드 네론(Col de Neronne)을 통해 오르는 길이다. 이 경로는 2004년 이미 생플루르(Saint-Flour) 스테이지에서 놀랄 만한 승리를 거두고 나서 사실상 가뿐한 마음으로 클라이밍을 시작하여 독보적으로 앞서 나갔던 리샤르 비렌크(Richard Virenque)가 정복했다. 퓌마리를 완벽히 정복한다는 것은 이 강고한 프랑스 선수에게도 불가능한 일이었지만, 비렌크는 지난 몇 년간의 다른 선수들보다 더 압도적으로 클라이밍을 해냈고, 디엔(Dienne)으로 넘어가기 전에 나머지 두 개의 클라이밍에서도 5분대의 기록으로 승리했다.

나는 그가 그해 퓌마리를 오를 때 쏟아졌던 엄청난 응원의 열기를 다시는 듣지도 보지도 못했는데, 이때가 프랑스 혁명 기념일(Bastille Day)이었기 때문에 프랑

퓌마리를 오르는 리샤르 비렌크를 응원하는 팬들, 2004년.

스 전역에서 우렁찬 축하를 보낸듯하다. 비렌크는 2004년 투어에서의 위대한 질주를 마지막으로 은퇴했다. 아마도 퓌마리에서 울린 팬들의 함성은 아직도 그의 귓가에 생생히 울려 퍼질 것이다.

알프스(THE ALPS)

투르 드 프랑스에는 여덟 개의 봉우리(cols)와 다양한 언덕들(côtes), 그리고 스키 리조트 클라임과 같은 다양하고도 훌륭한 클라이밍 코스가 있다. 1905년 처음 클라이밍 스테이지를 진행한 이래로 지속적으로 알프스 클라이밍 코스를 활용 중이다. 알프스 산맥은 10,000미터 상공에서 비행기를 타고 바라보지 않는 한, 한눈에 훑을 수 없을 정도로 광활한 지역이다. 여객기를 타고 니스에서 북쪽 항로를 지나도, 전설적인 산들인 꼴 드 라 케이욜(Col de la Cayolle), 심 드 라보네트(Cime de la Bonette), 그리고 꼴 달로(Col d'Allos)와 몽블랑의 설원을 비추는 제네바 호수(Lake Geneva)가 있으며 위대한 고개(grands cols, great passes)인 주 쁠란느(Joux-Plane), 콜롬비에르(Colombière), 아라비스(Aravis), 세지(Saisies), 그리고 로즈렁(Roselend)이 있는 알프마리팀 주를 통과하는 데는 30분이 걸린다.

이 지역 사이에는 너무 자주 언급될 정도로 유명한 마들렌(Madeleine), 이제랑(Iseran), 크와 드 페흐(Croix de Fer), 그렁동(Glandon), 갈리비에(Galibier), 그리고 이조아(Izorad)와 같은 산을 포함하여 투르 드 프랑스를 빛낼 찬란한 환경이 있다. 위에서 언급한 선택지들로도 투르 드 프랑스의 코스를 짜기에는 충분하지만, 바 알파인(bas-alpine)의 방대한 네트워크야 말로 알프스 산맥이 주는 진정한 양면적 매력이다. 자전거를 타고 도전하는 누구나 알프스 산맥을 신의 분노를 산 괴물 같은 눈 덮인 정상을 가졌고, 주변에는 샤르트뢰즈, 보주(Bauges), 샤블레(Chablais), 그리고 베르코르와 같은 고요한 지역으로 둘러싸인 존재로 생각하곤 한다. 보통은 공식적으로 보존되는 클라이밍 코스를 지나 스키 리조트들이 군집한 지역에서 클라이밍 스테이지가 종료된다.

알프스에는 이보다 훨씬 많은 클라이밍 코스가 있지만, 투르 드 프랑스 같은 큰 대회를 수용하기에는 너무 좁기 때문에, 이러한 코스는 투르 드 프랑스 3주 전에 개최되는 전초전이라 할 수 있는 도피네 리베레(Dauphiné-Libéré)에서 활용되곤 한다. 만일 투르 드 프랑스를 관람하고도 당신만의 사이클을 즐길 수 있는 시간이 남

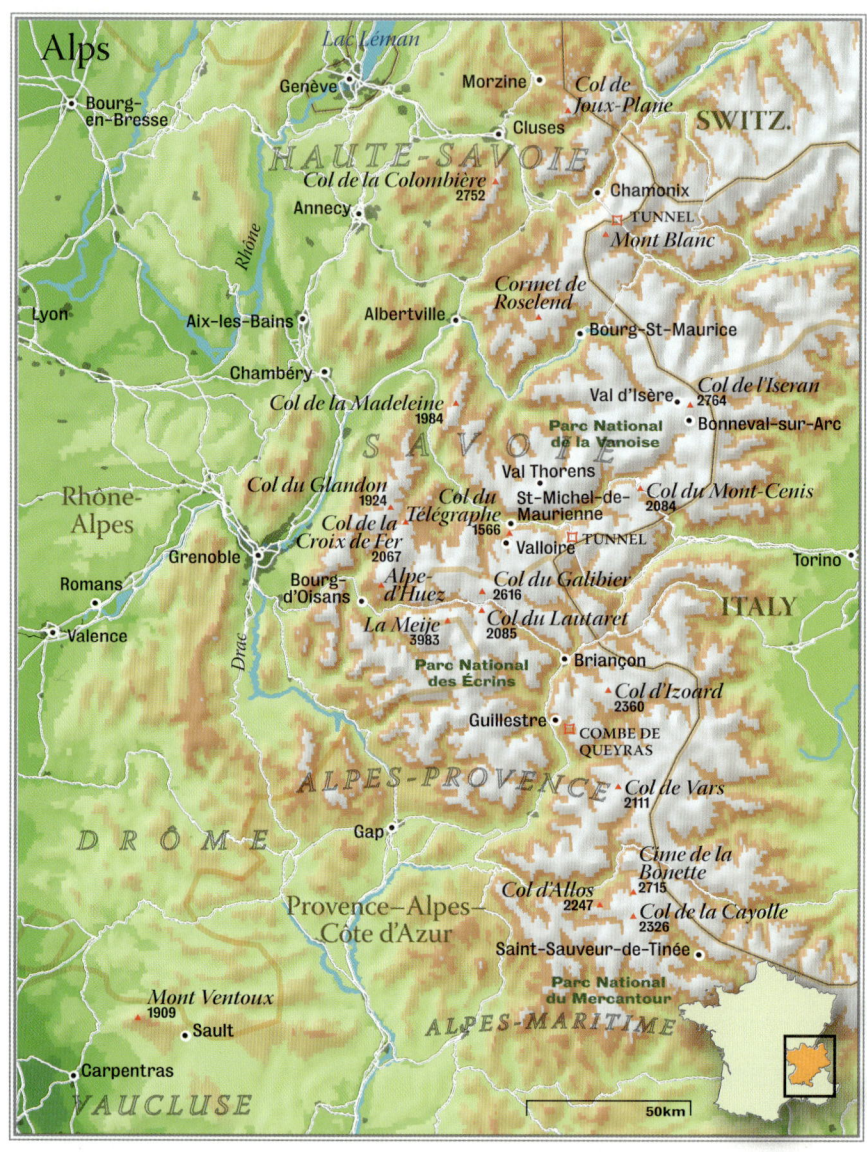

아 있다면, 도처에 아름다운 풍경이 있는 이 즐거운 곳에서 클라이밍을 즐겨보자. 매 순간이 새로운 발견이자, 즐거움인 여행으로 다가올 것이다.

내가 전문 사이클 사진가가 되기 전에, 알프 듀에즈에서 니스까지 그랜드 알프스 루트(Route des Grandes-Alpes)를 따라 투어의 황홀함을 경험한 적이 있다. 나

꼴 디조아 COL D'IZOARD 카스 데제르트(Casse Déserte)를 지나 꼴 디조아의 정상을 오르는 낙오 그룹, 2005년.

는 부르드와장(Bourg-d'Oisans)을 지나 콜 뒤 로타레의 정상으로 향하게 되었다. 만약 혼자서 원하는 코스를 드문드문 보고 싶다면 누구든지, 내가 그랬던 것처럼 캠핑 스토브와 텐트를 짊어지는 선택을 하여 그 훌륭한 생각을 망쳐버리지 않기를 바란다.

토농레뱅(Thonon-les-Bains)에서 출발하여 망통(Menton)까지 공식적으로 투르 드 프랑스의 산악 코스를 끝내고 싶다면, 무려 660킬로미터를 달려서 13개의 고개를 지나게 되는데, 그중에는 그 위대한 꼴 드 리제랑(Col de l'Iseran), 갈리비에, 그리고 꼴 디조아도 포함된다. 차를 이용한다면 꼬박 사흘이 걸리는데, 반면에 자전거를 타면 완주하는 데 5~6일이 걸리지만 눈물이 날 것 같은 광경을 보기 위해서 얼마나 자주 멈추느냐에 따라 조금 차이가 날 수 있다.

자전거를 이용한다면, 콜롬비에르를 내려오면서만 볼 수 있는 몽블랑의 절경을 더 잘 감상할 수 있으며, 이제랑(Iseran)의 길고 긴 황량한 언덕, 공기압이 낮아서 숨이 가빠오지만 마시프 데 제크랑(Massif des Écrins)의 절경을 감상할 수 있는 텔레그라프(Télégraphe)와 갈리비에를 연달아 만날 수 있다.

(왼쪽) 앙리 데그랑주 기념비, 갈리비에 정상 바로 아래에 있다.
(오른쪽) 파우스토 코피와 루이종 보베 기념비, 꼴 디조아.

갈리비에 정상 근처에는 투르 드 프랑스 대회 창립자인 앙리 데그랑주(Henri Desgrange) 기념비가 있는데, 이는 남쪽을 향해 가며 만날 수많은 명패 중 하나다. 이 기념비는 갈리비에가 눈 때문에 차단되거나 도로가 파손되었을 경우를 대비하여 만든 남쪽으로 통하는 터널 옆에 있다. 하지만 조금만 노력을 더하여 진짜 정상을 보는 편이 훨씬 가치가 있다.

가장 잘 알려진 사이클 기념비 중 하나는 이조아의 하강 코스에 위치하는데, 이 완만한 경사로(*faux-plat,* false flat)는 모래 언덕과 넓게 퍼진 자갈길이 마치 달에 온 듯한 착각을 불러일으키는 아주 독특한 지형인 카스 데제르트(Casse Déserte)로 당신을 안내한다. 1949년부터 1955년까지 다섯 번이나 우승을 나눠가진 전설적인 선수인 루이종 보베(Louison Bobet)와 파우스토 코피(Fausto Coppi)는 2,361미터 고도인 이조아에서 명장면을 보여주었는데, 이 장면은 고스란히 『*L'Équipe* 레퀴프』에 실리면서 많은 사람의 기억에 남게 되었다.

이러한 으스스한 지형은 모든 선수들에게 너무 무섭기 때문에, 산악 코스에 있는 경찰관은 투르 드 프랑스가 지날 때 항상 이 독특한 지형을 지키면서 선수들에게

라 보네트 고개 BONETTE 꼴 드 레스트퐁(Col de restefond) 위로 이어지는 심 드 라 보네트(Cime de la Bonette).

경의를 표하곤 한다. 만약 당신이 생각에 잠겨 시간을 보내고 싶다면, 이조아를 한 번쯤 방문하여 니스까지 가보길 바란다.

    지금쯤 당신은 갈리비에를 정신없는 스피드로 내려가고 있을 것인데, 물론 안전하지만 속도를 늦추기는 불가능하다. 브리앙송을 지나 훨씬 수월한 이조아의 코스로 접어들 것이다. 당신은 이조아와 꼴 드 바(Col de Vars) 사이의 작은 마을인 기유스트르(Guillestre)에서 숙박할 수 있다. 이곳은 키유(Quill) 강의 여울이 흘러들어가는 웅장한 바위인 코브 드 케라스(Combe de Queyras)를 지나면 만날 수 있다. 당신이 지나는 길의 가장자리를 조심해야 하는데, 150미터 아래는 급류가 지나고 있기 때문이다.

    당신은 아직 꼴 드라 케이욜(Col de la Cayolle)이라는 큰 장벽을 만나기 전에 바(Vars)를 지나가야 한다. 투어의 팬들은 그랜드 알프스 루트를 따라 계속 가야 할지 아니면 바르스의 하강 코스를 지나서 유럽에서 가장 높은 고도(2,802미터) 도로인 심 드 라 보네트(Cime de la Bonette)의 정상을 휘감는 도로를 향해 올라갈지 어려운 선택에 직면한다.

만일 페드로 델가도와 로버트 밀러가 1993년 투어에서 명승부를 벌인 산을 보고 정상에서 몇 킬로미터 아래의 반짝이는 알프스 호수를 기대한다면, 방향을 바꿔 볼 가치가 있다. 투르 드 프랑스는 라 보네트를 단 네 번만 지났는데, 이것이 이 불가사의에 도전할 또 다른 이유이다.

엄격히 말하면, 밀러와 델가도는 라 보네트가 아닌 꼴 드 레스트퐁(Col de Restefond)에서 자웅을 겨뤘는데, 그들이 실제로 오른쪽으로 방향을 전환하여 두 산의 경계를 가르는 코스를 지나지 않았기 때문이다(2008년 투어는 실제로 이 코스를 지나도록 설계되었다). 레스트퐁(Restfond)과 라 보네트 - 이 위대한 클라이밍 코스가 왜 그랜드 알프스 루트에 포함되지 않았는지에 대해서는 누구도 명쾌한 답을 주지 못하고 있다 - 를 지남으로써 자전거나 자동차를 탄 팬들은 케이욜(Cayolle)의 아름답게 나무가 우거진 무성한 숲과 상대적 평온함을 놓칠 뿐 아니라 꼴 드 라 꾸이올(Col de la Couillole)도 볼 수 없게 된다. 여기서 절약한 시간으로 남쪽으로

유럽의 아름다운 하이킹

프랑스는 모든 종류의 여행객의 구미에 맞는데, 특히 프랑스의 산맥이 그러하다. 유럽에서 매우 긴 하이킹 코스인 그랑드 랑도네 생크(Grande Randonnée Cinq)나 GR5는 제네바 호수에서 니스까지 이어지는데 사이클 루트가 통과하는 많은 산을 지나간다. 그러나 자전거를 타지 않고는, 적어도 한 달이 걸리는 코스이다. GR5는 사실 네델란드에서 벨기에, 룩셈부르크를 지나 프랑스 동부를 통과하여 알프스에 당도한다.

다른 알프스 루트는 GR5의 사이길이며, 하루에서 일주일 정도가 소요된다. 부르드와장에서 시작하여 끝나는 GR554는 놀랄 만큼 아름다운 에크랑 국립공원(Écrins national park) 주위를 돌며 갈리비에와 메주(Meije)와 같은 봉우리를 포함하는 길이다.

다른 대안으로는 이탈리아 국경의 몬테 비소(Monte Viso) 근처의 GR58이나, 2,000미터가 넘는 산길 24개와 3,000미터가 넘는 등산로 5개를 포함하는 고원 등산로의 전형인 GR541이 있다. www.grfive.com을 활용하여 더 많은 정보를 얻을 수 있으며, 특히 숙소에 대한 정보와 매일 지고 다녀야 하는 짐에 대한 정보를 확인할 수 있다.

가기 전에 알프스-프로방스 지방의 마을인 생-소뵈르 드 티니(Saint-Sauveur-de-Tinée)에서 간단한 식사를 할 수 있다는 것을 감안하면, 한 번쯤 도전해볼 코스이다. 하지만 1975년 투어에서 테브네(Thévenet)가 프라 루프(Pra Loup)에서 최종 승리하며 벨기에 챔피언인 메르크(Merckx)에게 앞서나가기 직전에 혈전이 벌어졌던 신비로운 클라이밍 코스인 꼴 달로(Col d'Allos)도 놓치게 된다.

1979년 나는 망통 대신 니스로 향하며 꾸이올 대신 케이욜(Cayolle) 코스를 골랐다. 이 매력적인 70킬로미터의 하강 코스는 나를 다시 남쪽의 프랑스의 문명 세계로 안내하는 거대한 붉은 암석 관문인 고르주 드 달뤼(Gorges du Daluis)로 데려다주었다.

알프 듀에즈(Alpe d'Huez)

의심의 여지없이, 알프 듀에즈야말로 투르 드 프랑스가 지나는 수많은 산들 중에서도 최고의 격전이 벌어지는 거대한 콜로세움이다. 최근에 진행되었던 투어의 격전 때문에, 요즘에는 팬들은 자동적으로 암스트롱과 울리히의 2001년 결투에 대해 떠올리거나, 이반 마이오(Iban Mayo)가 불꽃 같은 질주를 보여주며 암스트롱의 추격을 뿌리쳤던 2003년의 클라이밍 스테이지를 떠올린다. 최근에 투르 드 프

알프 듀에즈의 가파른 최종 커브 코스의 항공사진.

(왼쪽) 마르코 판타니가 1995년 최선을 다해 알프 듀에즈의 오르막을 오르는 모습.
(오른쪽) 욥 주터멜크가 1986년 네덜란드 팬들 앞에서 알프 듀에즈를 질주하는 모습.

랑스를 보기 시작한 팬이라면 누구라도 2004년 스테이지 16의 타임 트라이얼에서 밤을 새며 암스트롱이 그를 기다린 50만 명의 팬 앞에서 4회 연속 우승이라는 대업을 이뤄낸 모습을 잊을 수 없을 것이다. 좀 더 기억력이 좋은 사람들은 아마 판타니(Pantani)가 1995년과 1997년 알프스의 전설로 등극했던 장면을 떠올릴 것인데, 마르코 판타니가 1995년에 세운 직선 오르막길의 기록이 여전히 최고 기록(36:50의 시간에 22.48km/h의 평균속도)이기 때문인 점도 그중 하나의 이유이다.

사실, 알프 듀에즈는 판타니와 암스트롱을 포함해 영원한 명성을 이어가는 후계 구도를 가지고 있다. 파우스토 코피(Fausto Coppi)는 1952년부터 활약하였고, 욥 주터멜크(Joop Zoetemelk)는 1976년 우승하며 그 유산을 승계했다(오늘날에 도대체 누가 알프스의 영웅들을 뒤로하고 24년이나 투어가 알프스를 방문하지 않았다고 상상할 수 있겠는가?) 주터멜크가 우승하면서 알프스 리조트의 황금기가 열렸는데, 이 네덜란드 선수가 우승하면서 네덜란드 팬이 물밀듯이 알프스로 밀려왔기 때문이다. 게다가 네덜란드 선수들은 투르 드 프랑스에서 최고의 실력을 알프스에서 발휘하며 더 많은 팬이 매해 여름 알프스를 방문하게끔 만들었다.

헤니 카위퍼(Hennie Kuiper), 페터르 비넌(Peter Winnen), 스티븐 록스(Steven Rooks), 헤르트 얀 퇴니세(Gert-Jan Theunisse), 그리고 다시 주터멜크(Zoete-

알프 듀에즈 ALPE D'HUEZ 선수들이 도착하기 몇 시간 전의 알프스의 급커브 구간.

melk)가 1976년부터 1989년까지 - 1990년 잔니 부뇨(Gianni Bugno)가 연속 우승 기록을 끊기까지는 - 계속해서 네덜란드 선수가 알프스에서 승리했다(1979년에는 알프스에서 두 개의 스테이지가 열렸다). 클라이밍의 인기는 그 당시만 하더라도 그 무엇도 따라올 수 없었다.

　알프 듀에즈의 성공 스토리는 실제로 수많은 전략적 입지 선정의 덕을 보았다. 그르노블에서 차로 한 시간 이내의 거리에, 알프스 산맥은 수많은 산을 넘어 온 검투사와 같은 선수들을 맞이하는데, 그 와중에 관객의 시야에 그들이 선명히 잡힌다. 투르 드 프랑스는 너무나 거대해서 갈리비에, 꼴 드 라 크와 드 페흐(Col de la Criox de Fer) 혹은 꼴 뒤 그렁동(Col du Glandon)의 정상에서 스테이지를 끝내는데, 심지어 이 클라이밍 코스도 알프스의 피날레를 돋보이기 위한 준비에 불과하다.

　알프스 상공회의소의 영리한 마케팅에 의해서 라이벌 지역인 레두잘프(Les Deux-Alpes)에서는 1998년 단 한 번의 스테이지만 열렸다. 이 마케팅 전략은 스키 산업으로 풍족한 알프 듀에즈의 자금 지원으로 실현되었다. 레두잘프 역시 투어를 유치하기에 충분한 호텔과 자금이 있었다. 하지만 알프 듀에즈는 투르 드 프랑스가 다른 지역보다 우선적으로 꾸준히 이 지역을 방문하면서 영원한 명성을 보장받았다.

과연 무엇이 그토록 알프스를 특별하게 만들었을까? 우선 역사이며, 두 번째로는 아마도 부르드와장에서부터 투르 드 프랑스가 클라이밍 코스로 접어들면서 투어에 쏟아지는 긴장감의 수준이다. 하지만 내게는 그 어떠한 산악 코스보다 알프스를 최고 수준으로 올려놓는 세 가지 이유가 따로 있다.

첫째는 마지막 3킬로미터의 구간에서 수백, 수천 명의 팬들이 관람하기에 안성맞춤인 순간을 만들어내는 연속되는 급커브 구간을 들 수 있다. 도로의 측면과 마주한 아주 높은 지대에서, 관중은 처음에는 작은 점에 불과했던 선수들이 자동차, 오토바이, 다른 관중과 섞여 있다가 가까이 다가오는 것을 지켜본다. 투르 드 프랑스의 전설적 선수들이 고통, 눈물, 의지, 그리고 심지어 두려움을 보이면서 당신의 눈 바로 앞에서 싸우는 모습을 볼 수 있다.

둘째는 거리상의 가까움이다. 이는 단지 팬이 가까운 거리에서 감상을 할 수 있다는 점뿐만 아니라, 알프스 코스 자체가 선수들이 숨을 곳이 없어 팬에게 드러나는 곳에서 경주를 하게 만든다는 점이다.

셋째는 날씨가 좋으면 마지막 몇 킬로미터 앞에서 보이는 광경을 잊을 수 없다는 점인데, 눈 덮인 마시프 데 제크랑(Massif des Écrins)의 만년설은 분위기를 북돋는다. 만약 당신이 내가 그랬던 것과 같이 이 풍경과 사랑에 빠진다면, 아마 5월에 이곳을 다시 방문하고 싶을 수도 있다. 이 시기에 산의 정경은 풍성하고 푸르른 목초지와 날씨가 좋은 날 더 밝게 빛나는 노란색 꽃들로 가득 찬 풍경과 어우러져 절정을 이룬다.

선수의 관점에서 보면, 알프스에서의 처음 몇 킬로미터야말로 스테이지 우승이나 투르 드 프랑스 종합 우승을 노리는 선수에게는 라이벌과 출발대 역할을 한다. 대부분 알프스에서의 성공은 판타니가 1995년, 암스트롱이 2001년, 그리고 사스트레(Sastre)가 2008년 그랬던 것과 같이, 초반부터 맹렬하게 치고나가는 데에서 시작된다. 오직 소수의 선수만이 뒤늦게 움직이고도 스테이지에서 승리했다. 첫 두 개의 헤어핀 커브(lacets, 주행로가 U자로 급격히 구부러진 커브)는 그 이전에는 상대적으로 잔잔한 도로가 펼쳐지다가 갑자기 너무나 가파르게 변하기 때문에 대부분

>> 1990년, 다그-오토 로리첸(Dag-Otto Lauritzen)이 알프 듀에즈의 수천 명의 팬 앞에 모습을 드러내려하고 있다.

반데 벨데(Christian Vande Velde)가 알프 듀에 즈에서 어택을 시도하고 있다. 2008년.

진입하기를 두려워한다.

마지막 6킬로미터 구간에서 아주 급격한 상승을 보여주며, 구불구불한 길은 마지막까지 좁아지면서 수많은 군중이 기다리는 길을 지나간다.

어떤 클라임 구간은 한 선수만을 열렬히 편파적으로 응원하는 팬으로 채워지기도 한다. 네덜란드 팬은 급격한 상승 구간 이후에 라 가르드(La Garde)에 운집하여, 거대한 네덜란드 국기를 길가에 아로새기기도 했다. 네덜란드의 영광의 시대에는, 마지막 네 개의 커브 *(virages)*를 1995년부터 1997년까지 비얀 리스(Bjarne Riis)를 응원하는 소란스러운 덴마크 사람들에게 빼앗기기 전까지는 그들의 영토로 만들었다. 당연히, 미국 팬들도 암스트롱이 1999년부터 2004년까지 왕조를 건설했을 때 자신들의 자부심을 드높였다. 내 생각에는 그 이전 갈팡질팡하던 응원보다는 모두가 함께 응원하는 모습이 훨씬 보기가 좋았다.

알프 듀에즈 접근 팁

알프 듀에즈를 두 개의 색다른 길을 이용하여 접근해보라. 비록 비포장도로가 일부 있지만, 알레몽(Allemont)에서 부르드와장의 북서쪽 도로인 D211을 타면 5킬로미터만 가면 정상에 오를 수 있다. 레듀알프와 콜 뒤 로타레 방향에서, 작은 도로를 타고 2,000미터 높이의 고개 두 개만 넘으면 알프 듀에즈에 도달할 수 있다. 단 이 도로들이 투르 드 프랑스 때문에 통제될 수도 있기 때문에 지역 정보를 잘 확인해야 한다. 그러나 이 두 길 모두 경주가 끝났을 때는 산에서 빠져나오기에 매우 쉽다.

알프 듀에즈 정상 스테이지 우승자

앤디 햄프스텐
(Andy Hampsten)

1952: Fausto Coppi	1990: Gianni Bugno
1976: Joop Zoetemelk	1991: Gianni Bugno
1977: Hennie Kuiper	1992: Andy Hampsten
1978: Hennie Kuiper	1994: Roberto Conti
1979: Joaquim Agostinho	1995: Marco Pantani
	1997: Marco Pantani
1979: Joop Zoetemelk	1999: Giuseppe Guerini
1981: Peter Winnen	
1982: Beat Breu	2001: Lance Armstrong
1983: Peter Winnen	
1984: Luis Herrera	2003: Iban Mayo
1986: Bernard Hinault	2004: Lance Armstrong
1987: Federico Echave	
1988: Steven Rooks	2006: Fränk Schleck
1989: Gert-Jan Theunisse	2008: Carlos Sastre

꼴 뒤 갈리비에(Col du Galibier)

갈리비에의 신비함과 처음으로 마주했을 때, 신의 현현을 어느 정도 느낄 수 있는데, 이는 단지 산의 공기나 세상의 천장과 같은 산 정상의 장관 때문만은 아니다. 1911년 처음으로 투르 드 프랑스 참가 선수들이 이 산을 오르며 느꼈을 갈리비에라는 이름이 주는 독특한 정서가 얼마나 강했을지는 상상하기 어렵다.

발루아르(Valloire)에서 떨어진 길고 외로운 길은 첫 번째 도전인데, 쭉 뻗은 가파른 오르막길이 울퉁불퉁한 길로 이어지며 영원히 끝나지 않을 것같이 보인다. 오른쪽으로 보이는 산은 당신의 외로운 여행에서 늘 이정표가 되어줄 3,000미터가 넘는 에귀유 드 에페쇠르(Aiguille de l'Épaisseur)의 높게 솟은 정상이다. 만일 당신이 계속해서 산을 오르다가 더 이상 어느 방향의 도로를 타야 할지 모를 때 마침내 캉 데 로실(Camp des Rochilles)을 오르는 하이킹족이나 갈리비에에 오르려는 자전거족의 안식처가 되어줄 오두막이 모여 있는 플랑 라샤(Plan-Lachat)에 도착하게 된다.

갈리비에 정상의 만년설, 2000년.

    그리고 나서는 발루아레트(Valoirette) 강의 얕은 급류 위를 지나는 돌다리에 당도하게 된다. 여기서부터 진짜 오르막길이 시작되는데, 8킬로미터 구간 동안 폐가 타는 듯한 고통과 함께 햇빛에 노출된 손은 타들어간다.

    당신이 이러한 고통을 견뎌낼 수가 있다면, 새로운 지평이 열리는데, 꼭대기에는 한때 눈이 쌓여 있던 곳의 광경이 펼쳐지며 아래쪽에는 완만한 구릉지에서 소들이 풀을 뜯는 모습을 볼 수 있으며, 겨우 흔적만 남은 도로를 달리며 이 모든 광경을 바라볼 수 있다(이 위치에서야말로 당신의 마음을 가장 확실히 사로잡을 광경을 볼 수 있다). 때로는 구불거리며, 때로는 돌아야하고, 때로는 오던 길을 되돌아가야 하지만, 분명히 위로 가고 있으며, 언젠가는 더 이상 오를 도로가 남아 있지 않을 때 당신은 마침내 정상에 도착하는데, 이곳에서 진정한 장관을 마주한다.

    물론 투르 드 프랑스의 경주에서는 이러한 풍경을 감상하기 위해 멈출 수가 없

갈리비에 COL DU GALIBIER 미구엘 인두라인이 갈리비에의 서쪽 코스를 오르고 있다. 1991년.

다. 선수들은 이러한 것을 고려하기에는 너무 큰 중압감에 시달리는데 특히 브리앙송, 꼴 디조아 혹은 레두잘프 그리고 알프 듀에즈로 향하게 되는 두려운 하강 구간이 그중 하나이다. 투어의 관중, 사진가, 그리고 자전거족이야말로 투르 드 프랑스가 열리지 않을 때 다시 이곳을 방문하여 풍경을 즐길 수 있는 사람들이다. 왼쪽으로는 라 귀잔(La Guisane) 계곡이 남쪽으로 펼쳐져 있으며, 오른쪽에는 알프 듀에즈의 스키 산업을 지탱하는 그랑드 루스(Grandes Rousses) 산맥이 위치한다.

그 바로 앞에 펼쳐지는 광경은 눈 덮인 최면을 거는 듯한 바르데에크랑(Barre des Écrins), 로슈 포리오(Roche Faurio), 르 라토(Le Rateau), 그리고 가장 인상 깊은 빙하가 있는 라 메주(La Meije)와 같은 산의 풍경이다. 이러한 광경이 갈리비에의 남쪽에 있는 것이 당연해 보이는데, 이러한 풍경이 이곳에 위치한다는 사실이 마치 가장 험난한 코스인 북쪽에서부터 이곳을 오르는 유인책이 되기 때문이다.

나는 솔직히 빙하의 아름다움을 인지했을 때를 정확히 기억하지 못하는데, 1979년 투어를 보기 위해 나만의 경로를 따라가던 다음 날이었던지, 아니면 1983년 투어의 공식 사진가로 갈리비에야말로 전문가에게 남은 최고의 장면임을 인지하고 남쪽 코스를 타고 있었던 때 중 한 번이었을 것이다. 아무튼 나는 산의 아름다움을 사진으로 잡아내며 그 영광을 다른 이와 나눈다.

나는 요즘 투르 드 프랑스가 갈리비에를 오를 때면 언제나 산의 신에 대해 생각하지 않을 수 없는데, 빙하가 너무 압도적이기 때문이다. 내 관점도 이제는 조금 바

> ### 정상 위에서
>
> 갈리비에를 넘은 첫 투르 드 프랑스 선수는 에밀 조르제(Émile Georget)로 폴 듀복(Paul Duboc)과 함께 유일하게 그해 갈리비에를 완주하였다. 조르제는 처음에는 발롱 달자스(Ballon d'Alsace)에서 심한 사고를 당해서 종합 우승의 가망이 없어보였지만, 갈리비에의 눈 덮인 클라이밍 코스에서 질주한 덕에 듀복(Duboc)을 앞질렀다. 그해 투르 드 프랑스 우승자인 귀스타브 가리구(Gustave Garrigou)도 아주 가깝게 따라붙었지만, 일부 코스는 걸어서 진행했다.
>
> 『로토(L'Auto)』에 나온 기사에 따르면, 가리구는 본인이 산악 코스를 크게 좋아하지 않음을 밝혔는데, "조르제나 듀복은 산악 코스에 어울릴지는 모르지만, 나 같이 투르 드 프랑스가 고통스럽기보다는 즐겁고 편해야 한다고 생각하는 사람에게는 썩 어울리지는 않는다."라고 말했다.
>
> 원래는 갈리비에의 가장 높은 지점은 해발 2,566미터지만, 터널이 뚫리면서 이제는 실제 산 정상과 더 가까워진 2,645미터의 지점까지 경주가 진행되었다.

뀌어서 남쪽에서 벌어지는 대혼전을 선호하기보다는, 좀 더 고요한 상태에서 펠로톤이 나에게 다가오는 것을 좋아하게 되었다.

투어가 남쪽 면을 오를 때는 보통 오전 시간인데, 꼴 드 라 마들렌(Col de la Madeleine)이나 꼴 드 라 크와 드 페흐(Col de la Croix de Fer), 그리고 라 투쉬르(La Toussuire)나 발토랑스(Val Thorens)와 같은 업힐 결승선을 오르는 순간이고, 이 경우에는 펠로톤은 상대적으로 한데 뭉쳐서 클라이밍 경주를 진행한다.

북쪽 면을 오르는 투어는 거의 확실히 자폭하는 수준의 양상을 띠는데 브리앙송이나 근처 업힐 결승선 스테이지에 앞서 갈리비에를 전투가 벌어지는, 아니 최소한 싸움이 벌어지는 전장으로 사용한다. 선수들은 이미 수많은 고개를 넘었기 때문에, 갈리비에 역시 그저 수많은 고개 중 하나로 인식한다.

<< 메주 빙하(Meije Glacier)가 보이는 상황에서 빽빽한 펠로톤이 갈리비에를 오르는 모습, 2006년 투어.

꼴 드 리제랑(Col de l'Iseran)

타랑테즈 계곡 끝자락에 위치한 해발 2,770미터의 꼴 드 리제랑(Col de l'Iseran)은 투르 드 프랑스에서 가장 적게 이용되지만, 이론의 여지없이 가장 아름다운 봉우리이다. 이 산은 갈리비에만큼이나 투르 드 프랑스에서 중요한 클라이밍 코스가 될 수 있는 잠재력이 있지만, 슬프게도 아직까지는 그 잠재력을 폭발시키지는 못했다. 이제랑(Iseran)의 동벽에는 눈부신 빙하가 있으며, 서벽 코스는 적어도 사진가의 관점에서는 전혀 아니지만, 선수 기준으로는 수월하게 오를 수 있는 코스가 있다.

투르 드 프랑스는 이미 너무 유명한 스키 리조트인 발디제르(Val d'Isère)는 거의 방문하지 않는데, 가끔 이곳에서 경주를 개최하더라도 출발점으로만 사용한다. 이것은 이제랑 정상을 발디제르에서 출발한 지 한 시간 후에 도착한다는 것을 의미한다. 펠로톤이 아주 빽빽하게 굽이치는 고개를 올라오는 장면을 찍는 것이 행복한 만큼, 이 산의 전체를 활용하지 못한다는 사실 때문에 슬퍼지기도 한다. 만약 경주가 훨씬 더 난코스인 동벽 본느발 쉬르 아르크(Bonneval-sur-Arc)에서 벌어졌다면 나는 갈리비에만큼이나 이제랑도 중요하게 평가되었을 것이라 확신한다.

알프스의 지도를 펴놓고 살펴보면, 몇몇 가능한 경로가 확실히 눈에 들어오는데, 브리앙송에서 시작하여 꼴 드 몽주네브르(Col de Montgenèvre)를 올라서, 이탈리아의 울스(Oulx)까지의 급격한 하강 코스를 지난 다음 다시 자연스럽게 콜 뒤 몽세니(Col du Mont-Cenis)를 오르는 경로가 그러하다. 필요한 거리와 투르 드 프랑스 조직위원회의 가학성 정도에 따라서, 투어는 베상(Bessans)에서부터 이제랑을 점차적으로 오르며 이제랑의 피날레와 발디제르의 스테이지를 남겨놓을 수도 있다. 아니면 스키 타운을 지나서 티뉴(Tignes)에서 경주를 끝내거나, 혹은 더 멀리 떨어진 레자르크(Les Arcs), 라플라뉴(La Plagne), 그리고 심지어 트루아 발레(Trois Vallées)까지 갈 수도 있다. 만약 발디제르에서 반드시 경주가 마무리 된다고 하면, 스테이지는 훨씬 더 먼 발루아르나, 부르드와장 혹은 그르노블에서 시작할 수도 있다.

투르 드 프랑스는 1938년 처음으로 이제랑을 코스에 포함시켰고, 1939년에는 투어의 첫 산악 타임 트라이얼 코스는 본느발 쉬르 아르크(Bonneval-sur-Arc)에서

꼴 드 리제랑(Col de l'Iseran)의 정상과 대비되어 마치 난쟁이같이 보이는 펠로톤, 2007년. >>

출발하여 부르생모리스(Bourg-Saint-Maurice)에서 종료되는 일종의 시험무대를 진행하였다. 벨기에의 실베르 마스(Sylvère Maes)는 그해 스테이지에서 우승했고 30분이나 앞선 기록으로 투르 드 프랑스를 재패했다. 페르난도 만자네퀘(Fernando Manzaneque)는 1963년 꼴 드 리제랑(Col de l'Iseran)의 동쪽 코스를 오르며 5분 앞선 기록으로 발디제르(Val d'Isère)에서 우승했지만, 이는 벌써 35년 전의 일이다. 1992년과 2007년에 서쪽 코스가 사용되었고, 1992년에는 총알 같던 클라우디오 치아푸치(Claudio Ciappucci)가 세스트리에르(Sestrières)에서 그리고 2007년에는 강인한 정신의 마우리시오 솔레르(Mauricio Soler)가 브리앙송에서 투르 드 프랑스의 가장 놀라운 스테이지를 차지했다.

이제랑의 클라이밍 코스를 처음 본 것은 1992년인데, 그날 경주는 이탈리아로 진입했다가 ECC(유럽경제구역)의 확대를 축하하기 위해 5개국을 더 방문했다. 많은 선수들이 총성과 함께 출발하여, 정상까지 크게 뒤처지지 않으며 이 경우 대부분의 선수들이 희망을 갖는 것이 보통이다. 그러나 이 날만큼은 예외였는데, 발디제르(Val d'Isère) 쪽 산악 코스에서 벌어진 일은 그대로 소설로 구성해도 좋을 정도였다.

치아푸치(Chiappucci)는 그날 아침 그가 경주를 나서서 세스트리에르에 선두로 진입하며 우승할 수 있다는 확신을 품고 일어났다. 그는 바로 그대로 그의 꿈을 실현했는데 리제랑 기슭에서 시작된 200킬로미터의 외로운 질주에서 미구엘 인두라인의 추격을 뿌리치고 승리를 거두었다. 비록 그날 찍힌 대부분의 사진은 치파푸치가 세스트리에르에서 우승하는 장면이나, 최후의 클라이밍 코스에서 수많은 이탈리아 팬들 사이를 지나가는 사진이었지만, 내가 가장 좋아하는 사진은 그날 아침 꼴 드 리제랑에서 치아푸치가 그의 라이벌들을 앞서가는 모습이었다. 그때는, 렘 골레트(Rhème-Golette) 빙하가 상당한 크기였고, 나는 치아푸치를, 내가 원하는 바로 그 장소에서 사진에 담으려고 애썼다. 흰색 바탕에 빨간색 물방울무늬 저지를 입은 그가 빙하로 덮인 산을 배경으로 활기차게 코스를 지나고 있었다. 이 사진은 사실 바로 내가 더 정확히 잡아낸 바로 다음 장면의 보너스였는데, 지난 열흘 간 계속해서 마이요 존느를 입었던 파스칼 리노(Pascal Lino)가 치아푸치에게 그 저지를 뺏길까 두려운 얼굴로 계속해서 추격하는 사진이었다.

4년 후, 1996년은 그해 여름에도 아직 눈이 남아 있어서 산을 오르는 것이 더

(왼쪽) 클라우디오 치아푸치(Claudio Chiappucci)가 꼴 드 리제랑(Col de l'Iseran)을 오르고 있는 모습. (오른쪽) 당시 1위 선수였던 파스칼 리노(Pascal Lino)가 치아푸치를 단 몇 초 뒤처져서 쫓는 모습. 1992년.

극적으로 보였을 이제랑을 오르는 대서사시가 펼쳐질 예정이었다. 그러나 그해 눈과 바람이 너무 극심하여 결국 조직위원회는 이제랑과 갈리비에 스테이지를 취소하고, 그 결과 퀸 스테이지(Queen Stage - 이틀 연속으로 열리는 가장 힘든 레이스)를 그해 개최하게 되었다.

11년 후, 투르 드 프랑스는 다시 이제랑을 오르게 되었고, 그날은 아주 맑고 선명한 산의 공기를 느낄 수 있었다. 펠로톤은 사진가에게 기꺼이 협조하며 경주를 했고, 대부분의 선수들이 최후의 순간에 힘을 아끼며 누구도 앞으로 튀어나가거나 포기하지 않았으며, 그래서 정말 좋은 그림들이 많이 사진에 포착되었다.

긴 행렬의 펠로톤이 산 아래에서 불어오는 바람에 맞서며 눈과 빙하를 뒤로하며 질주하는 장면은 그야말로 숨이 멎을 정도로 멋졌다. 만약 투르 드 프랑스의 조직위원회가 다른 방식으로 경기를 재미있게 만들고 싶다면 - 2007년의 그날만큼만 날이 좋다면 충분히 뚱뚱한 나를 펠로톤에 넣어보는 것도 좋을 텐데 - 나는 당장이라도 은퇴하고 경주에 참가하고 싶다.

꼬르메 드 로즈렁(Cormet de Roselend)

투르 드 프랑스가 지나는 산의 아름다움과 장엄함에 대한 이야기를 시작하려면, 꼬르메 드 로즈렁보다 더 나은 후보지를 찾기는 어렵다. 하지만 아름다운 클라이밍 코스는 동시에 가장 위험한 코스가 되기도 한다. 이는 마치 사이클이라는 스포츠의 본성처럼 보이는데, 아름다운 것은 언제나 그러하듯 추한 모습으로 돌변한다.

그래도 투어가 그럭저럭 이 코스를 잘 지나왔던 이유는, 상대적으로 완만한 서쪽의 상승 코스가 동쪽의 매우 위험한 하강 코스로 대체되지는 않았기 때문이다. 1992년 이나키 가스통(Iñaki Gastón)은 왼쪽으로 큰 방향 전환을 하던 도중 바로 아래 석벽에 고꾸라져서 크게 다쳤는데, 이 아주 작은 바스크 선수는 얼마나 꺾일지 모르고 너무 늦게 브레이크를 잡았기 때문이다.

1995년에는, 후에 랜스 암스트롱의 스포츠 디렉터가 되었던 요한 브뤼닐(Johan Bruyneel) 역시 같은 코너에서 판단을 잘못했다. 그는 가스통보다 더 빠르게 달렸지만, 기적적으로 콘크리트 벽과 길 사이 틈의 부드러운 바닥으로 떨어지며 위험을 피했다.

알렉스 쥘레(Alex Zülle)가 1996년 산맥의 저주에 다시 한 번 걸렸는데, 정상을 지나기 직전에 도로에서 튕겨나가 가시덤불 속으로 빠져버렸다. 다행히 이 가시덤불이 그가 바위에 부딪히는 것을 막아주었고, 그는 다시 경주를 이어갈 수 있었다.

(위) 꼬르메 드 로즈렁의 저주: 이나키 가스통(Iñaki Gastón)이 1992년 충돌에서 큰 부상을 입는 장면.
(아래) 3년 후 요한 브뤼닐(Johan Bruyneel)이 거의 같은 지점에서 사고를 당하는 모습.

스튜어트 오그레이(Stuart O'Grady)는 하강 코스의 마지막 부분에서 넘어지기는 했지만, 2007년 로즈렁(Roselend)의 피해자가 되었다. 비록 나무 울타리가 최악의 상황을 막아주었지만, 폐에 구멍이 나고 갈비뼈와 쇄골이 부러지며 이 호주 선수에게는 뼈아픈 기억이 남았다.

꼬르메 드 로즈렁 CORMET DE ROSELEND 댐 위로 투르 드 프랑스가 꼬르메 드 로즈렁을 오르는 모습, 2005년 투어.

    만일 당신이 로즈렁의 완만한 클라이밍 코스를 타기 시작한다면, 아마도 저주 받은 하강 코스에 대해서는 상상조차 하기 어려울 것이다. 보포르(Beaufort)에서 점점 멀어지며 산을 오르기 시작하면, 경치는 더 아름다워진다. 오트레이(Outray) 숲의 무성한 풍경을 지나서 계곡의 아찔한 코스를 지나면, 놀랄 만큼 무섭게 치솟은 에귀 으 듀 그헝 퐁(Aiguille du Grand Fond)이 보이기 시작한다.

    당신의 놀란 가슴은 로즈렁 댐이 만든 아름다운 호수의 풍경을 만나 안정되는데, 고지대에서 내려온 개천과 강은 이곳으로 흘러들어 마치 그림엽서에나 나올 만큼 보석 같은 광경을 만든다. 그러나 이곳에서 너무 오래 머물 필요는 없다. 계속해서 길을 따라 올라가면 더 멋진 광경이 당신을 기다리기 때문이다.

    오른쪽으로 빙하 마을이 있는데, 해발 2,888m에 그헝 퐁(Grand Fond)이 있고 왼쪽으로는 산마루가 만들어낸 날카로운 석벽 사이로 겨우내 내렸던 눈들이 틈 사이에 7월에도 숨어 있는 크렛 데스 그리테스(Crêt des Grittes)를 만날 수 있다. 그 아래로는 작은 폭포가 빠르게 지나는 돌다리를 자전거를 타고 지날 수 있다. 몇 분 더 올라가면 수천 명의 투르 드 프랑스 팬이 펠로톤이 올라오기만을 기다렸던 바로 그 위치에 도달하게 된다. 이곳이 바로 당신이 잠시 멈추었다가 가야 할 지점이다.

산맥의 나무들이 무성한 아름다움을 자랑하기에, 가끔 당신은 높이 올라와 있다는 사실을 잊을 수도 있지만, 정상의 높이는 1,968미터나 되며, 그 순간 주위를 둘러보면 급작스럽게 황량하게 되어 그 어떤 녹음도 없이 자갈 비탈과 암석만이 가득한 잿빛 고원을 보게 된다. 이제부터 두려운 하강 코스가 시작되는데, 에귀유 드 프레넝(Aiguille de Prainan)이나 깊이 팬 구간 옆에 꽃들이 무성한 빙하지대에도 절대 정신을 팔 생각도 하지 말길 바란다. 선수들이 말하는 것처럼 오직 길에만 시선을 맞추길 바란다.

꼴 드 라 크와 드 페흐(Col de la Croix de Fer)

꼴 드 라 크와 드 페흐에 대한 이야기는 세 가지 측면을 가지고 있는데, 이 위대한 고개가 세 가지 오르막길을 가지고 있기 때문이다. 생 장 드 모리엔(Saint-Jean-de-Maurienne)에서 올라가서, 그르노블 방향으로 향하거나, 반대 방향으로 평균 경사도가 몇몇 구간에서는 11도를 넘는 로슈타유레(Rochetaillée)를 통해 지나는 방법이 있다. 혹은 라 샹브르(La Chambre)를 통해 북쪽에서 오르는 방법이 있는데, 해발 1,924미터 꼴 뒤 그렁동(Col du Glandon)을 디딤돌로 삼아서 크와 드 페흐(Croix de Fer)를 3킬로미터 정도 더 달려서 오르는 방법이 있다. 세 가지 코스 모두 비슷한 아름다움과 공포를 주는데, 크와 드 페흐는 투르 드 프랑스에서 매우 사

꼴 드 라 크와 드 페흐(Col de la Croix de Fer)의 동쪽 사면, 1995년.

랑받는 코스이지만 아직까지는 바로 옆 갈리비에의 명성에는 못 미친다.

1947년 "철 십자가(Cross of Iron)"라는 뜻의 크와 드 페흐는 처음으로 투르 드 프랑스 코스에 포함되었는데, 이때는 더 큰 스테이지의 관문 역할이나 그날 알프 듀에즈에서 끝나는 스테이지의 뒤에서 두 번째 오르막길 역할을 했다. 이 당시 브루드와장에서 출발하여 그르노블 방향으로 크와 드 페흐를 오르기 시작하여 라 투쉬르(La Toussuire)에서 종료되는 스테이지로 향하거나 아니면 텔레그라프(Télégraphe)나 갈리비에에서 종료하여 브리앙송으로 진입하는 코스가 운영되었다.

이는 꼴 드 라 마들렌(Col de la Madeleine)을 지나 수많은 스키 리조트가 있는 타랑테즈 계곡으로 들어가는 긴 스테이지에서 첫 번째 오르막 코스이다. 만일 크와 드 페흐의 2,067미터 정상에 스테이지 결승선을 위한 적당한 공간만 있었다면, 갈리비에르만큼이나 투르 드 프랑스에서 높은 평가를 받았을 것이다. 왜냐하면 충분히 아름답고 고난도의 코스여서 투어에서 중요한 역할을 할 수 있기 때문이다.

바로 이곳이 베르나르 이노(Bernard Hinault)와 그레그 르몽드(Greg LeMond)가 1986 투어에서 그 유명한 2파전을 만들어낸 출발선이었으며, 3년 후 헤르트 얀 퇴니세(Gert-Jan Theunisse)가 압도적인 단독 질주를 시작한 곳이다(두 번 모두 결국 알프 듀에즈에서 결판이 났다).

헤르트 얀 퇴니세가 꼴 드 라 크와 드 페흐를 공략하는 모습, 1989년.

이 코스가 투어에서 활용되는 방식 때문에, 르몽드, 이노와 퇴위니서가 올랐던 30킬로미터 길이의 동쪽 코스가 주로 사용되면서 가장 치열한 경쟁이 일어나는데, 다만 사진가들은 오히려 그르노블에서 오르는 더 짧은 코스가 더 아름답다고 평가한다. 투어는 꼴 귀 그렁동의 아름다움과 그곳에서 벌어지는 경쟁에 초점을 맞추는데, 그렁동의 22킬로미터 코스는 쉬운 부분이 없다. 특히 크와 드 페흐 방향으로 크게 좌회전하기 전 15분이 하이라이트이다. 바로 이 부근에서 최고의 풍경이 펼쳐진다. 빙하를 배경으로 한 그랑메종(Grand'Maison)

얀 울리히(Jan Ullrich)가 콜 뒤 그렁동(Col du Glandon)의 정상에 도달한 후, 콜 드 라 마들렌(Col de la Madeleine)과 쿠르쉬벨(Courchevel)의 서밋 피니시를 향해 질주하는 모습, 1997년.

댐의 원경과 펠로톤이 다시 모리엔(Maurienne) 계곡으로 내려가기 시작할 때까지 당신의 눈을 사로잡는 해발 3,000미터의 에귀유 드 라르정티에르(Aiguille de l'Argentière)가 보이기 시작한다. 또한 최근부터는 작은 스키 리조트가 많으며 플로이드 랜디스(Floyd Landis)가 그의 마이요 존느를 빼앗긴 방식 때문에 유명해진 라 투쉬르(La Toussuire)로 가는 길로 활용되는데, 악랄한 내리막길을 가진 콜 드 몰라르(Col de Mollard)의 산기슭도 유명하다.

동쪽 코스의 내리막길은 안절부절못하게 만드는 좁디좁고 구불거리는 코스다. 그리고 길은 먼지투성이로 덮여 아주 위험한 산골짜기로 사람들을 내모는데, 투어가 이 코스를 지날 때는 같은 경로를 오르막으로 선택하곤 한다.

나는 1989년 투어에서 처음으로 이 지역 클라이밍 스테이지를 보았는데, 운이 좋게도 8킬로미터 정도 되는 곳에서 퇴우니서가 처음으로 독주하는 장면을 보았다. 이곳에는 오르막길이 끝나기 전에 넘어야 하는 벽이 있는데, 이 길을 지나면 아르반(Arvan) 강으로 이어지며 마지막 5킬로미터의 클라이밍 코스로 이어진다.

꼴 뒤 그렁동 COL DU GLANDON 그랑메종 댐(Grand'Maison)을 배경으로 1994년 투어 참가자들이 꼴 뒤 그렁동을 지나 발토랑스(Val Thorens)로 향하고 있는 모습.

1989년 투르 드 프랑스는 피뇽(Fignon)과 르몽드(LeMond)의 대결로 이어졌는데, 프랑스 선수가 고생하기 시작한 곳이 바로 크와 드 페흐였다. 피뇽은 마지막 몇 킬로미터를 남겨두고 퇴우니서를 쫓던 그룹의 뒤쪽에서부터 치고 나와서 나머지 경주 동안 판도를 바꿀 수도 있을 인상적인 모습을 보여주었다. 지금 생각해보니, 나는 크와 드 페흐의 정상을 이 방향에서 '진정으로' 정복한 펠로톤을 본 적이 없다. 정말 아쉬운 점은, 정상 아래로 흐르는 매우 맑은 호수의 물이 선수들의 시선을 빼앗아서 속도를 늦췄다는 점이다. 이 장면을 가장 잘 잡아낼 수 있을 때는 투어가 다른 방향에서 진행이 되어 오르막이 아닌 내리막으로 이곳을 지날 때이다.

방투 산(Mont Ventoux)

만일 산악 코스의 난이도를 판단하는 증거가 그 코스를 오른 사람들의 얼굴을

크와 드 페흐(The Croix de Fer)의 새로운 루트

산사태는 로슈타유레(Rochetaillée) 방향 크와 드 페흐의 아름다움과 코스의 난이도에 영향을 미쳐 왔다. 1990년까지는 이 지역에서 진행되었던 클라이밍이나 하강 경주는 모두 알레몽 강(Rivière d'Allemont)과 그랑메종(Grand'Maison) 댐의 사이의 직선 주로에서 열렸으며, 클라이밍 코스의 가장 큰 특징 중 하나는 바로 늦은 7월까지도 녹지 않는 길을 따라 늘어져 있는 단단한 눈 더미와 얼음이었다. 1990년 봄, 피크 버나드(Pic Bunard)가 산 아래로 추락하며 얼굴의 절반이 망가지면서 그렁동과 크와 드 페흐의 정상으로 가는 길을 폐쇄하여 새로운 길이 개척되었다.

이 경로가 앞으로의 투르 드 프랑스에 무척 중요했기 때문인지, 새로운 경로를 설계한 엔지니어는 산 반대쪽에 구불구불한 새 코스를 설계하여 오늘날 이전의 경로와 이어지는 경사가 급한 내리막, 오르막 코스를 만들었다. 이 데필리 데 모파(Défilé de Maupas)라고 알려진 새로운 코스는 선수들에게 어려움 하나를 더 추가했다. 새로운 코스에서 내려다보면 여전히 산사태의 위협에서 자유롭지 않은데, 앞으로 7월 중순 이후에는 산사태가 없기만을 기도한다.

(위) 방투 산 정상에서 내려다본 풍경, 남쪽과 서쪽의 장관을 확인할 수 있다. (아래) 자크 고데 (Jacques Goddet)가 톰 심프슨(Tom Simpson)에게 애도의 화환을 바치는 모습, 1987년.

확인하는 것이라면, 방투 산은 이 분야에서 단연코 압도적이다. 이 부분이 오늘날 많은 훈련을 받은 선수들에게도 적용이 되는지는 의문인데, 1967년 톰 심프슨(Tom Simpson)의 죽음에 대한 공포가 많이 희미해졌기 때문이다. 요즘 세대의 선수들에게는 방투 산은 그저 어려운 클라이밍 코스 중 하나일 뿐이다.

그러나 오늘날에도 투르 드 프랑스 코스 중에서 방투 산은 여전히 생명을 위협하는 코스 중 하나로 자리하고 있다. 베두앙(Bédoin)은 숨이 막힐 정도로 덥지만, 수목 한계선을 넘으면 여전히 끔찍하지만 견딜 만하다. 그러나 이 지역에서 열파에 오랫동안 노출되고 열기를 날려줄 바람이 불지 않는다면, 선수들은 정말 익는 듯한 날씨에서 경주를 할 수밖에 없다. 바로 그것이 심프슨이 그 해 죽은 원인이다.

선수들이 방투 산 스테이지의 마지막 클라이밍 코스를 달리는 모습, 2002년.

방투 산의 두려운 전설을 만든 다른 사건은 아마도 1987년 투어의 타임 트라이얼일 것이다. 이때는 여느 때와 마찬가지로 오랜 시간 안장 위에서 경주를 벌이고, 서밋 피니시가 되는 일정이었다. 그날은 산악 코스의 마지막 클라이밍으로 카르펑트라(Carpentras)나 아비뇽에서 끝나는 잔인하게 계속된 스테이지의 피날레였다. 투어는 계속해서 방투 산의 어려운 코스를 선택했고, 1951년을 시작으로 2009년까지 12번을 올랐다.

내가 1987년 방투 산에서 타임 트라이얼을 처음 보았기 때문에, 그 당시 수많은 선수들이 선에서 넘어질 때의 광경을 직접 보았고, 그들 이마의 주름 사이로 흐르는 땀방울까지 포착했으며, 각각의 경쟁자들이 서로를 향해 느끼는 고통을 느낄 수 있었기에, 뒤쪽의 펠로톤에 자리 잡고 있던 선수들이 느꼈던 마음 상태에 대해 판단하는 것은 여전히 어렵다. 이날 나의 카메라 렌즈에 주로 잡힌 선수들은 빠른 속도로 달리던 선두권 그룹이었으며, 이 날 행운의 여신이 날개를 펴고 이들을 감싸주는 일 따윈 없었다. 마르코 판타니(Marco Pantani), 랜스 암스트롱, 리샤르 비렝크(Richard Virenque), 그리고 이반 마이오(Iban Mayo) 같은 선수가 그 주인공이었다.

다른 사진가들은 여전히 다른 곳에서 선수들을 기다렸는데, 이미 한 시간 전쯤에 결승선을 통과한 선수들이 포디움에서 시간을 보낸 후 이제는 말로센(Malaucène)의 내리막을 통과하여 따뜻한 샤워를 하고 있을 동안, 무슨 일이 일어난 것인지 파악을 못하고 있었다. 그렇다고하여 그들이 사진을 찍지 못했다고 이미 지나간 선수들이 길을 되돌아올 수는 없는 일이 아닌가?

고통이 있든 없든, 방투 산에서의 투르 드 프랑스 촬영 작업은 굉장히 중요하다. 더 홍분되는 일은 투어가 이곳을 주기적으로 방문한다는 사실인데, 첫 오르막 코스 이후 5년 연속으로, 그리고 여섯 번의 크로싱을, 일곱 번의 서밋 피니시를 치러냈다.

방투 산은 심지어 갈리비에도 하지 못하는, 10월 투어 일정이 발표된 후 이름만으로도 나를 불태우기 시작하는 몇 안 되는 존재다. 실제로 방투 산 스테이지는 투르 드 프랑스 우승의 향방을 가리는 중요한 역할을 했는데, 그 사실만으로 나를 도취시켰다. 이 산의 정상을 차지하는 쉬운 승리란 존재하지 않았고, 방투 산은 언제나 가장 위대한 선수에게 '가장 중요한' 스테이지였다. 이곳의 오르막에서는 언제나 엄청난 사진이 나왔으며, 언제나 우승자의 향방은 오리무중이었다.

비록 내 경력에서 방투 산의 오르막 코스는 네 번밖에 보지 못했지만, 투어 전에 열리는 도피네 리베레(Dauphiné-Libéré) 스테이지에는 자주 포함되는 코스였기 때문에, 그 유사함이 나를 더 즐겁게 만들어주곤 했다. 방투 산은 경주를 감상하면서 사진을 찍을 수 있는 몇 안 되는 산이었다.

초반 몇 킬로미터 동안은 가능성이 없는 선수는 리스트에서 삭제하고, 앞으로 닥칠 일들에만 집중한다. 초반의 클라이밍 코스는 그늘이 많이 지기 때문에 이러한 작업을 하기에는 안성맞춤이다. 7킬로미터 구간에서 주요 지점은 오른쪽으로 크게 휘어지는 부분이다. 이곳에서는 8.6도의 경사를 보인다. 그렇기 때문에 이 커브 구간은 펠로톤이 몇 그룹으로 나뉘지는 것을 지켜볼 수 있는 좋은 구간으로 선호된다.

그다음 구간에서는 가장 가파르며 중요한 지점인 샬레 레이나르(Chalet Reynard)로 이어지는데, 전반적인 경사도는 7도인 구간이지만 10.3도 구간도 두 곳이 있다. 이 지점 역시 팬이 가장 많이 몰리는 구간 중 하나인데, D164 도로가 소(Sault)에서부터 이어지기 때문이다. 앞서 말한 급격한 경사 구간은 방투 스테이지의 우승자가 치고 나가는 발판으로 작용하곤 한다.

이 급격한 경사 구간을 지나면 평탄한 구간으로 돌입하는데, 도로는 오른쪽으로 꺾이며, 그 순간 방투 산의 새로운 면이 펼쳐진다. 백금색의 거대한 석회암 무더기가 등장하며, 6킬로미터 정도 떨어진 관측소의 안테나가 보인다.

샬레 레이나 근처의 6킬로미터 구간 표지, 방투 산에서 최고의 난코스.

이곳에서 나는 내가 사진가로서 그리고 사이클 팬으로서 얼마나 방투 산을 사랑하는지 다시금 깨달았다. 이곳에서 도로는 계속 이어지며, 큰 방향 전환 없이 선수들이 페달을 힘차게 밟아가며 방투 산에서 가장 지옥 같은 구간과 맞서 싸우는 모습을 볼 수 있다. 뒤로는 프로방스의 벌판(Provençal Plaine)과 알프스 봉우리의 원경이 펼쳐지며 오후의 따가운 햇살과 함께 장관을 이룬다.

오후의 햇살은 다른 산에서는 볼 수 없던 선수들의 땀이 쏟아지는 얼굴 역시 비추는데, 가장 건강한 선수조차 이 구간에서는 귀신과 같이 창백해 보인다. 석회암은 거대한 반사면 역할을 하여, 햇빛을 반사하는 동시에 마치 이 산에서는 어디로도 숨을 수 없다는 것을 가르쳐주듯, 투르 드 프랑스의 전사들에게 열기를 전달한다.

선두를 내달리는 선수는 점점 페이스를 올리는데, 자신의 다리를 시험하는 동시에 얼마 남지 않은 근처의 라이벌들 역시 시험하기 시작한다. 바로 이곳에서 랜스 암스트롱이 호세바 벨로키(Joseba Beloki)에게 2002년 최후의 일격 *(coup de grâce)*을 날렸는데, 끈질긴 바스크 선수를 공략하여 결국에는 그의 진을 빼버렸다. 아마도 이러한 행동은 암스트롱이 2년 전에 겪은 경험에서 우러나왔을 수 있는

(위) 리샤르 비렌크(Virenque)가 방투 스테이지 우승을 향한 역주 모습, 2002년. (아래) 랜스 암스트롱이 비렌크에게 몇 분 앞선 상태로 경주를 이어가는 모습, 2002년.

마르코 판타니가 마지막 순간에 스퍼트하며 계속 자신을 앞섰던 랜스 암스트롱을 꺾고 우승하는 모습, 2000년.

데, 6킬로미터 구간에서 마르코 판타니를 떨쳐내지 못하고 계속 그와 경주를 함께 진행하며 결국에는 그가 방투 스테이지에서 우승할 수 있는 여지를 남겼기 때문이다.

슬프게도, 내게 마지막 몇 킬로미터의 순간은 너무 빠르게 지나가는데, 결국 내가 결승선에 가기 위해서 경주가 얼마나 남았는지를 계산해야 하기 때문이다. 방투 산은 마지막이라는 사실을 받아들이기 어려울 정도로 매혹적이지만, 결국 최후의 사진을 찍는 순간 방투 스테이지가 종료되기 때문에 마지막 촬영은 늘 내키지 않는다.

2000년 투어에서 나는 꽤나 실망스러운 사진을 찍었는데, 판타니가 결승선으로 돌진하는 순간 그의 모습이 방투 스테이지의 우승자로 보이지 않았기 때문이다. 그는 팔을 하늘 높이 들지도 않았으며, 머리를 치켜들지도 않았고, 얼굴 역시 활짝 웃지 않았기 때문이다. 내가 선호하는 방식은 늘 마지막 순간에 300미터 정도 앞에서 달려오는 선수에게 렌즈를 향하게 하여 결승선 장면을 포착하는 것이다. 이러한 전략은 절대 실패한 적이 없다. 특히 다른 수많은 기자들이 마치 1970년도에 에디 메르크를 따라 다녔듯이 마이요 존느를 입은 랜스 암스트롱을 뒤따를 때 나는 늘 최고의 순간을 포착했다.

최근 방투 스테이지 우승자가 나를 지나칠 때는, 이 산에 대해 감정을 갖지 않을 수가 없었다. 어떤 선수는 그야말로 사이클때문에 죽기까지 했지만, 다른 이는 그저 자신이 잘 하는 것을 해내며 더 행복한 운명을 맞이했기 때문에 내 감정은 착잡했다. 나는 아래에 펼쳐진 벌판을 보며, 투르 드 프랑스가 방투 산을 찾을 때까지 얼마나 오랜 시간이 걸릴지 생각해보았다. 바라건대, 그 시간이 부디 길지 않기를 …….

방투 산: 투르 드 프랑스의 가장 거친 클라이밍 코스

1987년 아무 수확이 없어 보이던 방투 산 클라이밍 코스 이후, 노련한 스티븐 로시(Stephen Roche)는 나에게 이후의 방투 스테이지 전략에 대해 설명해주었다. 그가 내놓은 완벽하게 정확한 전략은 나의 투르 드 프랑스 사상 최고의 경험이다. 나는 로시가 타임 트라이얼에서 장 프랑수아 베르나르(Jean-François Bernard)에게 2분이 넘는 기록으로 뒤쳐졌을 때, 프랑스 선수의 승리를 예측했다. 그러나 한 달 전 지로 디탈리아(Giro d'Italia)에서 우승했던 아일랜드 선수의 말에 따르면, 꼭 그렇게 승부가 결정 난 것은 아니었다. "그레이엄(Graham), 자네는 오늘 앞으로 정말 잊지 못할 광경을 보게 될 걸세, 내 약속하지."

로시는 어떻게 그날 프리 알파인에서 빌라 드 랑(Villa-de-Lans)까지의 코스에서 베르나르의 엉덩이를 걷어 차줄지를 2분 가량 간단하게 브리핑했고, 그가 말한 바로 그 지점에서 그의 계획이 실제로 펼쳐지기 시작했다.

실제로 베르나르는 최악의 베르코스(Vercors) 클라이밍 코스 네 개가 포함된 구간에서 로시와 그의 동료인 페드로 델가도에게 4분 이상 뒤쳐졌다. 솔직히 말하면, 로시는 혼자서 그를 압도한 것이 아닌데, 그는 베르나르가 방투 스테이지에서 너무 앞섰다고 생각하는 다른 수많은 선수들과 함께 계획을 짰다. 하루 뒤, 로시는 빌라 드 랑에서 나를 발견하고는 방투 스테이지가 너무나 힘들어서, 이후 며칠 동안 선수들이 체력을 회복하지 못했다는 사실을 전해주었다. 그는 여전히 방투 산이 투르 드 프랑스에서 가장 힘든 코스라고 믿고 있다.

방투 스테이지 우승자

1958: Charly Gaul
1965: Raymond Poulidor
1970: Eddy Merckx
1972: Bernard Thévenet
1987: Jean-François Bernard
2000: Marco Pantani
2002: Richard Virenque

피레네(PYRENEES)

피레네는 투르 드 프랑스가 펼쳐지는 코스 가운데 전혀 다른 산악 코스의 양상을 보여준다. 아무리 스페인에 속한 지역을 모두 포함하더라도, 피레네는 알프스보다 훨씬 작은 산맥이며, '겨우' 46개의 고개(Cols), 언덕(Côtes), 그리고 정상(Ports, 스페인어로 정상을 의미)만이 있으며, 22개의 결승선을 유치할 수 있는 스키 리조트가 있다.

피레네의 봉우리는 알프스보다 낮은데, 투르 드 프랑스가 지나간 가장 높은 피레네의 클라이밍 코스인 콜 뒤 투르말레(Col du Tourmalet)는 알프스의 갈리비에(Galibier)나 이제랑(Iseran)보다 500미터 가량 낮다. 그래서 투르 드 프랑스 팬은 알프스와는 달리 눈이 덮인 정상을 볼 수 없으며, 그저 미디 봉우리(Pic du Midi)에 군데군데 쌓인 눈을 보는 것이 전부일 것이다.

그러나 피레네가 투르 드 프랑스에 적합하지 않다고 생각하는 사람은 누구나 그 생각을 바꿔야 한다. 실제로 투르 드 프랑스의 가장 공포스러운 클라이밍 코스에는 피레네의 코스들이 상당히 많이 포함되는데, 대부분의 코스가 알프스보다 낮은 고

관객이 뤼즈 아르디당(Luz Ardiden)에 도착하는 펠로톤을 응원하는 모습, 1994년.

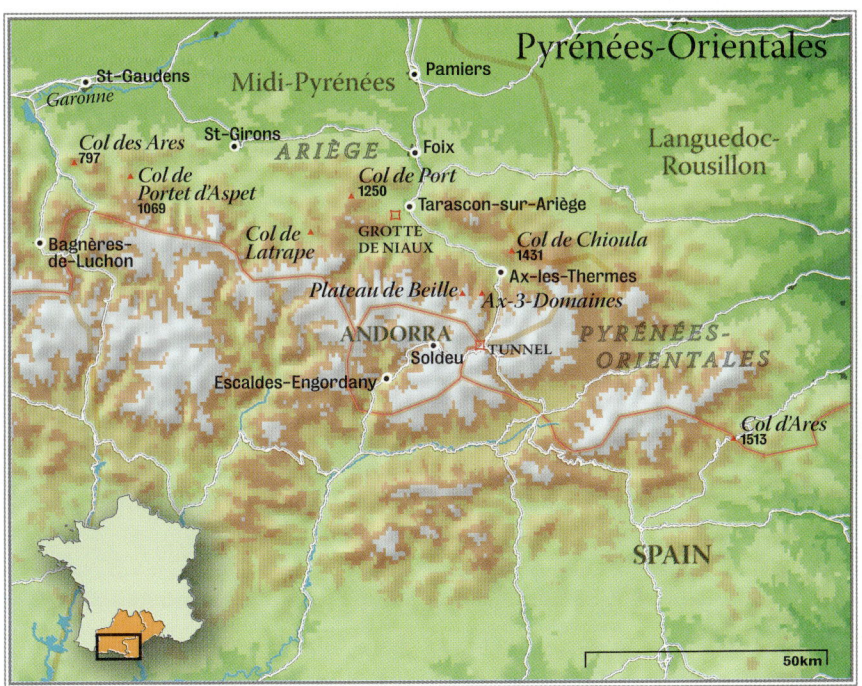

도에서 시작하기 때문이다.

　피레네는 알프스의 완만한 20킬로미터의 상승 구간보다 훨씬 짧지만, 매우 악명이 높은 급격한 코스가 있다. 실제로 피레네에도 꼴 뒤 수데(Col du Soudet)나 엔바릴라(Port d'Envalira)처럼 긴 구간도 있지만, 실제로 선수들에게 큰 충격을 주는 구간은 짧은 코스다. 오타캄(Hautacam), 플라 다데(Pla d'Adet), 베유(Beille) 고원, 뤼즈 아르디당(Luz Ardiden)의 업힐 피니시 구간에서는 가장 위대한 챔피언들의 격전이 벌어졌다. 그리고 투르말레, 페이레주르드(Peyresourde), 오비스크(Aubisque), 파이에르(Pailhères), 포르티용(Portillon)과 같은 고개(cols)는 투르 드 프랑스가 지날 때마다 피레네에 확실한 족적을 남길 수 있게 하였다.

　피레네의 좋은 점 중 하나는 피레네 봉우리를 보기 위해서 꼭 비행기를 탈 필요는 없다는 사실이다. 남쪽 툴루즈에서부터 A64 고속도로(autoroute)를 타고 오면 피레네를 뚜렷하게 볼 수 있으며, 플래토 드 란메장(Plateau de Lannemezan)에서도 좋은 경치를 감상할 수 있다. 이곳에서 푸른 목초지와 초원의 수평선에서부터 뻗어있는 피레네 산맥(chaîne) 전체를 볼 수 있으며, 삐죽하게 솟아 있는 봉우리들과 봄에는 더 환하게 빛나는 눈 덮인 정상을 만날 수 있다.

　피레네 산맥과 평행한 나르본(Narbonne)과 베이온(Bayonne) 사이를 지나는

피레네 PYRENEES 베유 고원(Plateau de Beille)을 향하며 꼴 드 파이에르(Col de Pailhères)를 오르는 선수들, 2007년. 저 좁은 길을 주목해 보시라!

A61과 A64 고속도로(*autoroutes*)를 통해서도 피레네 산맥을 감상할 수 있는데, 실제로는 아무리 밝은 날에도 피레네 산맥의 일부만을 볼 수 있기 때문에, 한 장소에서 한 번에 피레네 산맥의 전체를 볼 수 있다는 생각은 크나큰 오산이다.

피레네 산맥은 알프스와는 지리적으로 완전히 다르다. 피레네는 훨씬 푸르며, 바위투성이고, 나무가 우거졌으며, 관광객이 적어서 알프스보다는 황폐해지지도 않았다. 이곳은 휴식이나 관광하기에도 알프스보다도 훨씬 좋다. 또한 알프스에서는 자동차 때문에 방해를 받지만 여기서는 자전거를 이용한 여행도 훨씬 편하다.

피레네 산맥을 넘어 스페인으로 들어갈 수 있는 10개의 유명한 등산 코스가 있는데, 특히 쇼핑을 하려면 관세가 없는 안도라 공국(Andorra)를 방문해도 좋다. 아로(Arreau), 오르테즈(Orthez), 라렁(Laruns), 캄보 레벵(Cambo-les-Bains)과 같은 다채로운 장이 서는 마을에서 작은 시골 호텔과 레스토랑과 특별한 지역 요리를 맛볼 수 있다. 바니에르 드 비고르(Bagnères-de-Bigorre), 생지롱(Saint-Girons), 생고댕(Saint-Gaudens), 푸아(Foix), 바니에르 드 뤼숑(Bagnères-de-Luchon)과 같은 지역은 이후 피레네 산맥을 자동차나 자전거로 여행할 때 베이스캠프로 활용될 수 있다. 도보로 여행을 한다면, 800킬로미터 길이에 달하는 피레네 산맥 전체를 관통하여 스페인으로 향하는 유명한 하이킹 코스인 오트 랑도네 피레네(Haute Randonnée Pyrénéenne)가 있으며, 좀 더 감당하기 쉬운 코스로는 하루에서 이틀 코스인 GR10이 있다.

알프스가 샤르트뢰즈(Chartreuse)와 베르코르(Vercors)에서 낮은 고도의 오르막을 제공하듯이, 피레네 역시 베아른(Béarn), 아리에주(Ariège), 그리고 페이 바스크(Pays Basque)와 같은 곳에서도 완만한 코스를 제공한다. 꼴 드 라트라프(Col de Latrape), 꼴 다니에(Col d'Agnès), 그리고 꼴 드 마리 블랑(Col de Marie-Blanc)와 같은 클라이밍 코스는 플래토 드 보나스크(Plateau de Bonascre)나 옥스-3 도맨스(Ax-3-Domaines)와 같은 스테이지로 향하는 준비가 부족한 선수들을 언제든지 낚아 챌 준비를 하고 있다. 반면 프랑스와 스페인 사이의 바스크 국경을 따라서 이어지는 잘 알려지지 않은 오르막 코스는 투르 드 프랑스에 참가한 선수들에게 즐거움을 준다.

타일러 해밀턴(Tyler Hamilton)은 2003년 투어에서 이라티 부근에서 심장이 터질 듯한 질주를 통해서 바욘에서 전설적인 87킬로미터의 브레이크어웨이(break-

2003년 타일러 해밀턴이 투르 드 프랑스에서 심장이 터질 듯하게 질주하는 모습.

away)(역자 주: 펠로톤으로부터 치고 나가는 행위)를 만들며 스테이지를 거머쥐었다.

비록 해밀턴의 커리어는 2004년 스페인 투어에서 혈액 도핑으로 적발되면서 망가졌지만, 2003년 피레네에서 보여준 질주는 내가 투어에서 본 가장 완벽한 단독 질주였으며, 이라티의 변덕스러운 스페인 국경을 지나는 동안 바스크 팬들이 그에게 보내준 열광적인 모습에 압도된 나는 그 광경이 여전히 가슴속에 각인되어 있다. 열정적인 팬들의 수는 CRS(프랑스 보안 기동대)의 폭동 진압경찰대와 수도 같았다. 그들이 보내는 해밀턴을 향한 응원은 무척 진실된 것이었다. 나는 오히려 투르 드 프랑스가 아니라, 피레네를 볼 수 있는 기회를 얻어서 무척 행운이라고 생각했다.

5월 투어 전 랜스 암스트롱(Lance Armstrong)이나 로버트 밀러(Robert Millar)의 훈련을 촬영하기 위해서 스페인 투어의 뤼즈 아르디당과 코트레(Cauterets) 스테이지를 마지막으로 방문할 기회를 얻었다. 부엘타(*Vuelta a España*, 스페인 투어의 제대로 된 이름)는 10월에 열리기 때문에 5월이나 7월의 피레네와는 전혀 다른 풍광을 만날 수 있다. 대부분의 관광객은 모두 떠나고, 나뭇잎은 서서히 단풍이 들며 황금빛을 내기 시작한다.

이 시기에 여행한 덕분에, 나를 바라보는 존재라고는 오직 목초지의 양과 산양 뿐이었다. 최근에 내린 눈이 이미 만족스럽던 나의 여행에 더 큰 즐거움을 더해주었던 콜 뒤 송포르(Col du Somport)와 콜 뒤 포르탈레(Col du Portalet)의 드넓은 산비탈을 볼 수 있었다. 날씨가 나쁜 날조차도, 피레네를 신비스럽게 만드는 무엇인가가 있었는데, 봉우리에 걸린 구름이 하늘을 어둡게 하며 동시에 불길한 분위기를 형성하는 것이 그러했다.

사이클 경주가 있건 없건, 피레네는 푸른 녹음, 언덕, 그리고 굉장히 아름다운 산 속 숲에서 개울이 흐르는 소리를 들을 수 있는 살아 있는 천국이며, 빽빽이 우거진 전나무가 비옥한 갈색 산림토와 어우러져 숲에서 튀어나와 하늘로 향하는 것처럼 보인다. 알프스나 마시프 상트랄의 빛깔과도 무척 달라서 옅은 안개와 분위기

피레네 PYRENEES 콜 뒤 투르말레의 정상, 피레네 국립공원 한 가운데에서의 전경.

있는 상황을 연출하는데, 이것은 나와 같은 사진가에게는 매우 안성맞춤으로 고랭지의 무성한 초목을 아름답게 비춘다. 녹음이 가득한 봉우리는 마치 당신이 앞으로 나오기를 유혹하는 듯하며, 지나가는 사람을 끌어당겨 자신을 탐구하도록 원하는 것 같다. 또한 투어가 지나가는 것을 지켜보며 투어에 매혹된 것처럼 보이는데 알프스와 같은 위협적인 뾰족한 바위가 적기 때문에 이러한 분위기가 연출되는 듯하다. 뤼즈 아르디당이나 베유 고원에서 끝나는 스테이지를 볼 때마다 몇 시간이라도 산악 지대를 산책하고 싶었는데, 프레스 센터에서 시간을 보내는 것보다 훨씬 즐겁기 때문이다.

여러분처럼 나도 피레네 산맥을 좋아한다. 피레네의 평화로움과 고요함, 그리고 물론 그곳에서 벌어지는 투르 드 프랑스를 사랑한다. 바로 이 피레네 산맥이 투르 드 프랑스에 '산'을 처음으로 선물했다.

콜 뒤 투르말레(Col du Tourmalet)

콜 뒤 투르말레의 어느 방향이 더 힘들고, 더 아름다운지를 판단하기는 여간 어려운 일이 아닐 수 없는데, 양쪽 모두 똑같은 장점이 있기 때문이다. 갈리비에와 같이 투르말레는 동쪽에서 최고의 경주 코스를 자랑한다. 생트 마리 드 캉팡(Sainte-Marie-de-Campan)에서 시작하여 라몽지(La Mongie)의 스키 스테이션을 지나 마지막 5킬로미터 구간인 급격한 커브(lacets) 코스에서 펼쳐지는, 본인이 무척 작게 느껴지는 파노라마를 감상할 수 있다.

피레네 PYRENEES 동쪽 코스를 통해 투르말레 정상을 지나는 투르 드 프랑스, 1993년.

그러나 1970년, 2002년, 2004년 실제로 스테이지가 정상이 아닌 라몽지에서 종료되었으며, 투르말레는 그저 뤼즈 아르디당이나 코트레에서 종료되는 스테이지의 서곡 역할만을 수행하고 실제 진가는 무시되었다. 슬프게도 해발 2,115미터 정상에는 스테이지 피니시를 진행할 만한 충분한 공간이 없었다. 그래서 라몽지에서 스테이지가 끝나면, 투어 팬은 늘 정상에서 스테이지가 끝났다면 어땠을까하는 의문을 갖게 될 수밖에 없다.

서쪽 경로를 택하면, 투르말레는 이른 시간에 더 쉽게 오를 수 있다. 뤼즈 생소뵈르(Luz-Saint-Sauveur)에서 출발한 펠로톤은 초반에는 한 덩어리로 움직이다가, 최후의 몇 킬로미터에서 승부가 갈리기 시작한다. 이미 콜 다비스크(Col d'Aubisque)를 지난 상태에서, 선수들은 아스핀(Aspin), 페이레주르드(Peyresourde), 발 루론(Val Louron), 혹은 피오-앙갈리(Piau-Engaly)의 오르막을 어떻게 오를지 계산하게 된다.

바레즈(Barèges)에서 오르기 시작하는 서쪽 코스는 동쪽 코스처럼 지저분하지 않으며, 마지막 몇 킬로미터에서는 비록 알프스와 같은 빙하와 눈이 펼쳐진 배경은 없지만 갈리비에와 유사한 급커브 구간이 있다. 대신, 마치 엄중한 산신과 같은 모습으로 정상을 바라보는, 짙푸른 회색의 해발 2,724미터의 피크 데 카트르 테르메스(Pic des Quatre-Termes)를 만날 수 있다. 나는 1910년 옥타브 라피즈(Octave Lapize)가 이곳을 넘을 때 정상을 지난 바위투성이의 내리막길에서 그를 기다리는 운명에 대해 알고 있었을지 무척이나 궁금했다.

나는 1983년 투어에서 처음으로 투르말레를 경험했는데, 풀이 무성한 언덕에 서서 로버트 밀러(Robert Millar)가 정상을 통과하는 것을 바라보았다. 나는 이 작은 스코틀랜드 선수가 어떻게 바니에르 드 뤼숑(Bagnères-de-Luchon)에서 벌어진 첫 스테이지에서 우승했는지 알 수 없었다. 투르말레는 그날 마지막 클라이밍 코스였으며, 나는 오랫동안 한 장소에 서서, 선수들이 다가오기만을 기다리던 것이 기억난다. 그날 경기의 꼴찌는 그루페토(gruppetto)(역자 주: 엘리트 라이더를 도와준 선수들이 타임 컷 안에만 들어오기 위하여 한 무리로 들어오는 그룹)에도 들지 못했는데, 그래서 나는 계속해서 개별적으로 정상을 통과하는 선수들을 지켜볼 수 있었다.

서쪽 코스를 통해서 투르말레를 오를 때마다, 나는 내가 몇 해 전 사진을 찍기 위해 올랐던 그곳에 젊은 사진가가 오를 때면 언제나 부러움이 가득한 눈으로 쳐다보았다. 왜냐하면 이제는 내가 그곳에 올라서 한 시간이나 두 시간 동안 선수들을 기다릴 힘이 없다는 것을 알기 때문이다. 누군가에게 편하도록 기억을 바꾸는 것이 어렵지만, 여전히 나는 투어에서 최고의 경주를 펼친 장소와 최고의 사진을 찍을 수 있던 기회는 바로 동쪽 코스를 이용했을 때라고 기억한다.

1988년 나의 투르 드 프랑스 경력 중 최고의 사진 중 하나는 바로 스티븐 룩스(Steven Rooks)와 헤르트 얀 퇴니세(Gert-Jan Theunisse)가 선두로 나서려는 장면을 잡아낸 사진이다. 내 렌즈는 룩스가 관중이 건네는 물병을 잡기 직전에,

스티븐 룩스가 투르말레 동쪽 코스를 오르며 그가 그토록 필요한 물병을 잡기 직전의 모습, 1988년.

투르말레 정상(Atop the Tourmalet)

콜 뒤 투르말레(Col du Tourmalet) 정상에는 얼마나 오래되었는지 아무도 모르는 아주 작은 카페가 있다. 연중 내내 영업을 하여 여름에는 춥고 배고픈 사이클 팬을 맞이하고, 겨울에는 스키족을 맞이하며 라몽지(La Mongie)로 향하는 투르말레의 명소다.

이 회색 석조 건물 내부는 사이클 팬과 스키족 모두 편안하게 쉴 수 있는 공간이 있으며, 24시간 식사와 간식을 판매한다. 카페 한쪽 벽에는 흑백 사진이 걸려 있다. 사람과 차량으로 산의 전경이 훼손되기 전의 투르말레에 처음 길이 놓였을 때의 사진이다.

나는 2008년 투어 때, 스테이지가 종료된 다음 날에 이곳을 들러 투어가 열리지 않은 날에는 주변이 어떠한지 곳곳을 탐색했다. 그 당시 내 결론은 투어가 없어도 이곳은 충분히 유명하며 특히 이 작은 카페가 적절한 역할을 하고 있다는 사실이었다. 이쯤 되면 "투르말레의 카페(Café du Tourmalet)"라는 이름을 지어주어도 충분하지 않을까?

그의 눈이 물을 갈구하며 고통을 뿜어내는 순간을 잡아냈다.

1995년 리샤르 비렝크(Richard Virenque)가 코트레(Cautrrets) 스테이지에서 승리하기 위해 질주한 몇 분 후에, 나는 마르코 판타니(Marco Pantani)가 나타나기만을 기다리고 있었다. 그가 몇 분 뒤처져 있었지만 여전히 이 이탈리아 선수의 승리를 믿었기 때문이다. 실황을 중계하는 라디오는 마침 고장이 났고, 비록 몇 시간 앞서 심각한 충돌이 있었다는 정보는 알고 있었지만, 투르말레를 오르기 전에 부상을 입었던 파비오 카사르텔리(Fabio Casartelli)가 사망했다는 사실은 알지 못했다. 내가 포착한 판타니 사진은 그가 막 카사르텔리의 죽음을 듣게 된 순간이었으나, 나는 그 맥락을 알지 못했기에 그가 느낀 고통의 이유를 이해하지 못해 약간은 바보 같은 기분이 들었다.

2003년에는 좀 더 행복한 순간을 만났다. 얀 울리히(Jan Ullrich)가 투르말레에서 뤼즈 아르디당(Luz Ardiden)으로 마지막 오르막에 돌입하기 전에 랜스 암스트롱을 떨쳐내기 위해서 브레이크 어웨이를 시도했다. 암스트롱은 이에 대응하여 역시 최선을 다했는데, 울리히가 2003년 투어에서 보여준 모습은 그 이전에 그가 보여주었던 수준까지는 도달하지 못했기 때문에 그를 제치지는 못했다.

포르 디 라로(Port de Larrau)

투어에서 가장 활용이 안되는 클라이밍 스테이지 중 하나인 포르 디 라로(Port de Larrau)는 경사도가 10도가 넘는 구간을 포함하고, 평균 8도의 경사도를 지닌 해발 1,573미터의 15킬로미터 구간으로 피레네에서 가장 혹독한 오르막이다. 이 지옥 같은 오르막 코스는 1996년 투어 5회 우승자인 미구엘 인두라인의 가족 농장이 있는 빌라바(Villava) 근교의 마을을 지나 스페인 팜플로나(Pamplona)로 향하는 스테이지에서 처음으로 사용되었다.

팜플로나 지방은 투르 드 프랑스 조직위원회에 어마어마한 돈을 제공하여 투어가 스페인을 지나도록 만들었는데, 아마도 스페인 사이클 영웅에 대한 경의를 표하는 동시에 그가 여섯 번째 마이요 존느를 입을 수 있을 것으로 생각했기 때문일 것이다. 하지만 인두라인의 1996년 투어는 이전 5년의 모습과는 달랐고, 라로(Larrau)에서의 스테이지 17 이전에 이미 그의 투르 드 프랑스 우승 희망은 사라졌다.

비록 많은 사람들이 라로 코스가 믿기 힘들 정도로 어렵다는 것을 잘 알지

포르 디 라로(Port de Larrau)의 가파른 경사지에서 펠로톤의 격차가 벌어지는 모습, 2007년.

는 못했지만, 내 마음 속에 최고의 클라이밍 장면으로 남아 있던 그의 1996년 질주보다 더 인상 깊은 경주는 결국 볼 수 없었다. 라로에 도착하기도 전에 계속 힘들어지는 코스때문에, 이미 여러 선수가 중도에 탈락했다. 인두라인 역시 그들 중 한 명이 되고 말았는데, 생조제프(Saint-Joseph) 교회의 급커브 '벽'과 같은 난코스와 비얀 리스(Bjarne Riis), 리샤르 비렝크(Richard Virenque), 그리고 로랑 뒤포(Laurent Dufaux)의 힘찬 질주에 그만 뒤처지고 말았다. 리샤르 비렝크와 로랑 뒤포는 페스티나(Festina) 소속이었는데, 스페인에서는 아주 유명한 스폰서이기 때문에, 스페인 스테이지에서의 성공이 무척 중요한 상황이었다. 스페인의 대표 선수였던 인두라인은 이러한 상황을 잘 알고 팜플로나(Pamplona)에서 영광스럽게 승리하려던 시나리오가 산산조각나면서, 희생양으로 전락했다.

라로는 혹독한 난이도로만 알려진 것이 아니라

잔혹한 만큼 정말 아름답기도 하다. 가브드라로(Gave de Larrau) 강의 급류를 거슬러 올라가자마자, 상승하는 경사도뿐만 아니라, 회갈색 암석이 흩뿌려져 있는 밝은 녹음이 가득한 산비탈에서 심장이 멎을 것 같은 공포를 느끼게 된다. 도로 상태는 완벽했지만, 그렇다고 페달을 밟는 것이 전혀 쉬워지지는 않았고, 펠로톤은 금세 분리되기 시작하는데, 산비탈의 숲이 우거진 구불구불한 길에 들어서면 무려 14도의 경사를 만나게 되기 때문이다.

길가에서 선수들의 고통에 가득 찬 순간을 포착하다보면, 선수들이 헐떡이는 소리가 들리는데, 무척 뛰어난 선수조차 이 산의 위엄에 힘들어 하는 모습을 본다. 그리고 산의 배경이 시원하게 보이기 시작할 무렵이면, 약 80킬로미터 거리에 달하는 베이온과 비스케이 만(Bay of Biscay)으로 향하는 길에는 수풀이 정말 근사하게 우거진 고원의 경치가 펼쳐진다.

고도는 계속 높아지며, 최고의 선수가 선두로 치고 나오기 전까지는 계속 각축전이 벌어진다. 심지어 최고의 선수들에게도, 교회의 '벽' 코스는 악명이 높다. 3~4개의 급커브 코스는 잠시도 쉴 틈을 주지 않고, 경사는 더 가팔라지며 더 심한 고통을 준다. 마지막 순간, 1~2킬로미터를 더 달리면 정말로 아름다운 산비탈 길이 나타나는데, 프랑스의 산과 나바르 산맥이 360도로 둘러싸며 장관을 만들어낸다. 높이 오를수록 고산지대는 선수들을 계속 힘들게 하지만, 마치 끈질기게 호기심을 발휘하며 도전하는 선수들이 경치를 감상할 수 있게 해주는 듯하다. 물론 그들이 그럴 여유가 있다면 말이다.

1996년 최후의 클라이밍 스테이지에는 정말 빼곡히 프랑스, 스페인, 그리고 특히 인두라인이 빌라바(Villava), 실제로는 바스크에서 무척 가까운 나바라(Navarra)에서 사이클의 선구

(오른쪽) 아브라함 올라노(Abraham Olano)와 미구엘 인두라인이 수천 명의 바스크 팬들의 응원에도 불구하고 포르 드 라로(Port de Larrau)에서 힘들어 하는 모습, 1996년.
(왼쪽) 로랑 뒤포(Laurent Dufaux)가 1996년 100킬로미터 이전 구간인 포르 드 라로의 질주를 바탕으로 팜플로나에서 우승하는 모습.

자가 되었기에 그들을 대표하는 선수로 여기며, 이제는 전설(*mito*, 스페인어로 mito 이며 영어로 myth)이 되기를 바라는 바스크 팬들이 자리했다. 그날 일을 되돌아봤을 때야 비로소, 엄청난 인파의 바스크 팬이 무리를 지어 투르 드 프랑스를 응원한 첫 번째 사건이었음을 깨닫게 되었다. 이 바스크 팬들은 이후에는 매년 본인의 고향에서 더 멀리 떨어진 라 투쉬르(La Toussuire), 베유(Beille) 고원, 그리고 방투 산까지 찾아오게 되었다. 포르 드 라로(Port de Larrau)는 마치 알프 듀에즈가 1970년 후반 네덜란드 팬들에게 큰 인상을 주었듯이, 바스크 팬들이 투르 드 프랑스의 신비로움을 알게 되는 입문이 된 것이다.

슬프게도, 이 위대한 클라이밍 코스는 1996년 이래로 단 한 번만 사용되었는데, 2007년 투어에서 나바라에서 출발하여 꼴 드 라 피에르 생마르탱(Col de la Pierre Saint-Martin)을 처음으로 지나서 콜 다비스크(Col d'Aubisque) 정상을 통과하여 프랑스로 진입하는 스테이지가 구성되었다. 그해는 미샤엘 라스무센(Michael Rasmussen)이 대회에 참가한 마지막 해였는데, 그는 악천후에도 스테이지를 거머쥐며 마이요 존느를 획득했지만, 이후 그가 속한 라보뱅크(Rabobank) 팀을 속인 것이 적발되어 우승이 취소되었다. 그날 포르 드 라로(Port de Larrau) 코스를 다시 보는 것이 무척 기뻤는데, 선수들의 숨 가쁜 소리와 Forêt d'Iraty 넘어 정상에서의 경이로운 풍경이 있기 때문이다.

콜 뒤 술로(Col du Soulor), 콜 다비스크(Col d'Aubisque)

콜 뒤 술로(Col du Soulor)에서 출발하여 콜 다비스크(Col d'Aubisque)로 향하던, 아니면 반대로 오르던, 두 봉우리 사이의 좁고 구불거리는 길에 겁을 먹지 않을 수 없다. 어떤 방향이든 특별히 어려운 길은 없는데, 다만 20세기 초에 산 중턱에 만든 이후로 보강한 적이 없는 길을 달려야 할 뿐이다. 너무나 적절하게, 이 지방 사람은 이 길을 "선반(*La Corniche,* the shelf)"이라고 부르는데, 아마도 이보다 더 적절한 비유는 없을 것 같다.

나는 술로-오비스크(Soulor-Aubisque) 구간을 지날 때면 언제나 도로 상태를 보며 Cirque du Litor을 형성하는 깊은 산골짜기로 떨어지는 것을 방지하는 장치

>> 콜 뒤 술로(Col du Soulor)와 콜 다비스크(Col d'Aubisque) 사이의 "선반(La Corniche)" 구간, 1995년.

콜 다비스크 Col d'Aubisque 콜 다비스크의 서쪽 오르막은 투어에서 가장 많이 활용되는 코스이다.

가 아무것도 없다는 사실에 놀란다. 그나마 어둡고 구불거리며, 불을 밝히지 않은 터널이 가장 급격한 꺾임을 보이는 코스에서 선수들을 보호해주지만, 나머지 구간에서는 그저 산비탈에서 돌이 떨어질 수도 있다는 사실과 어리바리한 행동이나 풍경에 정신이 팔린다면 아무런 보호 장치가 없는 낭떠러지로 추락한다는 사실을 염두에 두는 수밖에 없다.

투어가 오비스크(Aubisque) 방향으로 술로(Soulor)를 오를 때 바로 이 선반 구간이 가장 극적인 형태를 띠었는데, 뱀처럼 구불거리는 줄을 이룬 선수들이 주변 경치 때문에 왜소하게 보였다. 마치 신의 가호와 같이 터널로 선수들이 사라졌다 나타났다 했다. 선수들이 천천히 오비스크를 향해 나아가는 모습을 바라보는 팬들 중 누구도 투르 드 프랑스 클라이밍 스테이지 중 이렇게 자연에 그대로 노출된 상태로 진행되는 곳은 본 적이 없었을 것이다.

겨울의 막바지가 되면(이곳에서는 5월 말이다) 헌병대는 각 도로로 공병대를 보내서 여름 동안 주요 도로를 대중에게 공개할지 말지를 결정하기에 앞서 도로 상태를 살핀다. 투어가 7월에 이곳을 지나는 일은 겨우내 낙석과 강설로 부서진 도로를 수리하고, 또한 터널이 우리의 영웅을 예기치 않게 덮치지 않도록 자세히 검사하는 분명한 이유가 된다.

만약 투르 드 프랑스에서 술로 오비스크(Soulor-Aubisque)의 '선반' 코스를 사용할 계획이 없다면, 사실상 차나 오토바이를 위한 길이 아니고는 다른 길은 다음 해 여름까지 그대로 폐쇄된다. 그렇기에 늘 투어가 위험을 무릅쓰고 술로(Soulor) 정상을 정복할지 모른다는 기대감이 커질 수밖에 없다.

투르 드 프랑스가 이 구간을 지날 때의 문제점은 - 콜 다비스크(Col d'Aubisque)는 아르젤가조스트(Argelès-Gazost)에서 꾸준히 오르막을 오르든 아니면 더 경치가 좋지만 완만한 포(Pau) 방향을 오르든 - 실제로 클라이밍 구간에 못 미친다는 점이다. 라헝(Laruns)부터 오비스크(Aubisque)의 서쪽 벽을 오르는 코스가 가장 많이 이용되지만, 문제는 결과적으로 조각난 펠로톤이 아주 불안한 '선반' 내리막을 타고 내려오는 순간을 사진가들이 포착하기가 무척 위험한 일이라는 사실이다. 심지어 어떻게 보면 선수보다 더 두려운 일이다. 비록 초반에는 아주 느긋한 커브 길이 등장하여 순진한 자전거족에게 앞으로도 편한 코스가 펼쳐질 것이라고 착각하게 만드는 라헝에서 출발한다 하더라도, 서쪽에서부터 오비스크를 오르는 일은 피레네

콜 다비스크(Col d'Aubisque)의 서쪽 면을 오르는 펠로톤, 2007년.

산맥에서도 가장 어려운 코스다. 오본(Eaux-Bonnes)부터 급작스러운 경사가 시작되는데, 그때부터 산사태를 피할 수 있으며 선수들의 깊은 숨을 으스스한 메아리로 만들어내는 긴 구간이 펼쳐진다.

이 순간까지는, 오비스크는 그렇게 아름답지는 않다. 하지만 해발 1,400미터의 스키 리조트인 구레트(Gourette)에 당도하는 순간 전혀 새로운 풍경이 펼쳐지는데, 미묘하게 변한 주변 환경은 6킬로미터 남은 정상까지 이어진다. 몇 번의 급커브 구간을 지나면, 선수들은 산이 한눈에 보이는 탁 트인 절경을 보게 된다.

바로 이곳이, 많은 사람들이 정상으로 눈치를 못 채는 해발 1,709미터 정상이다. 왼쪽으로는 인상적인 몰-드-조의 꼭대기(Pic de Moulle-de-Jaut)가 위치하며, 오른쪽 위로는 회색 암석이 햇빛을 반사시키며 빛나는 피크 드 제르(Pic de Ger)의 거대한 산악지대가 위치한다. 바로 이 정상에서 내려다보는 관중에게는 여전히 힘은 넘치지만, 개미만한 선수들을 산이 완전히 삼키는 오비스크의 광경이야말로 가장 매력적일 것이다.

그 이후로 진행되는 몇 킬로미터의 구간은 선수들도 경관에 취할 만큼 수려하다. 그러나 투르 드 프랑스에서는 마음을 놓을 수 없다. 왜냐하면 이후 술로에서 오

비스크까지의 선반 코스와 그 이후에도 펼쳐질 코스를 계속해서 염두에 두어야 하기 때문이다.

다른 주요 산악코스들

아름다움은 보는 이의 눈에 달려 있다는 말은 투르 드 프랑스 최고의 클라이밍 코스를 고를 때에도 매우 적합한 표현이다. 이번 장에서는 나만의 기준에 따라 아름다움, 역사, 난이도, 그리고 사진가로서 나의 개인적인 만족도를 더하여 몇몇 산을 꼽아보았다. 물론 이 산들이 투르 드 프랑스에서 오르는 산의 전부는 아니므로, 나머지 산에 대해서도 말하고자 한다. 예를 들면, 꼴 디조아(Col d'Izoard)는 놀랄 정도로 아름다운 자연 경관을 자랑하고, 어느 방향에서 오르더라도 난이도가 분명하므로 응당 최고의 코스가 되어야 하지만, 현대 투르 드 프랑스의 주요 산악 코스는 되지 못했다. 실제로 최근 조사에서 이조아(Izoard)가 투어에는 효과적이지 못한 코스라는 결과가 있었고, 이러한 사실이 변하기 전까지는 이견이 있기는 어려울 듯하다.

비슷한 이유로, 수많은 전설적인 클라이밍 코스가 이제는 선호되지 않는데, 꼴 드 라 마들렌(Col de la Madeleine, 아름답지만 경주하기에는 평범한 코스), 꼴 드 주쁠란느(Col de Joux-Plane, 살인적으로 난이도가 높은 코스이지만, 아름다움이 부족함), 아보리아즈(Avoriaz, 1985년 이후로 사용되지 않는데, 주쁠란느(Joux-Plane)에 의해 그늘이 짐), 꼴 드 페이레주르드(Col de Peyresourde, 아주 아름다운 동시에 난이도가 높음), 뤼즈 아르디당(Luz Ardiden, 의심할 여지없이 험한 코스지만, 경치가 숲에 가려서 매력이 덜함), 꼴 드 마리 블랑(Col de Marie-Blanc, 또 하나의 고난이도 코스이지만, 이조아를 너무 닮아서 경쟁력이 없음), 오타캄(Hautacam, 무척 힘든 코스이지만, 비얀 리스(Bjarne Riis)와 레오나르도 피에폴리(Leonardo Piepoli)와 같은 방문객이 좋지 않은 소문을 냄) 들이 그러하다.

내가 고른 산악 클라이밍 코스는 실제로 나와 투르 드 프랑스에 영향을 주었을 경우에만 포함했다. 동시에, 나는 정말 수많은 코스가 아직도 투르 드 프랑스 스테이지에 포함되기만을 기다리고 있는 것을 잘 알고 있다. 이러한 코스를 찾는 것이 바로 투어의 역할이다!

<< 미샤엘 라스무센(Michael Rasmussen)이 레비 라이파이머(Levi Leipheimer)와 알베르토 콘타도르(Alberto Contador) 사이에 끼어서 콜 다비스크(Col d'Aubisque) 스테이지에서 고전하는 모습, 2007년.

투르 드 프랑스의 전설들

그레그 르몽드(Greg LeMond)

그레그 르몽드의 1986년, 1989년, 1990년 우승을 되돌아보면, 큰 그림 안에 대체 어떻게 미국인이 끼어들 수 있을지 생각하기는 꽤 어려운 일이다. 누군가는 미구엘 인두라인(Miguel Induráin)의 5년 연속 우승과, 비얀 리스(Bjarne Riis), 얀 울리히(Jan Ullrich), 그리고 마르코 판타니(Marco Pantani)가 각각 우승한 이후로 르몽드가 정상에 올랐지만, 곧이어 7회 우승에 빛나는 랜스 암스트롱(Lance Armstrong)이 왕위를 계승했다고 말할 수도 있다. 2008년 현재 시점에서 보면, 7회 우승과 3회 우승은 비교가 안 된다. 특히 암스트롱의 7회 우승은 연속 우승으로, 본인의 삶에서 최고의 신체능력을 발휘해야만 달성할 수 있는 엄청난 업적을 이루었음을 의미한다.

르몽드가 5년에 걸쳐 이룩한 3회 우승은 이에 비교하면 작은 성공으로 보인다. 그러나 젊고 순진한 암스트롱이 베르나르 이노에 팀 리더와 라이벌로서 과연 어떻게 대처할 수 있었을지 쉽게 말할 수 있을까?

운과 우연은 실제로 여러 번의 우승을 차지하는 데 무척 중요한 역할을 하는데, 르몽드가 라 비 클레르(La Vie Claire)에 합류하여 이노의 동료가 된 1985년의 운은 그의 편이 아니었다. 이노는 르몽드를 그에게 동기부여를 하는 존재로 활용했으며, 이 늙고 지혜로운 오소리(blaireau, 이노의 별명)는 그의 동료를 굴복시키는 데 전혀 주저하지 않았다. 만약 르몽드가 1981년 그가 데뷔할 때부터 함께했던 르노(Renault)와 함께했더라면, 1985년에 우승했을 거라는 것은 의심의 여지가 없으며, 이노를 꺾고 1년 먼저 첫 우승을 차지했을 것이다. 그렇다면 7년간 4회 우승의 훨씬 좋은 기록을 남겼을 것이다.

사람들이 르몽드와 암스트롱을 비교하는 것은 너무 당연한 일인데, 누가 더 위대한 선수인가 하는 논쟁은 늘 일어나기 때문이다. 하지만 확실한 것은 그들이 다

그레그 르몽드가 로랑 피뇽(Laurent Fignon)에게 꼴 드 라 크와 드 페흐(Col de la Criox de Fer)의 클라이밍에서 앞서나가는 모습, 1989년.

른 시대에 경주에 참여했으며, 따라서 정확한 비교는 어렵다는 것을 의미한다. 르몽드는 패기가 가득하고, 약간은 미친 선수였다면, 암스트롱은 계산적이며 끈질기게 완벽을 추구하는 유형이었다.

르몽드는 자기 자신의 방식대로 경주를 펼쳤는데, 아드레날린을 내뿜으면서 선수들을 뒤쫓거나 앞으로 튀어나갔다. 그래서 그를 '총알'이라고 불렀다. 그레그는 이 별명을 탐탁히 여기지 않았는데, 실제로 1994년부터 많은 라디오에서 그 별명이 불리기 시작한 이래로 이를 끔찍이 싫어했다. 암스트롱은 반대로, 르몽드가 마음대로 경기를 펼치던 시대에도, 그 누구보다도 강한 훈련과 동기부여, 그리고 과학의 시대에 꼭 맞아 떨어지는 선수여서 게으름 따위는 보이지 않았다.

그레그에게는 불행하게도, 이미 과학은 혹독한 훈련과 더불어 1980년대 후반의 장면에 큰 영향을 주기 시작했다. 그의 젊음은 너무도 빠르게 사라졌고, 동시에 운동에 대한 욕구도 빠르게 사라졌다. 곧이어, 인두라인과 같은 재능 있는 선수가 그를 앞서기 시작하자, 그대로 그의 시대는 끝이 났다. 나는 르몽드가 투르 드 프랑스에 끼친 영향에 대해 종종 생각한다. 그것은 바로 암스트롱이 따를 수 있는 길을 밝히면서 미국 사이클에 긍정적인 영향을 주었다는 사실이다.

나는 기권선수들을 태우고 가는 차량(voiture-balai)(broom wagon)이 1994년 스테이지에서 대열에 다시 합류했을 때 큰 충격을 받았는데, 플라스틱 의자에 바로 그가 지친 상태로 걸터앉아 있었기 때문이다. 더 큰 드라마를 찾아 헤매는 내 동료와는 달리, 나는 그레그가 코스에서, 그리고 그의 경력에서, 아니 심지어 그의 삶이 쓸쓸하게 사라져가는 방향을 바라볼 수밖에 없었다. 내가 여전히 아쉬워하는 부분 중 하나는 그가 1994년 투어에 참가하지 말았어야 했다는 사실이다. 왜냐하면 그는 이미 대회에 대한 열정도 식었고 몸 상태도 의심쩍었기 때문이다. 바로 이 대회가 르몽드의 팀원인 크리스 보드먼(Chris Boardman)이 릴(Lille)에서의 프롤로그를 가져간 대회라는 점을 기억해야 한다. 아마도 이때 르몽드가 과연 본인이 이 대회에서 앞으로 미래가 있을지 고민했을 중요한 시점이 아니었을까 싶다.

    나는 또한 그레그의 팀이 그의 마지막 순간을 모욕했다는 사실도 알고 있다. 위대한 챔피언에 대한 대우에 맞지 않게 팀의 차량에 그의 모습을 숨겨주지 않고 오히려 기권선수들을 태우고 가는 차량에 그대로 방치했다. 이러한 사실 때문에 늘 암스트롱과 비교가 되는데, 그레그는 그의 스텝에게 늘 장난을 쳤고, 팀 미팅에 지각하는 존재였다. 그러나 그는 투어의 역사에서 매우 중요한 존재여서, 늘 존중 받을 수밖에 없었다.

    1981년 르노엘프(Renault-Elf) 팀에 합류하면서 프랑스에 거주하던 미국 선수에 대한 장벽을 허물었다. 물론 그의 프랑스 발음처럼 들리는 성이 큰 도움을 주었다.

    1986년 그가 우승했을 때, 그는 프랑스 전역에서 가장 사랑받는 선수가 되었으며, 이는 영미권의 선수들에게 무척 중요한 순간이 되었다. 그러나 투르 드 프랑스에 가장 큰 영향을 준 부분은 1986년 우승 이후 치솟은 르몽드의 시장 가치였다. 갑자기, 세간에 의하면 그는 1년간 100만 달러를 벌어들였는데, 대부분이 스폰서 비용으로서 이는 투르 드 프랑스도 부유하게 만들었다. 미국의 텔레비전 독점 중계권료는 무섭게 치솟았고, 이에 따라 다국적 기업이 르몽드의 팀에 스폰서를 시작했다.

    이러한 엄청난 부는 이후 우승자에게도 돌아갔다. 특히 1987년 우승자인 스티븐 로시는 유사한 금액의 스폰서를 요구했다. 무엇보다도 영미권 선수들이 가장 큰 혜택을 받았는데, 25~50퍼센트가 상승한 가격으로 유니폼에 광고를 달았다. 1992년 랜스 암스트롱이 세계 무대에 섰을 때, 그의 가치는 르몽드가 최고 수준이었을 때 벌어들였던 기준을 근거로 평가받았다.

    놀랍게도, 르몽드가 투르 드 프랑스에 남긴 유산은 그가 마지막으로 우승한 지 20년이 지나서도 이어지고 있다. 이에 대해 덧붙이자면, 1989년 투르 드 프랑스 우승은 그의 유산을 세운 순간인데, 현대 투어 중 단언컨대 가장 손에 땀을 쥐게 한 경기로, 오로지 암스트롱이 2003년 혼전 끝에 차지했던 우승만이 이와 비견된다. 르몽드는 피뇽과 맞서서 엎치락뒤치락하며 우승을 다뤘다. 르몽드가 스테이지 5의 타

그레그 르몽드가 1989년 투르 드 프랑스에서 우승했다는 사실을 알게 된 순간.

임 트라이얼 이후 마이요 존느를 입었고, 다시 피뇽이 5일 후 마이요 존느를 입었으며, 르몽드가 스테이지 15의 타임 트라이얼에서 되찾았다. 피뇽은 알프 듀에즈(Alpe d'Huez)에서 다음 날 다시 뒤집었고, 빌라 드 랑(Villard-de-Lans)의 스테이지 18에서 우승하며 승부욕을 불태웠다. 그러나 이에 그치지 않았다. 르몽드는 액스레뱅(Aix-les-Bains)의 알프스 스테이지에서 승리했고, 최종적으로 잊을 수 없는 파리 타임 트라이얼에서 피뇽의 50초의 리드를 뒤집고 8초 앞서면서 1989년 왕좌를 가져왔다.

정말 극적인 승부야말로 챔피언의 경력을 마무리하기에 인상 깊은 순간이 되겠지만, 르몽드에게는 해당 사항이 없었다. 르몽드는 1987년 봄 사냥 중에 부상을 입지만 않았더라면, 1989년 우승은 그의 다섯 번 대회 참가 중 네 번째 우승이 되었을 것이다. 현 상황에서는, 세상 사람들은 그레그 르몽드가 얼마나 더 대단할 수 있었는지에 대해서는 알지 못하는 것 같다.

로랑 잘라베르(Laurent Jalabert)

비록 프랑스 선수가 우승한 지 20여 년이 흘렀지만, 이러한 사실은 로랑 잘라베르(Laurent Jalabert)가 베르나르 이노를 뒤쫓으며 그의 조국에 투르 드 프랑스 우승을 선사하려는 노력에는 전혀 영향을 주지 않았다. 잘라베르의 실력은 그가 1991년 처음으로 투어에 참가했을 때

만 하더라도 도시바(Toshiba) 팀의 일
차원적인 스프린터 수준으로만 보였다.

1992년 스페인 ONCE 팀으로 이
적한 잘라베르는 브뤼셀으로 향하는
스테이지에서 우승했으며, 다른 스프
린트 피니시에서 10위 안에 들며 두각
을 나타냈다. 1970년 자크 에스클라상
(Jacques Esclassan) 이후 프랑스에는
제대로 된 스프린터가 없었다. 비록 이
노가 언제라도 스프린트가 될 수 있는
자질을 보였지만, 잘라베르야말로 조국
의 기대를 한몸에 받았다.

이노가 잘라베르에게 영역을 넓혀
보라고 조언을 했는지에 대해서는 아무
도 모르지만, 1994년 스프린트 피니시
에서 겪은 충격적인 사고 이후로 그는
전혀 다른 선수로 변모했다. 스프린팅
은 너무 위험했고, 이미 1994년 스페인

로랑 잘라베르(Laurent Jalabert)가 1994년 아르
망티에르(Armentières)에서 경찰관이 사진을 찍
기 위해 튀어나오면서 크게 충돌한 직후의 모
습. 잘라베르를 비롯한 수많은 선수들이 그와
충돌하며 자전거 역시 산산조각이 났다.

투어에서 산악 스테이지에서 승리했던 이 선수의 재능을 제한할 뿐이었다.

그의 부러진 턱과 이빨을 치료하고, 상처로 일그러진 얼굴을 성형한 이후에, 잘
라베르는 투르 드 프랑스 개최 전 파리-니스 대회와 두 개의 스프린트 대회에서 승
리하면서 1995년에는 만능형 선수로 거듭났다. 프랑스 언론은 그가 이제 이노의 스
타일을 쫓으며, 이전에는 스프린팅에만 재능을 뽐냈던 모습을 벗고 이제 투어의 시
상대(podium)에 설 자격을 얻었다는 부분에 주목했다. 잘라베르가 원하는 바도 바
로 그 점이었으며, 그는 말보다는 그의 다리가 이를 증명하기를 원했다.

잘라베르가 1995년 대회는 물론 한 번도 시상대에 오르는 일은 없었다. 그러나
그곳에 도달하기 위해 그가 들인 노력은 매년 여름 그를 프랑스의 영웅으로 만들었
다. 잘라베르는 1994년 충돌 이후에도 계속해서 인간 탄환과 같은 그만의 스타일
로 늘 위험을 감수하며 200킬로미터 구간의 알프스와 피레네 산맥 코스를 개의치

않고 달렸다.

　ONCE 팀과 함께 잘라베르는 엄청난 지원을 받으면서 1995년 팀 타임 트라이얼에서 우승했다. 1주일 후, 인두라인이 리드한 상태에서, 잘라베르가 더 대담하게 경주를 진행할 수 있도록 ONCE 팀은 전폭적으로 지지했다. 그 결과 인두라인은 늑장을 부리다가 결국은 생테티엔(Saint-Étienne) 근방의 클라이밍 스테이지에서 덜미를 잡히고 말았다. 잘라베르는 세 명의 팀원과 함께 나타났는데, 그들과 함께 망드(Mende) 남쪽으로 내달리며 인두라인의 팀을 바짝 쫓았다. 비록 이 스테이지에서는 승리를 지켜냈지만, 잘라베르가 번개같이 내달린 결과 클라이밍 피니시에서 7월

잘라베르가 그 유명한 망드(Mende) 스테이지에서 승리하는 모습, 1995년.

13일, 바로 프랑스혁명 기념일에 잊을 수 없는 승리를 거두면서 프랑스에서 가장 유명한 선수가 되었다.

　이처럼 너무 흥분한 순간에 잘라베르를 촬영하는 일은 불가능했으며, 그의 경기 스타일은 이노의 그것과 비슷했다. 오직 결과만 달랐을 뿐, 이노와 비슷하게 잘라베르는 다부진 다리를 이용하여 앞으로 나아갔으며, 오랜 시간 동안 안장에서 벗어나 경기를 진행하거나, 그의 경쟁자들을 정상에서 포기하게 만들었다. 플랫 스테이지에서는, 굳건한 다리를 이용하여 자전거를 길게 끌고 나가며 훨씬 빠른 페달을 돌리는 템포(cadence)로 체력을 아꼈다.

　잘라베르는 이노만큼이나 정신적으로도 강인하게 보였다. 그의 경쟁자보다 훨씬 더 강력한, 앞으로 나가려는 의지는 그의 확실한 장점 중 하나였다. 재미없고, 무표정하며, 경직된 얼굴은 경쟁이 시작하면 완전히 변했는데, 이는 마치 이노가 이빨을 드러내고 씩씩거리며 경주를 진행하는 모습을 연상시켰다.

　그러나 잘라베르는 아마도 그의 영웅이었을 이노에 비해서는 절박함이 부족했

다. 그래서 그가 앞서나갈 수 있었음에도 펠로톤 중 한 명으로 머무는 것을 더 선호했다.

그러나 그는, 프랑스 미디어와 좋은 관계를 유지하였고 본인을 드러낼 수 있는 창구로 사용했던 이노와는 달리, 무척 냉담하게도 언론을 불신하며 노출을 최대한 자제했다. 스페인의 ONCE 팀, 그리고 덴마크의 CSC 팀에 합류하고 심지어 스위스에서 몇 년을 살았기 때문에 잘라베르는 팬들의 분노를 사기도 했다.

그러나 오늘날에도 여전히 그의 팬들이 텔레비전 해설가와 과거의 투사로서 그를 사랑한다는 사실은 그가 얼마나 위대한 선수였는지를 잘 증명한다. 만일 내가 꿈에서라도 투르 드 프랑스에 참가하는 선수가 된다면 당연히 이노 같은 선수가 되고 싶다. 그러나 대회 이후의 삶은 당연히 잘라베르의 삶을 살고 싶다. 바로 텔레비전 해설가인 동시에 존경받는 철인 3종경기와 마라톤 선수로서 말이다.

CHAPTER

투르 드 프랑스에서 사진 촬영하기

내가 1977년 투르 드 프랑스를 처음 보았을 때 이미 전문 사진가라는 사실은 상당히 행운이었다. 그 당시 나는 몇몇 귀족과 런던에 있는 그들의 친족의 사진을 찍어주며 생계를 이어가고 있었다. 여러분이 생각하듯이, 나는 당시에 다른 종류의 사진을 찍기 위해서 고심했고, 그 결과 투르 드 프랑스와 멋진 선수들을 찍기 위해 프랑스에 왔다. 이 누를 수 없는 야심은 결과적으로 엄청난 자산이 되었다. 왜냐하면 단순히 길가에 앉아 있는 것 이상으로 더 큰 목적을 주었기 때문이다. 투르 드 프랑스를 보며 내 입은 벌어지고, 눈은 튀어나오고, 몸짓은 즐거움에 취한 팬들의 그것과 같이 되었다. 물론 나는 한 명의 팬으로 그 자리에 있었지만, 더 확실한 목적이 있었는데, 그것은 바로 투르 드 프랑스 최고의 현장 사진을 찍는 일이있다.

요즘에는 당신의 모든 요구를 맞춰주는 자동카메라가 출시되어 이러한 목적을 달성하기는 더 쉬워졌지만, 그 당시에 비해 투어 자체는 열 배나 더 어려워졌다. 여기서 열 배란 엄청나게 늘어난 관중과 안전을 위한 도로 차단, 그리고 더 커진 광고 차량이 언제든 당신 앞을 지나가며 물과 경품을 뿌리기 때문에 정신이 엄청나게 산만해진다는 사실을 의미한다. 그리고 또한 자전거를 타고 사진을 찍는 사진가는 30년 전에 비해서 15퍼센트는 더 빠르게 달려야 한다는 문제도 있다.

사진으로 보는 투르 드 프랑스의 역사

사진이 모든 삶의 요소에 기여하듯이, 사진은 오늘날의 투르 드 프랑스의 기틀을 잡은 위대한 역사를 규정하는 데도 가장 중요한 역할을 담당했다. 투르 드 프랑스가 1903년 "알람시계 카페(Café au Réveil Matin)"에서 처음으로 출발했을 때는 어떠한 텔레비전 카메라도 없었다.

옥타브 라피즈(Octave Lapize)가 콜 뒤 투르말레(Col du Tourmalet)에서 어쩔 수 없이 걸어가는 장면, 1990년.

대신, 당시로서는 별로 유명하지 않은 선수들이 울퉁불퉁한 자갈길을 따라 남동쪽 파리까지 가는 60여 장의 신문용 사진이 있을 뿐이었다. 당시에는 이 사진을 찍은 사람 중 누구도 훗날 이 사진들이 가질 중요성에 대해 눈치 채지 못했기 때문에 무척 다행이 아닐 수 없다.

1990년 투어가 처음으로 산의 진면목을 보여준 콜 뒤 투르말레를 올랐을 때, 오직 『로토(L'Auto)』에서 나온 한 외로운 사진가만이 거칠지만 낭만적인 사진을 찍어 새롭게 출범한 스포츠의 혹독하지만 용감한 등장을 온 세상에 알렸다. 이 사진에서 우리는 고독한 옥타브 라피즈가 스페어타이어를 둘러매고, 기름투성이 모자로 바람을 맞으며, 아주 천천히 고통스럽게 흙길을 걷는 모습을 볼 수 있는데, 그의 전진은 오직 앞서가는 차에서 몇몇 기자들과 대회 관계자만이 보고 있었다. 내 생각에는 이 사진을 찍은 사진가도 같은 차량을 타고 있다가, 갑자기 뛰어내려서 햇볕에 탄 선수를 찍기 시작한 것 같다. 아마도 그 사진가는 다른 클라이밍 코스에서도 같은 행동을 반복하며, 차량에 오르고 내리며 선수를 포착하는 일을 멈추지 않았을 것 같다.

아주 조금씩, 사진가들은 투르 드 프랑스에서 고유한 역할을 점점 더 부여받았다. 물론 사진의 발전은 더뎠는데, 초기 투어를 따라다니기가 어려웠다는 점, 그리고 카메라 자체가 무척 무거웠던 점, 그리고 마지막으로는 『로토(L'Auto)』가 투르 드 프랑스 자체를 자기 영향력 안에 두고 싶어 했던 점 때문이었다(『로토』는 영향력이 떨어지고 있었기 때문에 편집자였던 앙리 데그랑주(Henri Desgrange)는 투르 드 프랑스를 더 많은 독자를 끌어 모으는 이슈로 만들려 했다).

투르 드 프랑스의 역사를 보여주는 책을 짧게나마 훑어보면, 1947년 한 무리의 선수들이 마을에서 흐르는 물의 시원함을 느끼면서 물통을 채우는 모습과 같은 장엄한 사진을 발견할 수 있다. 또 다른 유명한 사진은 1949년 두 명의 이탈리아 선수인 코피(Coppi)와 지노 바탈리(Gino Bartali)가 콜 디조아(Col d'Izoard)를 오르면서 선두인 프랑스 선수 장 로빅(Jean Robic)을 추격하면서 물병(bidon)을 나눠 마시는 장면이었다.

이 장면은 스포츠 정신을 잘 기록하는 순간인 동시에 녹는 눈이 쌓인 언덕 사이를 오르는 투르 드 프랑스의 아름다움을 잘 표현했기에 유명한 사진이다. 그러나 사이클 팬에게 이 사진이 뇌리에 남는 이유는 일생일대의 라이벌인 두 이탈리아 선수가 고향에서 프랑스 선수를 물리치고자 각자의 입장을 잠시 묻어두었기 때문이다. 이런 유사한 상황은 약간 다른 시나리오로 1986년 베르나르 이노와 그레그 르몽드, 1992년 미구엘 인두라인과 클라우디오 치아푸치, 그리고 2001년 랜스 암스트롱과 얀 울리히에 의해서 반복되기는 했지만, 1949년의 가장 상징적인 장면 때문에 최근의 사례는 훨씬 빛이 바랠 수밖에 없었다.

(위) 선수들이 마을에서 물을 채우는 장면, 1947년.
(아래) 알렉스 비로(Alex Virot)와 레네 바그너(René Wagner)가 휩쓸린 오토바이 사고, 1957년.

내가 투르 드 프랑스를 처음 본 것은 1967년 영국의 텔레비전에서였는데, 톰 심프슨(Tom Simpson)이 방투 산(Mont Ventoux)을 오르는 도중에 도로변에서 사망한 뉴스였다. 이 떨리는 카메라가 그 당시만 하더라도 축구, 크리켓, 럭비에 훨씬 관심이 있던 한 나라를 뒤흔들었다. 그때 열두 살이었던 나의 혼도 쏙 빼놓았는데, 나는 그때 다음 날 신문을 기다리면서 이 거대한 스포츠 이벤트와 연관된 용감한 모험과 비극에 대해서 더 읽고 싶어 했던 것이 기억난다. 첫 장에 흑백으로 된 커버 사진은 텔레비전에서 보던 것보다 훨씬 극적이었다. 플래시를 터트려서 심프슨의 슬픈 모습을 잡아낸 사진가는 그의 얼굴이 눈과 같이 창백해지고, 눈은 크게 뜬 상태로, 의사가 그에게 인공호흡을 하는 와중에 생명이 꺼져가는 장면을 포착했다.

여기에 버금가는 충격적인 사진은 라디오 기자와 오토바이 기사(motard)가 1957년 투르 드 프랑스를 취재하던 중 언덕에서 추락한 오토바이 사고였다. 기자인 알렉스 비로(Alex Virot)는 그 자리에서 즉사했고, 기사였던 레네 바그너(René Wagner)는 병원으로 호송되는 도중에 사망했다.

투르 드 프랑스에서 가장 가슴 아픈 장면은 바로 프랑스 선수인 로제 리비에르(Roger Rivière)가 1960년 경주에서 세벤(Cévennes) 산맥의 산골짜기로 떨어진 이후 구조되는 장면이다. 이 순간 투르 드 프랑스의 정신을 완벽하게 포착했는데, 팀

로제 리비에르(Roger Rivière)를 구조하는 모습, 1960년.

매니저, 정비사, 의사, 오토바이 경찰관이 리비에르를 릴레이하듯이 길가의 들것으로 옮기는 모습이 사진에 담겼다. 리비에르는 결국 이 사고로 입은 심각한 척추 부상으로 은퇴하였다.

투르 드 프랑스의 또 다른 장면은, 미디어가 1970년 초기의 미숙한 수준에서 벗어나 얼마나 성장했는지를 잘 보여준다. 에디 메르크(Eddy Merckx)가 방투 산을 오르는 이 장면은, 마이요 존느를 입은 벨기에 선수가 참기 힘든 고통을 이겨내며 그의 경쟁자를 더 멀찍이 떨어트리는 순간을 포착했다. 그의 얼굴과 몸은 뜨거운 땀으로 흠뻑 젖은 채, 점점 결승선에 다다감에 따라서 밝아지는데, 그 뒤로는 함대와 같은 수많은 차와 오토바이가 뒤를 따랐고, 차에 탄 사람들은 창이나 선루프로 얼굴을 내밀고서는 그의 질주를 감상했다.

이때가 바로 투르 드 프랑스가 심프슨의 죽음 이후에 2년 만에 방투 산을 오르던 순간이었는데, 그렇기 때문에 더 많은 선수들이 잊을 수 없는 드라마를 기억하며 메르크를 쫓았다. 다행히도, 이번에는 아무 일도 벌어지지 않았고, 단지 숨 막히는 더위와 슬픈 영혼이 이곳에 영원히 머물게 되었다. 메르크는 이곳 스테이지에서 우승하고, 이 날 투어의 우승도 사실상 확정지었다. 그리고 그는 심프슨이 사고를 당했던 바로 그 장소를 지나며 고개를 숙이며 존경과 애도를 표했는데, 이 장면도 카

에디 메르크(Eddy Merckx)가 톰 심프슨(Tom Simpson) 추모비 옆을 지나가는 도중에 자크 고데(Jacques Goddet)가 헌화하는 장면, 1969년.

메라가 훌륭하게 포착했다.

지금 이 흑백 사진을 들여다보니, 나는 바로 그날 그 장소에 있을 수 있었던 소중한 기회를 잡은 오토바이를 타고 이동했을 사진가에게 상당한 친밀감을 느낀다. 최적의 장소를 잡기 위해서, 메르크를 앞질러 최첨단의 롤라이플렉스(Rolleiflex) 카메라로 그 순간을 영원으로 만든 것이 바로 사진가다.

오늘날 골치 아픈 기자와 당시 메르크가 페달을 굴리며 방투 산을 오를 때 그 뒤를 따른 훨씬 신사다운 기자의 차이는, 지금은 정말 너무 많다는 점이다! 그리고 지금과 같이 세계 곳곳에서 몰려드는 것과는 달리 당시에는 상당히 제한적이었다는 사실이다.

1903년에는 공식 투르 드 프랑스 사진가는 한 명이었다. 10년 후인 1919년에도 한 번 더 우승을 하며 마이요 존느를 입었던 벨기에의 필리프 타이스(Philippe Thys)가 우승한 당시에도 두세 명에 불과했다. 1969년에는 최대 여섯 명의 사진가가 참가했는데, 그중 일부는 실제 기자이면서 촬영도 했다. 그 당시만 하더라도 사진 보도가 무척 중요해지던 시기였기 때문이다. 오늘날에는 총 16명의 사진가들이 탑승하며, 협회의 인준을 받은 200여 명의 사진가가 등록되어 21세기에 들어서는 출발선에서부터 투르 드 프랑스를 촬영한다.

1903년과 1986년 사이의 어느 순간엔가, 아마도 미국의 그레그 르몽드가 우승할 때 즈음, 투르 드 프랑스는 전세계에서 엄청난 관심을 끌게 되었고, 그 결과 미디어가 이를 주목하게 되었다. 오늘날 사진가들 중 절반은 외국인(étrangers)인데, 메르크와 르몽드의 업적과 그 이전의 프랑스만의 이벤트였던 상황을 뒤집은 다른 외국인 선수들의 성공에 이끌린 사람들이다. 욥 주터멜크(Joop Zoetemelk)(1980년 우승자)는 헤니 카위퍼르(Hennie Kuiper)가 지난 몇 년간 우승하기 위해 시도하자 네덜란드 언론의 관심을 확실히 끌어당겼다. 페드로 델가도(Pedro Delgado)(1988년 우승자이자 1987년과 1989년에 거의 우승할 뻔했던)와 함께 등장한 스페인 언론의 관심은 미구엘 인두라인이 1991년 5년 연속 우승을 달성할 때 훨씬 더 성장했다. 덴마크와 스칸디나비아의 사진가들은 비얀 리스(Bjarne Riis)가 1996년에 우승하면서 몰려들었다. 그러나 얀 울리히(Jan Ullrich)가 리스에 이어서 1997년에 우승했을 때와는 비교도 할 수 없었다. 왜냐하면 독일 언론이야말로 유럽에서 가장 영향력이 있고, 매너가 좀 안좋고, 그리고 시끄러운 부류이기 때문이다.

현대 투르 드 프랑스

『로토』가 초창기 때 초석을 닦으며 주도했듯이, 현대의 투르 드 프랑스에서는 『레퀴프』가 모든 이가 질투할 만한 지위를 누리며 16대의 공식 오토바이 중 석 대를 차지한다. 『레퀴프』는 석 대가 모두 필요하다고 말하는데, 한 대는 신문, 한 대는 내부 촬영 팀인 『프레스 스포츠(Press Sports)』, 그리고 한 대는 월간 자전거 잡지인 『벨로(Vélo)』에서 사용한다. 사실, 이러한 주장은 꽤나 절박함과 불안함에서 나왔는데, 세계에서 가장 오래된 언론인 프랑스 국영 AFP(Agence France Presse)가 다른 모든 언론을 투르 드 프랑스에서 쫓아내려고 호시탐탐 기회를 엿보고 있기 때문이다. AFP는 두 대의 오토바이를 운영하는데, 늘 두 대의 오토바이를 요청하지만 거부당하는 주요 경쟁자인 로이터 통신(Rueters)과 AP(Associated Press)에 비해 두 배의 오토바이를 운영한다.

이미 여러분도 자신을 위해서나 아니면 자신의 회사를 위해서 매년 열리는 이 떠들썩한 행사를 취재하기 위한 사진가들의 부산스러움을 느낄 수 있을 것이다. 조직위원회는 투르 드 프랑스에 대한 관심을 무척이나 고맙게 여기는데, 사이클 시즌 전체를 함께하는 언론사와 사진가들에게도 절대적으

(위) 오토바이를 타고 선수들을 촬영하는 사진가들, 1999년. (아래) 사진가와 텔레비전 카메라맨들이 미구엘 인두라인(Miguel Induráin)의 1994년 타임 트라이얼을 쫓는 모습.

로 충실한 모습을 보인다. 조직위원회는 스페인의 EFE나 독일의 DPA(Deutsche Press Agency)와 같은 각 나라의 국영 언론사에는 한 대의 오토바이를 배정하며, 게티이미지(Getty Images)(미국/영국)나 포토뉴스(PhotoNews)(벨기에)와 같은 신규 언론사와 이탈리아의 스포츠 일간지인 『라 가제타 델로 스포르트(La Gazzetta dello Sport)』에도 취재용 오토바이를 제공한다. 이와 동시에 투르 드 프랑스는 국가적인 책임도 인식하여, 경주가 진행되는 지역을 지날 때면 언제나 Le Dauphiné Libéré, Midi Libre, Ouest-France, La Voix du Nord와 같은 해당 지역의 언론사를 위해 자리를 마련해 놓는다.

아마도 여러분이 이런 장대한 밀림 같은 환경에서는 전문적인 사이클 사진가가 끼어들 여지가 적을 것이라고 생각하는 것도 무리는 아니다. 그러나 실제로는 투어 자체가 아무리 유명해졌다 하더라도 나와 같은 전문 사이클 사진가가 자리를 지키고 있으며, 이는 절대 변하지 않는 사실이다. 다만 이토록 적대적이고 경쟁이 심한 환경에서 과연 어떻게 주요 언론사와 공존할 수 있는지가 우리가 풀어야 할 숙제다. 물론, 카메라 한 대만을 들고 길에서 중요한 순간을 포착하기 위해 선수들이 지나기만을 기다리던 시절보다는 현재의 사정이 훨씬 나아진 것은 사실이다.

여러분이 투르 드 프랑스를 처음으로 보기 바로 전 순간이나, 아니면 광고 차량(caravane publicitaire)이 왁자지껄 떠들며 지나가는 순간에, 투르 드 프랑스를 촬영하는 수많은 사진가들이 당신 앞을 지나치는 것을 볼 것이다. 여러분 중 일부는 이들에게 짜증이 날 수도 있는데, 아마 고대하던 선수들 대신 선두권 선수들 바로 앞에 딱 붙어서 어깨 너머로 선수들을 촬영하는 사진가의 오토바이를 보게 되기 때문이다. 그러나 적어도 10여 대의 오토바이가 엄청난 촬영 장비를 싣고, 아주 느리게 산 중턱의 공기를 가르는 모습을 보면 누구라도 감명을 받을 수밖에 없다. 특히 오토바이 운전기사(motards)가 언제 길가로 튀어나올지 모르는 관중을 앞에 두고도 일정하게 경로를 유지하는 모습은 특히 인상 깊다. 이와 동시에 기사는 자신이 태운 사진가가 원하는 선수에게 좀 더 가까이 접근하거나 떨어지라는 다급한 요청에 계속해서 귀를 기울여야 한다.

여기에 경주가 펼쳐지는 주변에 충돌 장면을 찍기 위해 길가에서 엄청난 경쟁을 벌이며 자리를 사수하는 사진 기자도 있다. 당신이 SLR 카메라를 든 아주 유능한 사진가거나 아니면 콤팩트 카메라를 든 열정에 넘치는 신참이거나, 당신의 성공

촉각을 다투는 순간 미하엘 슈마허(Michael Schumacher)가 2008년 쉬페르 베세(Super-Besse)에서 충돌하는 순간, 2008년 관중 통제선 뒤에 있던 독일 사진가 한스 알프레트 로트(Hans-Alfred Roth)가 극적으로 촬영했다.

여부는 오토바이(*motos*)가 나오지 않은 깔끔한 사진을 찍느냐 아니냐에 달려 있다.

투르 드 프랑스 촬영하기

투르 드 프랑스를 촬영한 사진을 보면 독특한 특징이 많다. 색감, 풍경, 스포츠의 열기, 드라마가 그러한 특징이다. 나는 이 네 가지 특징을 이 스포츠의 초석으로 생각한다. 당신이 아마추어 사진가라 하더라도, 이 네 가지 요소를 당신의 사진에 한 번에 담을 수 있다.

색감은 선수의 유니폼과 반바지에서부터 그리고 여기에 어울리는 헬멧과 고글까지 어디에나 있다. 색감은 선수의 검게 탄 팔과 다리, 그리고 얼굴은 물론 그를 따르는 팀 차량에서도 발견할 수 있다. 그중에서도 가장 형형색색인 장면이 펼쳐질 때는 200여 명의 선수들이 구불구불한 알파인 코스를 오르거나 아니면 페리고르(Périgord)의 샛노란 해바라기 밭 사이를 통과하는 순간이다.

뭉게구름이 피어 있는 푸르른 프랑스의 여름 하늘 아래 아름다운 풍경을 곳곳에서 볼 수 있다. 오주아(Auxois)의 깊은 골짜기의 작은 다리를 10명 남짓한 선수들이, "투르 드 프랑스 만세(Vive Le Tour)"라는 플래카드를 흔드는 마을 사람들의 응원을 받으며 지나치는 장면 속에서도 풍경과 색감을 찾을 수 있다. 투어가 노르망디(Normandy) 어촌인 옹플뢰르(Honfleur)를 프랑스 혁명 기념일에 지나는 순간에, 반목조 건물들 위로 프랑스의 청색, 백색, 적색의 삼색기가 휘날리는 투르 드 프랑스의 풍경은 프랑스를 더이상 잘 나타낼 수 없을 정도다. 1996년 인두라인의 기를 꺾어버린 30킬로미터의 잔혹한 구간이며 가장 아름다운 클라이밍 구간인 피레네의 수데(Soudet)를 오를 때, 풍경과 색감 그리고 스포츠의 열기를 만날 수 있다. 지그재그 도로 위에 수천 명의 팬이 전망대에서 이 광경을 보기 위해서 기다리는 사실이 얼마나 대단한 순간인지를 증명한다.

    드라마 역시 어디에나 있는데, 대담한 행동, 비극과 희극은 투르 드 프랑스의 어느 구간에서건 일어날 수 있다. 고개를 넘다가 속도를 제어하지 못하고 선수가 추락하는 경우, 혹은 빽빽한 경주 상황에서 질주로 인한 사고, 페달이 바퀴를 치거나 다른 선수의 경로를 침범하는 경우, 땀에 젖은 선수가 도로와 추돌하는 것과 같은 수많은 상황이 일어난다. 이미 스테이지의 승자가 25분 전에 가려진 후에도 이 선수가 왜 이렇게 늦게 되었는지를 취재하기 위해 수많은 기자들과 텔레비전 리포터들에게 둘러싸인 채 피를 흘리며 결승선을 통과하는 순간에도 드라마가 만들어진다. 이제는 이러한 드라마가 희미해지는 현대 투르 드 프랑스에서도 라보뱅크(Rabobank) 팀의 버스를 약물 스캔들을 취재하기 위해 수많은 언론사의 기자들, 카메라와 렌즈가 둘러싼 모습은 여전히 인상 깊었다.

수많은 기자들이 라보뱅크(Rabobank) 버스를 에워싼 모습, 2007년.

    다른 방식으로도 드라마의 장면은 만들어진다. 예를 들면 프랑스 대통령 니콜라 사르코지(Nicolas Sarkozy)가 선거 승리 이후 불과 몇 주 후에 투르 드 프랑스를 방문했을 때, 그의 경호 팀이 정신 나간 사람이 포함되었을지도 모르는 투어 관중의 거대한 무리를 바라보며 겁에 질린 순간이 그러했다. 혹은 1990년 투르 드 프랑스에서 열 살짜리 꼬마가 자신의 작은 자전거를 타고 펠로톤에 슬며시 잠입한 장면과 같은 재미있

천천히 가렴 어린이가 아라스(Arras)의 출발 지점에서 투르 드 프랑스에 들어오는 모습, 1991년.

는 순간도 있다.

그렇기에 투르 드 프랑스를 촬영하는 사진가로서 과연 어디에서 일을 시작해야 하는지가 가장 중요하다. 여러분이 진지한 사람이라면 아마도 매일 어디에, 어느 순간에 있을지 그리고 당신이 선택한 장소에서 무엇을 할지에 대해 고민할 것이다. 이러한 습관은 3주간의 투어를 따르는 데 큰 도움을 주는데, 이러한 철저한 계획이 있어야만 무엇인가 잘못 되었을 때 당황하지 않기 때문이다. 처음 계획을 할 때 아무 것도 잘못되지 않았을 때를 기준으로 열흘의 계획을 세우면, 충분히 여유가 있다.

투르 드 프랑스는 선수가 최고의 기량을 펼칠 수 있도록 아주 편리하게 설계되는데, 타임 트라이얼(Time trials)은 처음, 중간, 끝에 시행하며, 플랫 스테이지(Flat stages)는 산악 코스의 시작과 끝에 배치된다. 이렇기 때문에 투어는 서로 뚜렷하게 다른 네 가지의 촬영 상황을 보여준다. 그렇기에 당신은 산악 코스나 평지 코스 외에도 프랑스 사람이 말하는 중간 수준의 산악 코스(moyenne-montagne)를 선택할 수도 있다. 이러한 스테이지는 길가에서 대기하는 사진가에게는 가장 좋은 기회를 제공한다. 관중이 비교적 적고 선수도 다른 스테이지에 비해서 긴장을 풀기 때문이다. 특히 뛰어난 기량의 스타 선수는 이러한 구간에서 다른 스테이지에 비해서 더 앞쪽으로 나오는 경우가 많은데, 이 점은 길가에서 촬영할 때 정말로 좋은 기회가 된다.

투르 드 프랑스 뒤따르기

투르 드 프랑스의 승인을 받지 않고 대회를 따라다니려면 많은 어려움을 대비해야 한다.

우선, 당신이 가려는 장소에 최대한 일찍 도착해야 하며, 어쩌면 전날에 도착해야 한다. 실제로 투어가 특정 구간을 지나기 다섯 시간 전에 그곳에 도착하기로 정했다면, 사실 지도를 읽는 기술이나 운전 실력은 그렇게 큰 도움이 되지 않는다. 청소 차량은 투어가 진행되는 곳을 기준으로 20킬로미터가량 앞서고, 경찰관은 아침이 되면 200킬로미터 이상 출발선에서 떨어졌다하더라도 도로를 완전히 차단한다. 그렇기 때문에 그 전날 오후에 그곳을 방문하여 최적인 장소를 확인하고, 다음 날 다른 길을 이용하여 진입하는 것이 최선이다.

투르 드 프랑스는 주도로인 N급 도로는 거의 이용하지 않고, D급 도로를 이용하며 최대한 교통 흐름을 방해하지 않는다. 차단된 D급 도로 외에도 수천 수만 개의 D급 도로가 있기 때문에 당신이 원하는 지점으로 갈 수 있다.

만약 정말 멋진 순간을 촬영하기 위해 전념한다면, 무엇인가 잘못 되면 크게 좌절하게 된다. 차단된 도로, 느긋한 앞 차들, 그리고 미리 확인하지 못했던 통행료는 모두 하루를 망치는 요소다.

문제를 일으키지 않는 방법은 늘 규정 속도를 준수하는 것인데, 이미 제2장(55~56페이지)에서 강조했다. 경찰은 교통법규에 대해서는 철저한데, 특히 과속에 대해서는 약간의 융통성도 기대할 수 없다. 마을에서 제한 속도보다 시속 10km(대부분 시속 50km가 제한 속도임) 이상 빠르게 달리거나, 일반 도로(시속 90km가 제한 속도임)에서 똑같은 행위를 하면, 그 자리에서 바로 벌금을 내게 하거나 심지어 가까운 ATM으로 끌고 가기도 한다.

좀 더 심한 교통법규를 어기면 경찰서로 가게 된다. 법정 출두 전까지 면허증을 압수하거나 정지시키기 때문에, 사실상 다른 사람이 운전할 수 없다면 차를 이용한 여행은 끝났다고 봐도 무방하다.

이 정도로 프랑스는 속도위반에 관해서는 정말로 엄격하다.

프롤로그(PROLOGUE)

조직위원회에서는 프롤로그 코스를 완전히 차단하여 그 어떠한 카메라 촬영으로도 선수들이 방해받지 않도록 하기 때문에, 이 짧은 타임 트라이얼을 위해서 가장 먼저 할 일은 대부분의 프로가 그러하듯이 24시간 전에 현장을 도는 것이다. 당신은 최적의 장소를 찾는 것만큼이나 대회 당일 같은 시간에 사진 찍기에 최적의 빛의 각도도 찾아야 한다.

그리고 운이 좋다면 하루 전날 프롤로그 코스의 특징과 코너를 알아보기 위해 한두 시간을 투자하는 프로 정신이 투철한 선수와 마주칠 수 있다. 그들은 프롤로그 당일까지도 계속해서 코스를 돌면서 시작하기 직전까지 코스를 연구한다.

랜스 암스트롱(Lance Armstrong)과 우도 볼츠(Udo Bolts)가 룩상부르(Luxembourg)의 프롤로그 코스를 돌아보는 모습, 2002년.

당신은 프롤로그가 시작되기 몇 시간 전에 이미 도착해 있어야 한다. 그렇기에 당신이 전날 돌아보는 일은 무척 중요하다. 어떤 렌즈를 사용할지와 전속력으로 코너를 도는 선수의 패닝 샷(빠르게 지나가는 사람이나 자전거를 촬영하며 배경은 흐르듯 흐리지만, 피사체는 정지된 듯 선명하게 촬영하는 기법)을 측면 혹은 정면에서 찍을지를 결정해야 한다. 만약 정말 긴 커브를 미리 알아놨다면, 패닝샷과 일반 촬영 기법을 오갈 수도 있다.

코스를 미리 돌아볼 때는 선수의 관점을 가져야 하는데, 그들이 어디서 코너를 돌 준비를 할지, 어디서 꺾을지, 그리고 언제 코너의 끝에서 빠져 나갈지를 알아야 한다. 이렇게 하여, 코너를 빠져나오는 지점에서 롱렌즈를 준비하고 기다려야 하는지, 아니면 코너의 끝자락에서 좀 더 짧은 렌즈로 패닝샷(panning shot)을 찍을지를 결정할 수 있게 된다.

토르 허쇼포드(Thor Hushovd)의 2006년 스트라스부르(Strasbourg) 프롤로그에서의 모습. 관중 차단벽 뒤에서도 온순한 관중과 제대로 잡힌 선수만 있다면 측면에서 촬영하더라도 이토록 훌륭한 사진을 건질 수 있다.

    대부분 촬영을 지상고에서 하게 되는데, 이럴 때에는 차단벽이 스폰서 광고판으로 완전히 덮이게 되며, 만약 광고판이 없고 차단벽 안쪽에서 촬영을 하더라도 다른 사진가가 잡힌다. 그래서 내가 추천하는 방법은 측면에서 촬영하는 것인데, 사진을 찍는 높이는 정말 선명한 사진을 얻는 데에 비해서 그렇게 중요한 문제가 아니기 때문이다. 롱렌즈를 이용한 정면 촬영은 다양한 기술이 필요한데, 구도, 예측력, 자신감, 그리고 특히 운이 따라주어야 한다. 당신의 촬영 자세를 망가뜨릴 수 있는 경찰관도 없어야 하고, 물론 누구라도 앞에서 두 팔로 박수를 치거나, 광고 차량이 나눠주는 종이 손가락을 흔들 사람은 절대 없겠지만 혹여 주변 광고판을 무심코 건드릴 주변 사람도 없어야 한다. 주변 팬의 너무나 열정적인 모습 때문에 버려야 하는 사진이 많을 수밖에 없다. 그러나 이 프롤로그가 열리는 날은 너무도 귀중한 기회이므로, 더욱 많은 신경을 써야 한다.

    조직위원회는 당신이 대회 전날 코스를 돌아보기 전에 관중 차단벽을 설치하는데, 이를 잘 이용하면 선수와 당신의 거리를 계산하여 어떠한 렌즈를 사용할지 선

크리스 보드먼(Chris Boardman)의 전형적인 프롤로그 코너링 장면, 1994년. 자리만 잘 잡은 상태에서 중간 길이의 망원렌즈를 사용하면 이러한 장면을 잡아낼 수 있다.

택할 수 있다. 보통 프롤로그 코스는 기존 도로의 전체 폭을 다 쓰는데, 그렇기에 관중 차단벽이 완전히 세워지기 전에 예비 작업을 하는 것을 미룰 필요가 없다. 36~48시간 전에 이를 둘러보고, 나중에 시간이 있으면 계획을 약간 수정하면 된다. 그리고 특정 코너에 서 있는 프로 사진가들을 볼 때면 반드시 당신이 놓친 것이 있는지 본인을 되돌아보는 것이 중요하다.

일단 경기를 시작하면, 다른 장소로 이동할 수 있는 가능성은 사실상 없다는 점을 반드시 염두에 두어야 한다. 그래서 다른 사진가들 역시 모두 당신과 똑같이 행동하며, 최소 5만 명의 팬들 역시 본인의 소중한 자리를 계속 지킨다. 그렇기 때문에 적합한 장소를 찾고 그곳에 오랫동안 머물 계획을 세워야 한다.

만일 당신이 정말 좋은 자리를 찾았다면, 대회 공식 사진가가 차단벽 건너편에 똑같이 자리를 잡는 모습을 볼 수 있다. 프롤로그가 시작되기 전에 그들이 대기하는 모습을 볼 수 있는데, 그러나 일단 첫 번째 선수가 지나가면 그들 모두는 도로에 앉아서 촬영을 시작한다. 그러니 당황하지 말고 그들에게 소리를 질러라. 그러면 경주가 그곳을 지나가면 자리를 비켜줄 것이다.

아이들은 가장 걱정스러운 존재이다. 그들은 당신 앞에서 기어다니거나, 당신이 촬영하기 위해 균형을 잡는 와중에 다리 사이에 앉기도 한다. 프랑스에서 아이를 때리는 것은 당연히 불법이다. 그러니 본인 스스로 프롤로그는 그저 세 시간 정도 소요된다는 사실을 다시 기억할 필요가 있다.

스프린트 스테이지(THE SPRINTING STAGES)

　스프린트 스테이지는 그야말로 길가에서 사진 촬영하는 사람에게 가장 큰 고통을 준다. 시선에 들어왔던 한 무리의 돌진하는 선수들이 시속 80킬로미터의 속도로 결승선을 획하고 지나는 와중에는 촬영을 위한 좋은 자리란 없기 때문이다. 대부분의 평지 피니시에서는 5킬로미터 전에는 선수들을 따라서 차단벽이 설치되는데, 이는 아무리 당신이 차단벽 바로 옆에 어떻게든 위치를 잡았다 하더라도 선수들과 너무 가까이에 있다면 제대로 된 사진을 찍을 각도를 잡기 어렵다는 것을 의미한다.

　이러한 상황에 접근하는 방법은 두 가지가 있다. 하나는 스테이지가 끝나가는 구간에서 높은 위치를 확보하는 것이다. 이때 자유롭게 선두권 선수를 줌인을 할 수도 있고 아니면 전체 선수를 줌아웃하여 포괄적인 사진을 찍을 수도 있다. 아마도 결승선이 내려다보이는 호텔 발코니가 적합하지 않을까?

　다른 대안은 결승선에서 빠져나와서 차단벽이 끝나거나 커브 구간에서 관중이 없는 곳을 발견하는 것이다. 대부분의 플랫 스테이지에서는 도시 중심부와 결승선이 가깝다. 그래서 곡선 구간을 포함할 수밖에 없지만 마지막 구간은 직선 구간이어야 한다. 실제로는 이렇게만 구성되는 것이 아니기 때문에 최적의 장소가 존재하고, 이곳을 찾아 철저한 준비를 한 사진가는 엄청난 충돌 장면과 같은 사진을 찍을 기회를 잡게 된다.

　물론 대규모 추돌 장면을 목격할 가능성은 무척 낮다. 왜냐하면 실제 사고는 당신이 기대한 곳이 아닌 곳에서 일어나기 때문이다. 조금이나마 위로의 말을 건네자면, 투르 드 프랑스의 공식 사진가도 그들의 경험 유무와는 관계없이, 사고를 예측할 수 없다. 가장 생생한 기억에 남는 결승선 부근에서의 충돌은 1994년 투어의 아르망티에르(Armentières)스테이지였다. 결승선을 앞둔 직선 구간이었고, 그리 어렵지는 않지만 무척 눈에 띄는 우측으로 휘는 코너가 마지막 200미터에 있었다. 선두를 달리던 선수는 결승선을 통과하기 전에 몇 초라도 단축하기 위해 속도를 높였다. 문제는, 그가 달리는 방향에 경찰관 한 명이 서 있었다는 점이었다. 당시만 하더라도 결승선을 앞두고는 20미터마다 경찰관을 배치하여 관중이 넘어오는 것을 막아 중계방송에 멋진 장면을 연출하였다. 그러나 이 때문에 실제로 벌어진 일은 투르 드 프랑스 역사상 가장 참혹한 사고였다.

　경기를 리드하던 윌프리드 닐센(Wilfried Nelissen)은 머리를 숙이고 로랑 잘

결승선에서 조금 떨어진 거리에서 스프린트 장면을 찍기 위해 준비한 상황. 2005년 코블렌츠(Koblenz) 결승선에서 200미터 떨어진 곳에서의 충돌 장면. 물론 충돌은 800미터 근처나 2킬로미터 밖에서도 일어나곤 한다.

라베르(Laurent Jalabert)와 자몰리진 압두자파로프(Djamolidine Abdoujaparov)와 치열하게 경쟁하고 있었다. 닐센은 마지막 순간이 돼서야 경찰관을 확인했고, 사진을 찍기 위해 앞으로 나와 있던 경찰관은 그들 보지 못했다. 결국 최악의 충돌 사고는 생전 처음 AF(Auto-Focus) 카메라를 사용한 로이터의 에릭 가야르드(Eric Gaillard)가 생생하게 포착했다.

누구도 에릭만큼 좋은 장면을 포착하기 어렵다. 그 이유는 대부분의 사람들이 아직도 수동 카메라를 사용하기 때문이고, 그 결과 초점은 닐센의 충격적인 사고가 아닌 결승선에 맞춰져 있다. 가야르드는 닐센이 빠른 스프린터임을 알았고, 그래서 사진의 초점을 그가 맹렬하게 치고 나올 부근에 맞추었다. 가야르드는 닐센이 바닥에 부딪치는 장면만을 포착한 것이 아니라, 경찰관과의 충돌 순간, 그리고 경찰관이 살기 위하여 관중 쪽으로 차단벽을 뛰어넘는 순간, 그리고 땅바닥에 얼굴부터 충돌하기 전에 닐센과 경찰관과 충돌한 잘라바르와 아찔하게 부딪히는 순간도 잡아

냈다. 우리들은 그저 놀란 압두자파로프가 별 경쟁 없이 결승선을 통과하는 장면을 찍을 수밖에 없었다.

　압두자파로프는 2년 전 파리의 결승선을 200미터 앞두고 코카콜라 플라스틱 광고판에 충돌 한 적이 있다. 『레퀴프』는 그날 네 명의 사진가를 결승선에 배치했지만, 실제로 그 충격적인 장면을 찍은 사람은 따로 있었다. 크리스티앙 로샤르(Christian Rochard)는 『레퀴프』의 사이클 부분 책임 사진가에게 결승선에서 쫓겨났는데, 그와 테니스 부문 총괄 사진가인 로샤르는 늘 반목하는 사이였다. 로샤르는 200미터 뒤로 걸어갔는데, 롱렌즈가 적합한 거리였고 결국은 압두자파로프가 질주하는 장면을 딱 맞게 잡아낼 수 있었다. 결국 로샤르는 이 사진으로 그해 사진 관련 상을 수상했다.

　사실 차단벽 뒤에서 프로가 포착하지 못하는 장면을 일반인이 잡아내기는 어려운 일인데, 로샤르가 그를 질투하는 동료에게 한 방 먹였듯이 아예 일어나지 말라는 법은 없다. 몇 년 전 이탈리아 투어, 지로 디탈리아(Giro d'Italia)에서 엄청난 연쇄 충돌이 있었는데, 결승선에서 너무 멀리 떨어진 곳에서 벌어진 일이라 선명한 사진을 잡기 어려웠다. 그러나 예리한 사진가는 차단선에서 200미터나 떨어진 일반 관

스프린트 결승선은 두 가지 측면이 있다. 리드 아웃(lead-out) 포메이션, 2008년 샤토루(Châteauroux)(사진 위), 그리고 실제 피니시, 2007년 투르 드 프랑스(사진 아래). 차단벽에 기대거나 선수에게 부상을 입힐 위험을 감수할 필요 없이 선명한 장면을 찍을 수 있는 곳에 서면 된다. 그 후 도로의 약간 측면에서 마지막 결승선을 통과하는 선수들을 촬영하면 된다.

> **촬영 팁**
>
> 차단벽 뒤에서 촬영하는 것은 사실 너무 소극적이지만, 시야를 가리지 않고 도로를 볼 수 있는 곳을 찾는다면 적어도 첫 번째 시도치고는 형편이 낫다. 만약 긴 초점을 잡는 렌즈를 처음부터 사용하고 싶지 않다면, 중간 길이(70~200mm)의 렌즈를 사용하거나 선수들이 지나갈 때 패닝샷(panning shot)을 시도하길 바란다.
>
> 만약 도중에 플래시를 사용하고, 최소 1/250이 되는 셔터 스피드라면, 약간은 흐릿하지만 두 눈을 사로 잡을 만한 정말 '짜릿한' 사진을 찍을 수도 있다. 만약 1/500이나 더 성능 좋은 플래시의 카메라가 있다면 또 다른 대안이 있다. 다만 당신 주변의 팬들이 손을 흔들거나 박수 치는 것을 주의해야 한다. 그들은 언제나 선명한 사진 촬영을 방해하기 때문이다.

중석에서도 좋은 위치를 잡을 줄 안다.

호주의 한 여행자는 두 개의 카메라만을 가지고도 마리오 치폴리니(Mario Cipollini)가 젖은 노면에서 손잡이를 놓치는 장면을 정확히 잡아냈다. 이 진취적인 사진가는 그 순간 광각렌즈로 교체하며 치폴리니가 관중이 가득한 벽에 충돌하고, 다시 일어나서 수십 명의 선수들에게로 다가가며, 결국에는 끔찍한 연쇄 추돌로 이어진 여파를 잡아냈다. 그리고 이 사람은 그날 스테이지가 종료된 이후에 미디어 룸으로 슬며시 들어가서, 『라 가제타 델로 스포르트(La Gazzetta dello Sport)』에 그 사진을 400달러에 판매했는데, 하루 수입으로는 나쁘지 않은 결과였다!

만약 정말 당신이 흔치 않은 운을 잡는 경우, 물론 당신의 운을 말하는 것이지 선수의 운을 말하는 것은 아니다, 즉 투어에서의 충돌 장면을 잡아냈는데, 다른 사람 누구도 그 장면을 포착하지 못했다면 저지선 주변의 녹색 신호등 옆에 서 있는 투어 관계자에게 다가가서 "기자실/기록실!(Salle de Presse/Permanence)"이라고 말하길 바란다. 디지털 카메라의 사진을 보여주면 바로 당신이 뭘 하려는지 이해할 것이다.

도로에서 조용한 위치에서 촬영했을 때 얻을 수 있는 적절한 측면 사진의 한 예, 실뱅 샤바넬 (Sylvain Chavanel)을 포착한 사진. 200~300mm의 망원렌즈를 사용하면 약 시속 50킬로미터로 달리는 선수를 가장 완벽하게 촬영할 수 있다.

타임 트라이얼 (TIME TRIAL)

출발선이나 결승선, 그리고 어떠한 위험한 코스를 제외하고는, 오직 타임 트라이얼이 관중 저지선 없이 치러진다. 타임 트라이얼은 보통 가장 인기가 없는 스테이지인데, 이는 당신이 원하는 곳 어디서든 촬영할 수 있음을 의미한다.

장소 선택은 프롤로그 때와 거의 유사하여 정면, 측면, 코너링 촬영이 있다. 그러나 어떤 각도에서 촬영하는 것과는 상관없이, 프롤로그 때보다는 더 넓은 렌즈를 사용한다. 무엇보다도 가장 중요한 일은 당신의 촬영 기술과 당신이 찍으려는 사진에 알맞은 장비를 일치시키는 일이다. 즉 꽃이나 웨딩 사진을 찍을 때 적합한 근접 사진용 렌즈로 빠르게 지나가는 선수를 찍는 다면 제대로 된 사진이 나오겠는가?

타임 트라이얼이 열리기 한참 전에 해당 도로가 차단되기 때문에, 정말로 제대로 된 사진을 찍으려는 사진가는 전날 스테이지를 포기하고 하루 종일 코스를 미리 둘러본다. 그러나 전날 스테이지의 결승선이 타임 트라이얼과 가깝다면, 전날 스테이지 종료 이후에도 제대로 코스를 돌아볼 수 있다. 실제로 전문 사진가도 똑같이 전날 스테이지의 지옥과 같은 기자실을 미리 빠져나오며, 다른 팬들 역시 미리 캠핑카와 텐트를 챙겨서 다음 날 타임 트라이얼 스테이지에 최적의 장소를 물색한다.

타임 트라이얼 스테이지는 플랫 코스나 산악 코스에 비해서 훨씬 안정적으로 촬영할 수 있기 때문에 반드시 이 날 많은 사진을 건져야 한다. 그 이유는 다른 날엔 정말 완전히 허탕을 치는 사례가 많기 때문이다.

만약 24시간 전에 해당 코스를 넉넉하게 둘러볼 수 없다면, 촬영 장소 선택에 좀 더 유연해져야 한다. 이상적으로는 당신은 어떠한 촬영 구도를 만들지 확신이 서지 않기 때문에, 측면과 코너링 촬영 모두에 적합한 위치를 고르고 싶을 것이다.

설령 당신이 타임 트라이얼 하루 전이나 아니면 불과 몇 시간 전에 그러한 곳을 찾았다 하더라도, 변덕스러운 날씨와 시시각각 바뀌는 빛의 각도 때문에 당신의 계획이 완전히 틀어질 가능성이 있다. 그렇기에 언제나 제2안을 근처에 마련해 두는 것이 중요하다.

최근 몇 년간 롱렌즈를 이용하여 밀밭 한가운데 아니면 좀 더 나은 해바라기 밭 한가운데에서 측면 사진을 촬영하는 것이 유행이었다. 이러한 구도의 변형으로는

2008년 투르 드 프랑스에서 반쯤은 배경에 묻힌 상태로 사진을 찍는 저자. 낮은 각도에서 촬영은 당신이 제대로 된 배경을 찾기만 했다면 약간의 느낌을 더해준다.

포도밭, 모래언덕, 라벤더 밭, 혹은 색다른 장소를 물색하는 데 얼마나 필사적인가에 따라서 종종 묘지에서의 촬영도 진행된다.

이러한 곳에서 촬영하는 이유는 타임 트라이얼에 참가하는 선수들을 후미진 곳 아니면 자연 속 배경에 배치하기 위함이다. 그리고 이렇게 함으로써, 선수의 움직임을 전체 사진 구도에서 두 번째로 중요하게 만든다.

언론사에서 나온 사진가는 보통 롱렌즈를 이용한 사진을 선호한다. 그래야만 신문이나 잡지의 일반면에 사진이 실릴 가능성이 높기 때문이다. 반면 전문 사이클 사진가는 오히려 선수의 움직임을 확대하여 잡아낸 사진을 선호하는데, 그 사진이 신문, 사이클 잡지 그리고 웹사이트의 스포츠면에 실리고, 또한 자전거 제조사나 대회 스폰서와 같은 본인의 장기적인 고객에게 팔릴 것을 알고 있기 때문이다.

만약 당신이 AFP나 『레퀴프』의 직원이 아니라면 선수, 배경, 그리고 결승선 이후의 지친 모습 중에서 본인이 포착하고 싶은 부분을 정해야만 한다. 그 이유는 좋은 사진을 찍기 위해서는 운이 좋아야 하기 때문이다. 타임 트라이얼 스테이지야말로 투르 드 프랑스 공식 사진가들이 코스를 돌며 다른 사진가가 도로 주변의 좋은 위치에 웅크리고 있어도 그냥 넘어간다. 그렇기에 이때야말로 다른 경쟁자와 동등한 조건에서 경쟁이 가능하다.

아마도 길가에서 촬영하는 사람에게 일어날 수 있는 가장 우쭐한 일은, 갑자기 투어 공식 사진가들이 그가 처음 선택한 위치에 합류하여 무리를 이루는 일일 것이다. 만약 당신에게 이러한 일이 일어나

로랑 피뇽(Laurent Fignon)의 1983년 아보리아즈(Avoriaz) 타임 트라이얼에서의 모습. 이러한 사진을 얻기 위해서는 주변에 아무도 없는 곳을 찾아야 하지만 최근에는 그러기 어렵다. 나는 50mm짜리 중간 길이의 렌즈를 썼으며, 플래시를 터트리지 않아서 그의 얼굴에는 그늘이 졌다.

면, 제대로 된 장소를 선택한 것이다. 다만 다른 전문 사진가가 당신을 밀어내지 못하도록 해야 한다!

우선 당신 옆을 시속 50킬로미터로 지나치는 선수들을 선명하게 잡아낼 준비가 되어 있어야한다. 보통, 코너나 사람들이 붐비는 곳에서는 이러한 촬영이 불가능하다. 왜냐하면 당신이 셔터를 손가락으로 누르려는 순간 언제나 당신 주변에서 갑자기 튀어나오는 사람이 있기 때문이다. 그러니 아주 가파른 높이에서 짧은 렌즈로 땅바닥에 엎드리거나 커브 구간에 도랑을 파서 그곳에 웅크린 상태로 그 누구의 방해도 받지 않고 촬영할 수도 있다. 이때는 정말 마지막 순간이 되어야 선수를 볼 수 있지만, 그만큼 선수들이 천천히 당신을 지나친다. 아마도 얼굴을 찡그린 채 당신 앞을 지나갈 것이다. 이것은 오직 산악 코스에서만 볼 수 있는 엄청난 감정표시다. 물론, 당신은 플래시를 터트리며 그 찡그린 얼굴을 더 부각시킬 수도 있고, 또 그 찡그림의 결과로 만들어낸 땀도 포착할 수 있다. 아무리 주변의 다른 사진가가 당신의 웅크린 자세를 보고 웃어도 가볍게 무시하라. 그들은 당신만큼 완벽한 위치 가까이에도 가보지 못했으며, 스포츠 사진가의 훌륭한 실력에 대해서는 아는 바가 전혀 없기 때문이다.

똑같은 자세를 좀 더 관중이 없는 오르막 구간에서도 취할 수 있다. 이때는 롱렌즈를 사용하여 선수를 텅 빈 하늘 외에는 완전히 격리시키는 구도를 잡을 수도 있다. 나는 보통 한 시즌에 25번 정도의 타임 트라이얼에서 촬영하는데 특히 도로보다 낮은 위치에서 롱렌즈를 사용하여 촬영하는 것을 여전히 가장 좋아한다.

내가 가장 자랑스러워하는 타임 트라이얼 촬영 사진은 2004년 브장송(Besançon)에서 랜스 암스트롱(Lance Armstrong)의 모습을 담은 사진이다. 나는 결승선에서 3킬로미터 떨어진 장소에서 400밀리미터 렌즈를 가지고 많은 사진가들의 촬영을 방해하는 수많은 관중의 벽에서 멀리 떨어진 상태로 마치 그가 바로 내 옆에서 승리의 마지막 질주를 하는 몇 분간을 사진에 담았다.

나는 수많은 관중의 다리 사이에 누워서 랜스가 도착하기 몇 분 전에 자리를 잡았다. 그곳에 자리를 잡은 것은 순전히 내 직감에 따른 것이었다. 처음 보기에는 길고, 평평하고, 넓은 도로는 앞서 달리는 선수를 촬영하여 이득을 얻기는커녕 정말 어떠한 촬영에도 적합하지 않아 보였다. 그러나 비밀은 바로 도로의 완만한 커브를 알아보는 데 있었다. 랜스라면 분명 최단 거리로 커브 구간을 통과할 것이며, 그곳

> **촬영 팁**
>
> 마을이나 도시는 타임 트라이얼 스테이지를 찍기에는 부적합하다. 왜냐하면 촬영에 지장을 주는 팬들, 불편한 경찰관들 그리고 높은 건물 때문에 늦은 오후에 생기는 그늘과 같이 최고의 선수들이 막 지나가기 전에 이미 모든 것을 망쳐버릴 통제 불가능한 요소가 너무 많기 때문이다. 그렇기 때문에 마을 밖에 아주 조용한 도로를 찾아야 한다. 여러 렌즈들 중 하나를 선택할 수 있고 빛의 각도에 따라서 위치를 변경할 수 있기 때문이다. 보통 투르 드 프랑스 스테이지는 190명의 선수들이 2분의 간격을 두고 출발하며 약 6시간 정도 진행되기 때문에, 충분한 물과 음식, 그리고 탁 트인 곳에서 당신을 지켜줄 수 있는 모자와 방수 재킷을 준비하는 것이 좋다. 작업을 시작하기 전에 『레퀴프』를 한 부 구입하여, 순위권의 선수들을 확인하는 것이 좋다. 그래야만 당신이 유명한 선수를 하나도 놓치지 않고 촬영할 수 있다.

에 바로 내가 누워 있었다. 그 결과 그가 커브를 돌 때 그가 바로 내 옆을 지나는 것과 같이 그의 머리가 선명하게 보일 것이 분명했다. 나는 그가 그 스테이지를 우승하기 바로 직전에 사전을 찍었다. 그는 이 승리로 종합 우승에 근접했으며, 최초로 투르 드 프랑스 6회 우승을 목전에 두게 되었다. 그렇기 때문에 내가 포착한 그의 표정은 내가 바라던 것과 가장 완벽하게 일치했다.

물론 랜스는 내 바로 옆을 지난 것은 아니고, 내 머리가 올라와 있는 도로를 내달리며, 나를 기준으로 3센티미터 왼쪽으로 지나갔다. 이미 훌륭한 사진을 찍어놓은 상태에서 이러한 사진을 찍어본다면, 정말 편안한 마음에서 값으로 따질 수 없을 만한 사진을 건질 수도 있다.

플랫 스테이지(FLAT STAGES)

플랫 스테이지에서 정말로 멋진 사진을 찍는 일은 너무나 어려우며, 정말로 좋은 사진을 찍을 기회는 당신이 투르 드 프랑스에 얼마나 시간을 쏟느냐에 달려 있

<< 2004년 브장송(Besançon)에서 전형적인 긴 망원렌즈를 이용한 랜스 암스트롱(Lance Armstrong)의 정면 사진. "그가 나를 어떻게 보게 만들었냐고?" 본문을 참조하시라.

2004년 우연히 촬영하게 된 사진. 이러한 사진은 계획적으로는 도저히 찍을 수 없고, 오직 10년에 한 번쯤 우연히 찍힌다! 그저 일반적인 스테이지에서 잠시 쉬기 위해서 아무 곳도 아닌 지점에서 멈춰 섰을 때 이러한 진귀한 사진을 찍는 기회가 생긴다.

다. 보통 투르 드 프랑스는 10개의 플랫 스테이지를 운영한다. 이는 당신이 총 3주간 10번 정도의 기회를 얻을 수 있음을 의미한다. 즉 당신이 프랑스에 머무는 날이 줄어들면, 더 좋은 사진을 찍을 기회 역시 줄어드는 것이다.

천천히 달리는 선수들, 물을 마시기 위해 급수대 앞에 완전히 멈추었다가, 다시 도로 위에서 경주를 펼치고, 가끔 질주를 하다가, 정신을 판 펠로톤의 절반이 충돌로 나가떨어지는 것과 같은 플랫 스테이지의 장면은 투르 드 프랑스를 촬영하는 사진가에게는 별 관심의 대상이 아닌 것처럼 보인다. 그러나 이 스테이지야말로 프랑스의 숨은 아름다움을 전세계에 뽐내는 때이다. 푸아투(Poitou)의 백합이 뒤덮은 수로, 브르타뉴 지방 반(Vannes)의 중세 시대의 흉벽, 샹파뉴의 구릉지, 천천히 흐르는 도르도뉴 강, 랑그도크루시용을 가로지르는 습한 횡단 지역, 그리고 하루는 피레네 그리고 또 다른 하루는 알프스에서 보내는 시간이 그러하다. 이때 사진가는 펠로톤을 무척이나 가깝게 찍으면서 보기 드문 장면을 연출할 수 있다. 선수를 측면에 배치하거나, 그늘 아래에 두고 촬영하거나, 혹은 해안선 위에 놓고 사진을 찍을 수도 있다. 플랫 스테이지를 놓치는 것은 그야말로 한여름 프랑스에서 펼쳐지는 투르 드 프랑스의 진수를 놓치는 것이고, 이는 프랑스가 주는 최고의 보물인 투르 드 프

카메라와 컴퓨터

비록 2008년 가을 내가 이 글을 쓰는 시점에서는 이미 장비가 워낙 좋아서 더 이상 발전할는지 모르지만, 카메라와 렌즈는 지속적으로 발전해왔다. 투르 드 프랑스 촬영을 위한 현재 장비는 두 개의 4GB 메모리 카드를 장착한 Nikon D3 카메라다. 그리고 Nikon SB-900 플래시를 장착했다. 나는 매일 다섯 가지의 렌즈를 가지고 다닌다.

- 초근접 파노라마 사진을 위한 16mm 어안렌즈
- 출발 전 풍경과 인물 근접 사진을 위한 14-24mm 줌렌즈
- 오토바이를 탄 상태에서의 측면 사진이나 풍경을 찍기 위한 24-70mm 줌렌즈
- 오토바이에서의 정면/측면 사진, 그리고 잘게 잘린 풍경 사진을 위한 70-200mm 줌렌즈
- f4 고정 풍경 사진이나 도로에서의 순간을 포착하는 사진, 그리고 포디움을 찍기 위한 300mm 줌렌즈 그리고 타임 트라이얼과 치열한 스프린트 장면을 찍기 위해 200-400mm 줌렌즈도 가지고 다닌다. 추가로 1.4x나 1.7 익스텐더를 이용하여 롱렌즈의 초점을 늘리기도 하는데, 특히 한 명의 선수가 결승선을 통과하는 순간에 익스텐더는 큰 도움이 된다.

이 모든 장비는 내 어깨, 허리춤의 주머니, 오토바이의 짐바구니에 실린다. 산악 스테이지에서 필플래쉬 사진(fill flash)(역자 주: 역광 상태에서 배경에 초점을 맞춘 뒤 플래시를 터트려 빛으로 인물의 노출을 올려주는 기법)을 찍을 때는 D3보다는 Nikon D1X가 더 적합하기 때문에 교체하여 사용하기도 한다. Quantum Turbo SC 충전기는 플래시를 충전하는 데 드는 시간을 줄이기 위해 사용한다. 비가 올 것 같으면, AquaTech 덮개를 씌워서 몇 시간 동안 카메라가 비에 젖지 않게 만들며, 계속해서 촬영을 진행한다. 샤무아(*chamois*, 영양의 한 종류) 가죽은 언제나 먼지나 물을 닦아내기에 매우 적합하다.

내가 뒤늦게 기자실에 도착했을 때, 이미 조수가 랩톱을 설치하고 랜선과

저자가 우천시의 장비를 착장하고 투어를 즐기고 있다.

와이파이를 연결했다. 나는 맥북 프로 랩톱을 쓰는데, 15인치 디스플레이와 포토샵을 활용할 수 있다.

수많은 웹사이트, 잡지, 신문, 대회 스폰서와 같이 늘 다른 종류의 사진을 원하는 곳이 내 고객이다. 사진을 선택하고, 편집하고, 웹사이트에 맞는 사이즈의 사진을 고객에게 전송하는 데 한두 시간을 할애한다. 물론 고화질 사진을 전송하기 전에 우선 웹하드에 모두 업로드를 해둬서, 신문이나 잡지 편집자가 사진을 알아서 고를 수 있게 한다. 보통 기자실에서 보내는 시간은 바로 직전의 스테이지가 어떠한 종류였는지에 따라 달라지는데, 보통 세 시간 정도면 적당한 수준이다. 물론 나는 세 시간 정도 일을 하고는 기자실을 나와서 호텔을 찾고 저녁을 먹는데, 특히 호텔 와이파이가 다른 숙박객이 모두 차지하기 전에 도착하는 것이 목표다.

랑스(Le Tour)를 향한 절묘한 찬사를 경험하지 못한다는 뜻이다.

특히 아주 긴 스테이지인 플랫 스테이지를 따라가는 계획에 맞추기 위해서, 사진을 찍을 때 중대한 결정을 해야 한다. 어떨 때는 출발선부터 약 40킬로미터 동안 이어지는 가장 유명한 구간을 포기하고, 최악의 교통 체증을 피해 경주가 펼쳐지는 도로에 진입할 때도 있다. 이 경우에는 진행되는 경기를 앞질러서 결승선 통과 시간을 보기 위한 마지막 순간을 노리거나, 아니면 결승선을 보는 것을 포기하고, 루아르(Loire) 강, 타른(Tarn) 강, 우아즈(Oise) 강, 가론(Garonne) 강 건너편에서 경주 장면을 촬영하기 위해 산과 들을 가로지르기도 한다.

전날 코스를 미리 차로 돌아보는데, 이는 사실은 보잘것없는 피카르디 풍경에 대한 환상을 확실히 제거하고 그동안 미처 발견하지 못했던 에르-쉬르-라-리(Aire-

피드존(Feed-Zone, 선수들에게 음식과 음료를 제공하는 지점) 역시 카메라에 담을 대상으로 고려해야 한다. 대회 진행 요원이 선수들에게 음식을 넘기는 상황에서 최고의 표정을 보일 때가 많기 때문이다.

sur-la-Lys) 지역에 있는 강 사이의 물레방앗간을 확인하기 위해서이다.

투르 드 프랑스와 함께 펼쳐진 프랑스의 숨겨진 아름다움을 발견하고, 그 장면을 카메라에 성공적으로 담는 위대함을 경험하는 것이야말로 일생일대의 즐거움 중 하나이다. 그런데 이것은 그저 여느 때처럼 낭비하는 보통의 하루가 아닌, 정말 특별한 순간을 포착하여 당신만의 것으로 만든다는 것을 의미한다. 그러므로 프랑스에서 소중한 휴가를 보낼 때, 알프스와 피레네, 그리고 파리에서의 피날레를 생각하며 프랑스 저 깊은 곳에 당신을 기다리는 예측과는 거리가 멀고, 언제나 놀라움을 주는 프랑스의 진면목(profonde)에 초점을 맞춘다면 단언컨대 후회할 일은 없을 것이다.

프랑스의 시골에서 보내는 시간에 따라서 당신의 장비 선택도 달라져야 한다. 만약 정말 고요한 프랑스 시골의 아름다움 속에 파묻혀서 여러 날을 보낼 때는, 울트라 와이드 렌즈는 적절한 선택이 아니다. 대신, 이때는 사진가의 가장 기본적인 기술인 구도, 빛의 각도, 배치를 신경 써야 하는데, 이미 최고의 아름다움을 있는 그대로 잡아내기 위해서다.

울트라 와이드 렌즈를 선택하면 정말 빽빽한 구도에서 언덕 위의 성이나 저택

(위) 만약 정상으로 가는 도중에 이러한 전경을 발견한다면, 당신의 운을 시험해보는 것이 좋다. 바로 이러한 곳에는 차와 관중이 없기 때문이다.
(아래) 이것은 펠로톤을 촬영할 때도 똑같이 적용된다. 특히 펠로톤이 코너를 도는 순간 지상고 높이에서 촬영하면 최고의 구도가 잡힌다.

> **촬영 팁**
>
> 편집자는 한 장의 걸작에 감명을 받지는 않는다. 그것이 기막히게 멋지게 보이더라도 말이다. 투르 드 프랑스는 3주 동안 진행되기 때문에, 수많은 사진을 찍을 기회가 있다. 그렇기 때문에 포트폴리오를 완성하기 위해 중요해 보이지 않는 순간이나 배경도 항상 촬영해야 한다. 물론 배경 사진을 찍는 것이 별 흥미가 없을 수 있는데, 특히 모든 경기가 종료되고 최종 선택에서 버려질 가능성이 높기 때문이다. 그러나 어쨌든, 잘난 체하지 않는 고요한 프랑스 시골의 사진이야말로 많은 사람이 '프랑스' 하면 떠올리는 장면이다.

의 실루엣 혹은 해바라기나 라벤더 밭의 배경에서 선수의 모습을 확실히 잡아내기 위해서 선택해야 한다. 혹은 오색 창연한 전경과 빛나는 푸른 하늘을 최대한 살리기 위해 광각 렌즈로 촬영할 수도 있다. 두 경우 모두, 비결은 배경과 펠로톤을 당신이 구상하는 사진에 동등한 비율로 구성하는 점인데, 펠로톤에만 너무 초점을 맞추면 배경의 아름다움이 죽을 수 있고, 배경에만 초점을 맞추면 투어의 위대한*(grande)* 선수들이 주변의 아름다움에 압도되고 만다.

그렇지만 분명 배경이 주가 되는 사진에도 사람의 이목을 끌어당기는 초점이 필요하고, 보는 사람을 압도하는 배치가 필요한 것은 사실이다. 그렇기에 당신의 사진은 순수한 스포츠만을 포착하기보다는 경치를 잘 잡아야 한다. 산악 스테이지보다 플랫 스테이지에서 좀 더 완벽한 사진을 촬영하기 위한 고민이 이뤄지는데, 산악 스테이지는 찍기만 하면 그 자체로 완벽한 경치를 자랑하기 때문이다. 정말 단조로운 시골 풍경이나, 아니면 운이 좋지 않아서 구름이 가득 낀 상태를 만나면 최악의 사진을 찍을 수밖에 없기는 하지만, 적어도 비바람을 맞으며 여전히 투르 드 프랑스를 보는 관중을 찍을 수 있는 않을까?

해바라기 스테이지(THE SUNFLOWER STAGES)

의심의 여지없이, 해바라기가 배경이 되는 사진이야말로 모든 사진가가 가장 갈구하는 사진이다. 만약 투르 드 프랑스 공식 사진가로 200명 정도가 명부에 올라 있

나는 이 해바라기 밭을 2005년 투어에서 운 좋게 발견했는데, 암스트롱(Armstrong)이 선두로 치고 나가는 와중이었다. 심지어 흐린 하늘조차 이 장면을 방해하지 못했다. 그렇기 때문에 해가 빛나지 않는다고 해도 촬영을 포기할 필요는 없다.

고, 해바라기 밭을 지나는 경주가 열린다는 말이 나온다면 장담컨대 정말 몇몇을 빼고는 모두 그곳으로 달려갈 것이다. 전날 미리 코스를 방문해서 공식 사진가보다 훨씬 좋은 위치에서 비공식 사진가가 찍은 해바라기 사진을 볼 수 있다. 물론 몇몇 사진 에이전시는 전문 사진가가 프레스룸에서 일하는 동안에 다음 날 코스를 돌아 볼 사람을 파견하기도 한다. 그러나 대부분 이처럼 매우 밝은 해바라기 밭을 스테이지 중간에 만나게 되면 순전히 운이 모든 것을 결정한다.

    나의 30여 년간의 경험으로 보면, 위 사진과 같은 해바라기 밭을 발견하면 정말 즉시 그곳에 자리를 잡아야 한다. 왜냐하면, 정말 이런 곳을 다시는 못 볼 수도 있기 때문이다! 정말 이런 곳을 발견하게 되는 것에는 약간의 습기를 머금어 촉촉하며, 프랑스의 남서쪽에 위치하고, 완만한 구릉이나 언덕에 위치한다는 점을 제외하고는 대부분 어떤 법칙도 없다. 여기에 정확성을 더하는 것은 자연 현상에 관한 일이기 때문에 어렵다. 다만 대서양 연안의 닥스(Dax)에서 중부 프로방스 아비뇽(Avignon)을 지나서 북쪽 끝 앙굴렘(Angoulême)과 남쪽 생고댕(Saint-Gaudens)까지 이어

해바라기 배경은 사진가에게 다양한 기회를 준다. 일반 렌즈로 높은 위치에서 촬영할 수도 있고 (사진 위), 아니면 어안 렌즈로 지상고에서 촬영할 수도 있다(사진 아래).

지는 가상의 직사각형을 그린다면, 대략적으로 정확한 위치를 설정한 것이다.

해바라기의 프랑스 이름은 "투르느솔(tournesol)"인데, "태양에 의지한다"라는 의미이며, 프랑스 사람의 삶의 많은 방식과 비슷하게 진실을 과장하여 표현했다. 프랑스 사람이 표현하려던 부분은 해바라기가 태양을 향해 머리를 향하는 부분이었을 것이다. 다만 다 자란 해바라기는 오직 오전에만 햇빛을 향하고, 오후에 그늘이 지기 전까지만 이 상태를 유지한다. 이는 투르 드 프랑스를 촬영하는 사람에게는 나쁜 소식이다. 대부분의 투르 드 프랑스 스테이지가 늦은 오전에 시작되기에 겨우 몇 시간 동안만 최고의 해바라기 사진을 찍을 수 있기 때문이다.

최악의 경우는 여름의 열기 때문에 해바라기가 모두 시들거나 죽어버리는 것이다. 기본적으로, 투르 드 프랑스가 알프스를 지나기 전에 통과하는 남서쪽 프랑스는 샛노란

아름다움 속에서 촬영하기에 최적의 장소인데, 알프스 이후의 구간에서는 낮은 습도 때문에 해바라기가 모두 마르기 때문이다.

나는 1988년 투르 드 프랑스에서 처음으로 해바라기가 펼쳐진 사진 촬영에 성공했지만, 그 이후로는 괜찮은 사진을 찍는 데까지 오랜 시간이 걸려 1994년에야 겨우 촬영에 성공했다. 그러나 2004년과 2005년 두 번의 행운을 가져다준 투어에서 또 다른 기회를 잡으며 해바라기 사진 컬렉션을 늘려갔다. 나는 롱렌즈 촬영, 와이드 앵글 촬영, 그리고 심지어 어안렌즈를 이용하여 촬영했는데, 모두 적합했다. 그리고 결국 나는 노란 해바라기 밭 사이로 달리는 펠로톤의 사진을 건졌는데, 맨 앞에는 마이요 존느를 입고 질주하는 랜스 암스트롱이 있었다.

투르 드 프랑스를 촬영하는 사람은 해바라기에 극도로 집착해서, 신성한 맹금류처럼 적합한 장소를 찾아 헤맨다. 왜냐하면 수많은 장소가 있지만, 마치 둥지에서 도망치는 새처럼 우리가 도착하기만 하면 갑자기 꽃들이 죽거나 태양으로부터 숨기 때문이다. 만약 정말 괜찮은 해바라기 밭을 발견했다면, 투어의 정식 사진가는 그곳에서 당신과 마찬가지로 가능성을 발견하는 모습을 보며 즐거움을 만끽할 수 있을 것이다.

아마도 그는 차나 오토바이를 타고 온 뒤, 그것을 다른 사람들이 촬영할 때 방해되지 않도록 어디엔가 숨겨둘 것이다. 처음에는 외롭게 홀로 있던 사람이 하나둘 늘어나면서, 계속해서 사진을 찍으려는 사람들이 늘어갈 것이다. 당신이 알아차리기도 전에, 샛노란 해바라기 밭은 투르 드 프랑스를 촬영하는 사람들의 머리로, 그들

촬영 팁

해바라기 사진을 찍으려는 모든 사람에게 하고 싶은 당부는, 벌이 이 꽃을 무척 좋아한다는 사실이다. 물론 우리 일을 하다보면 피할 수 없는 일이지만, 만약 벌에 잘못 쏘이면 나머지 일정을 모두 망칠 수 있다. 기억할 또 다른 사실은 해바라기가 250센티미터도 넘게 자랄 수 있고, 선명한 사진을 찍기 위해서는 사다리가 필요할 수도 있다는 사실이다. 물론 일본 사진가가 늘 쓰는 방법을 택할 수도 있는데, 차를 해바라기 밭 안으로 끌고 가서, 맨발로 차 지붕 위에 올라 삼각대를 세우는 것이다.

투르 드 프랑스가 설경, 바위, 뭉게구름을 배경으로 콜 뒤 로타레(Col du Lautaret)를 오르는 모습, 2002년. 나는 이 사진을 몹시 가파르며 자갈이 깔린 비탈길을 오른 이후에 찍을 수 있었는데, 수고한 보람이 있었다!

이 생각하기에 최고의 사진을 찍을 수 있다고 믿는 자리에 하나 둘 채워질 것이다.

가장 재미있는 광경은 사진가들이 제대로 된 사진을 찍기에는 너무 늦은 상황이다. 이미 선수들이 언덕에 거의 도착한 경우가 그렇다. 이때는 극도의 집중력으로 최고의 사진을 찍을 수 있는 자리를 독점한 사진 에이전시가 일약 스타덤에 오를 수 있는 기회다.

산악 스테이지(THE MOUNTAIN STAGES)

마침내 사실상 투르 드 프랑스의 본 행사인 산악 스테이지에 도착했다. 그러나 무척 경쟁이 심하기 때문에, 도대체 어디서 촬영을 시작해야 하느냐에 대한 문제가 남는다. 만약 당신이 알프스와 피레네 스테이지를 모두 볼 수 있을 만큼 프랑스에 오래 머문다면, 둘 중에 하나만 선택해야 하는 다른 사람보다 훨씬 많은 선택의 기회가 있다. 대개 투르 드 프랑스는 최대 5~6개의 산악 스테이지를 진행하고, 그중에서 몇몇은 서밋 피니시가 열린다.

앤디 헴프스텐(Andy Hampsten)과 스티븐 로시(Stephen Roche)가 1987년 경기에서 대결하는 모습. 투르 드 프랑스의 역사를 수놓은 이러한 클라이밍 대결은 그야말로 사진가의 삶을 매우 즐겁게 해준다.

무엇보다도, 이러한 산 정상의 결승선은 계획을 짤 때 우선 확보해야 하는데, 왜냐하면 전체 우승을 위하여 치열한 경쟁이 이뤄지고 그 결과 결승선을 통과하는 선두권 선수가 마이요 존느를 차지하는 정말 최고의 사진을 찍을 기회를 포착할 수 있기 때문이다. 이미 프롤로그 때부터 선명한 사진을 찍기 위해서 울타리 뒤쪽의 장소를 발견한 경험에 힘입어 마지막 순간의 언덕과 같은 적절한 장소를 찾는 일이 결국은 좋은 사진으로 연결된다(언제나 커브의 바깥쪽을 선택하라).

투르 드 프랑스의 최고의 팬은 항상 산악 스테이지로 몰리지만, 수도 많고, 통제가 어려우며, 변덕스러워서 예측이 불가능하다. 그렇기에 특별히 이곳에서 만나는 사람들을 조심해야 한다. 뿐만 아니라 조용하고 온화한 뮌헨에서 온 "나는 한때 얀(울리히)을 사랑했어요."라고 쓰인 티셔츠를 입은 숙녀는 선수들이 도착하기만 하면 당신에게 최악의 악몽으로 돌변하기 일쑤이기 때문이다.

당신이 엄청난 인파가 몰린 차단벽에서 떨어져서 롱렌즈를 사용하여 사진을 찍을 정도로 용감하더라도, 나는 이제는 당신이 실패할 것이라고 말할 수 있다. 폭우가 쏟아져서 많은 팬들이 자리를 뜨거나, 아니면 이미 약물 검사로 많은 선수들이 탈락하고, 그 결과 관중도 함께 떠난 경우가 아니라면 나는 35-70밀리미터 되는 중간 정도의 렌즈 사용을 권한다. 그리고 또 늦은 오후에 드리우는 그늘을 밝힐 플래시를 챙기는 것도 잊지 말길 바란다.

만약 두 번째 카메라 보디가 있다면, 70~200밀리미터 되는 긴 렌즈를 준비하여 뒤따라오는 선수를 포착할 수도 있는데, 이때는 앞뒤로 오토바이가 붙지 않고, 또한 결승선까지 옆을 따라 달리는 수많은 팬도 없다.

와이드앵글 렌즈를 쓰면, 군중 사이에서 정말 마지막 순간에 선두 선수의 사진을 두어 장 찍을 수 있다. 다만 당신의 툭 튀어나온 머리를 언제나 위협하는 오토바이를 곧 바로 피해야 한다. 물론 제대로 하려면 연습이 필요하지만, 적어도 투어가 산을 떠나기 전에는 최소한 한 번의 기회가 더 있다.

이미 좋아하는 선수들이 당신 앞을 지나갔다면, 이제는 바위를 오르든가 아니면 촬영하기 좋은 다른 장소로 옮기는 것을 생각해야 한다. 그런 곳에서는 롱 렌즈로 다음에 오는 선수들을 군중 사이에서 제대로 직을 수 있는데, 이러한 사진은 아주 인기가 좋다. 그리고 마지막으로는 다시 땅으로 내려가서, 정말 하루하루 최선을 다하는 투르 드 프랑스의 진정한 영웅이며 당신과 팬의 응원이 절실한 경주에서 뒤처진 선수들을 한 명 한 명 찍을 수 있다. 꼭 이 선수들을 카메라에 담자.

산 정상에서 끝나지 않는 산악 스테이지는 선택의 폭을 넓혀준다. 대부분의 사람들은 마지막 오르막에서 포트폴리오에 담을 최고의 사진을 찍기 바란다. 하지만 이러한 마지막 오르막을 지나 계곡에서 끝나는 스테이지가 많다는 점을 생각하면, 이러한 사진은 한 번만 찍어도 족하다. 그렇기에 다음 기회에는 계획을 바꿔서, 펠로톤이 함께 모여 있을 확률이 높은 좀 더 앞쪽으로 가서 사진을 찍으면 알프스를 배경으로 많은 선수들을 전경에 담을 수 있다. 이러한 사진은 정말 영원히 간직되는데, 그 해 투르 드 프랑스 우승자가 은퇴 후에 부와 명예를 쌓을 때까지도 말이다.

어떠한 산에 멈춰서 사진을 찍을지 결정하는 것은 중요하다. 펠로톤이 나누어진 후에는 제대로 된 사진을 찍기 어렵기 때문이다. 나는 경기 자체를 오판하든 아니면 어떤 선수가 갑자기 먼저 치고 나오기를 결심하는 것과 같이 정말 순전히 운이 안 좋아서, 사진을 찍을 기회를 놓친 적이 셀 수도 없이 많다.

대개는 전날 스테이지가 엄청난 흥행을 기록했다면, 다음 날은 적어도 조용하게 시작한다. 이 때는 좀 일찍 산을 오르는 것이 좋다. 만약 전날 경기가 좀 평온했다면, 그날 스테이지에서 뒤에서 두 번째 산을 오르는 것이 좋은데, 그곳에 펠로톤이 도달할 때면 안장 위에서 격렬한 경쟁을 한 후에 구도가 재편되는 수가 대부분이다.

나는 종종 정상을 지나는 순간을 쫓는다. 이 경우에는 급커브 구간(*virage*)을 이용하여 좋아하는 선수들, 그중에서도 특히 선수들에게 쫓김을 당하는 선두를 찍는다. 나는 왜 이러한 내리막에서 나를 포함한 소수의 몇몇의 동료만이 촬영을 하려는지 늘 궁금하다. 이 상황에는 정말 관중이나 오토바이의 방해를 걱정하지 않고 완벽하게 선명한 사진을 찍을 기회가 있는데 말이다. 그러나 나는 내 몇몇 동료를 제외하고는 이러한 내리막 커브에서 사진을 찍으려는 사람을 거의 보지 못했다.

만약 당신이 이러한 구간에서 촬영을 시도한다면, 반드시 내리막길에서 투르 드 프랑스를 촬영하는 기회를 잡아야 한다. 165명의 선수가 일사불란하게 페달을 굴리던 오르막과는 전혀 달리, 각 선수들은 시속 80킬로미터로

(위) 토마 보에클레르(Thomas Voeckler)가 피레네 산맥을 내려가는 순간을 200밀리미터 롱렌즈로 포착, 2004년.
(아래) 미샤엘 라스무센(Michael Rasmussen)을 찍기 위해 투르 드 프랑스 공식 사진가들이 코너 안쪽에 누워있는 모습, 2007년.

당신 옆을 지나친다는 사실을 생각해야 한다. 또한 촬영하기 좋은 지점에 올라서 한 무리의 선수들이 가슴이 멎을 것 같은 배경을 뒤로하고 내리막을 휩쓸고 지나가는 사진을 찍는 것과(배경이 아름다운 사진은 오르막에서만 찍을 수 있는 것은 아

> **촬영 팁**
>
> 만약 내리막에서 촬영을 한다면, 선수들이 정상을 지나자마자 무엇인가를 먹기 시작한다는 점을 기억하라. 나는 여전히 이 사실을 잊고, 최고의 선수를 우아하게 포착하려는 순간에 그가 사과 조각이나 얼굴을 괴상하게 뒤틀리게 만드는 말린 과일을 입에 한가득 문 것을 보면 화가 난다.
>
> 만약 내리막 커브의 바닥에서 흩어져 있는 자갈이나 녹아내린 아스팔트를 보면, 행여나 선수들이 당신 좋으라고 이로 인해 넘어질 것이라는 기대는 하지 말길 바란다. 투르 드 프랑스 내리막을 달리는 선수는 이러한 위험을 그냥 지나치기에는 너무나 기민하다. 오히려 당신의 사진은 그들이 이 위험을 피하며 갑작스럽게 방향 전환을 하는 경우에 실패작이 될 가능성이 높다.
>
> 내리막에서 가장 좋아하는 선수를 찍고 있다면, 늘 당신 옆을 지나가는 선수들 가운데 마이요 존느를 입은 선수를 첫 목표로 잡는 것이 좋다. 그보다 앞서 지나가는 선수는 연습용으로 사진을 찍어야 한다. 만일 모든 선수를 전부 찍으려고 연방 셔터를 눌러대면, 전부 놓칠 가능성이 높다. 만약 마이요 존느를 입은 선수가 당신을 지나가면, 이제부터는 무조건 당신이 포착 할 수 있는 한 그 선수를 최대로 촬영해도 된다.

니다) 좋아하는 선수들을 한 명 한 명 촬영하는 것 중 하나를 택해야 한다는 사실도 고려해야 한다.

만약 코너 안쪽에 있다면, 두 개의 카메라를 써서 선수들이 커브에 진입할 때 롱 렌즈를 사용하고, 코너 자체를 찍을 때는 와이드 앵글 촬영을 할 수 있다. 만약 두 번째 산악 스테이지라면, 이번에는 코너 바깥쪽에 자리를 잡고 다른 각도에서 사진을 찍을 수도 있다. 첫 번째 내리막 코너에서 촬영을 하지 않는 것만 주의하면 된다. 선수들은 처음 몇 킬로미터의 내리막에서는 적응이 필요하기 때문이다.

또한 7월이라도 조금 추운 날에는 선수들이 외투를 준비하기 때문에 저지와 등번호가 가려질 수 있다는 점을 기억해야 한다. 그래서 일기예보에서 산의 날씨가 춥다고 하면, 내리막 장면 촬영은 다음으로 미루는 것도 좋다.

오직 투르 드 프랑스의 공식 사진가만이 개선문 근처 도로에 접근할 수 있다. 하지만 전환점 바깥쪽에 있는 관중도 롱 렌즈(70~200mm)만 있다면 대단히 훌륭한 사진을 찍을 수 있다.

파리(PARIS)

드디어 집에 거의 다 왔다! 당신은 이제 파리에 도착했고, 그야말로 투르 드 프랑스를 따라 산이면 산, 프로방스의 초원이면 초원, 그리고 세벤(Cévennes) 산맥의 산골짜기까지 프랑스 전역을 촬영했다. 이제는 무엇이 더 남아 있을까?

우선은 마지막 스테이지를 어디서 찍을지를 결정해야 한다. 투어가 대개는 샹젤리제(Champs-Élysées)의 긴 순환로를 열 바퀴 돌고 종료되는 점을 감안하면, 샹젤리제야말로 가장 적합한 장소같이 보인다. 하지만 여전히 개선문 꼭대기(Arc de Triomphe)나 콩코르드 광장(Place de la Concorde) 주변, 혹은 두 장소의 사이 어디라도 선택의 여지는 열려 있다.

만약 투르 드 프랑스 조직위원회에 등록했다면, 샹젤리제에서 개선문까지 탁 트인 시야를 제공하는 콩코르드 광장의 그랜드스탠드의 좋은 좌석을 얻을 수 있는 기회를 잡을 수 있다. 그곳에서, 선수들이 순환로에 진입하는 순간을 찍을 수 있고, 샹젤리제를 빠르게 빠져나가는 순간도 포착할 수 있다. 특히 당신이 초망원 렌즈(400

파리   305

(위) 경기 종료 후 승리의 포즈를 취하는 2008년 우승팀인 CSC 팀. 개선문은 카메라가 있건 없건 경주 후에 즐기기 좋다.
(아래) 펠로톤이 샹젤리제로 진입하는 모습. 이 사진은 특별 요금을 낸 사람에게 허락되는 콩코르드 광장의 그랜드스탠드에서 촬영했다.

카를로스 사스트레(Carlos Sastre)가 우승 순간을 만끽하는 모습, 2008년. 이 사진은 공식 사진가들과 엄청난 인파가 섞여있는 곳에서 촬영했다.

밀리미터 이상의 길이)가 있다면 투르 드 프랑스의 우승자와 그의 팀원이 자갈길을 지나는 장면까지도 촬영할 수 있다. 물론 도로에 진입하지 못할 수도 있지만, 좀 높은 위치에서 찍는다면 충분히 좋은 사진을 얻을 수 있다.

대부분의 사진가는 샹젤리제의 끝을 선호한다. 이곳에서 개선문을 바로 앞에 두고 크게 유턴하기 때문이다. 정말 열성적인 팬들이 결승선 바로 앞에서 밤을 새서 자리가 없는 상황이지만, 샹젤리제의 끝트머리에 충분히 일찍 도착한다면, 꽤 나 괜찮은 사진을 찍을 장소를 확보 할 수 있다.

바로 이때, 오른쪽에 있는 선수들이 거리의 완만한 경사를 오르건, 왼쪽에 있는 선수들이 코스를 되돌아서 내려오건, 경주 장면을 선명하게 볼 수 있다. 또한 마지막 바퀴에 스프린터들이 앞다투어 뛰쳐나오거나, 모든 팀이 마지막 바퀴를 도는 순

> **촬영 팁**
>
> 파리의 보안은 상당히 엄격해서 투르 드 프랑스에 공식적으로 참가하는 사람들 역시 경찰이 검문할 수 있다. 그러나 경기가 끝나면 각 팀의 차량이 버스들이 주차된 가브리엘 광장(Avenue Gabriel)으로 이동하여 공간이 생기는 콩코르드 광장과 같이 대중이 다가갈 수 있는 장소가 있다. 도로는 여전히 차량 진입이 허용되지만, 경찰은 팬과 선수의 가족, 그리고 이들의 지지자가 이곳에 넘쳐나기 시작하는 투르 드 프랑스의 여파에는 대처하지 못한다. 이곳에 슬그머니 카메라를 들고 진입하면, 아마도 스타들이 경기를 마친 순간에 보여주는 그들의 친근한 모습의 사진을 찍을 수 있다.

간에 마지막 인사를 보낼 수도 있다. 각 팀은 코스의 끝에서 공식 포즈를 취한다. 그래서 이곳에 있으면 정말 투르 드 프랑스가 마침내 끝났다는 분위기가 느껴진다.

샹젤리제는 정말 넓은 거리이며, 만족스러운 사진을 얻기 위해서는 롱렌즈가 필요하지만, 선수들이 차단벽 바로 옆에서 내리막, 오르막을 오가기 때문에 소형 디지털 카메라로도 선명한 사진을 찍을 수 있다. 차단벽 뒤에서 촬영할 곳을 고를 때에는, 프롤로그 때와 같이 선수들이 어느 시점에 코너를 돌고, 그들이 코스를 빠져나갈지에 대해 생각해야 한다. VIP와 스폰서의 그랜드스탠드는 지친 투르 드 프랑스 팬들이 샹젤리제의 끝에서 3분의 1 구간에 있는 결승선에 진입하기를 어렵게 만들지만, 당신이 마지막 스테이지를 순환로 코스에서 보기로 결정했다면, 마지막 수상식 장면이 잘 보이는 곳을 찾기는 어려운 일은 아니다.

투르 드 프랑스가 끝난 뒤(AFTER THE TOUR)

이제 당신의 투르 드 프랑스가 끝났다. 파리에 있는 호텔로 돌아가서 낮잠을 자거나, 샤워를 하고, 혹은 늦은 오후에 저녁 식사를 준비하며 쉴 수 있다. 파리에서는, 정말 도처에 세계 최고의 음식이 넘쳐난다. 지난 몇 주간 꽤나 지겹도록 먹은 전통 프랑스 음식 대신에 인도, 중국, 태국, 베트남 요리를 시도해보고 싶은 마음이 들 수도 있다. 그러나 당신은 아직 오늘 사진을 컴퓨터에 옮기고, 편집하고, 전송하지 않았다. 만약 당신이 사진에 대해 매우 진지하다면, 오늘밤을 즐기려는 생각을 하기 전에 이 작업부터 해야 한다.

그러니 한 번쯤은 투르 드 프랑스가 열리는 23일간 매번 경기가 끝난 이후 같은 작업을 반복했을 전문 공식 사진가에 대한 생각을 해보는 것도 좋다. 매년, 투르 드 프랑스는 파리에 도착하고, 이제 당신은 맥주 몇 잔을 친구와 마시고, 식사를 하며 긴장을 풀고, 정말 깊은 잠에 빠져들면서 마치 당신의 일생에서 투르 드 프랑스는 더는 없을 것이라고 생각한다. 실제로는, 밤 11시가 될 때까지 맥주 한 잔을 입에 대기는커녕, 괜찮은 아니 그 어떠한 레스토랑이라도 한밤중에 들어갈 수 있기라도 하면 정말 행운이다. 투르 드 프랑스가 시작되기 하루 전부터 마지막 이틀까지 내내 이런 상황이 이어진다.

나는 이럴 때 1910년 콜 다비스크(Col d'Aubisque)의 전설을 개척하고, 1967년 심프슨(Simpson)의 비극적 죽음을 포착한 뉴스에 굶주린 사진 기자들, 1969년 방투 산(Mont Ventoux)에서 메르크(Merckx)의 최고의 질주를 목격했던 나의 선배들을 생각한다. 나는 『Miroir du Cyclisme』의 앙리 베송(Henri Besson), 『Sport 80』의 알도 토누아르(Aldo Tonnoir), 『Wieler Revue』의 코르 보스(Cor Vos), 그리고 수많은 위대한 사진가들을 우러러보며 이 일을 시작했다. 과연 이러한 선구자들이 그 당시 불평불만을 쏟았을까? 아마도 아닐 것이다!

사이클, 그리고 특히 투르 드 프랑스는 세계에서 가장 아름다운 스포츠 중 하나이며, 이러한 대회에 참여할 수 있다는 것만으로도 행운이다. 공식이든 아니든 투어의 사진가가 됨으로써, 우리 모두는 역사를 만들고 기록하는 과정에 참여하게 된다. 그리고 바로 이것이야말로 마치 우리 삶의 역사의 한 조각을 빠트리기라도 할까 봐 매년 우리를 한자리에 모으는 원동력이 된다. 사진가로서 당신과 내가 이 7월 한 달간 정말로 수많은 위대한 사진을 찍을 기회를 날렸을지도 모른다.

그리고 바로 우리가 놓쳐버렸을 가능성은 며칠이 지나도, 아니 몇 주, 몇 달이 지나도 잊히지 않고, 내년 7월이 돌아올 때까지 뇌리에서 떠나지 않는다. 그러니 내가 쓰는 방법처럼 당신의 실수를 학습곡선의 일부로 생각해서, 다음에는 잘할 수 있다고 자신에게 되뇌길 바란다.

투르 드 프랑스의 전설들

랜스 암스트롱(Lance Armstrong)

1999년의 괄목할 만한 승리나, 2003년의 초인적인 빛나는 승리, 혹은 7년 연속 투르 드 프랑스 우승, 그 어디에 초점을 두더라도 랜스 암스트롱 전성기의 중요성을 공명정대하게 판단하는 것은 불가능하다. 그는 일곱 번의 투르 드 프랑스에서, 25번의 스테이지 우승, 마이요 존느 83회 획득, 에디 메르크(Eddy Merckx)를 넘어서는 우승에 대한 집념과 노력으로 결국 최정상의 자리에 오르면서 최고의 선수로 등극했다.

암스트롱은 그의 기록만으로도 100회가 넘는 투르 드 프랑스의 역사에서 가장 큰 축을 차지하는 데 부족함이 없다. 그러나 내 생각에는 암스트롱이 투르 드 프랑스에 참가하며 보여준 매력적인 모습이 그의 전설을 더 대단하게 만들었고, 또한 이전 세대의 중심축을 차지했던 여러 영웅과 비교해서도 홀로 우뚝 설 수 있게 만들었다.

투르 드 프랑스의 공동 창설자인 앙리 데그랑주(Henri Desgrange)와 그의 후계자이며 이후 50년간 대회를 이끌었던 자크 고데(Jacques Goddet)와 펠릭스 레비탕(Felix Lévitan)이 암스트롱과 비교될 수 있는 존재였다. 또한 1989년부터 2005년까지 총재를 역임하며 열정을 다해 투르 드 프랑스를 이끄는 동시에 혼돈의 1990년대를 너무나 잘 통제하며 전성기를 열었던 장 마리 르블랑(Jean-Marie Leblanc)도 상징적인 인물이다. 나는 이들보다 암스트롱을 높게 평가하는데, 모리스 가랭(Maurice Garin), 자크 앙크틸(Jacques Anquetil), 루이종 보베(Louison Bobet), 메르크(Merckx), 그리고 베르나르 이노(Bernard Hinault)의 업적도 그의 업적과는 비교될 수 없다.

암스트롱이 1999년 투르 드 프랑스에서 우승할 때, 1998년 페스티나(Festina)

첫 우승　랜스 암스트롱이 베르덩(Verdun)에서의 1993년 세계선수권대회에서 우승을 자축하는 모습. 미국 선수의 첫 승리였다.

의 약물 파동으로 대회는 어수선한 상태여서 스폰서들이 거의 손을 떼기 일보직전처럼 보였다. 이러한 상황은 1998년 우승자인 마르코 판타니(Marco Pantani)도 도울 수 없었다. 왜냐하면 자신이 1999년 투르 드 프랑스 한 달 전에 열린 지로 디탈리아(Giro d'Italia)에서 도핑이 적발되어 실격을 당했기 때문이다. 암스트롱은 그야말로 사람들에게 투르 드 프랑스의 구원자로 보였다.

투르 드 프랑스에 가장 큰 영향을 주었다 해도 과언이 아닐 그의 첫 우승은 거대한 사업 기회를 열어주었다. 미국 텔레비전 방송사는 암스트롱이 대회에서 버티기만 한다면 투르 드 프랑스를 방영하면서 큰돈을 벌 수 있을 것으로 확신하며 2000년대 들어서 투르 드 프랑스 방영을 시작했다. 미국이 텔레비전 중계를 시작하면서 전 세계 시청자를 끌어들였고, 그와 함께 막대한 자본이 투르 드 프랑스로 유입되었다.

이전까지만 하더라도, 영미권에는 투르 드 프랑스를 생중계하지 않았지만, 암스트롱의 성공이 지속되면서 동아시아와 중동 역시 투르 드 프랑스의 잠재력을 믿고 텔레비전 중계를 시작했다. 암스트롱은 암 투병과 연속 우승이라는 스토리로 마케팅에서 투르 드 프랑스의 가장 매력적인 요소로 부각되었으며, 투르 드 프랑스 역시 그로 인해 막대한 부를 벌어들였다. 대회 스폰서는 급작스럽게 전세계 시청자들의 관심을 받으며 기업 이미지를 홍보할 수 있게 되었고, 새로운 기업은 남은 기

철석같은 승리의 포즈 아널드 슈워제네거(Arnold Schwarzenegger)와 암스트롱, 2003년.

회를 붙잡기 위하여 투르 드 프랑스 스폰서십에 참여하려고 프랑스로 몰려들었다.

암스트롱과 그의 팀에 연관된 스폰서로 인하여, 투르 드 프랑스는 이전에는 볼 수 없었던 수행 인원들이 생기게 되었다. 수많은 전용기가 프랑스의 지방 공항에 매일 도착했고, VIP를 태운 헬리콥터는 경주하는 펠로톤을 지나 서밋 피니시로 그들을 데려다주었다. 그러고는 이 VIP는 유명한 저택이나 산의 리조트로 이동했고, 그들 중 몇몇은 암스트롱의 팀이 단골로 찾는 식당에서 그와 나란히 식사를 했다. 윌 스미스(Will Smith), 로빈 윌리엄스(Robin Williams), 아널드 슈워제네거(Arnold Schwarzenegger)와 같이 암스트롱과 어깨를 나란히 하고 싶어 하는 영화배우들이 투르 드 프랑스를 찾는 일도 점점 흔한 일이 되었다.

사실 이러한 일은 이전에는 전혀 없었기에, 과도한 관심에 따른 압박이나 보안 문제 등 골치아픈 문제에 대응하기 어려워졌다. 록스타인 셰릴 크로(Sheryl Crow)가 투르 드 프랑스를 방문하면서 생긴 낭만은 영화배우의 방문 때보다 훨씬 대단했다. 얼마나 대단했는지 파리로 돌아가서 회계 담당 직원이 제대로 정산하기도 전에 이미 엄청난 돈이 들어왔다는 것을 누구나 알 수 있을 정도였다.

무엇보다 놀라운 점은 암스트롱이 마치 그가 이미 짜놓은 각본에 따라서 매년 우승을 이어가며 본인의 역할을 최대한 해냈다는 사실이다. 그 역시 이 각본에 따라서 그 어떤 헐리우드 스타만큼이나 유명세를 타게 되었다.

많은 텔레비전 방송국과 스폰서는 암스트롱의 은퇴 이후에도 지속하여 투르 드 프랑스와 인연을 이어갔다. 그 이유 중 하나는 단지 이 텍사스 출신 선수의 경주를 보려고 유입된 시청자들이 그대로 투르 드 프랑스에 열렬한 성원을 보낼 것이라는 사실을 알았기 때문이다. 그래서 투르 드 프랑스 관계자가 암스트롱의 업적을 실컷 경멸했다는 사실은 무척 놀랍다. 수억 달러, 유로, 엔, 파운드를 텔레비전과 스폰서로부터 벌어들였음에도 말이다.

이러한 부(富)야말로 투르 드 프랑스가 수많은 다른 스포츠 조직들이 파산을 선언하는 어려운 상황에서도 살아남게 만든 원동력이다. 암스트롱의 2009년 복귀설은 그동안의 부진한 수익을 만회할 좋은 기회로 보였지만, 이제는 더 이상 챔피언의 전성기만큼의 수익을 내기를 기대하기는 어려워 보인다.

내 생각에는 투르 드 프랑스 조직위원회의 그를 향한 냉소는 아마도 그가 권좌를 차지하던 시기에 프랑스 선수가 단 한 차례도 우승하지 못한데서 오는 당혹스러움을 줄이려는 조직적인 움직임으로 보인다. 그들은 그가 약물을 복용하지 않았다면 그만큼 뛰어난 성적을 올리지 못했으며, 그렇기에 정당한 방법으로 대회에 참가한 프랑스 팀의 실패는 실력 부족이 아니라는 점을 넌지시 암시했다. 그러나 이런 혐의를 만들어낼 정도로 슬픈 사람들이 랜스 암스트롱의 사고방식에 대해서 조금이나마 알았다면, 이와 같은 선전 행위를 하지는 않았을 것이다.

베르덩(Verdun) 스테이지에서의 승리한 몇 년 후 암 투병에 들어가며 그의 모습은 360도 바뀌었는데, 그는 1999년 복귀하면서 당대 최고의 챔피언의 모습으로 변모했다. 나는 그가 연속 우승을 하던 시기의 영광스럽고, 대단하던 사이클의 전성기에 대해 기억하는 것이 무척 자랑스럽다. 훈련에 모든 것을 걸고 자신에 찬 모습은 그를 투르 드 프랑스 7회 연속 우승자로 만들었다.

많은 이들이 그의 전성기 중 최고의 장면 하나를 꼽아달라고 요청한다. 사실은 그렇게 쉽게 대답할 수 없을 정도로 수많은 명장면이 있다. 1999년 타임 트라이얼에서 신기록을 세우는 와중에도 내게 미소를 날리며 익살스럽게 손을 흔드는 여유로움을 들 수 있으며, 2000년 꼴 드 주뻴란느(Col de Joux-Plane)에서 대담한 모습으로 얼굴을 찌푸리며 날아다닌 장면도 있다. 2001년 스테이지 10에서 마치 몹시 곤란한 상태에 빠진 것처럼 연기하며 나를 포함한 모두를 속인 후, 얀 울리히(Jan Ullrich)를 알프 듀에즈(Alpe d'Huez)에서 맹렬히 쫓으며 결국은 승리했던 장면도 있다. 1년 후, 2002년 가장 손쉽게 투르 드 프랑스 종합 우승을 차지했던 것이나, 2003년 가장 어렵게 우승을 했던 장면도 꼽을 수 있다.

아마 2003년이 최고의 순간인데, 암스트롱은 그야말로 본인의 한계를 보여준 이후에 겨우 울리히의 추격을 따돌리고 떠들썩한 우승을 차지했다. 이 순간이야말로 투르 드 프랑스의 승리의 여신이 한 번도 아니고 여러 번 씩 그의 손을 들어주었던 때인데, 뤼즈 아르디당(Luz Ardiden) 기슭에서 충돌한 이후 알프스의 내리막 코스에서 농장을 가로지르며 방향 전환을 하며 입이 쩍 벌어질만한 역전을 만든 장면은 압권이었다. 비에 흠뻑 젖은 상태로 내달렸던 타임 트라이얼은 사람을 안절부절 못하게 만드는 측면에서는 다른 어떤 장면과도 비할 수 없다. 나는 이때 느꼈던 긴장감을 다시는 느끼고 싶지 않다. 내가 아무리 내 일을 하면서 편파적이지는 않다고 하더라도, 2003년은 정말 내 인생에서 잊을 수 없는 대회였다는 점은 인정할 수밖에 없다.

1999년 투르 드 프랑스에서의 첫 우승을 차지한 랜스 암스트롱.

암스트롱의 시대에서 한 가지 충족하지 못한 장면이 있다면, 산악 코스에서 압도적인 모습을 보이지는 못했다는 점이다. 이전의 챔피언과 비교하면 이러한 점이 무척 부각되는데, 암스트롱 역시 그 이전 세대들과 경쟁을 펼쳤다면 산악 코스에서의 선전은 필수였을 것이다.

2004년 투르 드 프랑스는 드디어 그가 무자비한 무력시위를 보이며 마침내 7회 우승을 달성한 순간이었다. 그는 첫 출발부터 모두를 자신의 통제 아래에 놓았는데, 그와 U.S. 포스틸(Postal) 팀은 걷잡을 수 없는 분위기를 만들며, 파리-루베(Paris-Roubaix)의 스테이지 3에서 압도적인 모습을 보였고, 그들의 라이벌을 캉브레(Cambrai)의 타임 트라이얼에서 완전히 압도했다. 프랑스의 토마 보에클레르

(Thomas Voeckler)가 첫 일주일은 앞서 나갔지만, 암스트롱은 투르 드 프랑스 중반전이었던 피레네에서 맹공을 펼치기 시작했다. 마치 굶주린 도둑고양이처럼 내달리며 스테이지를 차지했고, 마침내 빌라 드 랑(Villard-de-Lans)에서 앞서 나가기 시작했다. 암스트롱이 스테이지 15 피니시에서 보인 몸짓은 대중에게 자신의 극적인 실력을 뽐내고 싶어 한 모습이었다. 계속해서 알프스에서 3연속 승리와 브장송의 타임 트라이얼에서의 승리로 이어졌다. 심지어 투르 드 프랑스의 전설인 메르크도 그처럼 압도적인 모습을 보이지는 못했다.

이미 그가 은퇴한 지 몇 년이 지났고, 그의 약물 스캔들로 인한 자격박탈은 그의 전성기가 우리의 생각보다 훨씬 큰 의미였다는 것을 여전히 증명하고 있다. 이러한 공백에 대해 크게 신경 쓰지 않는 나는, 정말로 특별했던 선수의 흠잡을 데 없는 커리어가 만든 영광의 시대를 좀 더 오랫동안 그리워했던 것 같다.

랜스와 주변에 주문을 걸어놓아서 그를 옹호하는 팬에게 조금은 두려울 정도의 열성을 끌어내곤 했다. 이는 그의 라이벌에게도 똑같이 적용되었는데, 7회 연속 우승을 하면서 암스트롱은 더 잘할 수 없을 정도로 본인을 밀어붙였다. 그는 모든 돌발 상황에 대해서 대비하고 계획을 세웠다.

1999년부터 2005년까지 암스트롱이 투르 드 프랑스를 완전히 정복했다고 해도 과언은 아닌데, 계속된 독점은 결국은 조직위원회를 적으로 돌릴 수밖에 없었다. 의심의 여지없이, 그는 챔피언이었으며, 또한 7월 한 달간 그의 모습을 보며 길가에서 그를 응원하는 수십만 팬의 챔피언이었다.

오늘날까지 암스트롱이 빠진 투르 드 프랑스는 점점 작아지며, 조용해지고, 결국은 재미가 없어지고 있다. 죽음을 위협할 수도 있던 암과의 싸움에서 승리하고 돌아와서 챔피언의 자리에 오른 선수의 연속된 승리에 가장 많이 빚진 것은 바로 투르 드 프랑스다. 2009년 암스트롱은 비록 우승은 못할지도 모르지만, 대단한 컴백을 준비 중이며, 나는 그의 가장 열렬한 응원자가 될 것이다. 아마도 그가 대회를 영영 떠나지만 않는다면, 그는 언제나 우승할 수 있는 존재다.(역자 주: 실제로 암스트롱은 2009년 복귀하여 3위를 차지했지만, 2012년 반도핑기구는 그의 선수 자격을 영구적으로 박탈했다.)

프랑스 음식 메뉴 설명서

a

abbachio: 어린 양고기.
abricot: 살구.
acajou: 캐슈너트.
affiné: 숙성 치즈.
agneau: 양고기.
    carré d'agneau: 양갈비 스테이크.
    côtelettes d'agneau: 양고기 커틀릿, 양고기 찹.
    agneau de pré-salé: 노르망디의 습지와 대서양 부근의 소금기가 있는 지역에서 자란 양고기로, 살코기가 미묘하게 짠맛을 내포함.
    épaule d'agneau farcie: 속을 채운 양 어깨 고기 요리.
    gigot d'agneau: 양 다리.
    navarin d'agneau: 채소와 함께 끓인 양고기 스튜.
    agneau de Pauillac: 포이야 지방 전통 음식으로, 약간의 짠맛이 특징.
agnelle: 어린 암컷 양고기.
aiglefin: 작은 대굿과의 물고기, *églefin* 이라고도 불림.
aigre: 쓰고 신.
aigre-doux: 새콤달콤.
aiguillette: 보통은 닭, 오리, 거위 안심이나 소, 돼지고기, 생선)의 얇고 길게 저민 조각.
ail: 마늘.
aile: 날개(가금류).
aillé: 마늘을 곁들인.
aïoli: 마늘 마요네즈, 프로방스 특선 요리로 생선이나 채소와 곁들임.
algue: 해초.
aligot: 오베르뉴 지방의 요리로, 마늘과 톰(*tomme*) 드 사부아 치즈로 양념된 매시트포테이토.

alose: 청어.
alsacienne, à l': 알자스 지방 요리로, 사우어크라프트 소시지, 푸아그라를 와인과 함께 끓인 요리.
amande: 아몬드.
amuse-bouche: 식 전 애피타이저.
ananas: 파인애플.
anchoïade: 안초비, 마늘, 올리브 오일 퓌레 디핑 소스에 생야채, 토스트를 찍어 먹는 프로방스식 애피타이저.
anchois: 랑그도크의 콜리우르(*Collioure*) 에서 생산되는 최상등급의 안초비.
ancienne, à l': 크림소스, 혹은 레드와인과 요리한 정통 고기와 야채 요리.
andouillette: 프로방스식 소 내장을 이용한 소시지 요리, 대개 구워서 먹음.
anglaise, à l': 영국 스타일의, 대개 맛이 없고 평범함을 뜻함.
anguille: 장어.
    anguille au vert: 샬럿, 양파, 시금치, 민트, 타임, 타라곤, 파슬리, 처빌, 버터, 그리고 생크림으로 만든 허브 소스에 조린 장어 요리.
AOC (Appelation d'origine contrôlée): 와인, 버터, 치즈, 과일을 분류하는 프랑스의 체계반드시 원산지에 대한 증명을 하는 라벨이 위의 제품에 붙어 있어야 함.
armoricaine, à l': 아르모리카(*Armorica*, 현재의 브리타니 지방) 스타일의, 화이트 와인, 코냑, 토마토, 버터로 만든 소스.
artichaut: 아티초크.
asperge: 아스파라거스.
assaisonné de: ~으로 양념(조미) 된.
assiette: 한 접시에 나오는 요리.
    assiette de légumes: 채소 요리.
    assiette de charcuterie: 햄이나 소시지와 같은 찬 고기 요리.
    assiette du pêcheur: 생선 요리.

---

* 이 해독기의 일부는 파트리샤 웰스(Patricia Wells)의 『French/English Food Glossary(available at www.patriciawells.com)』에서 인용한 것임을 밝힌다.

aubergine: 가지.
auvergnate, à l': 오베르뉴 스타일의 양배추, 소시지, 베이컨을 넣은 소스.
avocat: 아보카도.

b

baba au rhum: 럼 시럽을 적신 스펀지케이크.
baguette: 바게트.
ballottine: 뼈를 발라낸 고기나 생선을 실로 둥글게 감은 덩어리.
banane: 바나나.
bar: 농어. 남쪽에서는 *loup*이라고 불림.
barbotte: 메기.
barbouillade: 가지 스튜.
barbue: 넙치.
basilic: 바질.
basquaise, à la: 바스크 스타일의 토마토와 고추를 사용한 소스.
bâtard: 바타르, 축구공 모양의 빵.
bavette: 소 옆구리 살 스테이크, 종종 푹 삶아 먹는데 무척 질긴 부위기 때문.
béarnaise: 노른자, 타라곤, 샬럿, 비네거 식초를 이용한 스테이크 소스.
béchamel: 우유, 밀가루, 버터를 이용한 화이트소스.
beignet: 베이네, 설탕을 뿌린 도넛으로 디저트, 과일, 고기와 곁들인다.
  beignet de fraises: 딸기를 넣고 튀긴 베이네.
beurre: 버터.
  beurre demi-sel: 저염 버터.
  beurre des Charentes: 푸아투샤랑트 *(Poitou-Charentes)*산 정제 버터.
biche: 암사슴.
bien cuit(e): 웰던.
bière: 맥주.
  bière blonde: 페일에일.
  bière en bouteille: 병맥주.
  bière brune: 흑맥주.
  lager: 라거.
  pression: 생맥주.
bifteck: 스테이크.
biologique: 유기농.
bisque: 게, 가재, 로브스터, 새우 등을 갈아서 만든 크림수프.
bistrotier: 비스트로의 주인.
blanc de volaille: 닭가슴살.
bleu: 레어(스테이크), 종종 블루치즈 종류를 뜻하기도 함.
boeuf: 소고기.
  boeuf à la mode: 사각으로 잘라서 레드와인에 마리네이드한 소고기를 당근, 양파, 버섯과 함께 내는 요리.
  boeuf bourguignon: 레드와인, 양파, 버섯, 베이컨을 넣은 소고기 스튜.
  boeuf Charolais: 부르고뉴 지방의 고품질 소고기.
boisson: 음료, 술.
  boisson (non) compris: 음료 (미) 포함.
bonbon: 캔디.
bordelaise: 보르도 스타일의 샬럿, 버섯, 타임을 넣은 레드와인소스.
boudin blanc: 송아지, 닭, 돼지고기로 만든 흰소시지.
boudin noir: 돼지 선지가 들어 있는 거무스름한 소시지.
bouillabaisse: 지중해식 생선 스튜. 쏨뱅이, 달고기, 꼬마달재 세 가지 지역 생선을 사용하는데, 종종 아귀나 도미, 혹은 넙치를 사용함. 올리브오일, 양파, 마늘, 토마토, 파슬리, 그리고 샤프란을 넣고 끓임. 고급 레스토랑에서는 랑구스틴(*Langoustines*, 작은 새우의 일종)이 더해지는데, 원래 조리법은 아님.
bouillon: 수프, 육수.
boulangère, à la: 오븐에서 구운 요리를 통칭했으나, 오늘날에는 양파와 감자와 함께 오븐에서 구운 고기 요리를 뜻함.
boule: 희고 둥그런 빵.
boule de Lille: 릴(*Lille*) 주변에서 생산된 미몰레트(*Mimolette*) 치즈.
boulli: 삶은.
bourgeoise, à la: 당근, 양파, 삶은 상추, 깍둑 썬 베이컨을 넣은 요리.
bourguignonne, à la: 부르고뉴 지방 스타일의 레드와인, 베이컨, 양파, 버섯을 넣은 소스.
brandade de morue: 소금에 절인 대구와 우유 퓌레.
bretonne, à la: 브르타뉴 스타일의 흰 강낭콩이나 콩 퓌레를 곁들인 요리, 혹은 당근, 리크(*leeks*, 부추처럼 생긴 큰 채소),

셀러리를 넣은 화이트와인소스를 뜻함.
bretzel: 알자스 지방의 가운데가 설익은 듯 부드러운 프레첼.
brioche: 브리오슈, 버터와 계란이 풍부하게 들어간 아침 식사용 빵.
brochette: 고기, 생선, 채소 꼬치 요리.
brocoli: 브로콜리.
brouillé: 스크램블드에그.
brut: 단맛이 없는 가장 드라이한 샴페.
buffet froid: 찬 음식을 제공하는 뷔페.

C

cabillaud, dos de: 발라 낸 대구 살, 남쪽 지방에서는 *dos de morue*라고 함.
cabri: 어린 염소.
cacahuète: 땅콩.
Caen, à la mode de: 노르망디 지방의 캉 (*Caen*) 스타일 요리로 칼바도스(*Calvados*), 화이트 와인, 혹은 사과주를 이용한 소스.
café: 커피.
  café au lait: 카페오레.
  café décaféiné: 디카페인 커피.
  café express: 에스프레소.
  café noir: 에스프레소 블랙.
  café serré: 물을 반만 넣은 아주 강한 에스프레소.
caille: 메추라기.
cajou: 캐슈너트.
calmar: 작은 오징어 튀.
Calvados: 노르망디 특산 사과 브랜디.
camomille: 캐머마일 허브차.
campagnard: 말 그대로, 시골식, 찬 고기들을 내놓는 뷔페인 테린을 칭하기도 함.
campagne, à la: 시골 방식대로.
canard: 오리.
cannelle: 계피.
câpre: 케이퍼.
carafe d'eau: 컵에 담겨 나오는 수돗물, 모든 메뉴를 시키면 무료로 제공.
caramélisé: 카라멜라이즈, 설탕을 조려서 갈색으로 만드는 것.
carbonnade: 맥주와 양파를 넣고 푹 삶은 소고기 스튜.
carotte: 당근.

carpe: 잉어, 민물고기.
carré: 립, 갈비.
  carré d'agneau: 양갈비.
  carré de porc: 돼지갈비.
  carré de veau: 송아지 갈비.
carte: 메뉴, *à la carte:* 따로 시켜야 하는 메뉴, 세트 메뉴가 아님.
casseron: 갑오징어.
cassis, crème de: 블랙커런트(black currant, 까치밥나무 열매)를 이용하여 만든 술, 샴페인과 함께 *kir royal*이라는 칵테일을 만드는 데 쓰임.
cassolette de: 작은 크기의 캐서롤.
cassoulet: 흰강낭콩, 오리, 거위, 양, 돼지, 그리고 소시지를 넣고 끓인 고기 스튜.
céleri: 샐러리.
cèpe, cèpe de Bordeaux: 먹을 수 있는 야생 버섯, 특히 포르치니 버섯(*porcini*).
céréale: 시리얼.
cerf: 수사슴.
cerise: 체리.
cervelle: 송아지나 양의 뇌.
champignon: 버섯.
chanterelle: 살구버섯.
chapon de mer: 지중해 생선, 쏨뱅이 (*rascasse*, scorpion fish)의 일종으로 부야베스에 사용.
charbon de bois, au: 숯불구이.
charbonnade: 숯불 소고기, 말고기 구이.
charcuterie: 베이컨, 햄, 소시지와 같이 돼지고기로 만든 보존할 수 있는 식품을 통칭.
chasseur: '사냥꾼'이라는 뜻으로 버섯, 샬럿, 토마토, 허브를 넣은 화이트와인소스.
châtaigne: 밤.
chateaubriand: 두꺼운 안심이나 우둔살 스테이크로 튀긴 감자와 화이트와인, 소고기 육수, 버터, 샬럿, 허브를 넣은 소스를 곁들임.
chaud(e): 뜨거운, 따뜻한.
chaud-froid: 구운 생선, 고기, 가금류를 식히는 동안 크림소스를 바른 요리.
chausson: 한쪽을 구워서 뒤집은 턴오버 (turn-over), 향긋한 사과로 속을 채운 사과 턴오버(*chausson aux pommes*)가 있음.
cheval: 말고기, 가끔 생고기(*tartare*)로 나옴.

chèvre: 염소.
    chèvre, fromage de: 염소 우유로 만든 치즈.
chicon: 엔다이브.
chiffonnade: 초록 잎의 채소.
chipiron: 남서쪽 바닷가의 작은 오징어로 먹물과 함께 요리됨.
chipolata: 주로 아침에 먹는 작은 돼지고기 소시지.
chocolat: 초콜릿.
chocolatine: 초콜릿으로 채운 크루아상.
chou: 양배추.
chou de Bruxelles: 브뤼셀스프라우트(아주 작은 양배추).
choucroute: 사우어크라우트, 알자스 지방의 양배추 발효 음식.
chou-fleur: 꽃양배추.
cidre: 발효 사과주.
citron vert: 라임.
claire: 소금을 깐 접시(claire)에 올린 굴 요리.
cochon: 돼지.
    cochon de lait: 어린 돼지.
coeur: 심장.
colin: 대구류 생선, 브르타뉴에서는 *merluchon*로 불리고, 지중해 연안에서는 *merlan*이라고 함.
complet: 손님이 꽉 들어 찬 레스토랑.
compris: 팁 포함, *non-compris*: 팁 미포함.
concombre: 오이.
confiserie: 캔디, 과자를 파는 가게.
confit: 오리, 거위, 돼지를 요리한 다음 그 자체의 지방으로 천천히 조리한 음식, 혹은 설탕, 술, 비네거 식초에 절인 야채.
    confit de canard: 오리를 이용한 콩피.
confiture: 잼.
consommation: '소비하다'라는 뜻, 카페나 바에서 먹을 수 있는 음료, 식사, 스낵.
consommé: 소고기나 가금류로 만든 맑은 수프.
contre-filet: 등심 스테이크.
coq: 로브스터.
    coq au vin: 버섯과 마늘을 넣은 와인 소스로 요리한 로브스터.
coque: 꼬막.
coque, à la: 조개껍데기에 담겨 나오는 음식.
coquillage: 조개류.

coquille: 조개.
coquille Saint-Jacques: 관자를 레몬주스, 후추, 버터, 마늘과 함께 조개껍데기에 넣어서 구운 요리.
coriandre: 고수.
cornichon: 오이 피클.
côte d'agneau: 램 찹스테이크.
côte de boeuf: 립아이 스테이크.
côte de veau: 송아지 찹스테이크.
côtelette: 얇게 썬 찹스테이크.
cotriade: 브르타뉴 지방의 생선 스튜로 붕장어, 고등어, 숭어, 민대구, 리크, 버터, 감자를 넣고 끓이며 빵을 곁들임.
coulis: 생선이나 과일 퓌레.
courge: 황색 호박.
courgette: 주키니, 애호박.
couscous: 북아프리카의 요리로 찐 밀과 육수, 채소, 그리고 양고기나 닭고기 요리.
couvert: 식기류를 놓는 방법.
crabe: 게.
crème: 크림.
    crème anglaise: 커스터드 크림.
    crème brulée: 풍부한 커스터드 크림 위에 캐러멜라이즈 설탕을 올린 디저트.
    crème caramel: 바닐라 커스터드 크림과 캐러멜소스 디저트.
    crème de cassis: 블랙 커런트 술.
    crème catalane: 아니스 향이 나는 커스터드 크림, 랑그도크 지방 음식.
    crème chantilly: 단 생크림.
    crème fraîche: 휘핑크림.
crêpe: 얇은 팬케이크, 초콜릿, 오렌지와 같은 소스와 함께 곁들임.
creuse: 쪼글쪼글한 껍데기의 굴, 바위굴이라고 불림, 깊은 풍미를 지님.
crevette: 새우.
    crevette grise: 조리하면 회색빛을 띠는 작은 새우.
    crevette rose: 조리하면 분홍빛을 띠는 새우.
crique: 오베르뉴(*Auvergne*) 지방의 감자 팬케이크.
croissant: 크루아상, 여러 번 밀어 펴고 접기를 반복한 페이스트리로 만든 빵.
croque-madame: 구운 햄 치즈 샌드위치로, 위에 계란을 얹음.

croque-monsieur: 계란을 얹지 않은 구운 햄 치즈 샌드위치.
croquette: 소시지 모양으로 소고기, 생선, 야채 등을 계란과 감자와 함께 빵가루를 묻혀서 말아서 구워낸 음식.
croûte: 파이의 딱딱한 위 부분.
   en croûte: 빵 안에 넣고 구워낸 요리.
cru: 생 것, 날 것.
crudité: 생야채, 냉채(plat de crudités) 등에서 쓰임.
crustacé: 갑각류, 로브스터, 게.
cuisine bourgeoise: 가정식 요리.
cuisine campagnarde: 시골식 요리.
cuit(e): 조리된.
   bien cuit: 웰던(완전히 익힌).
   très cuite: 바짝 구운.
cure-dents: 이쑤시개.

d

darne: 사각 모양의 생선살 스테이크, 가장 유명한 것으로는 연어 스테이크(darne au saumon)가 있음.
daube: 소고기나 양고기를 레드와인, 양파, 토마토와 함께 만든 스튜. 프로방스나 대서양 부근의 특선 요리.
daurade: 감성돔.
décaféiné: 디카페인 커피.
dégustation: 맛보기, 샘플러, 맛보기 메뉴 (menu-dégustation).
déjeuner: 점심.
   petit déjeuner: 아침.
demi: 절반.
   demi-bouteille de bière: 맥주 반 병.
   demi-bouteille du vin: 와인 반 병.
   demi-glace: 소고기, 양고기, 혹은 오리 육수를 가지고 만든 아주 진하고 응축된 소스.
   demi-sec: (와인·샴페인이) 다소 쌉살한, 드미섹의.
   demi-sel: 저염 버터.
demoiselles de Cherbourg: 셰르부르 (Cherbourg) 지방의 작은 로브스터로 만든 수프.
dieppoise: 디에프(Dieppe)의 스타일로 화이트와인, 홍합, 새우, 버섯, 크림이나 사과주를 넣고 만든 소스.

digestif: 식후주. 아르마냐크(armagnac), 칼바도스(calvados), 코냑(cognac), 마르 (marc) 등이 이에 해당함.
dijonnaise: 디종 스타일의 머스터드소스.
dinde: 칠면조.
dîner: 저녁 식사.
dos: 생선에서 살이 가장 많은 부분.
douceur: 사탕.
doux (douce): 달콤함.
dur: 단단한, 완숙란(oeuf dur).
duxelles: 저민 버섯과 샬럿을 버터에 튀긴 후 크림과 섞은 양념.

e

eau: 물.
   eau gazeuse: 탄산수.
   eau minérale: 광천수.
échalote: 샬럿이나 달콤한 맛이 나는 양파.
écrevisse: 바다가재류.
églefin: 해덕대구, aiglefin이라고도 함.
elzekaria: 바스크의 콩과 양배추 수프.
émincé: 대개 고기를 얇게 자른 조각을 일컬음(émincé de boeuf).
enchaud: 돼지 안심을 마늘과 함께 조리한 도르도뉴(Dordogne) 지방 음식.
entier, entière: 전체의.
entrecôte: 갈비 스테이크.
   entrecôte maître d'hôtel: 레드와인과 샬럿소스를 곁들인 갈비 스테이크.
entrée: 첫 번째 주요리 (생선 요리 뒤에 로스트 요리 앞에 나가는 요리로 메뉴에서 주가 되는 요리).
épaule: 양, 돼지, 송아지의 어깨살.
épice: 향신료.
épinard: 시금치.
escalope: 소고기나 생선의 얇게 썬 조각
escargot: 달팽이.
   escargot de Bourgogne: 버터, 마늘, 샬럿, 파슬리와 구워낸 달팽이 요리.
espadon: 황새치.
espagnole, à la: 스페인 스타일의 토마토, 후추, 양파, 마늘 그리고 쌀을 넣은 소스.
estouffade à la provençale: 프로방스 스타일의 양파, 마늘, 당근, 오렌지 껍질을 넣은 소고기 스튜.

estragon: 타라곤.
étoffé: 속을 채운.

f

façon de, à la: 전통 방식에 따라.
faisan(e): 꿩.
farci(e): 속을 채운.
faux-filet: 등심(서로인) 스테이크.
favorite d'artichaut: 아스파라거스로 속을 채운 아티초크를 구워서 치즈 소스와 곁들여 먹는 유명한 야채 요리.
fenouil: 펜넬*(fennel)* 뿌리를 이용하여 요리하는 채소.
fermé: 닫은.
fermier: 농부. 형용사로는 농장에서 만든 농산품을 뜻함. 치즈, 놓아기른 닭, 우유 등.
feu de bois, au: 장작불을 이용하여 조리.
ficelle: 얇은 빵 한 덩어리.
ficelle picarde: 슬라이스 햄을 싼 크레이프 위에 치즈 크림소스를 얹은 피카르디 *(Picardy)* 특선 음식.
figue: 돼지.
fines herbes: 펀제르브(처빌 chervil, 파슬리 parsley, 차이브 chives, 타라곤 tarragon을 잘게 썬 향미료).
flageolet: 흰색 혹은 연두색의 작은 콩팥 모양의 강낭콩.
flamande, à la: 플랑드르*(Flemish)* 스타일의 양배추, 당근, 순무, 감자, 베이컨으로 만든 소스.
flammekueche: 알자스 지방의 특선 요리. 얇은 타르트에 베이컨, 크림, 양파를 넣고 구운 파이. *tarte flambée*라고도 불림.
flet: 넙치.
flétan: 북해와 영국해에서 잡히는 큰 넙치.
fleur de sel: 브르타뉴*(Brittany)*나 카마르그 *(Camargue)* 지방의 정제염.
florentine, à la: 피렌체 스타일의 시금치 크림소스.
flûte: 빵 한 덩이. 보통은 바게트 한 덩이를 칭함.
foie: 간.
    foie blond de volaille: 닭 간.
    foie gras de canard: 살찌운 오리 간.
    foie gras d'oie: 살찌운 거위 간, 푸아그라.
    foie de veau: 송아지 간.

fond d'artichaut: 어린 아티초크의 부드러운 중심부.
fondue: 퐁듀. 치즈(대개는 그뤼에르 *gruyère*, 콩테 *comte*, 혹은 보포르 *beaufort* 치즈를 사용)를 도자기 냄비에 녹여먹는 음식. *fondue bourguignonne*는 조각으로 자른 고기를 버터에 볶아 디핑 소스에 찍어먹는 음식을 말함.
forestière, à la: 야생 버섯, 베이컨, 감자를 이용한 소스.
fougasse: 프로방스 지방의 올리브, 치즈, 안초비, 양파를 넣은 이탈리아의 포카치아 (focaccia)와 같은 빵.
four, au: 오븐에서 구운. 대부분 피자의 조리법을 뜻하지만, 소시지나 스테이크 조리법에도 종종 사용됨.
frais (fraîche): 신선한.
fraise: 딸기.
framboise: 라즈베리.
fricassée: 프리카세. 화이트소스나 버터와 크림에 조린 소고기 요리. 최근에는 소고기 대신 생선을 사용하여 밥을 밑에 깔아서 나오기도 함.
frit(e): 튀긴.
frites: 프렌치프라이.
friture: 140~190℃의 온도에서 재료의 3~5배의 기름을 넣고 튀기는 조리 방법. 수분과 단맛의 유출을 막고 기름을 흡수하여 풍미를 더하는 조리 방법.
froid(e): 차가운.
fromage: 치즈.
    fromage blanc: 부드러운 저지방 치즈로 코티지 치즈(cottage cheese, 유지방을 제거한 이후 저온 살균하여 만든 연질치즈) 와 유사함.
fruit confit: 설탕에 통째로 절인 과일.
fruits de mer: 대개는 조개나 정어리를 섞은 해산물 플래터.
fumé(e): 훈제된.

g

galantine: 차게 먹는 고기 애피타이저 요리.
galette: 브르타뉴 지방의 둥글고 납작한 팬케이크로 소시지나 치킨을 넣고 구운 반죽 위에 소스를 바름.
gamba: 대하.
garniture: 가니시.

gâteau: 케이크.
    gâteau basque: 블랙 체리를 설탕에 졸여서 넣거나 커스터드를 넣은 케이크.
    gâteau suisse: 치즈 케이크.
gaufre: 와플.
gésier: 닭 근위(모래주머니) 혹은 다른 가금류의 근위. 별미로 여겨짐.
gigot: 양의 다리살.
    gigot brayaude: 마늘을 곁들인 양 다리살을 화이트와인과 팥, 삶은 양배추, 밤과 함께 조리한 요리.
    gigot de pré-salé: 노르망디 지방에서 자란 양의 다리살. 미묘하게 짠맛이 나는 것이 특징.
gingembre: 생강.
glace: 아이스크림.
glacé: 동결시킨, 결정체로 만든.
glaçon: 얼음 조각.
gourmand(e): 식도락, 맛있는 음식에 약점을 지닌 사람. 사실상 대부분의 프랑스 사람과 안목 있는 여행객 대부분에게 적용됨!
gousse d'ail: 마늘 한 쪽.
goût: 맛.
graisse: 지방, 비계.
grand crème: 밀크 커피, 카페오레 대신 많은 프랑스 사람이 마심.
grand cru: 최고급 와인.
gratin: 그라탱.
    gratin dauphinois: 얇게 썬 감자를 버터, 우유, 크림, 치즈와 함께 조리한 캐서롤.
    gratin savoyard: 얇게 선 감자를 버터, 스위스 치즈, 소고기 육수나 브이용 (*bouillon*)과 함께 조리한 캐서롤.
gratinée lyonnaise: 닭고기 육수와, 캐러멜라이즈된 양파, 그리고 구운 치즈 토핑을 얹은 양파 수프.
gratinée à l'oignon: 양파 수프.
gratuit: 무료.
grecque, à la: 그리스 스타일의 올리브오일, 레몬즙, 물을 섞은 소스.
grenade: 석류.
grenouille, cuisses de: 개구리 다리.
grillade: 구운 고기.
grillé(e): 구운.
gros sel: 굵은 소금.

h

haché(e): 잘게 썬, 깍둑썰기 한.
hareng: 대서양과 영국해에서 잡히는 짠 맛이 나는 청어l.
haricot blancs à la Bretonne: 양파, 토마토, 마늘, 허브와 흰강낭콩 소스.
haricot vert: 프랑스 요리에서 가장 많이 쓰이는 껍질 콩.
haute cuisine: 최고급 요리.
herbes de Provence: 라벤더(lavender), 로즈메리(rosemary), 바질(basil), 마조람(marjoram), 타임(thyme), 월계수 잎(bay leaf)같은 말린 혼합 허브.
hochepot: 진한 스튜로 대개는 소꼬리를 이용하여 요리하는 플랑드르 지방 음식.
hollandaise: 버터, 계란노른자, 레몬즙을 이용한 소스로, 미국에서는 에그 베네딕트에 사용되지만, 프랑스에서는 아스파라거스 요리에 사용.
homard: 로브스터.
    homard à l'armoricaine (혹은 à l'américaine): 화이트와인, 코냑, 토마토, 버터 소스를 곁들인 로브스터 요리. 뉴욕에서 프랑스 요리사가 선보인 미국식 (*américaine*)은 좀 더 짧은 시간에 만들 수 있는데, 최근에는 오리지널과 미국식의 차이를 구분하기 어려움.
    homard cardinal: 구운 로브스터와 카르디넬 소스(베샤멜소스와 화이트와인을 반반 섞은 소스)에 송로버섯을 곁들인 요리.
hors-d'oeuvre: 애피타이저.
huile: 오일, 기름.
    huile de noisette: 헤이즐넛 기름.
    huile de noix: 호두기름.
    huile d'olive: 올리브오일.
huître: 굴.

i

île flottante: 계란흰자와 설탕, 바닐라 익스트랙트(바닐라 빈을 보드카와 섞은 것)로 머랭을 쳐서 커스터드 크림 한가운데에 올린, 떠다니는 섬을 닮은 디저트, 흔히 *créme anglaise* 라고 한다.
indienne, à la: 인도식 소스 혹은 커리 요리.
infusion: 허브 차.

j

jambon: 햄.
    jambon blanc: 저염의 훈제하지 않은 햄, 조리하여 차갑게 먹음.
    jambon cru: 소금에 절이고 훈제한 햄, 조리하지는 않고 먹음.
    jambon fumé: 훈제 햄.
jardinière: 자르다니에, 깍둑썰기 한 채소 가니시(garnish).
jeune: 어린.
joue: 볼 살.
julienne: 길쭉하게 자른 야채, 햄, 닭고기.
jus: 육즙. *au jus*는 고기 자체의 육즙으로 조리한 것을 뜻함.

k

kascher: 카셔, 유대교 율법에 따라 식재료를 선정하고 조리한 것을 뜻 함.
kir: 키르, 블랙 커런트로 만든 *créme de cassis*와 화이트와인으로 만든 식전주(가끔은 레드와인을 쓰기도 함).
    kir royal: 샴페인으로 만든 키르.
kirsch: 키르시, 버찌 브랜디.

l

lait: 우유.
    lait demi-écrémé: 저지방 우유.
    lait entier: 전유, 고지방 우유.
laitue: 상추.
lançon: 보통은 샐러드에 사용하는 작은 생선.
langoustine: 얇고, 집게를 가진 갑각류로, 최근 남획으로 점점 구경하기가 어려워지는 귀한 식재료. 꼬리는 딥 프라이를 하여 튀김 요리에 사용되며, 날 것으로 최고급 해산물 레스토랑에서 제공되기도 함.
languedocienne: 가지, 토마토, 그리고 야생 표고(*cépe*) 버섯 가니시.
lapin: 토끼.
lard: 베이컨.
lardons: 잘게 깍둑 썬 베이컨으로 샐러드에 많이 사용.
lavaret: 사부아(*Savoie*) 지역의 송어과 물고기로 연어와 닮음.
léger (légère): 저칼로리의.
légume: 야채.
lentille: 렌틸콩.
    lentille de Puy: 비료 없이 화산재를 비료로 삼아 자란 오베르뉴 퓌(*Puy in Auvergne*) 마을의 초록 렌틸콩.
lieu noir: 은대구, 영국 해협과 대서양에서 잡히는 값비싼 생선.
lièvre à la royale: 레드와인과 샬럿으로 요리한 토끼를 푸아그라와 송로버섯으로 속을 채운 후 말아낸 요리. 푸아투샤랑트(*Poitou-Charentes*)의 특선 요리.
lotte: 아귀.
loup de mer: 농어.
louvine: 줄무늬농어.
lyonnaise, à la: 리옹(*Lyon*) 스타일의 양파 맛이 강하도록 갈색이 나도록 볶은 후 와인과 함께 조리하는 요리.

m

macaron: 마카롱, 계란흰자와 설탕, 아몬드를 사용하여 만드는 작은 쿠키.
magret de canard (d'oie): 오리나 거위의 가슴살.
maigre: 살찌지 않은, 마른.
maïs: 곡식.
maison, de la: 사전적 의미로는 '집의 것'을 말하지만, 레스토랑의 특선을 설명할 때 쓰임 하우스 와인(*vin de la maison*), 식전주(*apéritif*), 혹은 디저트(*dessert*).
maître d'hôtel: 급사장, 혹은 호텔 주인을 칭함.
maltaise: 오렌지 맛이 나는 홀렌다이즈 소스 (hollandaise sauce).
mandarine: 귤.
mange-tout: '통째로 먹는' 뜻을 가진, 꼬투리까지 먹는 완두콩.
mangue: 망고.
maquereau: 고등어.
marbré: 줄무늬감성돔.
marennes, huîtres de: 프랑스 서해안 라 로쉘(*La Rochelle*) 근처에서 잡히는 굴.
mariné: 양념에 재워둔, 마리네이드.
marmite: 작은 냄비 안에서 조리한 요리.
marron: 밤.
matignon: 데친 야채 가니시.
médaillon: 메달 모양의 형태로 둥글게 자른

고기.
mélange: 혼합물.
menthe: 민트.
menu fixe: 레스토랑의 세트 메뉴.
merguez: 양고기나 소고기로 만든 매운 맛이 나는 작은 소시지.
meunière: 버터나 레몬을 곁들인 생선구이.
mi-cuit: 설익은.
miel: 꿀.
millefeuille: 밀푀유, 여러 겹을 지닌 케이크.
minute, à la: 레몬즙과 파슬리, 버터를 넣고 빠르게 굽는 조리법.
mirabelle: 프랑스산의 쌉쌀한 투명한 브랜디.
mirepoix: 당근, 양파나 여러 야채를 깍둑썰기 한 것.
morceau: 작은 조각.
morille: 야생 모릴 버섯, 스테이크와 함께 곁들임.
mornay: 치즈와 계란노른자가 풍부한 베샤멜 (*béchamel*) 소스.
morue: 신선한 대구, *cabillaud*라고도 부름.
mouclade: 푸아투샤랑트 주의 홍합 스튜 요리, *moules marinière*를 기반으로 하지만 크림이 더 진하며 카레 향이 나는 것이 특징.
moule: 홍합.
  moules marinière: 화이트와인, 양파, 샬럿, 버터와 함께 요리한 홍합 요리.
mousseline: 거품을 낸 계란 흰자나 휘핑크림으로 만든 연한 네덜란드 소스.
moutarde: 머스터드.
  moutarde à l'ancienne: 옛날식의 머스터드로, 갈지 않은 겨자 알맹이가 들어있음.
mouton: 양고기.

n

nature, à la: 소탈한 방식의, 뽐내지 않은 방식.
navarin: 야채를 곁들인 양고기 스튜.
navarraise, à la: 나바르(*Navarre*) 스타일의 피망, 양파, 마늘을 넣은 소스.
noilly, sauce: 베르무쓰(*vermouth*)를 기반으로 한 소스.
noisette: 헤이즐넛, 혹은 헤이즐넛으로 향을 낸 디저트.
noix: nut; 견과류, 혹은 견과류 크기의 조각, 작은 버터 조각(*une noix de beurre*) 등으로 쓰인다.
non compris: 서비스비(팁) 포함 안 됨.
normande, à la: 노르망디 스타일의 해산물이나 크림을 곁들인 고기 요리.
nougat glacé: 설탕에 조린 과일이나 얼린 휘핑크림을 올린 전통 디저트.
nouilles: 국수.
nouveau, nouvelle: 누벨 퀴진(프랑스 고전 요리에 대한 반발로 1970년대 등장한 요리법으로 무겁고 기름진 요리보다는 신선하며 소스에도 밀가루를 덜 쓰는 방식이 특징)의 특징을 지닌.

o

oeuf: 계란.
  oeuf brouillé: 스크램블드에그.
  oeuf dur: 완숙.
  oeuf de la ferme: 방목란.
  oeuf poché: 수란.
  oeufs à la neige: '눈 속의 계란'이라는 뜻으로 바닐라 커스터드와 머랭 디저트.
oie: 거위.
oignon: 양파.
ombre chevalier: 송엇과의 민물고기.
onglet: 횡격막 주변의 고기로 만드는 웰던으로 조리해야만 맛이 있는 행거 스테이크.
oreille de porc: 삶은 돼지 귀.
origan: 오리가노.
ouvert: 영업중.

p

pain: 빵.
  pain au chocolat: 팽오쇼콜라, 초콜릿 필링이 들어있는 크루아상.
  pain complet: 통곡물 빵.
  pain grillé: 토스트.
  pain aux raisins: 귀리나 밀로 만든 건포도가 든 빵.
palette: 돼지 어깨살.
palombe: 산비둘기.
palourde: 조개.
pamplemousse: 그레이프푸르트(약간 신맛이 나고 큰 오렌지 같이 생긴 노란 과일).
panaché: 레모네이드를 넣은 맥주, 여름 별미.
panais: 파스닙, 설탕당근(미나릿과 식물로 설탕과 같은 단맛이 나는 식물).
papillon: 풍미가 깊은 대서양에서 자라는 작은 굴.
papillote: 양피지나 포일에서 조리하는 방법.
paquet, en: 페이스트리로 감싼.
parfait: 파르페, 무스류의 디저트, 닭, 오리, 거위의 간을 섞은 것을 일컫기도 함.
parfum: 풍미.
Parmentier: 감자를 곁들인 요리.
   Parmentier d'agneau limousin: 매시트포테이토를 올린 간 양고기 요리.
passe-pierre: 식용 해초류.
pastis: 아니스 향이 나는 술로, 물을 섞으면 탁해짐. *Pernod*와 *Ricard*가 유명한 브랜드.
pâtes: 파스타.
   pâtes fraîches: 생파스타, 이탈리아보다는 조금 건조하게 조리.
paupiette: 주로 송아지 고기를 다져서 얇게 자른 후 속을 채워 말아 올린 요리.
pavé: 뼈를 추려낸 순살 고기 조각.
paysanne, à la: 버터와 와인으로 졸인 채소 요리.
pêche: 복숭아.
   pêche melba: 살짝 데친 복숭아를 바닐라 아이스크림과 라즈베리 소스를 곁들인 디저트.
pêcheur: 어부, 여러가지 해산물을 채취하는 사람.
perche: 농어류의 민물고기.
perdreau: 자고새(꿩과의 새).
périgourdine, à la: 페리고르*(Périgord)* 지방 스타일의 송로버섯*(truffle)*과 푸아그라*(foie gras)*가 들어간 소스.
persil: 파슬리.
petit-beurre: 버터로 만든 작은 쿠키.
petit déjeuner: 아침식사.
petit four: 작은 케이크, 빵.
petit pois: 작은 완두콩.
pichet de vin: 하우스와인 피처.
pigeoneau: 비둘기.
pilaf: 필래프, 튀긴 쌀과 양파를 넣고 육수에서 끓여낸 요리.
pilchard: 대서양 정어리.

piment: 매운 고추.
   piment d'Espelette: 바스크*(Basque)* 지방의 아주 매운 고추.
pimenté: 매운맛의.
pineau des Charentes: 코냑*(Cognac)* 지방의 단맛이 강한 식전주.
pintade: 뿔닭.
piquant: 강렬한 맛의.
pissaladière: 토마토가 들어가지 않은 화이트 피자, 주로 안초비, 블랙올리브를 넣은 니스*(Nice)* 지방의 특선 요리.
pistache: 피스타치오.
pistou: 바질, 마늘, 올리브오일을 넣은 프로방스 지방의 소스, 야채, 콩과 파스타를 넣고 이 소스를 사용하여 수프를 끓이기도 함.
plaice: 영국 해협에서 잡은 넙치.
plat de légumes: 채소 요리.
plat du jour: 오늘의 특선 요리.
plateau: 쟁반, 또는 치즈 플래터, 찬 고기, 디저트가 섞인 요리.
   plateau de fruits de mer: 해산물 플래터.
poché: 데친.
poêlé: 팬프라이.
point, à: 미디움 레어, 먹기 좋게 익은.
poire: 배.
   poire Williams: 윌리엄 배로 만든 과일 브랜디.
poireau: 대파.
pois: 완두콩.
   pois chiche: 병아리콩.
poisson: 생선.
   poisson de lac: 민물고기.
   poisson de mer: 바닷고기.
   poisson fumé: 훈제 물고기.
poitrine: 고기나 가금류 아침식사.
poivre: 검은 후추.
poivron: 후추(식물).
   poivron doux: 피망.
   poivron rouge: 고추.
   poivron vert: 녹후추.
pomme: 사과.
pomme de terre: 감자.
   pomme de terre vapeur: 찌거나 삶은

감자.
porc: 돼지.
    carré de porc: 돼지 등심.
    côte de porc: 폭찹.
    porc rôti: 구운 돼지고기.
porto, au: 포트(port) 와인을 곁들인.
potage: 야채 퓌레로 만든 진한 수프.
    potage Parmentier: 감자 수프.
pot-au-feu: '불 위의 냄비'라는 뜻으로, 야채와 푹 끓인 소고기 요리로, 우선은 국물이 수프로 제공되며, 고기와 야채는 메인 코스로 사용됨.
poulet: 닭고기.
    poulet de Bresse: 론 알프*(Rhône-Alpes)* 지방의 질 좋은 닭고기.
    poulet fermier: 놓아기른 닭.
    poulet au pot: 베아른*(Béarn)* 지방의 특선 요리로, 닭을 통째로 야채와 함께 끓이는 스튜.
    poulet rôti: 구운 닭고기.
poulpe: 문어.
praline: 설탕에 졸인 아몬드.
printanière: 봄에 나오는 신선한 채소와 함께 나오는 요리.
prix fixe: 고정된 가격.
prix net: 팁 포함.
profiterole: 전통 프랑스 디저트로, 속에 바닐라 아이스크림을 넣고 위에는 초콜릿 소스를 뿌린 작은 슈크림.
provençale, à la: 프로방스 스타일의, 올리브오일, 마늘, 토마토, 올리브와 함께 요리하는 조리법.
pruneau: 자두.

q

quatre-épices: 생강, 육두구, 백후추, 정향을 섞은 향신료.
queue de boeuf: 소꼬리.
quiche: 구운 달걀과 크림이 든 빵, 키시.
    quiche lorraine: 베이컨과 치즈 조각이 들어있는 키시, 키시 로렌.
    quiche aux poireaux: 대파가 들어있는 키시 로렌.
    quiche d'asperges: 아스파라거스가 들어있는 키시 로렌.

r

raclette: 스위스, 사브와*(Savoie)* 지방의 라클릿 치즈를 녹여 감자와 작은 피클*(cornichons)*과 함께 먹는 요리, 또는 라클릿 치즈 이름을 뜻한다.
ragoût: 고기로 만든 스튜, 이 스튜 소스를 얹은 파스타를 칭하기도 함.
raie: 가오리.
raisin: 포도.
rascasse: 쏨뱅이, 부야베스*(bouillabaisse)*에 가장 중요한 재료.
ratatouille: 라타투이, 프로방스 지방의 특선 요리로, 가지, 주키니 호박, 양파, 토마토, 후추, 마늘, 올리브오일을 가지고 만든 요리.
raviole de Royans: 론 알프*(Rhône-Alpes)* 지방의 염소 치즈를 가지고 만든 라비올리 (ravioli, 작은 만두).
rémoulade: 마요네즈, 머스터드, 케이퍼, 허브, 안초비, 오이 피클*(cornichons)*을 넣은 소스.
repas: 식사.
rhubarbe: 루바브(중국이 원산지인 대황, 신맛이 나는 것이 특징.
rhum: 럼.
ris d'agneau (de veau): 양의 스위트브래드 (췌장).
riz: 쌀.
    riz blanc: 백미.
    riz brun: 현미.
    riz sauvage: 와일드라이스(야생쌀).
rognon: 신장.
romarin: 로즈메리.
roquette: 아르굴라(arugula, 약간 쏩쓸한 맛이 나는 이탈리아 채소로 샐러드에 사용함).
rosbif: 로스트 비프.
rôti: 구운.
rouget barbet: 농어목의 바닷물고기.
rouille: 올리브오일, 마늘, 칠리 페퍼, 빵가루로 만든 소스로, 생선이나 생선 수프, 혹은 부야베스*(bouillabaisse)*에 곁들인다.
roulade: 고기나 생선을 얇게 저민 후 속을 채워서 말아 올린 음식.
royale, à la: 송로버섯과 크림으로 만든 소스.
rumsteck: 우둔살 스테이크.

s

safran: 사프란.
saignant(e): 레어로 익힌.
Saint-Hubert: 잘게 부순 말린 후추 열매 (peppercorns)와 밤, 베이컨으로 만든 소스.
Saint-Pierre: 살이 부드러운 흰 살 바다 생선인 존도리(John Dory, 한국어로는 달고기), *poule de mer*라고도 불림.
salade: 샐러드.
    salade composée: (여러 가지 야채를 섞은) 가장 일반적인 샐러드.
    salade de crudités: 썰어낸 생야채로 만든 샐러드.
    salade lyonnaise: 프리제와 엔다이브, 베이컨, 삶은 달걀로 만든 리옹(*Lyon*)식 샐러드.
    salade niçoise: 토마토, 껍질콩, 안초비, 참치, 가자, 블랙올리브, 케이퍼, 아티초크, 계란 완숙을 넣은 샐러드.
    salade russe: 강한 맛이 나는 마요네즈와 깍둑썰기를 한 야채로 만든 샐러드.
    salade verte: 그린 샐러드.
salé: 소금에 절인.
sandre: 농어류의 민물고기로, 손(*Saône*) 강과 라인(*Rhine*) 강 지역에서 잡은 물고기.
sang: 피.
sanglier: 멧돼지 고기.
sanguine: 블러드오렌지 (붉은색 과육을 지닌 스위트오렌지).
saucisse: 작은 소시지.
    saucisse chaude: 데운 소시지.
    saucisse de Francfort: 핫도그.
    saucisse de Toulouse: 부드러운 돼지고기 소시지.
saucisson: 살라미(salami)와 같이 차갑게 먹는 큰 소시지.
    saucisson chaud: 데운 큰 소시지.
    saucisson à l'ail: 마늘을 넣은 소시지.
    saucisson de Lyon: 마늘과 후추 향이 진하게 나는 긴 말린 돼지고기 소시지.
saumon: 연어.
sauté: 기름이나 버터에 볶거나, 볶아서 구운 조리법.
savoyarde: 사부아(*Savoy*) 스타일의 그뤼에르 (*Gruyère*) 치즈를 사용한 조리법.

sec (sèche): 마른, 건조한.
sel: 소금.
    sel gris: 천일염.
    sel gros: 굵은 소금.
    sel marin: 바다 소금.
selon grosseur (S.G.): 크기나 무게에 따라 분류하는 방법(메뉴 용어).
selon le marché: 제철 식재료에 따라 분류하는 방법(메뉴 용어).
service compris: 계산서에 팁 포함.
serviette: 냅킨.
sommelier: 소믈리에.
soufflé: 수플레(계란흰자와 커스터드 크림을 섞어 부풀려 만든 케이크).
soupe: 수프.
    soupe au pistou: 페스토, 콩, 파스타를 넣은 야채 수프.
spécialité de la région: 지역 특선 요리.
steak: 소고기 스테이크.
    steak au poivre et pommes frites: 프렌치프라이를 곁들인 페퍼 스테이크.
    steak-frites: 프렌치프라이를 곁들인 그릴 스테이크.
    steak tartare: 양파, 날달걀, 소금, 후추, 파슬리, 케이퍼와 다진 생소고기를 섞은 요리.
sucre: 설탕.
suprême: 치킨 벨루테(*velouté*, 닭 육수, 밀가루, 버터로 만든 소스)와 크림을 넣은 소스.

t

table d'hôte: 고정된 메뉴가 있으며 게스트 룸이 있는 가정집 식당(*chambres d'hôte*).
tagine: 송아지, 양, 닭, 비둘기, 야채를 넣은 매운 맛이 나는 북아프리카 스튜.
tapenade: 블랙올리브, 안초비, 올리브오일, 레몬즙, 럼이나 참치 통조림을 넣은 프로방스식 소스.
tartare: 양고기, 날계란, 소금, 후추, 파슬리, 케이퍼를 간 고기와 섞은 요리.
    tartare de poisson: 여러 가지 양념을 많이 한 날 생선 요리.
tarte Tatin: 설탕에 조린 사과로 만든 거꾸로 뒤집은 타르트 파이.
terrine: 고기나 가금류, 혹은 생선을 반죽에 넣고 구운 파이(*pâté*).
  terrine de canard: 오리 파이(*pâté*).
tête de veau: 송아지의 머리 고기, 문자 그대로의 의미가 아니라 송아지 머리 고기를 발라낸 것으로 심장이 약한 사람들이 주의할 필요는 없음.
thé: 차.
thon: 참치.
  thon rouge: 참다랑어.
thym: 타임, 백리향.
tomate: 토마토.
  tomates à la provençale: 토마토를 반으로 갈라서 구운 후 마늘과 빵가루를 뿌린 요리.
tomme: 프로방스와 알프스 지방의 치즈.
tournedos: 스테이크용으로 썬 고기.
  tournedos Rossini: 빠르게 구운 스테이크에 푸아그라와 송로버섯을 곁들인 요리.
traiteur: 주문을 받아 음식을 배달하는 사람.
tranche (tranché): 얇은 조각(얇게 썬).
truffe (truffé): 송로버섯(송로버섯을 곁들인).
truite: 송어.
  truite aux amandes: 지방을 뺀 크림과 아몬드 소스로 맛을 낸 구운 송어 요리.
  truite meunière: 버터에서 구운 송어 요리.
  truite saumonée: 바다 송어, 살이 분홍빛.
turbot: 대서양이나 지중해에서 잡히는 넙치, *turbotin*이라고도 불림.

v, w, y

vache: 소.
vanille: 바닐라.
vapeur, à la: 찐.
varech: 다시마 종류 해초.
veau: 송아지.

végétarianisme: 채식(주의).
velouté: 닭이나 송아지, 혹은 생선의 육수와 버터와 밀가루를 넣은 루로 진하게 만든 부드러운 소스.
  velouté d'huîtres: 굴로 만든 벨루테 소스.
  velouté de volaille: 닭으로 만든 벨루테 소스.
verdure: 녹색 채소.
  en verdure: 녹색 채소로 만든 가니시.
viande: 고기.
vichyssoise: 리크와 감자로 만든 부드러운 찬 수프.
viennoise: 계란이나 빵가루를 입혀 튀긴 요리.
vin: 와인.
  vin blanc: 화이트와인.
  vin doux: 스위트 와인 (1리터당 포도 함량이 18그램 이상이며, 당 함량이 2퍼센트 이상인 와인).
  vin rouge: 레드와인.
  vin sec: 드라이 와인 (1리터당 포도 함량이 10그램 이하인 와인).
  la carte des vins: 와인 리스트.
vinaigre (vieux): 식초(숙성한).
vinaigrette: 올리브 오일과 식초를 섞은 드레싱.
volaille: 가금류.
vol-au-vent: 크림소스에 고기, 생선을 넣은 조그만 파이.

waterzooi: 말 그대로 "홍수가 난 (네덜란드어)"이라는 뜻으로, 계란과 야채로 육수를 내고, 닭(*waterzooi de poulet*)이나 생선(*waterzooi de poissons*)으로 만든 수프, 가끔 맥주나 와인을 넣기도 함.

yaourt: 요구르트.

프랑스 사이클 용어

Abandon: 경주 포기.
Arc-en-ciel: '무지개'를 뜻하며, 세계 챔피언이 입는 무지개 저지를 뜻함(월드 챔피언십 우승자).
Ardoisier: 오토바이를 타고 타임 스플릿을 전달하는 칠판을 걸친 사람. 레이스에서 밝은 노랑색 오토바이를 타는 유일한 사람이다.
Arrivée: 결승선.
Arrivée en altitude: 산 정상의 결승선.
À la danseuse: '댄서처럼' 거의 선 채로 페달을 밟으며 클라이밍을 하는 동작.
Attaquer: 펠로톤에서 앞으로 치고나오는 행위.
Autobus: 제한 시간 내에 도착할 수 있도록 산악 코스에서 무리를 지어 달리는 그룹.
Benjamin du tour: 경주에서 가장 어린 선수.
Bidon: 물통.
Bonification: 보너스 타임(해당 스테이지 결승선을 통과하는 1, 2, 3위 선수에게 각각 10, 6, 4초의 보너스 타임을 준다).
Caravane publicitaire: 경기 전 광고 차량이 벌이는 퍼레이드.
CG: 전체 순위(Classement géneralé의 줄임말).
Chasseurs: '사냥꾼', 공격적으로 치고 나가는 선수.
Chute: 충돌.
Chute massif/collective: 연쇄 추돌, 이 충돌 때문에 대부분 도로가 차단됨.
Classement générale: 종합 순위, CG로 줄여 말함.
CLM: 타임 트라이얼(contre-la-montre)의 줄임말.
Coéquipiers: 팀메이트.
Col: 산악 도로.
Commissaire: 심판원(반칙을 감시하기 위해 차를 타고 선수들을 따름).

Contre-la-montre: '시간을 다투는'이라는 뜻으로 타임 트라이얼을 뜻함.
Contre-la-montre par équipes: 팀 타임 트라이얼.
Costaud: 강인한 선수.
Coureur: (사이클) 선수.
Crevaison: 타이어 펑크.
Décrocher: 펠로톤에서 뒤처지거나 선두권에서 멀어지는 것.
Départ: 출발선.
Départ réel: 실제 스테이지 출발. 대부분의 도시나 마을에서, 절차상으로 선수들이 몸을 풀며 외곽으로 나갈 수 있도록 출발 행사를 한 후, 실제 출발은 감독관이 흰색 기를 흔들면 시작함.
Défaillance: 선수가 완전히 지친 상황 *fringale*이라고도 함.
Descendeur: 클라이밍 코스에 특화 된 선수.
Directeur sportif: 팀의 로드 매니저.
Domestique: '집사'라는 뜻으로, 팀 리더를 지원하는 팀메이트를 뜻함. 물통을 나르거나 에이스 앞에서 끌어주는 역할을 담당.
Dossard: 선수의 저지에 새겨진 번호.
Doubler: 추월.
Échappée: 펠로톤에서 갑자기 튀어나오는 행위, 브레이크 어웨이.
Équipe: 팀.
Étape: 투어 스테이지.
Flahute: 격한 벨기에 선수(은어).
Flamme rouge: 1킬로미터가 남았다는 표시를 하는 붉은 삼각기.
Fringale: 배가 몹시 고픈 상태, 제대로 먹지 못하여 레이스에서 무너지는 상황은 *coup de fringale*이라고 표현.
Grimpeur: 산악 스테이지에 특화된 선수.
Hors délais: 제한 시간 내에 결승선 통과에 실패.

Lacet: 지그재그 식 산악 도로.
La course en tête: 출발부터 결승선까지 줄곧 경주를 리드.
Lâcher: 경쟁자를 제치는 행위.
Lanterne rouge: '빨간불'이라는 뜻으로, 최종 순위의 가장 아래에 위치한 선수.

Maillot à pois: 산악 코스에서 가장 빠른 성적을 거둔 선수에게 주어지는 물방울무늬 저지.
Maillot blanc: 25세 이하의 선수 중 종합 순위가 가장 높은 선수에게 주어지는 흰 저지.
Maillot jaune: 종합 순위 선두의 선수에게 주어지는 마이요 존느.
Maillot vert: 평지와 타임 트라이얼에서 가장 빠른 스프린터가 입는 그린 저지.
Mécanicien: 정비 전문가.
Médecin: 펠로톤 바로 뒤에서 차량에 탑승하여 선수들을 따르는 의사.
MT: *Même temps,* 동(同) 타임 레이스 결과에 쓰이는 약자.
Musette: 음식, 음료 등을 담은 어깨에 매는 가방으로, 피드 존(feed zone)을 지날 때 선수에게 전달됨.

Palmarès: 스테이지 우승을 하거나 중요 결과를 낸 선수 리스트.
Parcours: 경주 코스.
Patron: 펠로톤의 우두머리, 베르나르 이노(Bernard Hinault)가 전형적.
Pavé: 자갈길.
Peloton: 펠로톤, 한 뭉치로 모여서 경주를 진행하는 선수들의 메인 그룹, 프랑스어로는 실타래를 뜻함.
Poursuivants: 브레이크 어웨이를 하려는 선수 그룹, *chasseurs* 참조.
Prix de combativité: '가장 공격적인 선수' 라는 뜻으로, 리더가 입는 붉은색으로 새겨진 저지 번호를 뜻함.

Profil: 스테이지의 지형.
Ravitaillement: 피드 존에서 음식을 채우는 행위.
Remorqueur: '예인선'이라는 뜻으로 앞에서 끌어주는 선수를 의미함.
Rond-point: 원형 교차로, 로터리.
Rouleur: 에이스가 바람을 맞지 않도록 바람막이가 되어주는 선수로 평지에서 가장 맹렬하게 달리는 터프한 선수.
Routier: 로드 레이서.

Soigneur: 마사지, 음식 준비, 피드 존에서 음식을 건네주는 등 선수들을 보살피는 팀 스태프.
Souvenir Henri Desgrange: 투르 드 프랑스의 가장 높은 산 정상에 가장 먼저 도달한 선수에게 주어지는 상(투르 드 프랑스의 첫 감독관이었던 앙리 데그랑주를 기리기 위해 만든 상).
Suceur de roue: 앞서가는 선수의 뒤를 따라가며 힘을 아끼는 데 능숙한 선수.

Tête de la course: 선두 선수.

UCI: 국제사이클연맹(Union Cycliste Internationale).

Vainqueur: 승자.
Vélo: 자전거.
Virage: 커브 구간, *lacet* 참조.
Voiture balai: 선수들의 뒤를 따르며 경주를 포기한 선수를 데려가는 싹쓸이 차량.
Voiture neutre: 노란색의 선수들을 지원하는 차량, 마빅(Mavic)이 스폰서십 진행.
Voiture pilote: 경주에서 차량들의 선두에 서는 경찰 통제 차량.

Zone de ravitaillement: 피드 존.

찾아보기

Abbaye de Talloires, 29
Adventure Travel Company, The, 9
Agence France Presse (AFP), 270, 286
Agostinho, Joaquim, 215
Ashtons, 23
Associated Press(AP), 270
Auberge Armor Vilaine, 96
Auberge Castel Mireïo, 159
Auberge de Carcarille, 159
Auberge de Cassagne, 29, 162
Auberge de Kervéoc'h, 96
Auberge Grand Maison, 96

Bayonne Etche-Ona, 137
Best Western, 152
Booking.com, 27
Boutique Hotels of the World, 28
Breaking Away Bicycle Tours, 10
Breu, Beat, 215
Bureau du Tourism, 36

Café des Fédérations, 173
Camping and Caravanning Club of Great Britain, 14
Canal du Midi, 140, 144, 150
Château de la Couronne, 29
Châteaux & Hôtels de France, 117
Chez Greg, 131
Chez Laurette, 105
Conti, Roberto, 215
CSC team, 262, 305(사진)
Custom Getaways, 8

Domaine de Beauvois, 121
Domaine de Rochevilaine, 29
Domaine Langmatt, 114

Echave, Federico, 215
Entre Terre et Mer, 105

Europcar, 22

Fédération Unie des Auberges de Jeunesse, 15

Gaul, Charly, 237
Grand Hôtel Barrière, 29
Grand Hôtel Beau Site, 145
Grandes Étapes Française, 28
Great Hotels of the World, 28, 29
Great Small Hotels of the World, 29
Guerini, Giuseppe, 215

Hostellerie de Saint Alban, 151
Hostellerie du Coq Hardi, 110
Hostellerie Le Maréchal, 114
Hostellerie Saint Martin, 105
Hôtel Château de Talhouët, 97
Hôtel de France, 102, 117, 145
Hôtel de l'Univers, 121
Hôtel de la Plage, 108
Hôtel de la Tour, 174
Hôtel Donjon, 152
Hôtel du Nord, 108
Hôtel du Palais, 29
Hôtel Élysées Régencia, 184
Hôtel François 1er, 127
Hôtel L'Ayguelade, 136
Hôtel La Belle Étoile, 136
Hôtel La Frégate, 151–152
Hôtel Le Pré Galoffre, 150–151
Hôtel Les Elmes, 151
Hôtel Marceau Champs-Élysées, 185
Hôtel Restaurant La Touloubre, 159
Hôtel Restaurant le France, 117
Hôtel Wilson Square, 145

Inter-Hôtel Atrium, 143

Johansens Luxury Hotels and Spas, 29

KAS team, 89

L'Entrecôte, 173
L'Escarbille, 174
L'Occitania, 145
La Bastide de Gordes, 159
La Brasserie des Beaux-Arts, 145
La Grande Motte, 149
La Hulotte au Lion d'Or, 110
La Lucarne aux Chouetts, 29
La Méditerranée, 181
La Tupina, 131
La Voix du Nord, 271
Le Bec, Nicolas, 173
Le Bistro des Anges, 137
Le Chapon Fin, 131
Le Cheval Blanc, 105
Le Cheval Noir, 122
Le Clos Joli, 105
Le Moulin de Val de Seugne, 127
Le Pavillon des Boulevards, 137
Le Pink Fish, 145
Le Pressoir, 102
Le Restaurant de l'Hôtel, 186
Les Jardins de l'Opéra, 145
Luxury Hotels of the World, 28, 29

Midi Libre, 271
Miror du Cyclisme, 308
Motorhomes Worldwide, 23

New Hotel Vieux-Port, 162

O'Rowlands, 131
ONCE team, 260, 261, 262
Ouest-France, 271

Paris Marriott Hôtel Champs-Élysées, 185
Pâtisserie Stohrer, 186
Planigo.com, 27

Relais du Gué de Selle, 101

Relais du Silence, 126
Résidence de Rohan, 126
Restaurant L'Aoc, 181
Ronan Pensec Travel, 8
RV Motorhome Hire, 23

Savoy-Hôtel, 173
Schleck, Fränk, 215
Small Luxury Hotels of the World, 29, 32
Sport 308
Sporting Tours, 8
Syndic d'Initiative, 36

TI-Raleigh team, 201
Trek Travel, 10
TVM, 44

U.S. 포스털 팀 U.S. Postal Team, 31, 100, 179
UK and Europe Travel, 23

VegDining.com, 81
VéloSport Vacations, 9
Venere.com, 27
Villa Florentine, 174–175
Vodafone, 37

Wieler Revue, 308

ㄱ

가론 강 Garonne, 130, 131, 132, 144, 292
가판대 Presse, 46, 47
개선문 Arc de Triomphe, vii, 184, 304, 306; photo of, 304, 305
경찰관 Gendarmes, 55–56, 206, 275, 277, 279, 280, 289, 306
고르드 Gordes, 155, 155(사진), 159
고르주 드 달뤼 Gorges de Daluis, 209
광고 차량 Caravane publicitaire (publicity caravan), 7, 49(사진), 50, 56, 196, 263, 271, 277
구토우스키 부부 Gutowski, Chris and Kathy, 9
국립 툴루즈 극장 Théâtre National du Capitole, 144
국립묘지 L'Osserie memorial, 108(사진)

찾아보기

국제올림픽위원회 금지약물 IOC, banned substances by, 85
국제운전면허증 International Driving Permit (IDP), 21
국제유스호스텔연맹 Hostelling International, 15
귀스타브 가리구 Garrigou, Gustave, 219
그랑 오뗄 Grand Hôtel, 136(사진), 136–137
그랑 팔레 Grand Palais, 179
그랑드 랑도네 생크 Grande Randonnée Cinq, 208
그랑드 루스 산맥 Grandes Rousses, 218
그랑메종 댐 Barrage de Grand'Maison, 228, 229(사진), 230
그랜드 알프스 루트 Route des Grandes-Alpes, 204, 207, 208
그레그 르몽드 LeMond, Greg, xi, 8, 59, 60, 86, 87, 90, 95, 143, 227, 230, 269; 투르 드 프랑스의 전설들, 256–259; 사진, 256, 257, 259
그르노블 Grenoble, 162, 167, 226, 227
기 사부아 Restaurant Guy Savoy, 186
기 케로아 Queroix, Guy, 143
기권선수들을 태우고 가는 차량 Voiture-balai(broom wagon), 196, 257, 258
기차 Trains, 10–11, 12, 16–19
꼬르메 드 로즈렁 Cormet de Roselend, 223–226; 사진, 224, 225
꼴 다니에 Col d'Agnès, 241
꼴 달로 Col d'Allos, 203, 209
꼴 뒤 갈리비에 Col du Galibier, 171, 188, 203, 205, 206, 207, 211, 215–219, 223, 227, 233, 243, 244; 사진, 216, 217, 218
꼴 뒤 그렁동 Col du Glandon, 171, 203, 211, 226, 227, 230; 사진, 228, 229
꼴 뒤 수데 Col du Soudet, 240, 273
꼴 뒤 텔레그라프 Col du Télégraphe, 171, 173, 205, 227
꼴 드 네론 Col de Neronne, 202
꼴 드 라 꾸이욜 Col de la Couillole, 208, 209
꼴 드 라 라마즈 Col de la Ramaz, 170
꼴 드 라 마들렌 Col de la Madeleine, 203, 219, 227, 228, 255
꼴 드 라스팡 Col de l'Aspin, 187
꼴 드 라 케이욜 Col de la Cayolle, 203, 207, 209
꼴 드 라 크와 드 페흐 Col de la Croix de Fer, 171, 203, 211, 219, 226–228, 230; 사진, 226, 227, 257
꼴 드 라 크와 모랑 Col de la Croix-Morand, 201
꼴 드 라트라프 Col de Latrape, 241
꼴 드 라 피에르 생마르탱 Col de la Pierre Saint-Martin, 250
꼴 드 레스트퐁 Col de Restefond, 207(사진), 208
꼴 드 리제랑 Col de l'Iseran, 171, 203, 205, 220, 222–223; 사진, 221, 223
꼴 드 마리 블랑 Col de Marie-Blanc, 136, 241, 255
꼴 드 몰라르 Col de Mollard, 228
꼴 드 몽주네브르 Col de Montgenèvre, 220
꼴 드 바 Col de Vars, 207
꼴 드 주쁠란느 Col de Joux-Plane, 255, 312
꼴 드 파이에르 Col de Pailhères, 240, 240(사진)
꼴 드 페이레주르드 Col de Peyresourde, 240, 244, 255
꼴 드 포르티용 Col de Portillon, 240
꼴 디조아 Col d'Izoard, 90, 171, 203, 205, 207, 217, 255, 265; 사진, 205, 206
꼴 아니엘 Col Agnel, 171

ㄴ

나르본느 Narbonne, 149
나바라 Navarra, 138, 250
나의 프로방스 A Year in Provence(Mayle), 155
나폴레옹 3세 Napoleon III, 29
나폴레옹 Napoleon Bonaparte, 138, 179
나폴레옹 가도 Route Napoléon, 157
낚시 박물관 Musée de la Pêche, 93
낭시 Nancy, 39, 108
낭트 Nantes, 97, 102, 173
노르망디 Normandy, 25, 104, 125, 273; 사진, 67, 104
노보텔 Novotel, 24
노트르담 대성당 Cathédrale de Notre-Dame de Paris, 180, 180(사진), 186
노트르담 성당 Notre-Dame de la Garde, 160
누아무티에르 섬 Île de Noirmoutier, 99
니스 Nice, 16, 18, 80, 154, 160, 204, 207,

208, 209
니콜라 마스 Masse, Nicolas, 137
니콜라 사르코지 Sarkozy, Nicolas, 273
님 Nîmes, 150

ㄷ

다그 오토 라우리첸 Lauritzen, Dag-Otto, 44
다니엘 망제아 Mangeas, Daniel, 102
닥스 Dax, 134, 296
데이비드 자브리스키 Zabriskie, David, 99, 99(사진)
델리카트슨 Delicatessens, 76, 77(사진)
도르 산 Mont Dore, 198, 201
도르도뉴 Dordogne, x, 25, 132, 133, 136, 143, 290
도립 리브라두아 포레 자연공원 Parc Naturel Régional du Livradois-Forez, 198
도시바 팀 Toshiba team, 260
도피네 리베레 Le Dauphiné Libéré, 203, 234, 271
돔 산 Mont Dôme, 198, 199
두 강 Doubs, 117, 118(사진)
두아르네즈 Douarnenez, 93, 95(사진), 97
디스커버리 채널 팀 Discovery Channel team, 31, 184

ㄹ

라 가르드 La Garde, 214
라 가제타 델로 스포르트 La Gazzetta dello Sport, 271, 283
라 귀잔 La Guisane, 217
라 그랑드 아르메 La Grande Armée, 186
라 니브 La Nive, 135
라 뚜르 다흐장 La Tour d'Argent, 186
라 메종 블랑쉬 La Maison Blanche, 186
라 부르불 La Bourboule, 201
라 비 클레르 La Vie Claire, 256
라 시테 La Cité, 150
라 카사드 야영지 La Cascade campground, ix
라 퀴진 La Cuisine, 143
라 크와 모랑 La Croix Morand, 201
라 투쉬르 La Toussuire, 171, 219, 227, 228, 250
라 팔뤼 쉬르 베르동 La Palud-sur-Verdon, 157
라로셸 La Rochelle, 125, 127
라로크-가자크 La Roque-Gageac, 133, 136
라몽지 La Mongie, 138, 243, 246
라보뱅크 팀 Rabobank team, 250, 273(사진)
라스코 동굴 Grotte de Lascaux, 133
라우델리노 구비노 Cubino, Laudelino, 85
라이드 사이클링 리뷰 Ride Cycling Review, 46
라인 Rhine, 108, 113
라플라뉴 La Plagne, 60, 165, 192, 220
라헝 Laruns, 136, 241, 253
랑그도크 Languedoc, 150, 198; photo of, 45, 73
랑그도크루시용 Languedoc-Roussillon, 25, 146, 147(지도), 148–152, 290; 추천 명소, 150–152; 지역 특산 요리, 152
랜스 암스트롱 Armstrong, Lance, viii, xi, 10, 31, 39, 44, 99, 100, 101, 167, 184, 189, 191, 224, 256, 257, 265; 알프 듀에즈와 랜스 암스트롱, 209–212, 215; 랜스 암스트롱과 암, 115–116, 188; 투르 드 프랑스의 전설들, 308–314; 사진, 236, 276, 288, 296, 308, 309, 310, 313
레 섬 Île de Ré, 125
레네 바그너 Wagner, René, 266(사진), 267
레두잘프 Les Deux-Alpes, 211, 214, 217
레만 호 Lac Léman, Lake Geneva, 170, 203, 208
레몽 풀리도 Poulidor, Raymond, 143, 237
레비 라이파이머 Leipheimer, Levi, 255(사진)
레스토랑 선택 Restaurants selecting, 77
레오나르도 피에폴리 Piepoli, Leonardo, 255
레이놀즈 Reynolds team, 190
레일유럽 Rail Europe, 18
레자르크 Les Arcs, 165, 220
레퀴프 L'Équipe, 41, 46, 52, 54, 206, 270, 281, 286, 289
렌 Rennes, 16, 95
렌즈 Lenses, 301; 렌즈 선택, 291–293, 295;
렘 골레트 빙하 Glacier de Rhême-Golette, 222
로낭 팡세크 Pensec, Ronan, 8, 8(사진)
로랑 뒤포 Dufaux, Laurent, 248, 248(사진)
로랑 잘라베르 Jalabert, Laurent, 279, 280; 투르 드 프랑스의 전설들, 259–262; 사진,

259, 260, 261
로랑 피뇽 Fignon, Laurent, xi, 41, 86, 87, 90, 230, 259; 투르 드 프랑스의 전설들, 58–60; 사진, 58, 59, 257, 286
로렌 Lorraine, 106, 109(지도); 추천 명소, 108, 110; 지역 특산 요리, 110–111
로망 쉬르 이제르 Romans-sur-Isère, 167
로버트 밀러 Millar, Robert, 8, 44, 86, 87, 208, 242, 245
로베르토 비센티니 Visentini, Roberto, 61
로빈 윌리엄스 Williams, Robin, 101, 311
로슈타유레 Rochetaillée, 226, 230
로이터 통신 Reuters, 270, 280
로제 리비에르 Rivière, Roger, 267(사진); 267–268
로즈렁 댐 Barrage de Roselend, 170, 203, 224, 225(사진)
로즈렁 댐 Roselend Dam, 170, 203, 224, 225(사진)
로즈우드 레스토랑 Rosewood Restaurant, 137
로지 드 프랑스 Logis-de-France, viii, 27, 32–33, 83, 105, 110, 113, 136, 151, 159, 174
로카마두르 Rocamadour, 134, 145; 146(사진)
로토 L'Auto, 219, 265, 270
론 Rhône, 165, 168, 172, 174
론 계곡 Rhône Valley, 29, 154, 165
론알프 Rhône-Alpes, 135, 162, 163(지도), 165, 167–171, 198; 추천 명소, 173–175; 지역 특산 요리, 175
롤프 쇠렌센 Sørensen, Rolf, 201
루브르 박물관 Musée du Louvre, 179(사진)
루시앙 반 임페 Van Impe, Lucien, 15, 170
루시앙 프티브르통 Petit-Breton, Lucien, 93
루아르 Loire, 121, 128, 165
루아르 계곡 Loire Valley, 25, 69(사진), 121, 133
루앙 Rouen, 104, 175
루이스 에레라 Herrera, Luis, 40(사진), 215
루이종 보베 Bobet, Louison, 93, 206, 309
루트 데 크레트 Route des Crêtes, 157
루트 드 라 코르니시 Route de la Corniche Sublime, 157
뤼베롱 산맥 Massif du Luberon, 155, 156, 157, 159

뤼즈 아르디당 Luz-Ardiden, 85, 191, 239(사진), 240, 242, 243, 247, 255, 312
르 그랑 보르낭 Le Grand Bornand, 170
르 도팽 Le Dauphin, 126, 167
르 로쉬 베르나르 Le Roche Bernard, 74(사진)
르 뤼드 Le Lude, 69(사진), 97
르 마세나 Le Massena, 161
르 뵈프 쉬르 르 투아 Le Boeuf sur Le Toit, 186
르 트라베르산느 Le Traversane, 32
르 퓌 엉 벨레 Le Puy-en-Velay, 148, 198
르네 포티에 Pottier, René, 117
르노엘프 팀 Renault-Elf team, 41, 256, 258
를레 엔 샤토 호텔 체인 Relais & Châteaux, 29, 137
리모주 Limoges, 132, 143
리무쟁 Limousin, 11, 68(사진), 122, 140, 141(지도), 198; 추천 명소, 143, 145; 지역 특산 요리, 146
리베르 카페 River Café, 186
리샤르 비렝크 Virenque, Richard, 187, 188, 202–203, 233, 237, 247, 248; 사진, 202, 235
리옹 Lyon, 16, 80, 129, 144, 160, 162, 172–173, 175
리카르도 리코 Ricco, Riccardo, 201; 201(사진)
리카르도 마그리니 Magrini, Riccardo, 125
릴 Lille, 4, 16, 258

ㅁ

마꽁 Mâcon, 119, 174
마누아 드 라 로즈레 Manoir de La Roseraie, 29
마르세유 Marseille, 16, 17, 80, 129, 144, 154, 161(사진), 162
마르컹테르 조류 공원 Parc du Marquenterre, 106
마르코 판타니 Pantani, Marco, 32, 187, 188, 210, 215, 233, 236, 237, 247, 256, 310; 사진, 210, 236
마리 앙투아네트 Marie Antoinette, 138
마리오 치폴리니 Cipollini, Mario, 283
마스다질 동굴 Grotto of Mas-d'Azil, 3
마시프 데 제크랑 Massif des Écrins, 165, 205, 212

마시프 드 라 바누아즈 Massif de la Vanoise, 165
마시프 상트랄 Massif Central, 25, 62, 122, 163, 170, 197, 199(지도), 198–203, 242
마이엉 성 Château of Maillant, 121
마우리시오 솔레르 Soler, Mauricio, 222
마지막 스테이지 Final stages, photographing, 304, 306–307
말로센 Malaucène, 157, 233
망통 Menton, 154, 205, 209
메도크 Médoc, 126, 130, 132, 134
메르퀴르 Mercure group, 24, 139
메스 Metz, 39, 108, 175, 193
메종 드 라 프랑스 Maison de la France, 36
메주 빙하 Meije Glacier, 208, 218(사진)
모네티에르 레방 Monêtier-les-Bains, 30(사진), 174
모르비앙 Morbihan, 29, 95
모리스 가랭 Garin, Maurice, 309
모리엔 계곡 Maurienne Valley, 171, 228
모진-아보리아즈 Morzine-Avoriaz, 40(사진)
모진 Morzine, 14, 169–170
모토로라 사이클 팀 Motorola Cycling Team, 9, 44
몽마르트 Montmartre, 181, 182
몽블랑 Massif du Mont Blanc, 205
몽블랑 Mont Blanc, 169–170
몽생미셸 Mont-Saint-Michel, 104–105
몽제오프루아 성 Château of Montgeoffroy, 97, 99(사진)
몽펠리에 Montpellier, 16, 149, 173, 200
몽포르 성 Château of Montfort, 133
뫼즈 Meuse, 108, 110
뮐루즈 Mulhouse, 111, 114
미구엘 인두라인 Induráin, Miguel, xi, 86, 87, 143, 167, 222, 247–248, 249–250, 256, 257, 261, 265, 269; 투르 드 프랑스의 전설들, 190–193; 사진, 87, 190, 191, 217, 249, 270
미디 피레네 Midi-Pyrénées, 133, 140, 198; 140(사진), 141(지도); 추천 명소, 143, 145; 지역 특산 요리, 146
미샤엘 라스무센 Rasmussen, Michael, 250; 사진, 254, 302
미셀 폴렌티에 Pollentier, Michel, 41
미슐랭 박물관 Michelin Museum, 148
미슐랭 지도 Michelin maps, 46, 47
미스터 앤 미시즈 스미스 체인 Mr & Mrs Smith, 29, 185
미식 세계 Gastronomy, x, 2, 78, 162, 172, 183
미카엘 보헤르드 Boogerd, Michael, 100
미하엘 슈마허 Schumacher, Michael, 272(사진)
밀란 산레모 원데이 클래식 Milan–San Remo, 59

ㅂ

바네스토 팀 Banesto team, 192
바닐쉬르메르 Banyuls-sur-Mer, 151
바니에르 드 뤼숑 Bagnères-de-Luchon, 241, 245
바니에르 드 비고르 Bagnères-de-Bigorre, 241
바니올 드 로른 Bagnoles-de-l'Orne, 105
바레즈 Barèges, 244
바스 노르망디 Basse-Normandie, 102, 103(지도), 104–106; 추천 명소, 105–106; 지역 특산 요리, 106
바스크 해변 Basque coast, 135(사진)
바스크, 135, 136, 241, 249–250
바토 무슈 Bateaux-Mouches, 183, 183(사진), 184, 185
바토 파리지앵 Bateaux-Parisiens, 183, 185
반 Vannes, 96, 290
반데 벨데 Vande Velde, Christian, 214(사진)
발디제르 Val d'Isère, 165, 220, 222
발랑세 성 Château of Valençay, 121
발랑스 Valence, 29, 162
발롱 달자스 Ballon d'Alsace, 60, 117, 219
발루아르 Valloire, 215, 220
발토랑스 Val Thorens, 165, 229
방데 Vendée, 98, 102, 125
방투 산 Mont Ventoux, 29, 36, 155, 156, 159, 200, 237, 250, 267, 308; 사진, 156, 231, 232, 234, 235; 방투 스테이지 우승자, 237; 방투 스테이지, 230–236
베 드 라 포레 Baie de la Forêt, 93
베나크 성 Château of Beynac, 133
베드 앤드 브랙퍼스트 Chambres d'hôtes, 35, 36; 베드 앤드 브랙퍼스트 간판, 35(사진)
베르나르 이노 Hinault, Bernard, xi, 43, 58,

93, 167, 201, 215, 227, 256, 259, 260, 261, 262, 265, 309; 투르 드 프랑스의 전설들, 38–42; 사진, 38, 39, 40, 42, 93
베르나르 테브네 Thévenet, Bernard, 38, 209, 237
베르네 곶 Le Cap Vernet, 185
베르덩 Verdun, 108, 110, 309(사진), 312
베르동 협곡 Gorges du Verdon, 3, 34, 157, 158(사진)
베르사유 궁전 Versailles, vii, 121
베르코르 Vercors, 165, 167, 203, 241
베아른 Béarn, 26, 241
베유 고원 Plateau de Beille, 26, 240, 243, 250
베이온 Bayonne, 134, 135, 240, 249
베종 라 로멘 Vaison-la-Romaine, 156
베지에 Béziers, 4, 149
벨로 Vélo, 270
벨로 뉴스 VeloNews, 46
보니유 Bonnieux, 155, 157
보르도 Bordeaux, 16, 17, 75, 89, 129, 130–131, 130(사진), 132, 137, 138, 139, 173, 175
보리우-쉬르-도르도뉴 Beaulieu-sur-Dordogne, 134
보졸레 Beaujolais, 66, 174
보주 산맥 Vosges, 25, 108, 197
보클뤼즈 Vaucluse, x, 155
본 강 협곡 Gorges de la Bourne, 167
본느발 쉬르 아르크 Bonneval-sur-Arc, 220
부르고뉴 Bourgogne, 119, 120(지도); 추천 명소, 121–122; 지역 특산 요리, 122
부르드와장 Bourg-d'Oisans, 14, 205, 212, 227
부엘타 Vuelta a Espana, 242
브고뉴 Burgundy, 25, 29, 75
브르타뉴 Brittany, 29, 80, 92–97, 94(지도), 290; 사진, 74, 95; 추천 명소, 96–97; 지역 특산 요리, 97
브리앙송 Briançon, 31, 207, 217, 220, 222, 227
브장송 Besançon, 115, 287, 289, 314
블라냑 공항 Blagnac Airport, 131, 144
블레일레벤스 Blijlevens, Jerome, 115
비스트로 생 페르디낭 Bistro Saint-Ferdinand, 186
비얀 리스 Riis, Bjarne, 187, 193, 214, 248,

255, 256, 269
비자 Visas, tips on, 5
빌라 드 랑 Villard-de-Lans, 85, 167, 237, 259, 314
빌라바 Villava, 247, 249

ㅅ

사부아 Savoie, 76(사진), 165, 169
사이클 팬 Fans, vii, 196, 263, 271, 277; 사진, 12, 51, 54, 56, 57, 63, 65, 67, 96, 115, 211, 213, 239
사크레쾨르 대성당 Basilique du Sacré-Coeur, 182, 182(사진)
산악 스테이지 Mountain stages, 50, 299–303
산악 코스 Mountains, Tour e France in, 196–198
산티아고 순례자의 길 Santiago de Compostela, 123, 148
살롱쉬르손 Chalon-sur-Saône, 117
상트르 Centre, 119, 120(지도), 198; 추천 명소, 121–122; 지역 특산 요리, 122
생고댕 Saint-Gaudens, 241, 296
생루이 섬 Île Saint Louis, 181
생자크 드 콩포스텔 길 Le chemin de Saint-Jacques-de-Compostelle, 123
생장드루즈 Saint-Jean-de-Luz, 129(사진), 134, 136
생조제프 교회 Chapelle-Saint-Joseph, 248
생테밀리옹 Saint-Émilion, 130, 132, 137
생테티엔 Saint-Étienne, 88, 162, 167, 261
생폴트루아샤토 Saint-Paul-Trois-Châteaux, 156
생플루르 Saint-Flour, 148, 202
샤르트뢰즈 Chartreuse, 165, 171, 203, 241
샤를 드골 공항 Roissy-Charles de Gaulle Airport, 2, 16, 21
샤를 드골 대통령 De Gaulle, Charles, 109
샤를빌메지에르 Charleville-Mézières, 110
샤토 시농 크리테리움 Criterium of Château-Chinon, 62
샤토뇌프 뒤파프 Châteauneuf-du-Pape, 156
샤토루 Châteauroux, 282(사진)
샤티옹 쉬르 샬라론 Châtillon sur Chalaronne, 174
샬레 레이나르 Chalet Reynard, 234
샹베리 Chambéry, 165, 169

샹보르 성 Château of Chambord, 121
샹젤리제 Champs-Élysées, vii, xi, 8, 22, 36, 59, 184–186; 사진, 182, 305; 촬영하기, 304, 307
샹파뉴 Champagne, 106, 108(사진), 109(지도), 290; 추천 명소, 108, 110–110; 지역 특산 요리, 110–111
선반 La Corniche, 250, 251(사진)
세르퐁송 호수 Lac de Serre-Ponçon, 사진, 164, 169
세벤 Cévennes, 267, 304
센 강 Seine, 104, 179, 183, 183(사진)
셰프 베르나르 Kbaïer, Bernard, 159
셰프 오딜 Kbaïer, Odile, 159
소피텔 Sofitel, 24
손 강 Saône, 117, 165, 172
숀 에이츠 Yates, Sean, 43, 44
숀 켈리 Kelly, Sean: 투르 드 프랑스의 전설들, 87–90; 사진, 87, 89
쉐 조르쥬 Chez Georges, 186
쉐 클레망 Chez Clément, 186
쉔 데 퓌 Chaîne des Puys, 200
쉬페르 베세 Super-Besse, 38, 201, 272(사진)
쉬페르바니에르 Superbagnères, 138
슈농소 성 Château of Chenonceau, 121(사진)
스위스 여행용 어댑터 Swiss Travel Adapter, 34
스튜어트 오그레이 O'Grady, Stuart, 224
스트라스부르 Strasbourg, 16, 111; 사진, 111, 277
스티브 바우어 Bauer, Steve, 9, 9(사진), 44
스티븐 로시 Roche, Stephen, xi, 84, 89, 237; 투르 드 프랑스의 전설들, 60–62; 사진, 60, 61, 300
스티븐 룩스 Rooks, Steven, 85, 210, 215, 245, 245(사진)
스페인 투어 Tour of Spain, 85, 242, 260
스프린트 결승선 Sprint finish, 282(사진), 286
스프린트 스테이지, 촬영하기 Sprinting stages, photographing, 279–281, 283
시청(리옹) Hôtel de Ville(Lyon), 173
시청(파리) Hôtel de Ville(Paris), 178 (사진), 181
시테 섬 Île de la Cité, 183
시트로엥 Citroën, 67(사진)

신문 가판대 Newspaper kiosks, 46(사진)
신용카드 Credit cards, 7, 18, 21, 26, 52, 184
실뱅 샤바넬 Chavanel, Sylvain, 284(사진)
실베르 마스 Maes, Sylvère, 222
심 드 라보네트 Cime de la Bonette, 203, 207, 207(사진), 208

○

아라비스 산맥 Aravis Range, 169, 203
아라비스 산맥 Chaîne des Aravis, 169, 203
아라스 Arras, 106, 274(사진)
아르데슈 Ardèche, 167, 168, 168(사진), 169, 174
아르덴 Ardennes, 80, 108, 109(지도)
아르망티에르 Armentières, 260, 279
아르카숑 Arcachon, 80, 134
아르칼리스 Arcalis, 187, 190
아르크 Arc, 165, 171
아리에주 Ariège, 26, 150, 241
아모리스포츠기구 Amaury Sport Organisation(ASO), 6
아바투아 박물관 Musée des Abbatoirs, 145
아보리아즈 Avoriaz, 255, 286
아브라암 올라노 Olano, Abraham, 249(사진)
아비뇽 Avignon, 29, 149, 233, 296
아비뇽 교황청 Palais des Papes, 154
아키텐 Aquitaine, 25, 122, 127, 129, 132–137, 162, 170; 128(지도); 135(사진); 추천 명소, 136–137; 지역 특산 요리, 139
안도라 공국 Andorra, 239(지도), 241
알도 토누아르 Tonnoir, Aldo, 308
알람시계 카페 Café au Reveil Matin, 263
알렉스 비로 Virot, Alex, 266(사진), 267
알렉스 쥘레 Zülle, Alex, 100, 192, 224
알마 다리 Pont de l'Alma, 179, 185
알베르 부베 Bouvet, Albert, 102
알베르토 콘타도르 Contador, Alberto, xi, 87, 184, 254(사진)
알자스, 4(사진), 111, 112(지도); 추천 명소, 113–115; 지역 특산 요리, 115
알프 Alpes, 152, 153(지도), 154–157, 171; 추천 명소, 159, 162
알프 뒤에즈 Alpe d'Huez, ix, 40, 50, 58, 61, 85, 86, 191, 204; 접근 팁, 214; 사진, 65, 171, 197, 209, 210, 211, 213, 214;

스테이지 우승자, 215; 투르 드 프랑스 스테이지, 209–212, 214–215
알프스 Alps, 5, 14, 18, 25, 26, 31, 33, 35, 76(사진), 86, 91, 203, 204(지도); 치즈, 83; 촬영하기, 299; 투르 드 프랑스 스테이지, 197, 198, 203–212, 214–220, 222–228, 230–231, 233–236
압두자파로프 Abdoujaparov, Djamolidine, 279, 281
압트 Apt, 155, 157
앙굴렘 Angoulême, 132, 133, 296
앙리 데그랑주 Desgrange, Henri, 265, 309; 앙리 데그랑주 기념비, 206, 206(사진)
앙리 베송 Besson, Henri, 308
앙헬 아로요 Arroyo, Angel, 58
앤디 햄프스텐 Hampsten, Andy, 44, 215; 사진, 215, 300
앵발리드 Hôtel des Invalides, 180
약물 복용 문제 Drugs, riders' use of, 25, 84, 190, 201, 301, 312, 314
얀 라스 Raas, Jan, 201
얀 울리히 Ullrich, Jan, 101, 209, 247, 256, 265, 269, 312; 투르 드 프랑스의 전설들, 187–190; 사진, 187, 188, 228
어니스트 헤밍웨이 Hemingway, Ernest, 121
에귀유 듀 그헝 퐁 Aiguille du Grand Fond, 225
에귀유 드 라르정티에르 Aiguille de l'Argentière, 228
에귀유 드 에페쇠르 Aiguille de l'Épaisseur, 215
에귀유 드 프레넝 Aiguille de Prainan, 226
에디 메르크 Merckx, Eddy, 15, 38, 190, 209, 236, 237, 268(사진), 268–269, 308, 309
에디 플랑카르트 Planckaert, Eddy, 44
에디퇴르 Les Éditeurs, 181, 181(사진)
에르-쉬르-라-리 Aire-sur-la-Lys, 292
에릭 가야르드 Gaillard, Eric, 280
에릭 반데르에어당 Vanderaerden, Eric, 44
에밀 조르제 Georget, Émile, 219
에비스 Avis, 22, 23
에비앙 레 뱅 Évian-les-Bains, 170
에스카파드 뒤 구르메 L'Escapade du Gourmet, 143
에어버스 Airbus, 101, 144, 145
에탑 호텔 Etap Hotel, 24

에펠탑 Eiffel Tower, 179, 183, 185
엑상 프로방스 Aix-en-Provence, 154
엑스레뱅 Aix-les-Bains, 86, 259
엔바릴라 Port d'Envalira, 240
여권 Passports, tips on, 5
오랑주 Orange, 154, 155, 156
오르세 미술관 Musée d'Orsay, 180
오르시에르 메를렛 Orcières-Merlette, 86
오를란두 호드리게스 Rodrigues, Orlando, 201
오베르네 Massif d'Obernai, 113
오베르네 Obernai, 113, 114(사진)
오베르뉴 Auvergne, 134, 146, 147(지도), 148–152, 198, 199, 201; 추천 명소, 150–152; 지역 특산 요리, 152
오베르뉴 화산 자연공원 Parc Naturel Régional des Volcans d'Auvergne, 198
오베르주 뒤 슈카 Auberge du Choucas, 30(사진), 31
오본 Eaux-Bonnes, 254
오스카르 페레이로 Pereiro, Oscar, 168
오스텔르리 드 플레정스 Hostellerie de Plaisance, 137, 137(사진)
오쾨니스부르 성 Château of Haut-Koenigsbourg, 113
오타캄 Hautacam, 26, 138, 240, 255
오텔 드 네주 Hôtel de Neiges, 31
오텔 라 딜리정스 Hôtel La Diligence, 113, 114(사진)
오텔 레스플랑 Hôtel L'Esplan, 31
오텔 빌라 나바르 Hôtel Villa Navarre, 139
오텔 빌라 아우구스타 Hôtel Villa Augusta, 31
오토바이 Motorcycles, 21, 267, 270–271, 272, 277, 286, 291
오토바이 사고 Motorcycle accident, 266(사진)
오트 노르망디 Haute-Normandie, 102, 103 (지도), 104–106; 추천 명소, 105–106; 지역 특산 요리, 106
오트 랑도네 피레네 Haut Randonnée Pyrénéenne, 241
오트 사부아 Haute-Savoie, 167, 169
오트 피레네 Hautes-Pyrénées, 63(사진)
오팔 해변 Côte d'Opale, 106
오페라 하우스 L'Opéra, 102, 179
옥타브 라피즈 Lapize, Octave, 245, 264(

사진), 265
올라프 루트비히 Ludwig, Olaf, 44, 115
올레옹 섬 Île d'Oléron, 125
옹플뢰르 Honfleur, 104, 105, 273
와인 Wines, 2, 4, 25, 70, 72, 73–75, 78, 79, 83, 111, 113, 119, 125, 127, 129, 130, 132, 134
요니 벨츠 Weltz, Johnny, 85
요한 브뤼닐 Bruyneel, Johan, 224, 224(사진)
욥 주터멜크 Zoetemelk, Joop, 15, 210, 210(사진), 211, 215, 269
우도 볼츠 Bolts, Udo, 276(사진)
운전 용어 Cars, 53–54; 차량 선택, 10, 11, 12, 19–24, 52; 교통법규 위반, 275; 차량 사진, 20, 67; 차량 고장, 70
운전면허증 Driver's licenses, 21, 56, 275
운전의 팁 Driving, tips on, 21, 51–52
워털루 Waterloo, 48(사진)
윈스턴 처칠 Churchill, Winston, 121
윌프리드 닐센 Nelissen, Wilfried, 279–280
유네스코 세계문화유산 UNESCO world heritage sites, 104, 178
유로 Euros, 7, 26, 70
유로 디즈니 Euro Disney, 188(사진)
유스호스텔 Auberge de Jeunesse, ix, 15
유스호스텔 Hostels, vii, 10, 13, 15–16, 27
음료, 주문하기, Drinks, ordering, 71–80, 82–84
음식 Food: 음식 주문, 71–80, 78, 82–84;지역 특산 요리, 80; 채식, 81
이나키 가스통 Gastón, Iñaki, 224, 224(사진)
이동식 부티크 투어 상점 Boutique du Tour shops, 46
이반 고티 Gotti, Ivan, 100
이반 마이오 Mayo, Iban, 209, 215, 233
이봉 베르탱 Bertin, Yvon, 41
이비스 Ibis, 24
이탈리아 투어(지로 디탈리아) Tour of Italy(Giro d'Italia), 59, 61, 62, 237, 281, 310
인터넷 사용 Internet, using, 10, 13, 24, 25, 37, 55
인터컨티넨탈 파리 르 그랑 InterContinental Paris Le-Grand, 180
일 드 프랑스 Île-de-France, 18, 175, 176 (지도), 178–187; 추천 명소, 184–185; 지역

특산 요리, 185–186
임대 별장 Gîtes, 35, 36, 143

ㅈ

자전거 Bicycles, 20; 자전거 선택, 10, 11–13
자전거 여행 Bikestyle Tours, 11
자코뱅 수도원 Ensemble Conventuel des Jacobins, 144
자크 고데 Goddet, Jacques, 309; 사진, 231, 268
자크 앙크틸 Anquetil, Jacques, 102, 143, 309
자크 에스클라상 Eclassan, Jacques, 260
잔니 부뇨 Bugno, Gianni, 192, 211, 215
장 로빅 Robic, Jean, 93, 265
장 르노 베르노도 Bernaudeau, Jean-René, 42
장 마리 르블랑 Leblanc, Jean-Marie, 309
장 프랑수와 베르나르 Bernard, Jean-François, 167(사진), 237
제네바 호 Lake Geneva, Lac Léman, 170, 203, 208
제라드 생 Saint, Gérard, 102
존 뮈세우 Museeuw, Johan, 105
주 쁠란느 Joux-Plane, 203, 255
쥐라 산맥 Jura, 116, 117, 197
지노 바탈리 Bartali, Gino, 265
지로 디탈리아 Giro d'Italia, 59, 61, 62, 237, 281, 310
지로 디탈리아(이탈리아 투어) Giro d'Italia(Tour of Italy), 59, 61, 62, 237, 281, 310
지롱드 강 Gironde, 125, 129

ㅊ

차단벽 Barriers, 277–278, 279, 282, 283, 300
채식주의자 Vegetarians, 81
촬영장소 찾기 Reconnaissance, 275, 276, 284, 285, 302
최고급 호텔 Luxury Hotels, 28–29, 28(지도)
치즈 Cheese, 73, 76, 80, 82, 84(사진); 지역 특산 치즈, 83; 치즈 서빙, 72
치즈 가게 Fromageries, 76, 84(사진)

ㅋ

카레라 팀 Carrera team, 61, 62
카르카손 성채 Citadel of Carcassonne, 148(사진), 150

카르펑트라 Carpentras, 155, 233
카를로스 사스트레 Sastre, Carlos, 212, 215; 사진, 178, 306
카메라 Cameras, 269, 272, 284, 285, 301, 307; 선택, 293; 장비, 291–292
카바용 Cavaillon, 155
카스 데제르트 Casse Déserte, 205(사진), 206
카스텔노 성 Château of Castelnaud, 133
카오르 Cahors, 34, 133, 143
카타르 Cathar country, 149(사진), 150
카페(리옹) Café(Lyon), 173
캉 Caen, 102, 104
캉 데 로실 Camp des Rochilles, 215
캉탈 산 Mont du Cantal, 199, 201
캐서린 헵번 Hepburn, Katharine, 121
캠핑 Campers, 12, 13–14, 20(사진), 27; 캠핑 선택, 10, 11, 20–24
커피 Coffee, 82
컴파닐 Campanile, 24, 27
컴퓨터 Computers, 37, 55, 291–292
케란느 Cairanne, 156, 157, 159
코냑 Cognac, 72, 125, 126
코르 보스 Vos, Cor, 308
코메디 광장 Place de la Comédie, 132, 137
코블렌츠 Koblenz, 280–281(사진)
코트 뒤 론 와인 Côtes du Rhône, 75, 165
코트다쥐르 Côte d'Azur, 18, 25, 152, 153(지도), 154, 154–157; 추천 명소, 159, 162
코트레 Cauterets, 86, 242, 247
콜 다비스크 Col d'Aubisque, 136, 138, 240, 244, 250, 252–255, 307; 사진, 251, 252, 254
콜 데 세지 Col des Saisies, 169, 203
콜 데 자라비 Col des Aravis, 169
콜 뒤 로타레 Col du Lautaret, 31, 174, 205, 214; 사진, 194, 299
콜 뒤 몽세니 Col du Mont-Cenis, 220
콜 뒤 송포르 Col du Somport, 242
콜 뒤 술로 Col du Soulor, 40, 136, 250, 252–255
콜 뒤 투르말레 Col du Tourmalet, 197, 240, 243–245, 247, 265; 콜 뒤 투르말레 정상 246; 사진, 243, 244, 246, 264
콜 뒤 포르탈레 Col du Portalet, 242
콜 드 라 콜롬비에르 Col de la Colombière, 169, 203, 205

콜레 델라넬로 Colle dell'Agnello, 171, 172(사진)
콜리우르 Collioure, 149, 151; 사진, 149, 151
콜마르 Colmar, 111, 114
콩데 나스트 Condé Nast group, 29, 174
콩코르드 광장 Place de la Concorde, 184, 304, 305, 306
콩피에뉴 Compiègne, 106, 108
쿠르쉬벨 Courchevel, 165, 228
크렛 데스 그리테스 Crêt des Grittes, 225
크리스 보드먼 Boardman, Chris, 258, 278(사진)
크리스티앙 로샤르 Rochard, Christian, 281
크리용 호텔 Hôtel de Crillon, 184(사진), 184
클라우디오 치아푸치 Chiappucci, Claudio, 192, 222, 223(사진), 265
클레르몽페랑 Clermont-Ferrand, 148, 200

E

타랑테즈 계곡 Tarentaise Valley, 31, 165, 220, 227
타른 협곡 Gorges du Tarn, 3, 150
타일러 해밀턴 Hamilton, Tyler, 241–242, 242(사진)
타임 트라이얼, 촬영하기 Time trials, photographing, 284–287, 289
택시 팁 주기 Taxis, tips and, 26
테트 도르 공원 Parc de la Tête d'Or, 173
텐트 Tents, 13, 14, 21
토농레뱅 Thonon-les-Bains, 88, 205
토니 로밍거 Rominger, Tony, 192
토르 허쇼프드 Hushovd, Thor, 277(사진)
토마 보에클레르 Voeckler, Thomas, 302(사진), 313
톰 부넨 Boonen, Tom, 88
톰 심프슨 Simpson, Tom, 42, 267, 268; 톰 심프슨의 사망, 197, 231, 267, 307; 톰 심프슨 추모, 231(사진), 268(사진)
투르느솔 Tournesol, 297
투르 드 프랑스 공식 가이드북 Official Guide to the Tour de France, 46
투르말레의 카페 Café du Tourmalet, 246
투어 출발 마을 Village du départ, 6, 33(사진)
툴루즈 Toulouse, 16, 140, 144, 144(사진), 150, 160, 173
튈르리 정원 Jardin des Tuileries, 179

트루아 발레 Trois Vallées, 165, 220
티뉴 Tignes, 165, 220
티에리 마리 Marie, Thierry, 102, 102(사진)
팁 주기 Tipping, tips on, 26

ㅍ

파 드 칼레 Pas-de-Calais, 106, 107(지도); 추천 명소, 108–110; 지역 특산 요리, 110–111
파고르 팀 Fagor team, 85
파나소닉 팀 Panasonic team, 44
파리-니스 대회 Paris-Nice, 88, 260
파리-루베 스테이지 Paris-Roubaix, 314
파리 Paris, 16, 17, 18, 36–37, 86, 138, 144, 160, 175, 177(지도), 178–187, 293, 307; 파리에서의 식사, 186; 파리에서의 촬영, 304, 306–307
파비오 카사르텔리 Casartelli, Fabio, 247
파사주 두 구 Passage du Gois, 99
파스칼 리노 Lino, Pascal, 222, 223(사진)
파스칼 시몽 Simon, Pascal, 58, 88
파우스토 코피 Coppi, Fausto, 206, 210, 215, 265; 206(사진)
팔레 데 콩그레 Palais de Congrès, 10
팜플로나 Pamplona, 248
퍼싱 홀 Pershing Hall, 29, 185
페드로 델가도 Delgado, Pedro, xi, 60, 61, 90, 190, 208, 237, 269; 투르 드 프랑스의 전설들, 84–87; 사진, 84, 86
페르난도 만자네퀴 Manzaneque, Fernando, 222
페르피냥 Perpignan, 16, 149
페스티나 팀 Festina team, 248, 309
페이 도수아 Pays d'Auxois, 119
페이 드 라 루아르 Pays de la Loire, 97, 98(지도), 99(사진), 99–102, 119; 추천 명소, 101–102; 지역 특산 요리, 102
페이 바스크 Pays Basque, 134, 241
페터르 비넌 Winnen, Peter, 210, 215
펠로톤 Peloton, 7, 52, 62, 99; photo of, 1, 45, 51, 108, 135, 140, 142, 161, 169, 194, 218, 221, 239, 248, 253, 294, 305
펠릭스 레비탕 Lévitan, Felix, 309
포 Pau, 26, 138–139
포 성 Château de Pau, 138(사진)
포르 드 라로 Port de Larrau, 247–250; 사진, 248, 249
폴 뒤복 Duboc, Paul, 219
퐁 데 생나제르 Pont de Saint-Nazaire, 100(사진), 101
푸르비에르 노트르담 대성당 Basilica of Notre-Dame de Fourvière, 174
푸아 Foix, 26, 241
푸아투샤랑트 Poitou-Charentes, 119, 122, 123(지도), 125–127, 126(사진); 추천 명소, 126–127; 지역 특산 요리, 127
퓌 뒤 푸 Puy du Fou, 98, 101
퓌드돔 Puy-de-Dôme, 85, 148, 199–201; 200(사진)
퓌마리 Puy Mary, 201–203; 202(사진)
프랑슈콩테 Franche-Comté, 115, 116(지도); 추천 명소, 117; 지역 특산 요리, 119
프랑스 고속열차 TGV, Train à Grande Vitesse, 16, 17(지도), 18, 22, 37, 170, 173;
프랑스 공식 캠핑연맹 Fédération Française de Camping et de Caravaning (FFCC), 14
프랑스 국유철도 French railway system(SNCF), 11, 16, 18
프랑스 국토지리원 Institut Géographique National(IGN), 프랑스 국토지리원 지도, 46–47
프랑스어 French language, 68–71
프레스 스포츠 Presse Sports, 270
프렌치 커넥션 French Connection, The(movie), 160
프로방스 Provence, 25, 27, 31, 91, 152, 154–157, 167, 170, 234, 296, 304; 프로방스 치즈, 83; 153(지도); 사진, 154, 155; 추천 명소, 159, 162; 지역 특산 요리, 162
프로사이클링 Procycling, 46
프롤로그 Prologue, 284, 300; 프롤로그 촬영하기, 276–278
프리미에르 클라스 Première Classe, 24
플라 다데 Pla d'Adet, 26, 42, 138, 240
플랫 스테이지 Flat stages, photographing, 289–290, 292–293, 295
플로이드 랜디스 Landis, Floyd, 168, 228
피드존 Feed zones, 293(사진)
피레네 Pyrenees, x, 5, 18, 26, 27, 35, 43, 80, 83, 85, 88, 89, 91, 122, 139, 140, 143, 150, 151, 189, 192, 197, 200, 238, 240–245, 247–250, 252–255, 260, 290, 293, 299; 지도, 238, 239

피레네 국립공원 Parc National des Pyrénées, 243(사진)
피카르디 Picardie, 80, 106, 107(지도), 292; 추천 명소, 108, 111; 지역 특산 요리, 110–111
피크 데 카르트 테르메스 Pic des Quatre-Termes, 244, 245
피터 메일 Mayle, Peter, 155
필 앤더슨 Anderson, Phil, 9, 87–88; 투르 드 프랑스의 전설들, 41–44; 사진, 9, 42, 43
필라 사구 Dune du Pilat, 133(사진), 134
필리프 에체베스트 Etchebest, Philippe, 137
필리프 타이스 Thys, Philippe, 269

해바라기 Sunflowers, 143, 272, 285, 295–298; 해바라기 사진, 140, 154, 296, 297
해바라기 스테이지, 촬영하기 Sunflower stages, photographing, 295–299
허츠 Hertz, 22, 23
헤니 카위퍼르 Kuiper, Hennie, 41, 210, 215, 269
헤르트 얀 퇴니세 Theunisse, Gert-Jan, 85, 210, 215, 227, 227(사진), 245
헬리콥터 Helicopters, 20, 195, 196, 311
현금 Cash, tips on, 7
호세바 벨로키 Beloki, Joseba, 235
호텔 예약 Hotel Reservation Service, 27
후안 마르티네스 올리버 Oliver, Juan Martínez, 85

투르 드 코리아 소개

개요

- 국민체육진흥공단이 주최하고 대한자전거연맹이 주관하는 국제사이클연맹 (UCI) 인증 국내 유일의 국제도로사이클대회
- 대회등급 2.1Class(등급순위: 2.2→2.1→2.HC→World Tour), 국제경기대회 개최를 통한 국내 사이클 발전 도모
- 자전거 문화 확산 및 자전거 인구 저변확대 유도, 엘리트체육, 생활체육, 스포츠산업이 융합된 이상적 스포츠이벤트 모델

Tour de Korea의 역사

2007년(제1회)   9. 1(토) ~ 9. 9(일)/9일
                랜스암스트롱 초청, 서울-양양-단양-연기-정읍-강진-함양-부산
2008년(제2회)   6.19(토) ~ 7. 4(금)/14일
                '투르드코리아-재팬 2008' 2개국 11개 거점도시 연계 개최
2009년(제3회)   6. 5(금) ~ 6.14(일)/10일
                친환경, 저탄소 녹색성장의 기본컨셉/ 대한민국자전거축전 동시 시행
2010년(제4회)   4.22(금) ~ 5. 2(일)/11일
                제주도에서 출발, 서울에서 피날레. 폐막식 TV생중계(공원→광화문)
2011년(제5회)   4.15(금) ~ 4.24(일)/10일
                구미 개막, UCI 등록된 해외17팀, 국내 4팀 참여/폐막식 TV생중계

2012년(제6회) 4.22(일) ~ 4.29(일)/8일
            개·폐막식 TV생중계. 국내선수 박성백 종합우승
2013년(제7회) 엘리트: 6.9(일) ~ 6.16(일)/8일, 스페셜 : 9.25(수) ~ 9.28(토)/4일
            역대 가장 성공적이었다는 평가(UCI), 대회등급 2.1C로 승급
            최초의 단체독주(TTT) 경주 도입, 엘리트·스페셜대회 분리,
2014년(제8회) 엘리트: 6.8(일) ~ 6.15(일)/8일, 스페셜: 10.9(목) ~ 10.12(일)/4일
            UCI Asia Tour 2.1 Class 국내 최초 시행, 스페셜대회 제주도에서 개최
2015년(제9회) 엘리트: 6.7(일) ~ 6.14(일)/8일, 스페셜: 10.29(목) ~ 11.1(일)/4일
            UCI PRO팀(OGE) 국내 첫 출전
2016년(제10회) 엘리트: 6.5(일) ~ 6.12(일)/8일, 스페셜: 10.15(토) ~ 10.17(월)/3일
            언론사 공동주최(동아일보), 휠페스티발(서울,대전) 개최
            전 구간 LTE(무선데이터망) 현장 생중계

Tour de Korea 2017 개최계획(대회개요)

기간 - 2017. 6. 13(화) ~ 6. 18(일)/6일간
장소 - 전국 거점 7 ~ 8개 지역
경주거리 - 1,300Km 내외
참가팀 - 20개 팀 [해외 14개팀, 국내 6개팀]
경주 구분 - UCI Asia Tour/ ME (남.엘리트)/2.1C
UCI(국제사이클연맹) 등록 초청팀
스페셜대회 - 기간: 9월중(예정)

Tour de Korea의 가치

1. '투르 드 코리아'는 자전거 산업 발전의 밑거름, 선도자 역할
   - 자전거 시장 2009년 3,200억원에서 2015년 매출규모 5,400억원 규모로 성장
   - 자전거이용 이용인구 1,200만명 시대, 자전거보급률 29.3%
2. 관광, 지역축제, 스포츠가 융합된 이상적 모델

- 스포츠와 관광, 축제가 결합된 국내 대표 스포츠 이벤트
- 지역 관광지, 베이스캠프, 숙박지 등을 연계하여 지역경제 활성화, 관광 홍보

투르 드 코리아는 자전거 산업 발전의 밑거름의 역할을 충실히 다지고 있으며, 스포츠와 관광을 통해 국민이 함께 즐기고 참여하는, 대한민국의 대표적인 스포츠이벤트로 성장하고 있다.

위아위스 소개

세계 양궁을 제패한 나노카본기술로 만든 위아위스의 나노카본 바이크

윈엔윈은 독자 개발한 나노카본기술력과 노하우로 선수용 활 부문에서 세계시장 점유율 50% 이상을 차지하고 있는 양궁전문회사이다. 양궁과 자전거에 가장 적합한 Nano Carbon Prepreg를 독자적인 연구 개발을 통해 국내 최초로 제품화에 성공하였고 이미 그 기능을 세계적으로 인정 받았다. 카본 자전거 생산을 위해 연구 개발해온지 10여 년의 시간이 흐른 2013년 10월 나노카본바이크 브랜드 "위아위스"를 출범시켰다.

그리고 이어 2014년 세계 최초의 초경량 양산형 카본자전거인 CUL6(컬식스)를 세상에 선보였다. CUL6는 프레임 무게가 670g으로 기존의 프레임보다 가벼우면서도 강성과 내구성을 겸비한 고탄성 카본의 특징을 살린 자전거이다. 그 외에도 에어로다이나믹성능을 중점으로 개발된 에어로 바이크 WAWS-1(와스원), 올라운드 레이싱 모델인 LIGERO NANO(리제로 나노), 하이엔드 나노카본 산악자전거인 HEXION(헥시온) 등을 출시하였다.

이들 모두 카본섬유에 카본 나노 튜브(Carbon Nano Tube)를 분산하여 만든 나노카본으로 만들어져있어 진동감쇄 및 충격감소, 내구성에 있어서 탁월한 성능을 발휘하도록 개발되었다.

특히, ASSASSIN, LIBERTY, DONAR 모델은 자전거의 클래식한 멋과 첨단 나노기술의 접목으로 탄생하였다. 기존의 카본프레임으로는 이룰 수 없던 크로몰리와 같은 가늘면서도 카본의 가벼움을 겸비한 어쌔신, 리버티, 도나르 모델은 나노카본 프레임에 첨단 신소재인 S-CORE FOAM을 테이퍼드 방식으로 적용하여 크로몰리 프레임보다 강한 강성과 유연성, 내구성을 충족시켰다.

투르 드 프랑스를 향한 위아위스의 지원

위아위스는 자전거 문화 확산을 위해 자전거 동호인과 엘리트 선수들에게 지원을 아끼지 않고 있다. 국내 팀으로는 위아위스 팀 더베스트, 위아위스 팀 위아걸스, 위아위스 팀 세븐힐즈, 위아위스 팀 포메라, 위아위스 팀 볼티오, 레드사이클링으로 총 6팀을 지원하고 있다. 이들 팀은 국내 경기에서 수없이 포디움에 올라 마니아층에서는 소문이 자자하다.

또, 외국 선수로서는 독일 산악자전거계의 전설이자 베이징 올림픽을 비롯한 3개의 올림픽 메달리스트이며 두 번의 세계챔피언인 Sabine Spitz(사비네 스피츠) 선수, 2012, 2013 세계선수권 타임트라이얼 동메달, 2016 유럽선수권대회 은메달의 기록을 갖고있는 프랑스 국가대표 1군선수인 Andre Sylvain(안드레 실방)선수, 일본 주니어 랭킹 2위의 성적을 갖고 있는 산악자전거 선수인 나카시마 타카호 선수가 위아위스 자전거를 타고 전세계 무대를 뛰고 있는 선수들이다.

2015년 위아위스에서는 트랙자전거인 TXT를 판매하기 시작했다. 이 자전거를 탄 선수들은 국내 뿐만아니라 세계 무대에서도 맹활약을 하였는데, 2015 아시아선수권대회에서 위아위스 자전거를 탄 이태운 선수가 개인독주에서 금메달을 딴 것을 시작으로 2016 아시아선수권대회에서는 16개 종목 중 금메달 11개, 은메달 2개, 동메달 1개를 따냈으며, 나중규 선수가 1km TT에서 아시아 신기록을 갱신하였고, 3개의 한국 신기록을 갱신했다.

2016년에는 대한민국 최고의 로드사이클 동호인을 가리는 국내 최대 규모 대회인 투르 드 코리아 스페셜이 열렸다. 올해로 10회째를 맞는 투르 드 코리아에서 스페셜대회는 5번의 예선경기를 걸쳐 상위 20팀만 참가할 수 있는 대회로 이번 대회에는 위아위스 팀 세븐힐즈와 레드사이클링이 출전하였다. 두 팀이 참가하여 총 3 스테이지를 달려 개인종합 우승과 팀 종합 3위의 성적을 거두었다.

위아위스는 세계 3대 바이크쇼 중 하나인 유로바이크쇼에 대한민국 나노카본 완성차 업체 중 최초로 초청받아 출품하였으며, 국내 디자인 대상인 "Good Design"상을 2016년 12월 14일 수상했다.

2016년 리우올림픽에서 대한민국 선수들이 양궁 전 종목을 석권하고, 특히 여자양궁 8연패를 이루는데 전 선수들이 위아위스의 활을 사용하여, 위아위스의 나노카본 기술을 전세계에 알리는 기회가 되었다. 이제 위아위스의 나노카본 기술이 세계 나노카본바이크 시장을 향한 도전으로 이어지고 있다.

저자 소개

Cor Vos

그레이엄 왓슨(GRAHAM WATSON)은 사이클 대회의 사진 촬영 기술에 본인의 전 커리어를 쏟아부어 왔다. 그의 사진은 전세계의 잡지, 서적, 신문, 포스터, 달력, 기사, 그리고 웹사이트에 사용되었다. 31년간 유럽, 북미, 호주, 아시아의 사이클 대회를 촬영하며 그의 명성은 커져만 갔다. 그는 여행객의 신분으로 처음 투르 드 프랑스를 관람한 1977년 이후 매년 대회에 참가하고 있으며, 오늘날에는 언론과 함께 대회에 참가하기도 하지만 본인 스스로 독특한 사진 촬영을 위해 최적의 촬영 장소를 찾기 위해 홀로 활동하기도 한다.

와인 전문가(oenophile)이자 미식가(gastronome)인 그레이엄 왓슨은 프랑스 최고의 레스토랑, 호텔, 비스트로(bistros), 브라세리(brasseries), 바(bars), 주막(auberges)에 대한 백과사전 같은 정보를 모아 왔다. 이러한 정보를 세계에서 가장 위대한 자전거 경주의 가이드북인 이 책에서 제공하고 있다. 아직도 현역으로 활동 중인 가장 노련한 사진가인 그레이엄 왓슨이 제공하는 - 투르 드 프랑스 경주 장면을 본인의 카메라에 담으려는 사람들에게 다른 그 어떠한 것에서도 찾을 수 없는 - 투르 드 프랑스 전문 사진가의 귀중한 충고와 통찰력도 이 책에 포함했다.

사이클 경주를 촬영하지 않는 정말 흔치 않은 기간에 그는 집이 있는 영국의 햄프턴에 거주한다.